Juristische Fall-Lösungen

Stoffels/Reiter/Bieder
Fälle zum kollektiven Arbeitsrecht

Fälle zum kollektiven Arbeitsrecht

von

Dr. Markus Stoffels

o. Professor an der Universität Heidelberg

Dr. Christian Reiter

Daimler AG, Stuttgart
Honorarprofessor an der Universität Osnabrück

Dr. Marcus Bieder

o. Professor an der Universität Osnabrück

2., neu bearbeitete Auflage, 2016

C.H.BECK

www.beck.de

ISBN 978 3 406 68083 0

© 2016 Verlag C. H. Beck oHG
Wilhelmstraße 9, 80801 München
Druck und Bindung: Nomos Verlagsgesellschaft mbH & Co. KG
In den Lissen 12, D-76547 Sinzheim

Satz: Druckerei C. H. Beck Nördlingen
Umschlaggestaltung: Martina Busch, Grafikdesign, Homburg Saar

Gedruckt auf säurefreiem, alterungsbeständigem Papier
(hergestellt aus chlorfrei gebleichtem Zellstoff)

Vorwort

Die vorliegende Fallsammlung zum kollektiven Arbeitsrecht richtet sich an Studierende mit arbeitsrechtlichem Schwerpunkt. Sie versteht sich als Pendant zu dem ebenfalls in der Reihe „Juristische Fall-Lösungen" erschienenen Band „Fälle zum Arbeitsrecht" von *Abbo Junker*. Dort findet sich auch eine instruktive Einführung in die Besonderheiten der arbeitsrechtlichen Fallbearbeitung. Auch für das kollektive Arbeitsrecht gilt, dass in Prüfungen regelmäßig konkrete Fälle zur Bearbeitung gestellt werden. Vor diesem Hintergrund empfiehlt es sich, neben der Aneignung des arbeitsrechtlichen Grundlagenwissens anhand geeigneter Lehrbücher auch die Fallbearbeitung einzuüben. Hierzu will diese Sammlung ausgewählter Klausuren eine Handreichung bieten. Die Fälle sind im Wesentlichen wichtigen BAG-Entscheidungen der letzten Jahre entnommen, so dass dieser Band zugleich einen Überblick über die aktuelle Rechtsprechung zum kollektiven Arbeitsrecht bietet. Die Neuauflage berücksichtigt neben den vielfältigen neueren Entwicklungen in der Rechtsprechung des BAG und des EuGH insbesondere die Auswirkungen des Tarifeinheitsgesetzes und die Veränderungen bei der betriebsverfassungsrechtlichen Stellung von Leiharbeitnehmern im Entleiherbetrieb. Hinzu gekommen sind vier neue Fälle zum Flashmob als Arbeitskampfmittel, zur Rechts- und Vermögensfähigkeit des Betriebsrats, zur Nachwirkung teilmitbestimmter Betriebsvereinbarungen sowie zum Recht der Unternehmensmitbestimmung. Der Schwierigkeitsgrad sämtlicher Aufgabenstellungen ist auf Examensniveau angesiedelt. Die Lösungshinweise sind zu Lernzwecken bewusst umfangreich gehalten und sollen den Leser zum Weiterdenken anregen; selbst für eine überdurchschnittliche Bewertung kann nicht erwartet werden, dass sämtliche Problemstellungen im Rahmen einer fünfstündigen klausurmäßigen Bearbeitung in derartiger Breite behandelt werden. Da die anwaltliche Tätigkeit nach den Vorgaben der einschlägigen Prüfungsordnungen auch für die universitäre Ausbildung immer mehr Gewicht erhält, sind einige Aufgabenstellungen bewusst aus der Perspektive des gutachterlich tätigen Rechtsanwalts gewählt worden.

Die Verfasser danken den Mitarbeitern der Lehrstühle, namentlich *Florian Klein*, *Louisa Krümpelmann*, *Maximilian Leydecker* und *Laura Weber* in Heidelberg sowie *Sarah Eversmeyer*, *Marcel Holthusen*, *Oliver Klepek* und *Anissia Orto* in Osnabrück, für die vielfältige Unterstützung.

Gesetzgebung, Literatur und Rechtsprechung wurden bis Januar 2016 berücksichtigt. Anregungen und Kritik aus dem Kreise der Leser sind stets willkommen (E-Mail: sekretariat.stoffels@jurs.uni-heidelberg.de oder ls-bieder@uos.de).

Heidelberg, Stuttgart und Osnabrück, im Februar 2016

Markus Stoffels
Christian Reiter
Marcus Bieder

Inhaltsverzeichnis

Fall 1. Druckerei unter Druck

Betriebsverfassungs- und Tarifvertragsrecht:
Arbeitsgerichtliches Urteils- und Beschlussverfahren – Zulässigkeit
betrieblicher Bündnisse für Arbeit – Bedeutung des Günstigkeitsprinzips – Zuständigkeit und Regelungskompetenzen des Gesamtbetriebsrats – ablösende Betriebsvereinbarung – Relevanz betriebs-
vereinbarungsoffener Arbeitsverträge – Unterlassungsansprüche der
Gewerkschaften nach § 23 Abs. 3 BetrVG sowie analog §§ 1004,
823 Abs. 1 BGB i.V.m. Art. 9 Abs. 3 GG gegen Unterschreitung
tariflicher Standards

Fall 2. Licht im Tarifdschungel

Tarifvertrags- und Koalitionsrecht:
Auslegung arbeitsvertraglicher Verweisungsklauseln auf Tarifverträge – Rechtmäßigkeit rückwirkender Tarifänderungen – Tarifkonkurrenz – Grundsätze der Tarifeinheit und Tarifpluralität – Neue-
rungen durch das Tarifeinheitsgesetz – Besonderheiten bei
allgemeinverbindlich erklärten Tarifverträgen – Gewerkschafts-
und Koalitionsbegriff – Anforderungen an die Tariffähigkeit

Fall 3. Der Tarifvertrag – eine unendliche Geschichte?

Betriebsverfassungs- und Tarifvertragsrecht:
Tariffähigkeit von Handwerksinnungen – Verhältnis des § 77
Abs. 3 BetrVG zu § 87 Abs. 1 BetrVG – Konsequenzen eines Ver-
bandsaustritts des Arbeitgebers – Nachwirkung und Nachbindung
eines Tarifvertrages – Anwendung des § 4 Abs. 5 TVG nach Ver-
bandsaustritt – Einigungsstellenverfahren nach §§ 76f. BetrVG –
Mitbestimmungsrechte des Betriebsrats bei der betrieblichen
Lohngestaltung

Fall 4. Überlegungen des Vorstandes

Betriebsverfassungs- und Tarifvertragsrecht:
Weitergeltung und Ablösung von Kollektivvereinbarungen nach
Betriebsübergang – arbeitsvertragliche Verweisung auf Tarifverträge
– Gleichstellungsabrede – europarechtliche Garantie der Koali-
tionsfreiheit – Mitbestimmung in wirtschaftlichen Angelegenhei-
ten – Betriebsänderung, Sozialplan

Fall 5. Go West

Arbeitskampf- und Koalitionsrecht:
Rechtmäßigkeit von Arbeitskampfmaßnahmen – Friedenspflicht –
Schadensersatzansprüche des Arbeitgebers bei rechtswidrigen
Kampfmaßnahmen – Erstreikbarkeit eines Sozialtarifvertrages –

Abkürzungsverzeichnis

a. A.	andere Ansicht
ABl.	Amtsblatt
abl.	ablehnend
Abs.	Absatz
abw.	abweichend
a. E.	am Ende
AEUV	Vertrag über die Arbeitsweise der Europäischen Union
a. F.	alte Fassung
AG	Aktiengesellschaft; Die Aktiengesellschaft (Zeitschrift)
AGB	Allgemeine Geschäftsbedingungen
AiB	Arbeitsrecht im Betrieb (Zeitschrift)
AktG	Aktiengesetz
Alt.	Alternative
Anm.	Anmerkung
AP	Arbeitsrechtliche Praxis (Zeitschrift)
ArbG	Arbeitsgericht
ArbGG	Arbeitsgerichtsgesetz
AuR	Arbeit und Recht (Zeitschrift)
Art.	Artikel
AÜG	Arbeitnehmerüberlassungsgesetz
Aufl.	Auflage
AVM	Arbeitgeberverband der Metallindustrie
BAG	Bundesarbeitsgericht
BAGE	Entscheidungen des Bundesarbeitsgerichts (amtliche Sammlung)
BayObLG	Bayerisches Oberstes Landesgericht
BB	Betriebs-Berater (Zeitschrift)
Bd.	Band
Bearb.	Bearbeitung
BeckRS	Beck-Rechtsprechung (Datenbank)
Beil.	Beilage
BetrVG	Betriebsverfassungsgesetz
BGB	Bürgerliches Gesetzbuch
BGBl.	Bundesgesetzblatt
BGH	Bundesgerichtshof
BGHZ	Entscheidungen des Bundesgerichtshofs in Zivilsachen (amtliche Sammlung)
Bl.	Blatt
BPersVG	Bundespersonalvertretungsgesetz
BT-Drs.	Drucksache des Deutschen Bundestages
BVELE	Entwurf einer Betriebsvereinbarung über erfolgs- und leistungsorientierte Entgeltkomponenten
BVerfG	Bundesverfassungsgericht

BVerfGE	Entscheidungen des Bundesverfassungsgerichts (amtliche Sammlung)
BVerwG	Bundesverwaltungsgericht
BVerwGE	Entscheidungen des Bundesverwaltungsgerichts (amtliche Sammlung)
bzgl.	bezüglich
BZV	Betriebsvereinbarung über ein Zielvereinbarungssystem
bzw.	beziehungsweise
ca.	circa
CGM	Christliche Gewerkschaft Metall
DB	Der Betrieb (Zeitschrift)
ders.	derselbe
d.h.	das heißt
DrittelbG	Drittelbeteiligungsgesetz
EBRG	Europäische Betriebsräte-Gesetz
EGAktG	Einführungsgesetz zum Aktiengesetz
Einl.	Einleitung
EMRK	Konvention zum Schutze der Menschenrechte und Grundfreiheiten („Europäische Menschenrechtskonvention")
ESC	Europäische Sozialcharta
et al.	et alii
etc.	et cetera
EU	Europäische Union
EuGH	Europäischer Gerichtshof
Eu-GRCharta	Charta der Grundrechte der Europäischen Union
EuZA	Europäische Zeitschrift für Arbeitsrecht
EuZW	Europäische Zeitschrift für Wirtschaftsrecht
e.V.	eingetragener Verein
EWG	Europäische Wirtschaftsgemeinschaft
f.	folgend
ff.	fortfolgend
Fn.	Fußnote
FS	Festschrift
FTV	Firmentarifvertrag
GbR	Gesellschaft bürgerlichen Rechts
GG	Grundgesetz
ggf.	gegebenenfalls
GKG	Gerichtskostengesetz
GmbH	Gesellschaft mit beschränkter Haftung
GmbHG	Gesetz betreffend die Gesellschaften mit beschränkter Haftung
GmbHR	GmbH-Rundschau
GS	Großer Senat

GVG	Gerichtsverfassungsgesetz
GWB	Gesetz gegen Wettbewerbsbeschränkungen
HandwO	Handwerksordnung
HGB	Handelsgesetzbuch
h.M.	herrschende Meinung
hrsgg.	herausgegeben
Hs.	Halbsatz
i.d.R.	in der Regel
i.e.S.	im engeren Sinne
IG	Industriegewerkschaft
i.H.v.	in Höhe von
i.S.	im Sinne
i.S.d.	im Sinne der/des
i.Ü.	im Übrigen
i.V.m.	in Verbindung mit
KG	Kommanditgesellschaft
krit.	kritisch
KSchG	Kündigungsschutzgesetz
LAG	Landesarbeitsgericht
LAGE	Entscheidungen der Landesarbeitsgerichte (amtliche Sammlung)
LG	Landgericht
lit.	littera
Ls.	Leitsatz
Ltd.	Limited
m.a.W.	mit anderen Worten
Mio.	Million
MitbestG	Mitbestimmungsgesetz
Montan-MitbestG	Montan-Mitbestimmungsgesetz
MTV	Manteltarifvertrag
m.w.N.	mit weiteren Nachweisen
NGG	Gewerkschaft Nahrung-Genuss-Gaststätten
NJOZ	Neue Juristische Online-Zeitschrift
NJW	Neue Juristische Wochenschrift
NJW-RR	NJW-Rechtsprechungs-Report
Nr(n).	Nummer(n)
NVwZ	Neue Zeitschrift für Verwaltungsrecht
NVwZ-RR	NVwZ-Rechtsprechungs-Report
NZA	Neue Zeitschrift für Arbeitsrecht
NZA-RR	NZA-Rechtsprechungsreport
NZG	Neue Zeitschrift für Gesellschaftsrecht

oHG .... offene Handelsgesellschaft
OLG .... Oberlandesgericht

RdA .... Recht der Arbeit (Zeitschrift)
RegE .... Regierungsentwurf
RG .... Reichsgericht
RGZ .... Entscheidungen des Reichsgerichts in Zivilsachen (amtliche Sammlung)
RL .... Richtlinie
Rn. .... Randnummer

S. .... Satz; Seite
SAE .... Sammlung Arbeitsrechtlicher Entscheidungen
scil. .... scilicet
SE .... Societas Europaea
SEBG .... SE-Beteiligungsgesetz
SGB .... Sozialgesetzbuch
Slg. .... Sammlung der Entscheidungen des Europäischen Gerichtshofs
sog. .... sogenannt
S.r.l. .... Società a responsabilità limitata
st. Rspr. .... ständige Rechtsprechung
StGB .... Strafgesetzbuch

TVG .... Tarifvertragsgesetz
TzBfG .... Teilzeit- und Befristungsgesetz

u.a. .... unter anderem
UmwG .... Umwandlungsgesetz
u.U. .... unter Umständen

v. .... von
ver.di .... Vereinigte Dienstleistungsgewerkschaft
vgl. .... vergleiche

WO .... Wahlordnung

ZAAR .... Zentrum für Arbeitsbeziehungen und Arbeitsrecht
z.B. .... zum Beispiel
ZfA .... Zeitschrift für Arbeitsrecht
Ziff. .... Ziffer
ZIP .... Zeitschrift für Wirtschaftsrecht
ZPO .... Zivilprozessordnung
ZTR .... Zeitschrift für Tarifrecht
zust. .... zustimmend
zutr. .... zutreffend

Verzeichnis der abgekürzt zitierten Literatur

A/P/Sch/*Bearbeiter*	*Ascheid/Preis/Schmidt,* Kündigungsrecht – Großkommentar, 4. Aufl. 2012
Bamberger/Roth/ *Bearbeiter*	*Bamberger/Roth,* Bürgerliches Gesetzbuch mit Nebengesetzen, Kommentar, 3. Aufl. 2011
Brox/Rüthers	*Brox/Rüthers,* Arbeitskampfrecht, 2. Aufl. 1982
Däubler/ *Bearbeiter,* AKR	*Däubler,* Arbeitskampfrecht, 2. Aufl. 1987
Däubler/ *Bearbeiter,* TVG	*Däubler,* Kommentar zum Tarifvertragsgesetz, 3. Aufl. 2012
D/B/D/*Bearbeiter* ...	*Däubler/Bonin/Deinert,* AGB-Kontrolle im Arbeitsrecht, 4. Aufl. 2014
D/K/K/W/ *Bearbeiter*	*Däubler/Kittner/Klebe/Wedde,* Betriebsverfassungsgesetz, Kommentar, 14. Aufl. 2014
ErfK/*Bearbeiter*	Erfurter Kommentar zum Arbeitsrecht, hrsgg. von *Müller-Glöge/Preis/Schmidt,* 15. Aufl. 2015
Fitting	*Fitting,* Betriebsverfassungsgesetz mit Wahlordnung, Handkommentar, 27. Aufl. 2014
Galperin/Löwisch/ *Bearbeiter*	*Galperin/Löwisch,* Kommentar zum Betriebsverfassungsgesetz, 6. Aufl. 1982
Gamillscheg	*Gamillscheg,* Kollektives Arbeitsrecht (Bd. 1: Grundlagen/Koalitionsfreiheit/Tarifvertrag/Arbeitskampf und Schlichtung, 1997; Bd. 2: Betriebsverfassung, 2008)
GK-BetrVG/ *Bearbeiter*	Gemeinschaftskommentar zum Betriebsverfassungsgesetz, hrsgg. von *Wiese et al.,* 10. Aufl. 2014
G/M/P/*Bearbeiter* ...	*Germelmann/Matthes/Prütting,* Arbeitsgerichtsgesetz, Kommentar, 8. Aufl. 2013
Hanau/Adomeit	*Hanau/Adomeit,* Arbeitsrecht, 13. Aufl. 2005
Hölters/ *Bearbeiter*	*Hölters,* Aktiengesetz, Kommentar, 2. Aufl. 2014
v. Hoyningen-Huene	*v. Hoyningen-Huene,* Betriebsverfassungsrecht, 6. Aufl. 2007
Hromadka/ *Maschmann*	*Hromadka/Maschmann,* Arbeitsrecht, Bd. 2, 6. Aufl. 2014
H/W/G/N/R/H/ *Bearbeiter*	*Hess/Worzalla/Glock/Nicolai/Rose/Huke,* Kommentar zum Betriebsverfassungsgesetz, 9. Aufl. 2014
H/W/K/*Bearbeiter* ..	*Henssler/Willemsen/Kalb,* Arbeitsrecht Kommentar, 6. Aufl. 2014
J/K/O/Sch/ *Bearbeiter*	*Jacobs/Krause/Oetker/Schubert,* Tarifvertragsrecht, 2. Aufl. 2013

J/R/H/*Bearbeiter* .... *Jaeger/Röder/Heckelmann,* Praxishandbuch Betriebsverfassungsrecht, 2003

Kempen/Zachert/
Bearbeiter .... *Kempen/Zachert,* Tarifvertragsgesetz, Kommentar, 5. Aufl.
2014

Kissel .... *Kissel,* Arbeitskampfrecht, 2003

Kittner .... *Kittner,* Arbeitskampf: Geschichte, Recht, Gegenwart,
2005

Kramer .... *Kramer,* Juristische Methodenlehre, 4. Aufl. 2013

Küttner/*Bearbeiter* .. *Küttner,* Personalbuch 2015, 22. Aufl. 2015

Larenz .... *Larenz,* Methodenlehre der Rechtswissenschaft, 6. Aufl.
1991

Lembke/Ludwig .... *Lembke/Ludwig,* Das Recht der Unternehmensmitbestimmung, 2015

Löwisch/Kaiser .... *Löwisch/Kaiser,* Betriebsverfassungsgesetz, Kommentar,
6. Aufl. 2010

Löwisch/Rieble .... *Löwisch/Rieble,* Tarifvertragsgesetz, Kommentar, 3. Aufl.
2012

v. Mangoldt/Klein/
Starck/*Bearbeiter* ..... *v. Mangoldt/Klein/Starck,* Kommentar zum Grundgesetz,
6. Aufl. 2010

Maunz/Dürig/
Bearbeiter .... *Maunz/Dürig,* Grundgesetz, Kommentar (Loseblatt),
74. Lieferung, Stand Mai 2015

Medicus/Lorenz .... *Medicus/Lorenz,* Schuldrecht I, Allgemeiner Teil, 21. Aufl.
2015

MünchKommAktG/
Bearbeiter .... Münchener Kommentar zum Aktiengesetz, hrsgg. von
Goette/Habersack, Bd. 2, 4. Aufl. 2014

MünchKommBGB/
Bearbeiter .... Münchener Kommentar zum Bürgerlichen Gesetzbuch,
hrsgg. von *Säcker et al.,* 6. Aufl. 2012 ff.

MünchHdbArbR/
Bearbeiter .... Münchener Handbuch zum Arbeitsrecht, hrsgg. von
Richardi et al., 3. Aufl. 2009

Otto .... *Otto,* Arbeitskampf- und Schlichtungsrecht, 2006

Palandt/
Bearbeiter .... *Palandt,* Bürgerliches Gesetzbuch, 75. Aufl. 2016

Preis .... *Preis,* Praxis-Lehrbuch zum Kollektivarbeitsrecht, 3. Aufl.
2012

Preis, Arbeitsvertrag *Preis,* Der Arbeitsvertrag, 5. Aufl. 2015

Raiser/Veil .... *Raiser/Veil,* Mitbestimmungsgesetz und Drittelbeteiligungsgesetz, 5. Aufl. 2009

Richardi/
Bearbeiter .... *Richardi,* Betriebsverfassungsgesetz mit Wahlordnung,
Kommentar, 14. Aufl. 2014

Schaub/*Bearbeiter* ... *Schaub,* Arbeitsrechts-Handbuch, 16. Aufl. 2015

K. Schmidt .... *K. Schmidt,* Gesellschaftsrecht, 4. Aufl. 2002

Schüren/Hamann/
Bearbeiter ....   *Schüren/Hamann,* Arbeitnehmerüberlassungsgesetz,
Kommentar, 4. Aufl. 2010

Schwab/Weth/
Bearbeiter ....   *Schwab/Weth,* Arbeitsgerichtsgesetz, Kommentar, 4. Aufl.
2015

Semler/Stengel/
Bearbeiter ....   *Semler/Stengel,* Umwandlungsgesetz mit Spruchverfahrens-
gesetz, Kommentar, 3. Aufl. 2012

Staudinger/
Bearbeiter ....   *Staudinger,* Kommentar zum Bürgerlichen Gesetzbuch mit
Einführungsgesetz und Nebengesetzen, 13 ff. Bearb. 1993 ff.

Stege/Weinspach/
Schiefer ....   *Stege/Weinspach/Schiefer,* Betriebsverfassungsgesetz, Hand-
kommentar für die betriebliche Praxis, 9. Aufl. 2002

Thüsing ....   *Thüsing,* Europäisches Arbeitsrecht, 2. Aufl. 2011

U/H/H/*Bearbeiter* ..   *Ulmer/Habersack/Henssler,* Mitbestimmungsrecht, 3. Aufl.
2013

Wiedemann/
Bearbeiter ....   *Wiedemann,* Tarifvertragsgesetz, Kommentar, 7. Aufl. 2007

W/P/K/*Bearbeiter* ...   *Wlotzke/Preis/Kreft,* Betriebsverfassungsgesetz, Kommentar,
4. Aufl. 2009

W/W/K/K/
Bearbeiter ....   *Wlotzke/Wißmann/Koberski/Kleinsorge,* Mitbestimmungsrecht, 4. Aufl. 2011

Zöller/*Bearbeiter* .....   *Zöller,* Zivilprozessordnung, Kommentar, 31. Aufl. 2016

Zöllner/Loritz/
Hergenröder ....   *Zöllner/Loritz/Hergenröder,* Arbeitsrecht, 7. Aufl. 2015

Fall 1. Druckerei unter Druck

Nach BAG vom 20.4.1999 – 1 ABR 72/98, NZA 1999, 887; BAG (GS) vom 16.9.1986 – GS 1/82, NZA 1987, 168.

Sachverhalt

Die D-GmbH (D), ein Druckerei-Unternehmen, unterhält in Baden-Württemberg fünf Betriebe, in denen Druckerzeugnisse hergestellt werden.

Da die Lage auf dem Markt immer schwieriger wird, bemüht sich die Unternehmensführung um verschiedene Sanierungsmaßnahmen. Als erstes tritt D mit Wirkung zum 31.12.2014 aus dem „Arbeitgeberverband Druck" aus, in dem sie jahrelang Mitglied war. Der als drückende Belastung empfundene unbefristete Manteltarifvertrag, der im Jahre 2010 zwischen dem „Arbeitgeberverband Druck" und der Gewerkschaft ver.di (e. V.) geschlossenen worden ist, sieht in § 5 hohe Zuschläge für anfallende Mehrarbeit vor. Insbesondere im Betrieb Unterhausen ist die Lage aufgrund der besonders ungünstigen Kostenstrukturen dramatisch. Es drohen betriebsbedingte Kündigungen. Daher treffen die örtliche Geschäftsleitung und der Betriebsrat einen Beschluss, jeden einzelnen Mitarbeiter auf entsprechenden Vordrucken unterschreiben zu lassen, dass er einer Kürzung der Mehrarbeitszuschläge um 50% zustimme. Im Gegenzug sichert die Geschäftsleitung den Arbeitnehmern in dem Vordruck zu, zwei Jahre lang keine betriebsbedingten Kündigungen im Betrieb Unterhausen auszusprechen. A – Mitglied der Gewerkschaft ver.di und seit zehn Jahren als Drucker bei D beschäftigt   unterschreibt, wie die meisten seiner Kollegen, den Revers. Zwei Monate nach geleisteter Unterschrift reut ihn jedoch seine Entscheidung und er verlangt den ungekürzten Mehrarbeitszuschlag.

Sodann leitet die Unternehmensführung Verhandlungen mit dem Gesamtbetriebsrat über das Urlaubsgeld ein. Dieses ist bislang in den Arbeitsverträgen aller Mitarbeiter gleichlautend wie folgt geregelt (tarifliche Regelungen dazu bestehen nicht):

> „§ 13. Urlaubsgeld
>
> Der in einem ungekündigten Arbeitsverhältnis stehende Mitarbeiter hat nach drei Jahren Betriebszugehörigkeit einen Anspruch auf ein Urlaubsgeld i. H. v. 20% eines Bruttomonatsentgelts. Dieses gelangt im Juni eines jeden Jahres zur Auszahlung. Diese Sonderzuwendung kann ganz oder teilweise aus triftigen wirtschaftlichen Gründen, insbesondere bei schlechtem Verlauf des Geschäftsjahres, widerrufen werden."

Der Gesamtbetriebsrat erklärt sich nach längeren Verhandlungen im Februar 2015 bereit, eine Gesamtbetriebsvereinbarung zu unterzeichnen, derzufolge das Urlaubsgeld nicht länger gewährt werden soll, und zwar mit Wirkung schon für 2015. Den Arbeitnehmern wurde die Gesamtvereinbarung per E-Mail zur Kenntnis gebracht. A ist mit der Streichung nicht einverstanden. Seine arbeitsvertraglichen Ansprüche stünden nicht zur Disposition und wenn überhaupt, so sei hierfür der örtliche Betriebsrat zuständig.

1

1. Kann A den ungekürzten Mehrarbeitszuschlag verlangen?
2. Prüfen Sie den Anspruch des A auf das Urlaubsgeld.
3. Wie beurteilen Sie die Erfolgsaussichten möglicher Rechtsbehelfe der Gewerkschaft ver.di gegen D wegen der Unterschreitung tariflicher Standards bei den Mehrarbeitszuschlägen?

Gliederung

Lösung

Frage 1: Anspruch des A auf Zahlung des ungekürzten Mehrarbeitszuschlags

A könnte ein Anspruch auf Zahlung des ungekürzten Zuschlags für Mehrarbeit aus **1** § 611 Abs. 1 BGB i. V. m. dem Arbeitsvertrag i. V. m. § 5 MTV zustehen.

I. Arbeitsverhältnis zwischen D und A

Voraussetzung für einen solchen Anspruch ist, dass zwischen D und A ein Arbeits- **2** verhältnis (§ 611 BGB) besteht. A ist laut Sachverhalt bei D als Drucker und damit als Arbeitnehmer beschäftigt. Ein Arbeitsverhältnis zwischen den Parteien ist somit gegeben.

II. Bestehen eines wirksamen Tarifvertrages

Die Geltendmachung tarifvertraglicher Ansprüche setzt sodann einen wirksamen **3** Tarifvertrag voraus. Vorliegend ist davon auszugehen, dass der „Arbeitgeberverband Druck" und ver.di, beides tariffähige Parteien i.S.d. § 2 Abs. 1 TVG, im Jahre 2010 im Rahmen ihrer satzungsmäßig festgelegten Tarifzuständigkeit in der dafür vorgesehenen schriftlichen Form (§ 1 Abs. 2 TVG) eine Einigung über die Inhalte des Manteltarifvertrages erzielt haben. Der unbefristete Manteltarifvertrag entfaltet auch heute noch seine Wirkungen, da er bislang nicht gekündigt worden ist.

III. Tarifbindung der Arbeitsvertragsparteien

4 Um Ansprüche aus dem Tarifvertrag ableiten zu können, müssten sowohl A als auch seine Arbeitgeberin D tarifgebunden i.S.d. § 3 Abs. 1 TVG sein. A ist Mitglied der Gewerkschaft ver.di, die den Manteltarifvertrag abgeschlossen hat. Fraglich ist die Tarifbindung der D, da sie Ende 2014 aus dem Arbeitgeberverband ausgetreten ist. Die Tarifgebundenheit der D könnte jedoch kraft der Fiktion in § 3 Abs. 3 TVG über das Austrittsdatum hinaus fortbestehen. Nach dieser Vorschrift bleibt die zuvor kraft Mitgliedschaft begründete Tarifgebundenheit bestehen, bis der Tarifvertrag endet. Allein durch den Austritt aus dem Arbeitgeberverband konnte sich D folglich nicht der Tarifbindung entziehen. Die durch § 3 Abs. 3 TVG angeordnete Nachbindung ist auch in der Folgezeit nicht entfallen. Der Tarifvertrag ist weder beendet noch inhaltlich geändert worden.[1]

IV. Geltungsbereich des Tarifvertrages

5 Für den Eintritt der Tarifwirkung müsste das Arbeitsverhältnis zwischen D und A vom räumlichen, branchenmäßig-betrieblichen und persönlichen Geltungsbereich des Manteltarifvertrages erfasst werden (§ 4 Abs. 1 S. 1 TVG). Davon ist mangels entgegenstehender Anhaltspunkte hier auszugehen.

V. Voraussetzungen des § 5 MTV

6 Ferner ist davon auszugehen, dass die tatbestandlichen Voraussetzungen des § 5 MTV für die Zuerkennung von Mehrarbeitszuschlägen im Falle des A erfüllt sind.

VI. Abweichende Regelung in den Vordrucken

7 Allerdings könnte die tarifvertragliche Regelung hier durch den dem A vorgelegten und von ihm unterzeichneten Vordruck modifiziert worden sein. Denn aus dem von A unterschriebenen Schriftstück ergibt sich, dass der Mehrarbeitszuschlag künftig nur noch 50 % der tarifvertraglich vorgesehenen Höhe betragen soll. Dabei handelt es sich um eine Regelung, die der arbeitsvertraglichen Ebene zuzuordnen ist. Dass sie auf einem von den Betriebsparteien abgestimmten Plan beruht, ist für die rechtliche Einordnung insoweit unbeachtlich.

1. Verstoß gegen die zwingende Wirkung des Manteltarifvertrages

8 Die Abweichungen von dem Tarifvertrag könnten gegen die zwingende Wirkung des Tarifvertrages nach § 4 Abs. 3 TVG verstoßen. Da der Manteltarifvertrag keine

---

[1] Zur Beendigung der Nachbindung bei Änderung des Tarifvertrages vgl. BAG vom 7.11.2001 – 4 AZR 703/00, NZA 2002, 748, 749f.; BAG vom 1.7.2009 – 4 AZR 261/08, NZA 2010, 53, 59.

Öffnungsklausel enthält, kann die abweichende arbeitsvertragliche Regelung nur auf der Grundlage des Günstigkeitsprinzips Bestand haben.

2. Rechtfertigung durch das Günstigkeitsprinzip

Zu untersuchen ist somit, ob die Kürzung der Mehrarbeitszuschläge um 50 % eine **9** günstigere Regelung gegenüber dem Tarifvertrag darstellt. Für sich genommen stellt die Halbierung des Mehrarbeitszuschlages selbstverständlich eine ungünstigere Regelung dar. Fraglich ist jedoch, ob in den Günstigkeitsvergleich nicht auch die den Arbeitnehmern im Gegenzug garantierte Arbeitsplatzsicherheit einzubeziehen ist. Nach welchen Kriterien ein Günstigkeitsvergleich zwischen tariflichen und einzelvertraglichen Regelungen zu erfolgen hat, ist umstritten.

a) Maßgebliche Sichtweise für den Günstigkeitsvergleich

Klärungsbedürftig ist zunächst, aus welcher Sichtweise der Günstigkeitsvergleich **10** angestellt werden muss. Eine subjektive Sichtweise,[2] nach der die Präferenzen des individuellen Arbeitnehmers den Ausschlag geben, so wie sie in der abweichenden Vereinbarung ihren Niederschlag gefunden haben, verkennt, dass das geltende Tarifvertragsrecht (vgl. insbesondere § 4 Abs. 4 TVG) den Arbeitnehmer auch vor sich selbst und seiner möglichen Nachgiebigkeit gegenüber dem Arbeitgeber schützt. Von daher ist mit der h. M.[3] von einem objektiven Maßstab auszugehen, der auf die Sicht eines verständigen Arbeitnehmers, nicht aber auf das Wohl der Belegschaft, abstellt (individueller Günstigkeitsvergleich auf der Grundlage eines objektiven Maßstabs).[4]

b) Bestimmung der Vergleichsgegenstände

Sodann ist zu klären, welche Bestimmungen des Tarifwerks und der arbeitsvertragli- **11** chen Regelung einander gegenüberzustellen sind. Hier sind verschiedene Ansätze denkbar.

So könnte man beispielsweise einen Einzelvergleich durchführen mit dem Ergebnis, **12** dass sich immer die jeweils für den Arbeitnehmer günstigere Rechtsfolge durchsetzt.[5] Hiernach hätte A Anspruch auf den ungekürzten Mehrarbeitszuschlag und könnte sich auf die zweijährige Arbeitsplatzgarantie berufen. Eine solche „Rosinentheorie" kann jedoch nicht überzeugen.[6] Tarifverträge sind regelmäßig das Ergebnis eines längeren Verhandlungsprozesses; die einzelnen Regelungen stehen infolgedessen nicht unverbunden nebeneinander, sondern bilden einen Gesamtkompromiss. Derart miteinander verknüpfte Regelungszusammenhänge dürfen nicht auseinander

---

[2] Hierfür z. B. *Heinze*, NZA 1991, 329, 333.

[3] BAG vom 20.7.1961 – 5 AZR 343/60, NJW 1961, 2229; J/K/O/Sch/*Jacobs*, § 7 Rn. 43; *Löwisch/ Rieble*, § 4 Rn. 553. Nach *Käppler*, NZA 1991, 745 ff. definieren die Tarifvertragsparteien mit ihren Normen das Interesse des Arbeitnehmers; dagegen zu Recht Wiedemann/*Wank*, § 4 Rn. 450.

[4] So auch *Zöllner/Loritz/Hergenröder*, § 39 Rn. 9 („objektiv-individueller Beurteilungsmaßstab").

[5] Däubler/*Deinert*, TVG, § 4 Rn. 663.

[6] Abl. wie hier J/K/O/Sch/*Jacobs*, § 7 Rn. 35; *Preis*, S. 163; *Zöllner/Loritz/Hergenröder*, § 39 Rn. 12.

gerissen werden. Ein isolierter Einzelvergleich trägt somit dem Willen der Tarifvertragsparteien nicht hinreichend Rechnung und ist abzulehnen.

13 Als Gegenstück zur Einzelbetrachtung könnte man sich eine Gegenüberstellung der beiden gesamten Regelungswerke vorstellen,[7] hier also des gesamten Manteltarifvertrages und des Vordrucks mit seinen beiden Bestandteilen, der Kürzung des Mehrarbeitszuschlages und der Arbeitsplatzgarantie. Wie dieser Vergleich allerdings konkret zu bewerkstelligen sein soll, ist angesichts der Verschiedenheit der Materien nicht klar. In der Tat spricht gerade die schwierige praktische Durchführung des zudem von vielen Wertungen abhängigen Gesamtvergleichs gegen diese Vorgehensweise,[8] die zudem auch im Wortlaut des § 4 Abs. 3 TVG („Regelungen“) keinen Niederschlag gefunden hat.

14 Die h.M. spricht sich daher für einen Sachgruppenvergleich aus.[9] Es werden also nur diejenigen Regelungen des Tarifvertrages und der abweichenden Abmachung miteinander verglichen, die zueinander in einem sachlichen Zusammenhang stehen. Diese Ansicht verdient in der Tat den Vorzug, da sie die Bedenken, die gegen die beiden vorgenannten Ansätze vorgebracht werden, ausräumt und mit dem Wortlaut des § 4 Abs. 3 TVG im Einklang steht.

c) Durchführung des Sachgruppenvergleichs: Arbeitsplatzsicherheit gegen Kürzung des tariflichen Mehrarbeitszuschlags?

15 Fraglich ist hier, ob die tarifvertraglich festgelegten Mehrarbeitszuschläge und die den Arbeitnehmern arbeitsvertraglich garantierte Arbeitsplatzsicherheit überhaupt vergleichbar sind. Welche Bestimmungen in einem inneren Zusammenhang stehen, muss durch Auslegung des Tarifvertrages und des Arbeitsvertrages ermittelt werden.[10] Was die Einbeziehung einer Beschäftigungsgarantie anbelangt, so nehmen das BAG und ein Teil des Schrifttums einen zurückhaltenden Standpunkt ein.[11] Das BAG hat in der sog. Burda-Entscheidung[12] zu den betrieblichen Bündnissen für Arbeit ausgeführt, „ein [...] Vergleich von Regelungen, deren Gegenstände sich thematisch nicht berühren, ist indessen methodisch unmöglich (‚Äpfel mit Birnen‘) und mit § 4 Abs. 3 TVG nicht vereinbar“. Das BAG fährt sodann fort und betont: „Arbeitsentgelt einerseits und eine Beschäftigungsgarantie andererseits sind jedoch völlig unterschiedlich geartete Regelungsgegenstände, für deren Bewertung es keinen gemeinsamen Maßstab gibt. Sie können nicht miteinander verglichen werden. Eine Beschäftigungsgarantie ist nicht geeignet, Verschlechterungen beim Arbeitsentgelt [...] zu rechtfertigen.“ Dieser Ansicht nach wäre die arbeitsvertraglich vereinbarte Halbierung des Mehrarbeitszuschlags vom Günstigkeitsprinzip nicht gedeckt und es läge damit eine unwirksame Unterschreitung des tariflichen Standards vor.

---

[7] Für einen solchen Gesamtvergleich *Heinze*, NZA 1991, 329, 335; *Nebeling/Arntzen*, NZA 2011, 1215.

[8] *Preis*, S. 163; *Zöllner/Loritz/Hergenröder*, § 39 Rn. 13.

[9] BAG vom 20.4.1999 – 1 ABR 72/98, NZA 1999, 887, 893; BAG vom 1.7.2009 – 4 AZR 261/08, NZA 2010, 53, 59; ErfK/*Franzen*, § 4 TVG Rn. 38; J/K/O/Sch/*Jacobs*, § 7 Rn. 37.

[10] *Löwisch/Rieble*, 2. Aufl. 2004, § 4 Rn. 302.

[11] BAG vom 20.4.1999 – 1 ABR 72/98, NZA 1999, 887, 893; J/K/O/Sch/*Jacobs*, § 7 Rn. 65 ff.; *Wiedemann/Wank*, § 4 Rn. 432 ff.

[12] BAG vom 20.4.1999 – 1 ABR 72/98, NZA 1999, 887, 893.

Dagegen wird vorgebracht, dass es sich um eine realitätsfremde Bewertung der Interessen zur ausschließlichen Aufrechterhaltung der Dogmatik handele.[13] Jedenfalls in Fällen, in denen eine echte Existenzgefahr für den fraglichen Betrieb bestehe, müsse es grundsätzlich den Arbeitsvertragsparteien nach dem Grundsatz der Privatautonomie überlassen bleiben, die Beschäftigungsgarantie zu einer für die Günstigkeitsbewertung maßgeblichen Vergleichsgröße zu machen.[14] Außerdem sei der Arbeitsplatz als solcher gerade die Grundvoraussetzung für alle Arbeitsbedingungen und könne somit auch jeder erdenklichen Sachgruppe zugeordnet und in den Vergleich einbezogen werden.[15] **16**

Den Kritikern des BAG ist entgegenzuhalten, dass die wertende Entscheidung darüber, wie bei der Regelung der Arbeitsbedingungen das Interesse der Arbeitnehmer an möglichst hohen Entgelten mit dem unternehmerischen Interesse an geringen Arbeitskosten um der Wettbewerbsfähigkeit willen und damit auch zur Sicherung der Arbeitsplätze in Einklang gebracht werden kann, eine tarifpolitische Grundsatzfrage ist. Die im Tarifvertragsgesetz zum Ausdruck gelangte Grundvorstellung geht dahin, es den Tarifvertragsparteien zu überlassen, nach ihren gemeinsamen Zweckmäßigkeitsvorstellungen einerseits Kostenfaktoren für die unternehmerische Tätigkeit und andererseits Untergrenzen der Arbeitsbedingungen, insbesondere der Arbeitseinkommen, zu bestimmen.[16] Aber auch soweit im Schrifttum eine Neuinterpretation des Günstigkeitsprinzips für Grenzsituationen vorgeschlagen wird, in denen eine Existenzgefahr für den Betrieb besteht,[17] kann dieser Ansatz nicht überzeugen, lässt sich doch insgesamt nur äußerst schwer objektiv bestimmen, wann eine reale Existenzgefahr vorliegt und ob diese ausschließlich durch Einsparungen der Lohnkosten beseitigt werden kann. Zusammenfassend lässt sich festhalten, dass es Sache des Gesetzgebers und nicht der Gerichte oder des Rechtsanwenders ist, den Günstigkeitsvergleich neu zu definieren und damit auch eine rechtspolitisch eminent bedeutsame Grundentscheidung zu treffen, die im Tarifvertragsgesetz keinen hinreichenden Rückhalt findet. Alles in allem verstößt eine rein betrieblich-arbeitsvertragliche Lösung – wie hier – gegen § 4 Abs. 3 TVG und ist unzulässig. **17**

VII. Geltendmachung des Anspruchs als unzulässige Rechtsausübung?

Schließlich könnte man noch erwägen, ob sich A mit der Geltendmachung des Anspruchs auf den ungekürzten Mehrarbeitszuschlag nicht in Widerspruch setzt zu seinem schriftlich auf dem Vordruck erklärten Einverständnis mit eben dieser Kürzung. Darin könnte eine unzulässige Rechtsausübung i.S.d. § 242 BGB, ein *venire contra factum proprium,* liegen. Dagegen spricht jedoch, dass es hier schlicht um den Vollzug des § 4 Abs. 3 TVG geht, der sich als zwingendes Arbeitnehmerschutzrecht darstellt und sich gerade auch dann bewähren muss, wenn der Arbeitnehmer einer Schmälerung seiner tarifvertraglichen Rechtsposition zustimmt. **18**

---

13 Für eine Neuinterpretation des Günstigkeitsprinzips insbesondere *Adomeit,* NJW 1984, 26 f.; vgl. auch *Buchner,* DB Beil. 12/1996, S. 1, 10 f.; *ders., NZA* 1999, 897, 901 und *Schliemann,* NZA 2003, 122, 126.

14 *Niebler/Schmiedl,* BB 2001, 1631, 1635; *Trappehl/Lambrich,* NJW 1999, 3117, 3221.

15 *Trappehl/Lambrich,* NJW 1999, 3217, 3221; vgl. ferner *Niebler/Schmiedl,* BB 2001, 1631, 1635.

16 BAG vom 20.4.1999 – 1 ABR 72/98, NZA 1999, 887, 893.

17 Vgl. dazu die Nachweise oben Fn. 13.

VIII. Ergebnis

19 A kann von D die Zahlung der Mehrarbeitszuschläge sowohl für die Zukunft als auch die Vergangenheit verlangen.

Frage 2: Anspruch des A auf Zahlung des Urlaubsgeldes

20 A könnte ein Anspruch auf Zahlung des Urlaubsgeldes für das Jahr 2015 aus § 13 seines Arbeitsvertrages zustehen.

I. Anspruch entstanden

21 Dann müsste der Zahlungsanspruch zunächst wirksam entstanden sein.

1. Arbeitsverhältnis zwischen D und A

22 Voraussetzung ist zunächst, dass zwischen D und A ein Arbeitsverhältnis (§ 611 BGB) besteht. Das wurde bereits oben bejaht (siehe Rn. 2).

2. Voraussetzungen des § 13 des Arbeitsvertrages

23 Sodann müssten die anspruchsbegründenden Tatbestandsvoraussetzungen des § 13 des Arbeitsvertrages erfüllt sein. § 13 verlangt, dass der Mitarbeiter in einem ungekündigten Arbeitsverhältnis steht und eine Betriebszugehörigkeit von mindestens drei Jahren aufweisen kann. Beides ist hier der Fall, da A seit zehn Jahren ungekündigt beschäftigt ist.

II. Erlöschen des Anspruchs durch Abschluss einer Gesamtbetriebsvereinbarung

24 Der Anspruch könnte hier durch die Gesamtbetriebsvereinbarung zum Erlöschen gebracht worden sein. Denn diese sieht die Abschaffung des zusätzlichen Urlaubsgeldes mit Wirkung bereits für das Jahr 2015 vor. Fraglich ist jedoch, ob durch dieses dem kollektiven Arbeitsrecht zuzurechnende Instrument in die individualvertraglich begründeten Rechtspositionen der Arbeitnehmer eingegriffen werden kann.

1. Allgemeine Voraussetzungen für das Zustandekommen einer wirksamen Gesamtbetriebsvereinbarung

25 Die grundsätzliche Zulässigkeit von Gesamtbetriebsvereinbarungen ergibt sich aus § 50 BetrVG. Auch Gesamtbetriebsvereinbarungen gelten nach § 77 Abs. 4 S. 1 BetrVG unmittelbar und zwingend für die Arbeitsverhältnisse aller im Unternehmen beschäftigten Arbeitnehmer. Gesamtbetriebsvereinbarungen unterliegen den gleichen Anforderungen und Grenzen wie Betriebsvereinbarungen.[18] Vorliegend ist es zwischen der Geschäftsleitung des Unternehmens, also dem Arbeitgeber, und dem Gesamtbetriebsrat zu einer Einigung über betriebliche Fragen im Unternehmen gekommen. Von der Einhaltung der Schriftform des § 77 Abs. 2 S. 1 BetrVG ist auszugehen, zumal sich dem Sachverhalt entnehmen lässt, dass der Gesamtbetriebsrat die Vereinbarung unterzeichnet hat. Mit der Übermittlung per Email hat

---

[18] Richardi/*Annuß*, § 50 Rn. 70.

der Arbeitgeber die Gesamtbetriebsvereinbarung in einer Weise bekannt gemacht, dass die Arbeitnehmer von ihrem Inhalt ohne Schwierigkeiten Kenntnis nehmen können.[19] Im Übrigen hätte ein Verstoß gegen § 77 Abs. 2 S. 3 BetrVG auf die Wirksamkeit der Gesamtbetriebsvereinbarung keinen Einfluss, da es sich nach allgemeiner Meinung hierbei um eine bloße Ordnungsvorschrift handelt.[20]

2. Zuständigkeit zum Abschluss der Gesamtbetriebsvereinbarung

Klärungsbedürftig ist sodann die Zuständigkeit des Gesamtbetriebsrats zum Abschluss der Betriebsvereinbarung. Denn eine unter Überschreitung der Zuständigkeit abgeschlossene Gesamtbetriebsvereinbarung wäre unwirksam.[21] Dabei gilt die Grundregel, dass für die Ausübung der Mitbestimmungsrechte nach dem Betriebsverfassungsgesetz grundsätzlich der von den Arbeitnehmern unmittelbar gewählte Betriebsrat zuständig ist.[22] Dem Gesamtbetriebsrat ist nach § 50 Abs. 1 S. 1 BetrVG nur die Behandlung von Angelegenheiten zugewiesen, die das Gesamtunternehmen oder mehrere Betriebe betreffen und nicht durch die einzelnen Betriebsräte innerhalb ihrer Betriebe geregelt werden können. Erforderlich ist, dass es sich zum einen um eine mehrere Betriebe betreffende Angelegenheit handelt und zum andern objektiv ein zwingendes Erfordernis für eine unternehmenseinheitliche oder betriebsübergreifende Regelung besteht. Dieses Erfordernis kann sich aus technischen oder rechtlichen Gründen ergeben. Allein der Wunsch des Arbeitgebers nach einer unternehmenseinheitlichen oder betriebsübergreifenden Regelung, sein Kosten- und Koordinierungsinteresse sowie reine Zweckmäßigkeitsgesichtspunkte genügen nicht, um in Angelegenheiten der zwingenden Mitbestimmung die Zuständigkeit des Gesamtbetriebsrats zu begründen.[23] Der wirtschaftliche Zwang zur Unternehmenssanierung begründet als solcher keinen überbetrieblichen Regelungsbedarf.[24] Ausgehend von diesen Grundsätzen ließe sich eine Zuständigkeit des Gesamtbetriebsrats kaum begründen, denn die Einspareffekte sind wohl genauso gut auf der Betriebsebene zu erzielen, dies umso mehr, als die Betriebe durchaus unterschiedliche Kostenstrukturen aufweisen können, denen man dann gesondert Rechnung tragen könnte.

26

Allerdings beschränkt das BAG diese Abgrenzungslinie auf den Bereich der zwingenden Mitbestimmung. In Angelegenheiten, die der freiwilligen Mitbestimmung zuzuordnen sind, hat es der Arbeitgeber nach der Rechtsprechung in der Hand, die Zuständigkeit des Gesamtbetriebsrats herbeizuführen. Denn die Zuständigkeit des Gesamtbetriebsrats kann – so das BAG – auch auf der „subjektiven Unmöglichkeit" einzelbetrieblicher Regelungen beruhen. Davon sei auszugehen, wenn der Arbeitge-

27

---

[19] W/P/K/*Preis*, § 77 Rn. 11.

[20] *Fitting*, § 77 Rn. 25; GK-BetrVG/*Kreutz*, § 77 BetrVG Rn. 52; für die Parallelvorschrift des § 8 TVG ebenso BAG vom 27.1.2004 – 1 AZR 148/03, NZA 2004, 667, 670 sowie zur Vorgängervorschrift des § 7 a. F. TVG BAG vom 8.1.1970 – 5 AZR 124/69, BB 1970, 618 (= AP Nr. 43 zu § 4 TVG – Ausschlussfristen); a. A. *Zöllner/Loritz/Hergenröder*, § 50 Rn. 23.

[21] BAG vom 31.1.1989 – 1 ABR 60/87, NZA 1989, 606, 610; ErfK/*Koch*, § 50 BetrVG Rn. 8; für schwebende Unwirksamkeit W/P/K/*Roloff*, § 50 Rn. 25.

[22] BAG vom 6.4.1976 – 1 ABR 27/74, AP Nr. 2 zu § 50 BetrVG 1972; H/W/K/*Hohenstatt/Dzida*, § 50 BetrVG Rn. 2.

[23] BAG vom 14.11.2006, NZA 2007, 399, 401; BAG vom 18.5.2010 – 1 ABR 96/08, NZA 2011, 171, 172.

[24] BAG vom 15.1.2002 – 1 ABR 10/01, NZA 2002, 988, 991.

ber im Bereich der freiwilligen Mitbestimmung zu einer Maßnahme, Regelung oder Leistung nur betriebsübergreifend bereit ist. Wenn der Arbeitgeber mitbestimmungsfrei darüber entscheiden könne, ob er eine Leistung überhaupt erbringe, so könne er sie von einer überbetrieblichen Regelung abhängig machen und so die Zuständigkeit des Gesamtbetriebsrats für den Abschluss einer entsprechenden Betriebsvereinbarung herbeiführen.[25] Die Angelegenheiten, in denen der Betriebsrat in sozialen Angelegenheiten ein erzwingbares Mitbestimmungsrecht hat, sind in § 87 Abs. 1 BetrVG geregelt. Mit der Vergütung befasst sich vor allem § 87 Abs. 1 Nr. 10 BetrVG. Allerdings betrifft dieser Tatbestand allein die Verteilung der Leistung, die innerbetriebliche Lohngerechtigkeit, nicht aber das „Ob" der Leistung.[26] Auch aus § 87 Abs. 1 Nr. 11 BetrVG lässt sich kein weitergehendes Mitbestimmungsrecht ableiten. Zwar hat der Betriebsrat hiernach über die Bezugsgrößen des Lohnes einschließlich des Geldfaktors und damit auch über die Lohnhöhe mitzubestimmen. Beim Urlaubsgeld handelt es sich jedoch nicht um ein den Akkord- und Prämiensätzen vergleichbares leistungsbezogenes Entgelt. Das sind nur solche, bei denen die Leistung des Arbeitnehmers gemessen und mit einer Bezugsleistung verglichen wird. Die Regelung der vollständigen Streichung des Urlaubsgeldes erfolgte mithin im Wege der freiwilligen Mitbestimmung (§ 88 BetrVG). Daraus folgt, dass eine originäre Zuständigkeit des Gesamtbetriebsrats unter Zugrundelegung der Rechtsprechung des BAG nach § 50 Abs. 1 BetrVG zu bejahen ist.

3. Zulässigkeit einer ablösenden Betriebsvereinbarung

28 Zu untersuchen bleibt allerdings, ob die zuständigkeitsgemäß zustande gekommene Gesamtbetriebsvereinbarung die intendierte Wirkung, nämlich die Ablösung der arbeitsvertraglich begründeten Ansprüche der Arbeitnehmer, tatsächlich entfalten kann.

a) Günstigkeitsprinzip auch gegenüber Betriebsvereinbarungen

29 Ausgangspunkt für die Bestimmung des Verhältnisses von Arbeitsvertrag und Betriebsvereinbarung ist § 77 Abs. 1 S. 1 BetrVG. Hiernach hat die Betriebsvereinbarung zwingende Wirkung, d.h. sie verdrängt entgegenstehende Regelungen auf der rangniedrigeren arbeitsvertraglichen Stufe. Fraglich ist, ob die zwingende Wirkung im Falle günstigerer arbeitsvertraglicher Vereinbarungen nicht eine Durchbrechung erfährt. Das könnte auf den ersten Blick zweifelhaft sein, da das Gesetz in § 77 BetrVG – anders als das Tarifrecht (§ 4 Abs. 3 TVG) – keine ausdrückliche Regelung des Günstigkeitsprinzips enthält. Hieraus kann aber nicht abgeleitet werden, dass der Gesetzgeber das Günstigkeitsprinzip habe ausschließen wollen. Aus den Gesetzesmaterialien ergibt sich kein Hinweis dafür, dass Betriebsvereinbarungen anders als Tarifverträgen ein zweiseitig zwingender Charakter zuerkannt werden sollte. Vielmehr kommt mit dem Günstigkeitsprinzip ein allgemeiner Grundsatz zur Anwendung; § 77 Abs. 4 S. 1 BetrVG ist insoweit unvollständig.[27]

---

[25] BAG vom 10.10.2006 – 1 ABR 59/05, NZA 2007, 523, 524; Richardi/*Annuß,* § 50 BetrVG Rn. 16.

[26] BAG vom 28.3.2006 – 1 ABR 59/04, NZA 2006, 1367, 1368; ErfK/*Kania,* § 87 BetrVG Rn. 108.

[27] BAG (GS) vom 16.9.1986 – GS 1/82, NZA 1987, 168, 172 f.; BAG (GS) vom 7.11.1989 – GS 3/85, NZA 1990, 816, 819; Richardi/*Richardi,* § 77 Rn. 141 ff.

b) Kollektiver Günstigkeitsvergleich

Als nächstes gilt es zu klären, wie der Günstigkeitsvergleich in der vorliegenden **30** Konstellation durchzuführen ist. Nimmt man die auch für § 4 Abs. 3 TVG weitgehend anerkannte Sichtweise (siehe oben Rn. 15 ff.) zum Ausgangspunkt der Betrachtung, so müsste hier ein Gruppenvergleich derjenigen Regelungen durchgeführt werden, die zueinander in einem sachlichen Zusammenhang stehen (sog. Sachgruppenvergleich).[28] Dabei wäre auf die Sicht eines objektiven, vernünftig abwägenden Arbeitnehmers abzustellen.[29] Das Ergebnis eines solchermaßen strukturierten Günstigkeitsvergleichs wäre im vorliegenden Fall eindeutig: der Individualanspruch auf das Urlaubsgeld wäre die für den Arbeitnehmer günstigere Regelung. Sie würde sich gegenüber der Betriebsvereinbarung behaupten.

Der Fall zeichnet sich aber dadurch aus, dass der Anspruch auf das Urlaubsgeld auf **31** einer Formularklausel beruht, die sich in den Arbeitsverträgen aller Mitarbeiter findet, so dass hier unternehmensweit einheitlich eine Sozialleistung geregelt worden ist. Die einzelnen Ansprüche der Arbeitnehmer sind mithin in ein Gesamtsystem eingebunden. Es kann nur auf die Vor- oder Nachteile ankommen, die die Neuregelung für die Belegschaft insgesamt zur Folge hat (kollektiver Günstigkeitsvergleich).[30] Wenn die Leistungen des Arbeitgebers sich insgesamt nicht verringern oder sogar erweitert werden, steht das Günstigkeitsprinzip einer Ablösung nicht entgegen, auch wenn einzelne Arbeitnehmer dadurch schlechter gestellt werden sollten. Auf der anderen Seite darf sich der Arbeitgeber von der wirtschaftlichen Gesamtlast seiner Zusagen im Allgemeinen weder einseitig noch mit Hilfe des Betriebsrats ganz oder teilweise befreien.

Im vorliegenden Fall führt die ersatzlose Streichung des Urlaubsgeldes durch die **32** Gesamtbetriebsvereinbarung zu einer Verringerung des wirtschaftlichen Werts der Arbeitgeberleistungen. Sie ist daher durch das – hier kollektivrechtlich verstandene – Günstigkeitsprinzip nicht gedeckt.

c) Arbeitsvertragliche Regelung betriebsvereinbarungsoffen?

Allerdings könnte hier ein anderer Gedanke zur Rechtfertigung der verdrängenden **33** Wirkung der Gesamtbetriebsvereinbarung herangezogen werden. Denn der vorliegende Fall zeichnet sich dadurch aus, dass die Zusage des Urlaubsgeldes unter einen sog. Widerrufsvorbehalt gestellt worden ist. Das bedeutet, dass der Arbeitgeber die durch die Gesamtbetriebsvereinbarung getroffene Regelung, nämlich die Streichung des Urlaubsgeldes, individualrechtlich durch Ausübung seines Widerrufsrechts hätte herbeiführen können. Dann muss es ihm auch unbenommen sein, diese Entscheidung nach Verhandlung mit dem Betriebsrat in Form einer Betriebsvereinbarung zu treffen. Zumindest könnte man sagen, dass die einheitlich mit Widerrufsvorbehal-

---

[28] So grundsätzlich (vorbehaltlich der sogleich zu erörternden Sondersituation) im Rahmen des § 77 Abs. 4 BetrVG BAG vom 27.1.2004 – 1 AZR 148/03, NZA 2004, 667, 669; für die Übertragung der Grundsätze, die im Rahmen des Tarifvertragsrechts entwickelt wurden, auch Richardi/*Richardi*, § 77 Rn. 145.

[29] Für einen objektiven Beurteilungsmaßstab auch *Fitting*, § 77 Rn. 200.

[30] Grundlegend BAG (GS) vom 16.9.1986 – GS 1/82, NZA 1987, 168, 177 ff.; sodann BAG vom 3.11.1987 – 8 AZR 316/81, NZA 1988, 509, 512; BAG vom 21.9.1989 – 1 AZR 454/88, NZA 1990, 351, 352 f.; BAG vom 28.3.2000 – 1 AZR 366/99, NZA 2001, 49, 51 f.; BAG vom 18.3.2003 – 3 AZR 101/02, NZA 2004, 1099, 1102; krit. u. a. *Richardi*, NZA 1990, 331.

ten versehenen Urlaubsgeldregelungen betriebsvereinbarungsoffen ausgestaltet worden sind, der Arbeitgeber sich damit stillschweigend auch das Recht einer abweichenden Regelung durch Betriebsvereinbarung vorbehalten hat.[31]

34 Voraussetzung ist allerdings die Wirksamkeit der in den Arbeitsverträgen implementierten Widerrufsvorbehalte. Da es sich um von D vorformulierte Vertragsbedingungen (§ 305 Abs. 1 BGB) handelt, müsste der Widerrufsvorbehalt mit den Vorgaben des AGB-Rechts übereinstimmen, das Arbeitsverträge von seinem Anwendungsbereich nicht (mehr) ausnimmt (vgl. § 310 Abs. 4 BGB). Aus § 308 Nr. 4 BGB und den Wertungen des Transparenzgebots folgert das BAG:[32] Voraussetzungen und Umfang der vorbehaltenen Änderungen müssten möglichst konkretisiert werden. Die widerrufliche Leistung müsse nach Art und Höhe eindeutig bezeichnet sein, damit der Arbeitnehmer weiß, was ggfs. auf ihn zukommt. Bei den Voraussetzungen der Änderung, also den Widerrufgründen, müsse zumindest die Richtung angegeben werden, aus der der Widerruf möglich sein soll. Das BAG nennt hier beispielhaft wirtschaftliche Gründe sowie die Leistung und das Verhalten des Arbeitnehmers. § 13 des Arbeitsvertrages nimmt diese Vorgaben auf und gibt immerhin den Grad der erforderlichen Störung (aus „triftigen" wirtschaftlichen Gründen) an und gibt zur Illustration auch ein Beispiel. Ob und in welchen Konstellationen eine transparente Vertragsgestaltung solche Konkretisierungen erfordert, ist umstritten, muss hier aber nicht weiter geklärt werden.

35 Zum anderen verlangt das BAG,[33] dass die gebotene Interessenabwägung zu einer Zumutbarkeit der Klausel für den Arbeitnehmer führt, es m. a. W. nicht zu Eingriffen in den Kernbereich des Arbeitsvertrages kommt. Die Richtschnur des BAG lautet: Die Vereinbarung eines Widerrufsvorbehalts ist zulässig, soweit der im Gegenseitigkeitsverhältnis stehende widerrufliche Teil des Gesamtverdienstes unter 25% liegt und der Tariflohn nicht unterschritten wird. Sind darüber hinaus Zahlungen des Arbeitgebers widerruflich, die nicht eine unmittelbare Gegenleistung für die Arbeitsleistung darstellen, sondern Ersatz für Aufwendungen, die an sich der Arbeitnehmer selbst tragen muss, erhöht sich der widerrufliche Teil der Arbeitsvergütung auf bis zu 30% des Gesamtverdienstes.[34] Dem Sachverhalt lassen sich keine Anhaltspunkte dafür entnehmen, dass die vom BAG vorgegebenen Grenzwerte hier überschritten sein könnten. Das Urlaubsgeld macht – wenn keine weiteren Arbeitgeberleistungen unter Widerrufsvorbehalt gestellt sind – im vorliegenden Fall noch nicht einmal 2% des Gesamtverdienstes aus. Somit lässt sich festhalten, dass die in den Arbeitsverträgen der D verwendeten, gleichlautenden Widerrufsvorbehalte betreffend das Urlaubsgeld der AGB-Kontrolle standhalten und damit wirksam die Arbeitsverträge für eine Rückführung durch Betriebsvereinbarung öffnen.

36 Zu demselben Ergebnis würde man gelangen, wenn man der neueren – ausgesprochen großzügigen – Rechtsprechung des BAG zur betriebsvereinbarungsoffenen Vertragsgestaltung qua Verwendung Allgemeiner Geschäftsbedingungen folgen

---

31 Hierzu BAG vom 3.11.1987 – 8 AZR 316/81, NZA 1988, 509, 510; BAG vom 18.3.2003 – 3 AZR 101/02, NZA 2004, 1099, 1102.

32 BAG vom 12.1.2005 – 5 AZR 364/04, NZA 2005, 465, 468.

33 BAG vom 12.1.2005 – 5 AZR 364/04, NZA 2005, 465, 467; BAG vom 11.10.2006 – 5 AZR 721/05, NZA 2007, 87, 89.

34 So zuletzt BAG vom 11.10.2006 – 5 AZR 721/05, NZA 2007, 87, 89.

würde. Das BAG führt hierzu in einer neueren Entscheidung[35] aus, eine Öffnung des Arbeitsvertrages für eine Abänderung durch betriebliche Normen könne auch konkludent erfolgen. Eine solche konkludente Vereinbarung sei regelmäßig (schon dann) anzunehmen, wenn der Vertragsgegenstand in Allgemeinen Geschäftsbedingungen enthalten sei und einen kollektiven Bezug habe. Denn mit der Verwendung von Allgemeinen Geschäftsbedingungen mache der Arbeitgeber für den Arbeitnehmer erkennbar deutlich, dass im Betrieb einheitliche Vertragsbedingungen gelten sollen. Die Entscheidung ist im Schrifttum zu Recht auf Kritik gestoßen.[36] Nicht nur bleibt das Verhältnis zu den Grundsätzen des Großen Senats zur ablösenden Betriebsvereinbarung[37] im Dunkeln. Ferner wird das Günstigkeitsprinzip in einer bedenklichen Weise marginalisiert, es wird die Bestandskraft arbeitsvertraglicher Vereinbarungen massiv abgewertet und das AGB-rechtliche Transparenzgebot ignoriert. Eine eingehende Auseinandersetzung mit dieser Problematik war hier allerdings entbehrlich, da sich – wie gezeigt – die punktuelle Betriebsvereinbarungsoffenheit bereits aus der Vereinbarung wirksamer Widerrufsvorbehalte ableiten lässt.

37 Ebenso bedarf es vor diesem Hintergrund keiner Erörterung mehr, ob die ablösende Wirkung der Gesamtbetriebsvereinbarung außerdem über das Institut der Störung der Geschäftsgrundlage (§ 313 BGB) begründet werden könnte. Das BAG hat eine solche Rechtfertigung zwar grundsätzlich für zulässig gehalten.[38] Allerdings wird man hier hohe Anforderungen stellen müssen. Eine schwierige wirtschaftliche Situation – wie sie hier vorliegt – dürfte jedenfalls nicht genügen.

4. Zwischenergebnis

38 Der aus § 13 seines Arbeitsvertrages resultierende Anspruch des A auf das Urlaubsgeld für das Jahr 2015 ist durch die Gesamtbetriebsvereinbarung zum Erlöschen gebracht worden.

III. Ergebnis

39 A hat keinen Anspruch gegen D auf Zahlung des Urlaubsgeldes für das Jahr 2015.

Frage 3: Erfolgsaussichten möglicher Rechtsbehelfe der Gewerkschaft ver.di

40 Die Gewerkschaft ver.di könnte hier mit einem Antrag gegen D auf Unterlassung der Unterschreitung der tarifvertraglich festgesetzten Mehrarbeitszuschläge vor dem Arbeitsgericht vorgehen. Ein solcher Antrag wird Erfolg haben, wenn er zulässig und begründet ist.

---

[35] BAG vom 5.3.2013 – 1 AZR 417/12, NZA 2013, 916, 921; etwas vorsichtiger sodann BAG vom 17.2.2015 – 1 AZR 599/13, BeckRS 2015, 68731 (Betriebsvereinbarungsoffenheit sei jedenfalls dann anzunehmen, wenn der Betriebsrat in der Vergangenheit bei den fraglichen Leistungen beteiligt worden ist).

[36] *Preis/Ulber*, NZA 2014, 6; krit. hinsichtlich der Begründung auch *Säcker*, BB 2013, 2677; zust. hingegen mit unterschiedlichen Akzentsetzungen *Meinel/Kiehn*, NZA 2014, 509; *Hromadka*, NZA 2013, 1061; *Linsenmaier*, RdA 2014, 336, 342f.

[37] BAG (GS) vom 19.9.1986 – GS 1/82, NZA 1987, 168.

[38] BAG (GS) vom 19.9.1986 – GS 1/82, NZA 1987, 168, 177.

I. Zulässigkeit des Antrags

1. Rechtsweg zu den Arbeitsgerichten und richtige Verfahrensart

41 Die Zulässigkeit des Rechtswegs zu den Gerichten für Arbeitssachen[39] und die Zuweisung der Streitigkeit in das Beschlussverfahren könnte sich vorliegend aus § 2a Abs. 1 Nr. 1 ArbGG ergeben.[40] Hiernach ist die Zuständigkeit im Beschlussverfahren und damit zugleich der Rechtsweg zu den Arbeitsgerichten eröffnet für Angelegenheiten aus dem Betriebsverfassungsgesetz. Die Zuordnung richtet sich nach dem Streitgegenstand. Betrifft der geltend gemachte Anspruch die durch das BetrVG geregelte Ordnung des Betriebes und sind die gegenseitigen Rechte und Pflichten der Betriebsparteien als Träger dieser Ordnung im Streit, so handelt es sich um eine Angelegenheit aus dem Betriebsverfassungsgesetz.[41] Das gilt auch dann, wenn es um Rechte betriebsverfassungsrechtlicher Organe geht, die sich nicht unmittelbar aus dem Betriebsverfassungsgesetz ergeben, sondern ihre Grundlage in Tarifverträgen oder anderen Rechtsvorschriften haben.[42]

42 Im Schrifttum[43] wird für Konstellationen der vorliegenden Art – selbst wenn die Abweichung in Form einer Betriebsvereinbarung erfolgt – vielfach dem Urteilsverfahren nach § 2 Abs. 1 Nr. 2 ArbGG der Vorzug gegeben. Dafür lässt sich immerhin anführen, dass der im Vordergrund stehende deliktische Abwehranspruch aus den §§ 1004, 823 BGB i. V. m. Art. 9 Abs. 3 GG nun einmal dem Bürgerlichen Recht zuzuordnen ist und auch nicht ohne Weiteres verständlich ist, dass er durch die Beteiligung des Betriebsrats zu einer betriebsverfassungsrechtlichen Angelegenheit wird. Auch könnte man sich die Frage stellen, ob die infolge der Zuordnung zum Beschlussverfahren eintretende Kostenfreiheit für Gewerkschaften nicht eine koalitionspolitisch bedenkliche Besserstellung der Gewerkschaften darstellt.

43 Das BAG[44] hat demgegenüber zu erkennen gegeben, dass es in Konstellationen wie der vorliegenden das Beschlussverfahren nach § 2a Abs. 1 Nr. 1 ArbGG präferiert. Soweit der Antrag auf § 23 Abs. 3 BetrVG gestützt werde, ergebe sich das schon daraus, dass die Gewerkschaft einen betriebsverfassungsrechtlichen Anspruch gel-

---

[39] Die Arbeitsgerichtsbarkeit ist eine eigenständige Gerichtsbarkeit (vgl. §§ 17, 17a GVG i. V. m. § 48 ArbGG). Die §§ 2 und 2a ArbGG entscheiden damit zugleich über den Rechtsweg zu den Arbeitsgerichten. Die Zulässigkeit des Rechtswegs ist eine Prozessvoraussetzung und sollte daher im Rahmen der Zulässigkeit geprüft werden (*Ascheid*, Urteils- und Beschlußverfahren im Arbeitsrecht, 2. Aufl. 1998, Rn. 391).

[40] Darüber, dass hier der Rechtsweg zu den Arbeitsgerichten eröffnet ist, besteht kein Streit. Die Bestimmung der richtigen Verfahrensart erweist sich dagegen als problematisch. Diese Frage ist nicht ohne Bedeutung, wären doch mit dem Beschlussverfahren einige Besonderheiten verbunden, die sich durchaus auch praktisch auswirken können (*Leipold*, Anm. SAE 2002, 290, 291). Dies sind u. a. die Ermittlung des Sachverhalts von Amts wegen und die fehlende Kostenerstattung zugunsten der obsiegenden Partei (BAG vom 20.4.1999 – 1 ABR 13/98, NZA 1999, 1235 ff.) bei gleichzeitiger Gerichtskostenfreiheit (§ 2 GKG).

[41] BAG vom 16.7.1985 – 1 ABR 9/83, AP Nr. 17 zu § 87 BetrVG 1972 – Lohngestaltung; BAG vom 22.10.1985 – 1 ABR 47/83, AP Nr. 5 zu § 87 BetrVG 1972 – Werkmietwohnungen.

[42] G/M/P/*Matthes/Schlewing*, § 2a Rn. 10 f.

[43] *Bauer/Haußmann*, NZA Beil. 24/2000, S. 48; *Richardi*, Anm. AP Nr. 89 zu Art. 9 GG; *Reichold*, RdA 2012, 246; MünchHdbArbR/*Rieble/Klumpp*, § 185 Rn. 19; *Buchner*, NZA 1999, 897, 899.

[44] BAG vom 20.4.1999 – 1 ABR 72/98, NZA 1999, 887, 889.

tend mache. Aber auch ein Anspruch, der aus den §§ 1004, 823 BGB i. V. m. Art. 9 Abs. 3 GG hergeleitet werde, könne eine betriebsverfassungsrechtliche Angelegenheit betreffen. Dies liege besonders dann nahe, wenn sich der Antrag gegen die Durchführung von Betriebsvereinbarungen richte. Verfahrensgegenstand seien nämlich normative Regelungen, für die das Betriebsverfassungsgesetz sowohl die rechtliche Grundlage biete als auch den Vollzug durch den Arbeitgeber fordere. Eine Betriebsvereinbarung ist hier zwischen D und dem Betriebsrat nicht zustande gekommen. Die maßgeblichen Regelungen sollten ja erst auf der arbeitsvertraglichen Ebene geschaffen werden. Die zwischen Arbeitgeber und Betriebsrat erzielte Einigung über die Vorgehensweise lässt sich allenfalls als Regelungsabrede qualifizieren, also als eine formlose Absprache, die Rechtswirkungen nur zwischen den Betriebsparteien zu erzeugen vermag.[45] Allerdings steckt das BAG den Zuständigkeitsbereich für das Beschlussverfahren sehr weit ab.[46] Kein wesentlicher Unterschied (im Vergleich zu einer Betriebsvereinbarung) bestehe – so das BAG – wenn Regelungsabreden und deren individualrechtliche Umsetzung angegriffen würden. Zwar sei nicht zu verkennen, dass die von der Gewerkschaft bekämpfte Abweichung von den tariflichen Arbeitsbedingungen hier – anders als im Fall der abweichenden Betriebsvereinbarung – nicht bereits durch die Absprache mit dem Betriebsrat, sondern erst durch die arbeitsvertragliche Umsetzung bewirkt werde. Es sei aber zu berücksichtigen, dass auch insoweit die behauptete Rechtsverletzung von einem gemeinsamen Handeln der Betriebsparteien ausgehe. Hinzu komme, dass nicht immer klar erkennbar sei, ob es sich bei den umstrittenen Absprachen um Betriebsvereinbarungen oder Regelungsabreden handele. Es widerspräche den Erfordernissen der Prozesswirtschaftlichkeit, wenn erst nach einer Klärung dieser Frage die zutreffende Verfahrensart erkennbar würde. Ein Urteilsverfahren komme für Ansprüche der vorliegenden Art nur dann in Betracht, wenn Regelungen angegriffen würden, die allein auf entsprechenden Vereinbarungen des Arbeitgebers mit den Arbeitnehmern beruhten, ohne dass ein Betriebsrat mitgewirkt hätte. Folgt man der Rechtsprechung des BAG, so ist hier der Rechtsweg zu den Arbeitsgerichten und die Zuständigkeit im Beschlussverfahren aufgrund der Beteiligung des Betriebsrats in Form einer Regelungsabrede nach § 2a Abs. 1 Nr. 1 ArbGG gegeben.

2. Örtliche Zuständigkeit

44 Hinsichtlich der örtlichen Zuständigkeit der Arbeitsgerichte ist im Beschlussverfahren die Sondervorschrift des § 82 ArbGG zu beachten. Hieraus ergibt sich, dass das Arbeitsgericht zuständig ist, in dessen Bezirk der Betrieb liegt, hier also das Arbeitsgericht, zu dessen Bezirk der Ort Unterhausen gehört.

3. Beteiligtenfähigkeit

45 Sowohl D als GmbH als auch die Gewerkschaft ver.di, bei der es sich um einen eingetragenen Verein handelt,[47] sind im arbeitsgerichtlichen Beschlussverfahren als

---

[45] Näher zur Regelungsabrede *v. Hoyningen-Huene*, § 11 Rn. 25; *Gamillscheg*, Bd. 2, S. 764.

[46] BAG vom 20.4.1999 – 1 ABR 72/98, NZA 1999, 887, 889; bestätigend BAG vom 17.5.2011 – 1 AZR 473/09, NZA 2011, 1169, 1170.

[47] Wäre die Gewerkschaft ver.di wie die meisten anderen Gewerkschaften als nicht eingetragener Verein organisiert, so ergäbe sich die Beteiligtenfähigkeit unmittelbar aus § 10 S. 1 ArbGG.

rechtsfähige juristische Personen beteiligtenfähig.[48] Die Beteiligtenfähigkeit richtet sich nach der Parteifähigkeit, die § 50 Abs. 1 ZPO (i. V. m. §§ 80 Abs. 2, 46 Abs. 2 ArbGG) an die Rechtsfähigkeit knüpft.

4. Antragsbefugnis

46 Ferner müsste die Gewerkschaft ver.di antragsbefugt sein. Die Antragsbefugnis hängt davon ab, ob die streitgegenständlichen Normen des Betriebsverfassungsrechts dem Antragsteller eigene Rechtspositionen zuordnen, die durch den Antrag geschützt werden sollen.[49] Die Gerichte sollen zur Feststellung oder Durchsetzung eines bestimmten Rechts nicht ohne eigene Rechtsbetroffenheit des Antragstellers in Anspruch genommen werden können. Die erforderliche Betroffenheit ist schon gegeben, wenn sich der Antragsteller eigener Rechte berühmt und deren Bestehen nicht von vornherein ausgeschlossen erscheint.[50] Ob das in Anspruch genommene Recht tatsächlich besteht, ist an dieser Stelle noch unerheblich und erst im Rahmen der Begründetheit des Antrags zu untersuchen.[51] Soweit das Unterlassungsbegehren auf § 23 Abs. 3 BetrVG gestützt wird, ist die Antragsbefugnis gesetzlich vorgesehen, wenn die Gewerkschaft im Betrieb vertreten ist, ihr also mindestens ein Arbeitnehmer des Betriebes angehört. Hiervon ist angesichts der Mitgliedschaft des A bei ver.di vorliegend auszugehen.

47 Ferner macht die Gewerkschaft ver.di geltend, durch die tarifwidrige Vorgehensweise des Arbeitgebers, die auf einer Absprache mit dem Betriebsrat beruht, in ihrer Koalitionsfreiheit aus Art. 9 Abs. 3 GG verletzt zu sein. Insoweit müsste ver.di auch befugt sein, den von ihr geltend gemachten Unterlassungsanspruch allein zu verfolgen. Der Umstand, dass ein Tarifvertrag das Ergebnis gemeinsam ausgeübter Tarifautonomie ist, erzwingt richtiger Ansicht nach noch nicht die Rechtsfolge, dass keine der Tarifvertragsparteien allein antragsbefugt ist. Der Bestand des Tarifvertrages, über den beide im Grundsatz nur gemeinsam verfügen können, wird nämlich von der beantragten Gerichtsentscheidung nicht betroffen. Es geht vielmehr ausschließlich darum, den Geltungsanspruch des Tarifvertrages in der Praxis gegenüber unzulässigen konkurrierenden oder abweichenden Vereinbarungen zu verteidigen. Dabei ist zu berücksichtigen, dass die Tarifvertragsparteien keineswegs stets in gleicher Weise an der Beachtung der verschiedenen Tarifbestimmungen interessiert sind. Das folgt aus dem Kompromisscharakter, den Tarifverträge regelmäßig aufweisen. Hierauf beruht auch der allgemein anerkannte tarifvertragliche Einwirkungsanspruch. Dieser berechtigt jede Tarifvertragspartei, von der jeweiligen Gegenspielerin zu verlangen, ihre Mitglieder mit verbandsrechtlichen Mitteln zur Tariftreue anzuhalten.[52]

---

[48] Da das Beschlussverfahren keine Parteien, sondern nur Beteiligte kennt, sollte man auch nicht von Parteifähigkeit, sondern Beteiligtenfähigkeit sprechen. Man versteht darunter die Fähigkeit, im eigenen Namen ein Beschlussverfahren zur Geltendmachung oder zur Verteidigung von Rechten zu betreiben (G/M/P/*Matthes/Schlewing*, § 10 Rn. 17).

[49] BAG vom 18.2.2003 – 1 ABR 1702, NZA 2004, 336, 340.

[50] BAG vom 19.9.2006 – 1 ABR 53/05, NZA 2007, 518, 520.

[51] ErfK/*Koch*, § 81 ArbGG Rn. 10.

[52] BAG vom 20.4.1999 – 1 ABR 72/98, NZA 1999, 887, 889.

5. Bestimmtheit des Antrags

Der Antrag müsste hinreichend bestimmt gefasst werden. Es muss deutlich daraus **48** hervorgehen, über welche Angelegenheit das Arbeitsgericht mit bindender Wirkung für die Beteiligten entscheiden soll.[53] Bei einem Unterlassungsantrag – wie er hier in Betracht kommt – muss die zu unterlassende Handlung möglichst genau bezeichnet werden.[54] Der Antrag könnte beispielsweise lauten, D dazu zu verurteilen, es zu unterlassen, denjenigen Arbeitnehmern, die Mitglied der Gewerkschaft ver.di sind,[55] Vordrucke zur Unterschrift vorzulegen, die eine Unterschreitung der in § 5 MTV geregelten Höhe des Mehrarbeitszuschlags vorsehen, sowie es ferner zu unterlassen, unter Berufung auf bereits unterzeichnete Vordrucke die Mehrarbeitszuschläge der gewerkschaftsangehörigen Arbeitnehmer zu kürzen.

6. Zwischenergebnis

Die Gewerkschaft ver.di könnte beim zuständigen Arbeitsgericht einen zulässigen **49** Antrag stellen, D aufzugeben, künftig die Unterschreitung des in § 5 MTV festgelegten Mehrarbeitszuschlags zu unterlassen.

II. Begründetheit

Der Antrag der Gewerkschaft ver.di ist begründet, wenn ihr der geltend gemachte **50** Unterlassungsanspruch zusteht.

1. Unterlassungsanspruch wegen groben Verstoßes gegen Verpflichtungen aus dem Betriebsverfassungsgesetz (§ 23 Abs. 3 BetrVG)

Ein Unterlassungsanspruch der Gewerkschaft ver.di gegen D könnte sich zunächst **51** aus § 23 Abs. 3 BetrVG ergeben. Danach kann eine im Betrieb vertretene Gewerkschaft bei groben Verstößen des Arbeitgebers gegen seine Verpflichtungen aus dem Betriebsverfassungsgesetz beim Arbeitsgericht beantragen, dem Arbeitgeber aufzugeben, eine Handlung zu unterlassen. § 23 Abs. 3 BetrVG begründet unter den dort genannten Voraussetzungen einen materiell-rechtlichen Unterlassungsanspruch.[56]

a) § 77 Abs. 3 BetrVG als Grundnorm der betriebsverfassungsrechtlichen Ordnung?

Ein grober Verstoß des Arbeitgebers gegen betriebsverfassungsrechtliche Pflichten **52** könnte hier in der Missachtung des in § 77 Abs. 3 BetrVG niedergelegten Vorrangs des Tarifvertrages liegen. Das BAG hat in seiner bisherigen Rechtsprechung § 77 Abs. 3 BetrVG als eine Grundnorm der betriebsverfassungsrechtlichen Ordnung

---

[53] G/M/P/*Matthes/Schlewing,* § 81 Rn. 8.

[54] BAG vom 22.7.1980 – 6 ABR 5/78, AP Nr. 3 zu § 74 BetrVG 1972; BAG vom 17.5.2011 – 1 AZR 473/09, NZA 2011, 1169, 1171.

[55] Würde der Antrag auf Belegschaftsangehörige ausgedehnt, die nicht Mitglied der Gewerkschaft ver.di sind, so wäre dieser mangels Aktivlegitimation insoweit unbegründet.

[56] BAG vom 22.2.1983 – 1 ABR 27/81, NJW 1984, 196, 197; BAG vom 18.4.1985 – 6 ABR 19/84, NZA 1985, 783, 784; *Heinze,* DB Beil. 9/1983, S. 4 ff.; für Einräumung einer betriebsverfassungsrechtlichen Kompetenz hingegen MünchHdbArbR/*Joost,* § 222 Rn. 30 und H/W/K/*Reichold,* § 23 BetrVG Rn. 28.

angesehen, deren Beachtung § 23 Abs. 1 und 3 BetrVG gewährleisten soll.[57] Dieses Verständnis ist jedoch nicht zwingend. Man kann § 23 BetrVG mit guten Gründen auch so verstehen, dass nur das ordnungsgemäße Funktionieren der Betriebsverfassung im Zusammenspiel von Arbeitgeber und Betriebsrat gewährleistet werden soll. Aus dieser Sicht wäre § 77 Abs. 3 BetrVG, der den Kompetenzbereich der Betriebsverfassung und damit die gemeinsamen Handlungsmöglichkeiten der Betriebspartner zugunsten der Tarifautonomie einschränkt, keine „Grundnorm der betriebsverfassungsrechtlichen Ordnung", denn sein Zweck wäre nicht vom Schutzgegenstand des § 23 BetrVG umfasst.[58] Ein solches Verständnis ließe sich auch auf die Erwägung stützen, dass sich die Systemüberschreitung, die § 77 Abs. 3 BetrVG verhindern will, kaum mit Hilfe der Grundsätze des Betriebsverfassungsgesetzes als „grober Verstoß" einordnen lässt, vielmehr als Wertungsmaßstab, dass die Tarifautonomie als Schutzgegenstand des § 77 Abs. 3 BetrVG unentbehrlich ist. Das BAG hat die Frage daher zuletzt offen gelassen.[59] In dieser Weise könnte man auch vorliegend verfahren, wenn sich herausstellen sollte, dass § 77 Abs. 3 BetrVG schon tatbestandlich nicht erfüllt ist.

b) Sperrwirkung des § 77 Abs. 3 BetrVG auch für Regelungsabreden?

53 Schon der Wortlaut des § 77 Abs. 3 BetrVG („können nicht Gegenstand einer Betriebsvereinbarung sein") legt den Schluss nahe, dass die Vorschrift eine Regelungssperre nur auf Betriebsvereinbarungen im Verhältnis zu tarifvertraglichen Regelungen bezieht. Da die Absprache zwischen dem Arbeitgeber und dem Betriebsrat über die Halbierung des Mehrarbeitszuschlags – wie bereits oben ausgeführt – eine bloße Regelungsabrede darstellt, wäre sie von § 77 Abs. 3 BetrVG nicht erfasst. Für diese Sichtweise spricht nicht nur der Wortlaut, sondern entscheidend der Zweck der Vorschrift.[60] § 77 Abs. 3 BetrVG soll eine Konkurrenz zur tariflichen Normsetzung auf der betrieblichen Ebene ausschließen. Eine solche Konkurrenz liegt aber nicht bereits im Abschluss einer Regelungsabrede. Anders als Tarifverträge und Betriebsvereinbarungen können Regelungsabreden mangels normativer Wirkung die Arbeitsverhältnisse nicht unmittelbar gestalten. An dieser Gestaltungsmacht setzt aber die Kompetenzgrenze des § 77 Abs. 3 BetrVG an. Normsetzung durch den Betriebsrat soll den Arbeitnehmern nicht als Alternative erscheinen, die u.U. die Mitgliedschaft in einer tarifschließenden Gewerkschaft überflüssig machen kann. Überdies hätte eine erweiterte Sperrwirkung des § 77 Abs. 3 BetrVG für Regelungsabreden kaum praktische Bedeutung. Sie könnte zwar zur Unwirksamkeit einer Regelungsabrede im Verhältnis zwischen den Betriebsparteien führen, aber die zur Umsetzung getroffenen Einheitsverträge würden nicht berührt.[61]

---

[57] BAG vom 22.6.1993 – 1 ABR 62/92, NZA 1994, 184, 185; BAG vom 20.8.1991 – 1 ABR 85/90, NZA 1992, 317.

[58] In diesem Sinne *Löwisch/Kaiser,* § 23 Rn. 10, 18; ähnlich *Pfarr/Kocher,* Kollektivverfahren im Arbeitsrecht, 1998, S. 48 f.

[59] BAG vom 20.4.1999 – 1 ABR 72/98, NZA 1999, 887, 890.

[60] BAG vom 20.4.1999 – 1 ABR 72/98, NZA 1999, 887, 890; BAG vom 21.1.2003 – 1 ABR 9/02, NZA 2003, 1097, 1099; *Fitting,* § 77 Rn. 102; ErfK/*Kania,* § 77 BetrVG Rn. 52; GK-BetrVG/ *Kreutz,* § 77 Rn. 135; a.A. D/K/K/W/*Berg,* § 77 Rn. 78; *Gamillscheg,* Bd. 1, S. 328; MünchHdb ArbR/*Matthes,* § 238 Rn. 69; Richardi/*Richardi,* § 77 Rn. 292 f.

[61] So BAG vom 20.4.1999 – 1 ABR 72/98, NZA 1999, 887, 890.

c) Zwischenergebnis

Damit bleibt festzuhalten, dass die Sperrwirkung des § 77 Abs. 3 BetrVG Rege- **54** lungsabreden von vornherein nicht erfasst. Es kann damit dahingestellt bleiben, ob § 77 Abs. 3 BetrVG überhaupt eine Verpflichtung des Arbeitgebers aus dem Betriebsverfassungsgesetz begründet. Ein Unterlassungsanspruch aus § 23 Abs. 3 BetrVG besteht somit nicht.

2. Unterlassungsanspruch aus §§ 1004 Abs. 1 S. 2 analog, 823 Abs. 1 BGB i. V. m. Art. 9 Abs. 3 GG

Ein Unterlassungsanspruch der Gewerkschaft ver.di gegen D könnte sich des Weite- **55** ren aus §§ 1004 Abs. 1 S. 2 analog, 823 Abs. 1 BGB i. V. m. Art. 9 Abs. 3 GG ergeben.

a) Schutz der Koalitionsfreiheit durch quasinegatorischen Unterlassungsanspruch

Die begehrte Rechtsfolge, nämlich das Recht der Gewerkschaft ver.di, von D ein **56** Unterlassen verlangen zu können, könnte sich hier aus § 1004 Abs. 1 S. 2 BGB ergeben. Allerdings richtet sich diese Vorschrift unmittelbar nur gegen Beeinträchtigungen des Eigentums, deren Unterlassung der Eigentümer verlangen kann, so dass hier nur eine analoge Anwendung in Betracht kommt. In der Tat ist kein einleuchtender Grund erkennbar, warum unter den Schutzgütern des § 823 Abs. 1 BGB nur das Eigentum, nicht aber die weiteren dort genannten Rechte und Rechtsgüter eines besonderen präventiven Schutzes bedürfen.[62] Die Analogie geht sogar über § 823 Abs. 1 BGB hinaus und erfasst auch andere, insbesondere im Rahmen der §§ 823 Abs. 2, 824–826 BGB deliktsrechtlich geschützte Interessen.

Die Koalitionsfreiheit könnte ein absolutes Recht nach § 823 Abs. 1 BGB („sonsti- **57** ges Recht eines anderen") sein. Das ist zu bejahen, weil sich die Koalitionsfreiheit nach der ausdrücklichen Anordnung des Art. 9 Abs. 3 S. 2 GG gegen Störungen nicht nur von Seiten des Staates, sondern auch von Seiten Privater durchzusetzen hat (Drittwirkung der Koalitionsfreiheit). Die Koalitionsfreiheit ist also von jedermann zu respektieren, so dass ihr die von § 823 Abs. 1 BGB geforderte Ausschließungsfunktion eines absoluten Rechts zukommt. Rechtswidrige Störungen der Koalitionsfreiheit können demnach analog § 1004 Abs. 1 S. 2 BGB auch im Wege des Unterlassungsanspruchs verfolgt werden.[63]

b) Vorrang anderer Rechtsschutzmöglichkeiten?

Bevor die tatbestandlichen Voraussetzungen dieser Anspruchsgrundlage, insbeson- **58** dere die Verletzung der Koalitionsfreiheit, im Folgenden erörtert werden, bedarf es noch der Vergewisserung, dass der aus der Koalitionsfreiheit in Analogie zu § 1004 Abs. 1 S. 2 BGB abgeleitete Unterlassungsanspruch nicht hinter anderen Rechtsschutzmöglichkeiten zurücktritt.

---

62 Umfassend hierzu MünchKommBGB/*Wagner,* Vor § 823 Rn. 35 ff.
63 BAG vom 20.4.1999 – 1 ABR 72/98, NZA 1999, 887, 890; BAG vom 17.5.2011 – 1 AZR 473/09, NZA 2011, 1169, 1172.

aa) Verfahren nach § 23 Abs. 3 BetrVG

59 In einem Verhältnis der Spezialität zu dem hier erörterten Unterlassungsanspruch könnte § 23 Abs. 3 BetrVG stehen. Dagegen spricht jedoch vor allem die unterschiedliche Schutzrichtung beider Anspruchsbegründungen. Denn während § 23 Abs. 3 BetrVG die Gewährleistung der betriebsverfassungsrechtlichen Ordnung zum Ziel hat, geht es §§ 1004 Abs. 1 S. 2 analog, 823 Abs. 1 BGB, Art. 9 Abs. 3 GG um den Schutz der koalitionsspezifischen Betätigungsfreiheit einer Tarifvertragspartei.[64] Abgesehen davon sind – wie oben dargestellt – vorliegend auch die tatbestandlichen Voraussetzungen des § 23 Abs. 3 BetrVG nicht erfüllt.

bb) Möglichkeit einer Einwirkungsklage

60 Der Annahme, dass eine tarifwidrige betriebliche Regelung als Beeinträchtigung der Koalitionsfreiheit wirken kann, mit der Folge, dass die Gewerkschaft befugt ist, hiergegen mit einem Unterlassungsanspruch nach § 1004 BGB vorzugehen, könnte des Weiteren die Möglichkeit einer sog. Einwirkungsklage[65] entgegenstehen. Zwar ist anerkannt, dass jede Tarifvertragspartei von ihrem Gegenspieler verlangen kann, auf seine Mitglieder einzuwirken, damit sich diese an den Tarifvertrag halten und tarifwidrige Regelungen unterlassen. Aus der Möglichkeit der Einwirkungsklage lässt sich jedoch nicht ableiten, zur Abwehr von Beeinträchtigungen der Koalitionsfreiheit durch tarifwidrige betriebliche Regelungen bedürfe es keiner Befugnis der Gewerkschaft, den betreffenden Arbeitgeber unmittelbar auf Unterlassung in Anspruch zu nehmen. Dies folgt schon aus der Schwäche des Einwirkungsanspruchs, der nur auf Umwegen mit verbandsrechtlichen Mitteln zum Ziel führt.

c) Verletzung der Koalitionsfreiheit

61 Zu prüfen ist nun, ob die Gewerkschaft ver.di durch die in Vollzug der Regelungsabrede von D eingeleiteten Maßnahmen zur Durchführung auf der arbeitsvertraglichen Ebene in ihrer Koalitionsfreiheit verletzt wird.

aa) Schutzumfang der kollektiven Koalitionsbetätigungsfreiheit

62 Nach der Rechtsprechung des BVerfG[66] setzt sich die individualrechtliche Gewährleistung des Art. 9 Abs. 3 GG, zur Förderung der Arbeits- und Wirtschaftsbedingungen Vereinigungen zu bilden, in einem Freiheitsrecht der gebildeten Koalitionen fort. Dieses erstreckt sich auf alle Verhaltensweisen, die koalitionsspezifisch sind. Hierzu gehört insbesondere der Abschluss von Tarifverträgen. Die dergestalt von Art. 9 Abs. 3 GG geschützte Regelungsbefugnis wird nicht erst dann beeinträchtigt, wenn eine Koalition daran gehindert wird, Tarifrecht zu schaffen. Eine Einschränkung oder Behinderung der Koalitionsfreiheit liegt vielmehr auch in Abreden oder Maßnahmen, die zwar nicht die Entstehung oder den rechtlichen Bestand eines Tarifvertrages betreffen, aber darauf gerichtet sind, dessen Wirkung zu vereiteln oder leerlaufen zu lassen. Die Tarifnorm kann ihren Zweck nicht erfüllen, den Teil der Arbeits- und Wirtschaftsbedingungen zu ordnen, der ihren Gegenstand bildet.

---

[64] BAG vom 20.4.1999 – 1 ABR 72/98, NZA 1999, 887, 891.

[65] Hierzu näher Schaub/*Treber,* § 200 Rn. 13 und § 207 Rn. 33.

[66] BVerfG vom 24.4.1996 – 1 BvR 712/86, NZA 1996, 1157, 1158.

bb) Verdrängung der Tarifnorm als kollektive Ordnung

Das bedeutet allerdings nicht, dass schon jede tarifwidrige Vereinbarung zugleich als **63** Einschränkung oder Behinderung der Koalitionsfreiheit zu werten wäre. Von einem Eingriff in die Tarifautonomie kann nach der Rechtsprechung[67] nur dann gesprochen werden, wenn eine Tarifnorm als kollektive Ordnung verdrängt und damit ihrer zentralen Funktion beraubt werden soll. Das setzt eine betriebliche Regelung voraus, die einheitlich wirken und an die Stelle der Tarifnorm treten soll. Bei einer auf die Unterschreitung des tariflichen Standards gerichteten Regelungsabrede und bei den im Zuge ihrer Durchführung flächendeckend abgeschlossenen arbeitsvertraglichen Änderungsvereinbarungen sind der kollektive Charakter sowie die bewusste Kollision mit geltendem Tarifrecht besonders deutlich.

Geltendes Tarifrecht wird allerdings nur dann verdrängt, wenn der betreffende Ta- **64** rifvertrag im Anwendungsbereich der fraglichen betrieblichen Regelung normativ gilt. Hier befindet sich der Tarifvertrag in der sog. Nachbindungsphase nach § 3 Abs. 3 TVG. In dieser Phase wirkt er weiterhin normativ.[68]

Damit liegt im Vollzug der Regelungsabrede eine Verletzung der Koalitionsfreiheit. **65**

d) Wiederholungsgefahr

Materielle Anspruchsvoraussetzung auch des quasinegatorischen Unterlassungsan- **66** spruchs ist die auf Tatsachen gegründete, objektiv ernstliche Besorgnis weiterer Beeinträchtigungen.[69] Vorliegend ist davon auszugehen, dass D in Vollzug der mit dem Betriebsrat getroffenen Regelungsabrede weiterhin gewerkschaftsangehörigen Arbeitnehmern (etwa neu eingestellten) den Vordruck zur Unterschrift vorlegt und denjenigen Arbeitnehmern, die diesen Vordruck unterschrieben haben, den hälftigen Mehrarbeitszuschlag vorenthält. Die Wiederholungsgefahr ist damit gegeben.

e) Zwischenergebnis

Die Gewerkschaft ver.di kann gestützt auf §§ 1004 Abs. 1 S. 2 analog, 823 Abs. 1 **67** BGB i.V.m. Art. 9 Abs. 3 GG von D die Unterlassung der Unterschreitung der tarifvertraglich festgesetzten Mehrarbeitszuschläge verlangen, genauer: es zu unterlassen, denjenigen Arbeitnehmern, die Mitglied der Gewerkschaft ver.di sind, Vordrucke zur Unterschrift vorzulegen, die eine Unterschreitung der in § 5 MTV geregelten Höhe des Mehrarbeitszuschlags vorsehen, sowie es ferner zu unterlassen, unter Berufung auf bereits unterzeichnete Vordrucke die Mehrarbeitszuschläge der gewerkschaftsangehörigen Arbeitnehmer zu kürzen.

III. Ergebnis

Die Unterlassungsklage der Gewerkschaft ver.di ist zulässig und begründet und **68** wird daher Erfolg haben.

---

[67] BAG vom 20.4.1999 – 1 ABR 72/98, NZA 1999, 887, 892.
[68] Wiedemann/*Oetker*, § 3 Rn. 77.
[69] BAG vom 19.10.2004 – VI ZR 292/03, NJW 2005, 594, 595; Palandt/*Bassenge*, § 1004 Rn. 32.

Fall 2. Licht im Tarifdschungel

Nach BAG vom 29.8.2007 – 4 AZR 767/06, NZA 2008, 364; BAG vom 28.3.2006 – 1 ABR 58/04, NZA 2006, 1112; BAG vom 23.3.2005 – 4 AZR 203/04, NZA 2005, 1003.

Sachverhalt

Die M-GmbH (M) ist ein auf hochwertige Edelstahlkonstruktionen spezialisiertes Unternehmen mit Sitz in Frankfurt am Main. M, von deren Belegschaft 70% in der IG Metall und weitere 10% in der Christlichen Gewerkschaft Metall (CGM) organisiert sind, ist zunächst nicht Mitglied im zuständigen Arbeitgeberverband der Metallindustrie (AVM).

Bei der CGM[1] handelt es sich um eine 1899 gegründete, nach § 1 ihrer Satzung „unabhängige Gewerkschaft", die das Ziel der Regelung von Arbeitsbedingungen durch Tarifverträge verfolgt und deren Organisationsbereich sich auf die metallerzeugenden und -verarbeitenden Betriebe im gesamten Bundesgebiet erstreckt. Von den bundesweit ca. 5 Mio. Arbeitnehmern dieser Branche sind 14% in der CGM organisiert. Neben 500 ehrenamtlich tätigen Gewerkschaftsmitgliedern beschäftigt die CGM ca. 80 hauptamtliche Mitarbeiter, darunter 44 Gewerkschaftssekretäre, an 21 über das Bundesgebiet verteilten Standorten. Diese Standorte bilden eine aus der Bundeszentrale, einer Landeshauptverwaltung je Bundesland und vier nachgeordneten Bezirksvertretungen in Ballungsgebieten mit hohen Mitgliederzahlen bestehende Struktur. In der Vergangenheit gelang es der CGM, ca. 3 000 Anschlusstarifverträge und 550 eigenständige Tarifverträge zu schließen. In den zugehörigen Arbeitskämpfen leistete sie ihren Mitgliedern Unterstützungszahlungen in mehrfacher Millionenhöhe.

In der Verwaltung der M ist die gewerkschaftslose B als kaufmännische Angestellte für ein Monatsentgelt von 3 800 Euro brutto beschäftigt. Nach § 14 des Arbeitsvertrages der B, einer individuell ausgehandelten Regelung, werden „die jeweils gültigen Tarifverträge für die Metallindustrie des Landes Hessen" in den Vertrag einbezogen. Ende 2014 kommt es zum Abschluss eines auf das Jahr 2015 befristeten Firmentarifvertrages zwischen M und der IG Metall (IGM-FTV), der die Übernahme verschiedener Tarifverträge für die Metallindustrie des betreffenden Tarifgebietes beinhaltet. Das Weihnachtsgeld, ein Bruttomonatsentgelt, welches in § 9 des für allgemein verbindlich erklärten Entgelttarifvertrages vorgesehen und jährlich zum 1. Dezember zu zahlen ist, wird im IGM-FTV ausgeschlossen. Im Gegenzug verzichtet M auf betriebsbedingte Kündigungen. Nachdem der Abschluss des IGM-FTV im Betrieb der M bekannt geworden ist, stellt B Personalleiter P zur Rede und fordert zur Zahlung des Weihnachtsgeldes für das abgelaufene Jahr 2015 auf.

---

[1] Aus didaktischen Gründen wurden die tatsächlichen Angaben zur Stärke der CGM sowie zu den Gegebenheiten der Metallbranche angepasst. Die Originaldaten finden sich im Tatbestand der Entscheidung BAG vom 28.3.2006 – 1 ABR 58/04, NZA 2006, 1112ff. Vgl. auch Däubler/*Peter*, TVG, § 2 Rn. 23a.

Mit Wirkung zum 1.1.2015 tritt M dem AVM bei. Der zwischen dem AVM und der IG Metall am 15.7.2015 neu abgeschlossene Manteltarifvertrag (MTV) sieht eine 35-Stunden-Woche vor. Gleiches ist in einem MTV mit der CGM vereinbart. Unmittelbar nach ihrem Verbandsbeitritt fügt M mit Zustimmung sämtlicher Beschäftigten in deren Arbeitsverträge, soweit sie nicht ohnehin derartige Regelungen bereits enthielten, den Passus ein, dass „mit sofortiger Wirkung die das Unternehmen jeweils bindenden Tarifverträge Anwendung finden." Nachdem M im Herbst 2015 erkennen muss, dass sie bei einer 35-Stunden-Woche unter erheblichen Wettbewerbsdruck gerät, verhandelt sie mit der IG Metall über den Abschluss eines Ergänzungstarifvertrages zur Einführung einer 40-Stunden-Woche. Als die Verhandlungen scheitern, schließt M mit der CGM am 1.11.2015 einen Firmentarifvertrag (CGM-FTV), der in § 4 eine wöchentliche Arbeitszeit von 40 Stunden vorsieht.

Obwohl M die auf Basis einer 40-Stunden-Woche errechneten neuen Arbeitszeiten der Belegschaft bekannt gegeben hat, verweigert der Arbeitnehmer A, der Mitglied der IG Metall ist, im November 2015 trotz mehrmaliger Ermahnung jegliche zusätzliche Arbeit. Als A nach Ableistung von 35 Arbeitsstunden im Dezember freitags ein weiteres Mal früher nach Hause geht, möchte P ein Exempel statuieren und A abmahnen.

Wie sollte sich P in Bezug auf die Forderung der B und hinsichtlich der Arbeitsverweigerung des A verhalten?

Gliederung

Lösung

I. Anspruch B gegen M auf Weihnachtsgeldzahlung für das Jahr 2015

1 B könnte gegen M einen Anspruch auf Zahlung des Weihnachtsgeldes für das Jahr 2015 i. H. v. 3800 Euro brutto aus dem Arbeitsvertrag i. V. m. § 9 des Entgelttarifvertrages haben.

1. Anspruch entstanden

2 Die Entstehung des Anspruchs setzt voraus, dass zwischen B und M ein Arbeitsvertrag geschlossen wurde, auf den § 9 des Entgelttarifvertrages Anwendung findet.[2]

a) Arbeitsverhältnis zwischen B und M

3 Da B bei M als kaufmännische Angestellte beschäftigt ist, besteht ein Arbeitsverhältnis.

b) Entgelttarifvertrag kraft Allgemeinverbindlichkeit anwendbar (§ 5 Abs. 4 TVG)

4 Auch gilt für das Arbeitsverhältnis § 9 des Entgelttarifvertrages nach § 5 Abs. 4 TVG. Aufgrund der Allgemeinverbindlichkeit erfassen die Regelungen dieses Tarifvertrages in dessen räumlichem, persönlichem, fachlichem und zeitlichem Gel-

---

[2] Die Erfüllung der im Sachverhalt nicht näher präzisierten Voraussetzungen für die Gewährung des Weihnachtsgeldes ist zu unterstellen.

tungsbereich,[3] von dessen Eröffnung mangels entgegenstehender Angaben auszugehen ist, die nichtorganisierten Arbeitnehmer und Arbeitgeber, vorliegend also B und die ursprünglich koalitionslose M.

2. Anspruch durch den IG-Metall-Firmentarifvertrag ausgeschlossen

Dem Anspruch der B könnte allerdings der IGM-FTV entgegenstehen, wonach ein **5** Anspruch auf Weihnachtsgeld ausdrücklich ausgeschlossen ist, wenn dieser Tarifvertrag den für allgemein verbindlich erklärten Entgelttarifvertrag verdrängen würde.

a) IG-Metall-Firmentarifvertrag wegen Rückwirkung unwirksam

Vorrangige Geltung kann der IGM-FTV nur dann beanspruchen, wenn er wirksam **6** ist. Zweifel hieran weckt der Umstand, dass der IGM-FTV Rechtspositionen ausschließen soll, die bereits in der Vergangenheit zugunsten der Arbeitnehmer begründet worden sind und damit in ein Spannungsfeld zum grundsätzlich schutzwürdigen Vertrauen der Betroffenen auf die Bestandskraft des *status quo* tritt. Dies könnte eine unzulässige Rückwirkung darstellen.

Aufgrund ihrer normativen, d.h. gesetzesgleichen Wirkung (§ 4 Abs. 1 S. 1 TVG) **7** müssen rückwirkende Tarifverträge grundsätzlich dieselben Grenzen beachten, die aufgrund des Rechtsstaatsprinzips (Art. 20 Abs. 3 GG) für rückwirkende Gesetze gelten.[4] Danach ist zwischen unterschiedlichen Rückwirkungsformen zu unterscheiden: Gesetze, die nachträglich abgeschlossene Tatbestände neu regeln, sind i.d.R. verfassungswidrig, sofern nicht zwingende Gemeinwohlbelange die Rückwirkung rechtfertigen, die Änderung aufgrund der Verfassungswidrigkeit einer Norm geboten ist, ihre Auswirkungen geringfügig sind oder der Normadressat mit Änderungen rechnen muss.[5] Nur ausnahmsweise unwirksam sind dagegen Vorschriften, die noch nicht abgeschlossene Sachverhalte für die Zukunft regeln, dadurch aber die betroffenen Rechtspositionen für die Vergangenheit entwerten.[6]

Der IGM-FTV berührt indes die Weihnachtsgeldansprüche der B, die vor Ab- **8** schluss dieses Tarifvertrages Ende 2014 entstanden sind, nicht, sondern schließt nur künftig entstehende Ansprüche aus. Es handelt sich daher weder um einen Fall der echten noch um einen solchen der unechten Rückwirkung, so dass besondere Rechtfertigungsanforderungen nicht zu beachten sind. Vielmehr ist das Vertrauen der B auf den Fortbestand des allgemeinverbindlichen Entgelttarifvertrages nicht schutzwürdig, weil dieser durch einen später geschlossenen Tarifvertrag abgelöst werden könnte, der für allgemein verbindlich erklärt wird oder nach einem Koali-

---

3   Die Allgemeinverbindlichkeit kann den Geltungsbereich des Tarifvertrages nicht erweitern. Siehe nur *Löwisch/Rieble*, § 5 Rn. 27; Wiedemann/*Wank*, § 5 Rn. 60.

4   BAG vom 24.10.2007 – 10 AZR 878/06, NZA 2008, 131, 132 f.; BAG vom 13.11.2013 – 10 AZR 1058/12, AP Nr. 10 zu § 1 TVG – Tarifverträge: Dachdecker; *Bieder*, AuR 2008, 244, 245 ff.; allgemein zur Rückwirkung arbeitsrechtlicher Normen ferner BAG vom 25.3.2015 – 5 AZR 458/13, NZA 2015, 1059 ff.

5   BVerfG vom 14.5.1986 – 2 BvL 2/83, BVerfGE 72, 200, 258; BVerfG vom 18.2.2009 – 1 BvR 3076/08, BVerfGE 122, 374, 394 f.; v. Mangoldt/Klein/Starck/*Sommermann*, Art. 20 Abs. 3 Rn. 295 (sog. echte Rückwirkung).

6   BVerfG vom 15.10.1996 – 1 BvL 44/92, BVerfGE 95, 64, 86; BVerfG vom 18.2.2009 – 1 BvR 3076/08, BVerfGE 122, 374, 394 f.; v. Mangoldt/Klein/Starck/*Sommermann*, Art. 20 Abs. 3 Rn. 296 (sog. unechte Rückwirkung oder tatbestandliche Rückanknüpfung von Rechtsfolgen).

tionseintritt der M ggf. kraft der arbeitsvertraglichen Verweisungsklausel Anwendung findet.

9 Der IGM-FTV ist nicht wegen einer unzulässigen Rückwirkung unwirksam.

b) Anwendbarkeit des IG-Metall-Firmentarifvertrages auf das Arbeitsverhältnis zwischen B und M

10 Ein zum Ausschluss des Weihnachtsgelds führender Vorrang des IGM-FTV vor dem Entgelttarifvertrag setzt ferner voraus, dass der IGM-FTV überhaupt das Arbeitsverhältnis zwischen B und M erfasst.

aa) Normative Geltung des Firmentarifvertrages (§ 4 Abs. 1 S. 1 TVG)

11 Mangels Gewerkschaftszugehörigkeit der B lässt sich die Anwendbarkeit des Firmentarifvertrages nicht bereits mit Hilfe der normativen Wirkungsweise der Tarifregelungen nach § 4 Abs. 1 S. 1 TVG begründen.

bb) Bindung an den Firmentarifvertrag nach § 4a Abs. 2 S. 1 und 2 TVG

12 Auch aus dem durch das Tarifeinheitsgesetz[7] in das Tarifvertragsgesetz neu eingefügten § 4a Abs. 2 S. 1 und 2 lässt sich eine Bindung von B und M an den IGM-FTV nicht herleiten. Diese Bestimmungen sehen zwar vor, dass ein Arbeitgeber nach § 3 TVG an mehrere Tarifverträge unterschiedlicher Gewerkschaften gebunden sein kann und dass bei mehreren kollidierenden Tarifverträgen nur die Rechtsnormen des Tarifvertrages derjenigen Gewerkschaft anwendbar sind, die zum Zeitpunkt des Abschlusses des zuletzt abgeschlossenen kollidierenden Tarifvertrages im Betrieb die meisten in einem Arbeitsverhältnis stehenden Mitglieder hat. Ungeachtet der Frage nach einer möglichen Verfassungswidrigkeit dieser Vorschriften (siehe unten Rn. 46) und abgesehen davon, dass sich die für die Festlegung des Anwendungsvorrangs entweder des Entgelttarifvertrages oder des IGM-FTV maßgeblichen Zahlen der gebundenen Arbeitnehmer im Betrieb nicht exakt ermitteln lassen und zu vermuten steht, dass diese für beide Tarifverträge gleich hoch sind, wenn auch der Entgelttarifvertrag von der IG Metall geschlossen wurde, ist § 4a TVG in der vorliegenden Konstellation aus mehreren Gründen bereits gar nicht anwendbar. Denn zum einen gilt diese Vorschrift nach § 13 Abs. 3 TVG für solche Tarifverträge nicht, die am Tag nach der Verkündung des Tarifeinheitsgesetzes, also dem 3.7.2015, galten. So aber verhält es sich mit dem bereits Ende 2014 abgeschlossenen und für die Dauer des Jahres 2015 geltenden IGM-FTV. Zum anderen soll die Kollisionsregel des § 4a TVG nach dem eindeutig artikulierten Willen des Gesetzgebers, die auch im Wortlaut des § 4a Abs. 2 S. 1 TVG klar zum Ausdruck kommt („nach § 3 [...] gebunden"), nicht herangezogen werden, wenn ein für allgemeinverbindlich erklärter Tarifvertrag, wie hier der Entgelttarifvertrag, mit einem kraft normativer Bindung i.S.d. § 3 TVG geltenden Tarifvertrag kollidiert.[8] Gleiches muss dann erst recht gelten, wenn neben einen allgemeinverbindlichen Tarifvertrag ein nur kraft schuldrechtlicher Bezugnahme geltender Tarifvertrag, vorliegend der IGM-FTV, tritt.

---

[7] BGBl. 2014 I S. 1130 ff.

[8] Begründung RegE zum Tarifeinheitsgesetz, BT-Drs. 18/4062, S. 12; dem folgend *Konzen/Schliemann*, RdA 2015, 1, 7 f.; *Richardi*, NZA 2015, 915, 916.

cc) Tarifbindung aufgrund arbeitsvertraglicher Verweisung

Der IGM-FTV könnte allerdings aufgrund der im Arbeitsvertrag von B vorgesehe- **13** nen Verweisungsklausel anwendbar sein. Problematisch ist insoweit, dass die Verweisungsklausel nur die jeweils gültigen Tarifverträge für die Metallindustrie des Landes Hessen in den Arbeitsvertrag einbezieht und sich bei einem strikt am Wortlaut orientierten Verständnis nur auf Verbandstarifverträge zu beziehen und Firmentarifverträge, wie denjenigen der IG Metall, nicht zu umfassen scheint.

Eine Korrektur dieses Ergebnisses könnte jedoch aufgrund einer erweiternden Aus- **14** legung der Verweisungsklausel geboten sein. Da es sich bei der genannten Klausel um einen individuell ausgehandelten Vertragsbestandteil handelt, die für die Auslegung von AGB vorrangig zu beachtende Regelung des § 305c Abs. 2 BGB somit, wie ein Umkehrschluss aus § 310 Abs. 3 Nr. 2 BGB zeigt, keine Anwendung findet,[9] hat sich die Auslegung am Maßstab der §§ 133, 157, 242 BGB zu orientieren.[10] Danach darf die Auslegung von Verträgen grundsätzlich nicht am Wortlaut haften, sondern muss den Sinn der Vereinbarung nach Treu und Glauben mit Rücksicht auf die Verkehrssitte und die Interessen der beteiligten Vertragsparteien ermitteln.

Vorliegend dient die Verweisungsklausel erkennbar dem Zweck, eine unterschieds- **15** lose Behandlung von gewerkschaftlich nicht organisierten Arbeitnehmern und Gewerkschaftsmitgliedern zu gewährleisten. Bei verständiger Würdigung einer solchen „Gleichstellungsabrede"[11] sollen dadurch diejenigen Tarifverträge einbezogen werden, in deren fachlichen Geltungsbereich das betroffene Unternehmen fiele, wenn dessen Rechtsträger tarifgebunden wäre.[12] Bezugsobjekt der Verweisungsklausel ist daher im Zweifel die sachnächste Regelung, da diese den Besonderheiten des betroffenen Unternehmens am besten Rechnung tragen kann und eine angemessene Regulierung der dort auftretenden Konflikte verspricht.[13] Dieser Zwecksetzung entspricht ein Firmentarifvertrag sogar eher als eine Regelung auf Verbandsebene. Eine

---

[9] Vgl. dazu Däubler/*Däubler,* TVG, Einl. Rn. 537; Wiedemann/*Oetker,* § 3 Rn. 310, 314.

[10] BAG vom 26.9.2001 – 4 AZR 544/00, NZA 2002, 634, 635; BAG vom 15.3.2006 – 4 AZR 75/05, NZA 2006, 690, 692; Wiedemann/*Oetker,* § 3 Rn. 308.

[11] Die in jüngerer Vergangenheit zu verzeichnende Rechtsprechungsänderung zur Auslegung von Gleichstellungsabreden (im Detail hierzu BAG vom 18.4.2007 – 4 AZR 652/05, NZA 2007, 965, 967; BAG vom 22.10.2008 – 4 AZR 784/07, NZA 2009, 151, 152 ff. sowie Fall 4 Rn. 48) ist für die hier auftretende Auslegungsfrage ohne Belang. Infolge der neueren Rechtsprechung sollen derartige Abreden auch in Konstellationen, in denen die Tarifgebundenheit des Arbeitgebers infolge eines Verbandsaustritts, eines Betriebsübergangs oder des Herausfallens des Betriebs aus dem Geltungsbereich eines Tarifvertrages endet, dazu führen, dass die betroffenen Arbeitnehmer an sich nach dem Eintritt der Tarifgebundenheit ergebenden Verbesserungen der tariflichen Ansprüche („Dynamik") partizipieren. Vorliegend war allerdings Arbeitgeber A ursprünglich gar nicht aufgrund der Mitgliedschaft in einer Koalition tarifgebunden, so dass der Aspekt des nachträglichen Wegfalls der Tarifgebundenheit fehlt. Auch steht vorliegend nicht eine Dynamisierung der tariflichen Ansprüche, sondern die Auflösung des Konkurrenzverhältnisses zwischen mehreren Tarifverträgen in Streit. Schließlich spricht gegen die Vergleichbarkeit der Auslegungsfragen, dass für die Änderung der Rechtsprechung des BAG vor allem Wertungen des Rechts der Allgemeinen Geschäftsbedingungen tragend waren, vorliegend jedoch eine individualvertragliche Bezugnahmeklausel gegeben ist.

[12] BAG vom 13.11.2002 – 4 AZR 393/01, NZA 2003, 1039, 1041; Wiedemann/*Oetker,* § 3 Rn. 317; Kempen/Zachert/*Brecht-Heitzmann,* § 3 Rn. 188.

[13] LAG Hessen vom 21.1.1992 – 7 Sa 93391, NZA 1992, 840, 841; Wiedemann/*Oetker,* § 3 Rn. 317; ähnlich auch Däubler/*Lorenz,* TVG, § 3 Rn. 230b.

arbeitsvertragliche Klausel, die auf einschlägige Verbandstarifverträge verweist, erfasst somit jedenfalls dann auch Firmentarifverträge, wenn es sich um eine individualvertragliche Bezugnahme handelt.[14]

16 Somit gilt der IGM-FTV aufgrund der Verweisungsklausel auch für das Arbeitsverhältnis der B.

c) Rangverhältnis zwischen Firmentarifvertrag und Entgelttarifvertrag

17 Sind nach dem zuvor formulierten Zwischenergebnis grundsätzlich sowohl der Entgelttarifvertrag als auch der IGM-FTV auf das Arbeitsverhältnis der B anwendbar, ist aufgrund des gegensätzlichen Inhalts beider Regelungen zu der Frage, ob ein Weihnachtsgeld gewährt wird, problematisch, welches Rangverhältnis zwischen beiden Tarifverträgen besteht. Denn nur bei einem Vorrang des IGM-FTV ist der Weihnachtsgeldanspruch der B ausgeschlossen.

aa) Heranziehung der Grundsätze über die Behandlung von Tarifkonkurrenzen oder Anwendung des Günstigkeitsprinzips

18 Zunächst ist denkbar, für die Bestimmung des Rangverhältnisses auf die Regeln über die Behandlung der sog. Tarifkonkurrenz zurück zu greifen. Unter Tarifkonkurrenz ist, in Abgrenzung zur Tarifpluralität, bei welcher mehrere Tarifverträge kraft Bindung des Arbeitgebers in einem Betrieb gelten, der einzelne Arbeitnehmer aber nur an einen von ihnen gebunden ist, eine Situation zu verstehen, in der für dasselbe Arbeitsverhältnis mehrere Tarifverträge gelten sollen.[15] Für sie besteht im Ergebnis Einigkeit, dass letztlich für jedes Arbeitsverhältnis nur ein Tarifvertrag maßgeblich sein kann. Außerordentlich umstritten war allerdings bereits vor Inkrafttreten des Tarifeinheitsgesetzes und ist nach wie vor, anhand welcher Kriterien der maßgebliche Tarifvertrag zu bestimmen ist. Während Teile der Literatur zur Auflösung des Konkurrenzverhältnisses das Günstigkeitsprinzip (§ 4 Abs. 3 TVG) anwenden[16] und andere dem Arbeitgeber das Recht gewähren, mittels Änderungskündigung einzelner Tarifverträge den speziellsten der im Betrieb geltenden Tarife zur Geltung zu bringen,[17] wollen wieder andere Stimmen einer der beiden Arbeitsvertragsparteien ein Wahlrecht einräumen.[18] Das BAG und andere Teile des Schrifttums sind dem zu recht nicht gefolgt und ziehen stattdessen auf der Basis des Grundsatzes der Tarifeinheit, wonach sowohl im Betrieb als Ganzes als auch bezogen auf das einzelne Arbeitsverhältnis nur ein Tarifvertrag gelten dürfe, den Spezialitätsgrundsatz heran.[19] Vorrangig anwendbar ist deshalb grundsätzlich derjenige Tarifvertrag, der dem Betrieb räumlich, betrieblich, fachlich und

14 BAG vom 14.12.2005 – 10 AZR 296/05, NZA 2006, 744, 746; *Hanau,* NZA 2005, 489, 491 f.; Wiedemann/*Oetker,* § 3 Rn. 319.

15 Däubler/*Zwanziger,* TVG, § 4 Rn. 923 ff.; Wiedemann/*Wank,* § 4 Rn. 264 ff. mit zahlreichen Beispielen zu den üblicherweise zur Tarifkonkurrenz führenden Konstellationen. Vgl. ferner *Löwisch/ Rieble,* § 4 Rn. 263.

16 *Kraft,* RdA 1992, 161, 167; *Wiedemann/Arnold,* ZTR 1994, 443, 447; Wiedemann/*Wank,* § 4 Rn. 281.

17 So *Bauer/Meinel,* NZA 2000, 181, 185.

18 Vgl. nur *Müller,* NZA 1989, 449, 452; *Löwisch/Rieble,* § 4 Rn. 276; Däubler/*Zwanziger,* TVG, § 4 Rn. 927 m. w. N. zum Streitstand.

19 BAG vom 20.3.1991 – 4 AZR 455/90, NZA 1991, 736, 737; BAG vom 22.9.1993 – 10 AZR 207/92, NZA 1994, 667, 668 f.; BAG vom 26.1.1994 – 10 AZR 611/92, NZA 1994, 1038, 1040; zust. *Kania,* DB 1996, 1921, 1922; *Säcker/Oetker,* ZfA 1993, 1, 9 ff.; einschränkend allerdings der 4. Senat des BAG vom 28.5.1997 – 4 AZR 663/95, NZA 1997, 1066, 1070.

persönlich am nächsten steht, da dieser aufgrund seiner Sachnähe den Erfordernissen und Eigenarten des Betriebes und der darin tätigen Arbeitnehmer typischerweise am besten gerecht wird.[20]

Für die vorliegende Sachverhaltskonstellation könnte man allerdings die Anwendbarkeit des Spezialitätsgrundsatzes bezweifeln, weil allein die Verweisungsklausel in dem Arbeitsvertrag der B dazu führt, dass der in Bezug genommene IGM-FTV neben dem allgemeinverbindlichen Entgelttarifvertrag Geltung beansprucht. Bedenkt man, dass aufgrund dieser Verweisung die Regelungen des in Bezug genommenen Tarifvertrages zum Bestandteil des Arbeitsvertrages werden,[21] konkurrieren nicht zwei ranggleiche Tarifverträge miteinander, sondern die rangniedrigere arbeitsvertragliche mit der höherrangigen, allgemein verbindlichen tariflichen Regelung. Die Behandlung eines derartigen, letztlich durch eine arbeitsvertragliche Bezugnahme begründeten Konkurrenzverhältnisses richtet sich, wie der auf eine Tarifbindung i. S. d. § 3 TVG abstellende Wortlaut des § 4a Abs. 2 S. 1 TVG zeigt, nicht nach den neu geschaffenen Regelungen des Tarifeinheitsgesetzes, so dass die bereits angesprochene Frage ihrer Verfassungsmäßigkeit auch in diesem Zusammenhang dahinstehen kann. Vielmehr ist grundsätzlich das in § 4 Abs. 3 TVG normierte Günstigkeitsprinzip maßgeblich, so dass kein Fall der Tarifkonkurrenz gegeben und im Folgenden zu klären wäre, ob der IGM-FTV oder die in den Arbeitsvertrag transformierten Regelungen des Entgelttarifvertrages günstiger sind.[22] **19**

Aufgrund der weiteren Besonderheit, dass der Entgelttarifvertrag für allgemein verbindlich erklärt ist, unterliegt allerdings auch diese Vorgehensweise Bedenken. Zieht man das Günstigkeitsprinzip heran, könnten nicht organisierte Arbeitnehmer wie B nicht nur das Weihnachtsgeld verlangen, sondern könnten sich ggf. gleichzeitig aufgrund der Verweisung auf den durch den IGM-FTV vermittelten Kündigungsschutz berufen und so die Vorteile beider Regelungen kumulieren (sog. Rosinenpicken).[23] Zieht man zum Vergleich die Rechtslage für die gewerkschaftlich organisierten Arbeitnehmer heran, für die zum Teil die Allgemeinverbindlichkeit des Entgelttarifs bedeutungslos ist, da sich die normative Bindung an beide Tarifverträge aus ihrer Gewerkschaftszugehörigkeit ergibt, zeigt sich, dass für diese Mitarbeiter der IGM-FTV vorrangig und das Weihnachtsgeld ausgeschlossen wäre. Im Ergebnis könnte die Anwendung des Günstigkeitsprinzips zu einer Benachteiligung der organisierten gegenüber den nicht organisierten Arbeitnehmern führen. Vergleicht man diese Situation wiederum mit der, in der beide Tarifverträge kraft arbeitsvertraglicher Verweisung gelten, in der das Günstigkeitsprinzip wegen der Ranggleichheit der einbezogenen Regelungen unanwendbar wäre und der speziellere und damit vorrangig anzuwendende IGM-FTV zum Ausschluss des Weihnachtsgelds führte, offenbart sich, dass vorliegend die Besserstellung der nicht organisier- **20**

---

20 BAG vom 29.3.1957 – 1 AZR 208/55, AP Nr. 4 zu § 4 TVG – Tarifkonkurrenz; Wiedemann/*Wank*, § 4 Rn. 298.

21 *Kraft*, RdA 1992, 161, 167; *Wiedemann/Arnold*, ZTR 1994, 443, 447.

22 So nunmehr BAG vom 29.8.2007 – 4 AZR 767/06, NZA 2008, 364, 366 unter Aufgabe der Entscheidung des BAG vom 23.3.2005 – 4 AZR 203/04, NZA 2005, 1003, 1006; bestätigt durch BAG vom 22.10.2008 – 4 AZR 784/07, NZA 2009, 151, 154.

23 So, auch zum Folgenden, die nunmehr durch BAG vom 29.8.2007 – 4 AZR 767/06, NZA 2008, 364, 366 aufgegebene Entscheidung des BAG vom 23.3.2005 – 4 AZR 203/04, NZA 2005, 1003, 1006.

ten Arbeitnehmer einzig darauf beruht, dass der Entgelttarifvertrag für allgemein verbindlich erklärt wurde. |Hieran anknüpfend ließe sich vertreten, dass die Vorschriften über die Allgemeinverbindlichkeit nach § 5 TVG einen derartigen Zweck, nämlich die Besserstellung nicht organisierter Mitarbeiter, gerade nicht verfolgen, sondern lediglich die Schaffung sozial verträglicher und angemessener Mindestarbeitsbedingungen gewährleisten sollen.[24] Regelungsziel wäre es dann nur, den Nichtorganisierten das tarifliche Schutzniveau, nicht aber einen noch darüber hinausgehenden Standard zu bieten. Um dem Regelungsziel des § 5 TVG gerecht werden zu können, wäre es dann konsequent, auf die Anwendung des Günstigkeitsprinzips zu verzichten und stattdessen das Konkurrenzverhältnis nach Spezialitätsgesichtspunkten aufzulösen. Dies hätte zur Konsequenz, dass der IGM-FTV vorrangig anzuwenden und der Weihnachtsgeldanspruch der B demnach ausgeschlossen wäre.

21 Die vorstehende Argumentation übersieht jedoch, dass § 5 TVG die Besserstellung Nichtorganisierter zwar nicht primär bezwecken mag, sie allerdings auch nicht verbietet. Insbesondere dann, wenn in einem Betrieb ein Teil der Belegschaft kraft Mitgliedschaft, ein anderer Teil kraft der Allgemeinverbindlichkeit an denselben Tarifvertrag gebunden ist, in den Arbeitsverträgen der nicht organisierten Arbeitnehmer jedoch günstigere Arbeitsbedingungen geregelt sind, die nicht aus der Bezugnahme auf einen anderen Tarifvertrag herrühren, kann es *de facto* zu einer Besserstellung der Nichtorganisierten kommen, weil insoweit das Günstigkeitsprinzip unproblematisch Anwendung findet. |Unterschiedliche Rechtsfolgen für die nicht organisierten Arbeitnehmer allein von dem häufig zufälligen Umstand abhängig zu machen, ob der Arbeitgeber bestimmte Arbeitsbedingungen formularmäßig in alle Individualarbeitsverträge aufnimmt oder aus Vereinfachungsgründen in diesen Verträgen auf einen inhaltsgleichen Tarifvertrag Bezug nimmt, ist sachlich nicht gerechtfertigt. Vielmehr liegt es im Wesen des Günstigkeitsprinzips begründet, dass es – wenn einzelne Arbeitnehmer günstigere individuelle Vereinbarungen besitzen – zu Ungleichbehandlungen innerhalb der Belegschaft kommen kann, auch wenn dies im Einzelfall unbillig erscheinen mag.

22 |Somit ist kein Fall der Tarifkonkurrenz gegeben. |Das Rangverhältnis zwischen dem allgemein verbindlichen Entgelttarifvertrag und dem aufgrund der arbeitsvertraglichen Verweisung in Bezug genommenen IGM-FTV richtet sich für B nach dem Günstigkeitsprinzip (§ 4 Abs. 3 TVG).

bb) Entgelt- oder IG-Metall-Firmentarifvertrag als günstigere Regelung

23 Fraglich bleibt, welche der beiden genannten Regelungen die günstigere darstellt. Isoliert betrachtet stellt der im IGM-FTV normierte Verzicht auf das Weihnachtsgeld zwar zweifelsfrei die im Vergleich zum Entgelttarifvertrag ungünstigere Regelung dar. Erwägenswert ist jedoch, ob auch der den Arbeitnehmern im IGM-FTV gewährte Schutz vor betriebsbedingten Kündigungen in den Vergleich einzubeziehen ist. Das Meinungsspektrum zu dieser Fragestellung präsentiert sich äußerst vielgestaltig. Die Grundsatzfrage, ob sich die Bestimmung der günstigeren Regelungen nach den subjektiven Präferenzen des betroffenen Arbeitneh-

---

[24] BVerwG vom 3.11.1988 – 7 C 115/86, NJW 1989, 1495, 1498; BAG vom 23.3.2005 – 4 AZR 203/04, NZA 2005, 1003, 1006; *Löwisch/Rieble*, § 5 Rn. 3; Wiedemann/*Wank*, § 5 Rn. 2; vgl. auch BAG vom 28.3.1990 – 4 AZR 536/89, NZA 1990, 781 f.

mers[25] oder nach der objektiven Sicht eines verständigen Beschäftigten richtet,[26] lässt sich aufgrund des Umstands, dass das Tarifrecht den Arbeitnehmer auch vor einer Selbstübervorteilung bewahren will, noch verhältnismäßig einfach zugunsten der letztgenannten Alternative beantworten.[27] Die zum Vorrang des Entgelttarifvertrages führende Einforderung des Weihnachtsgeldes durch B ist demnach unerheblich. Die Folgefrage, ob der Günstigkeitsvergleich in Bezug auf einzelne Arbeitsbedingungen,[28] auf den gesamten Vertragsinhalt[29] oder nur auf solche Arbeitsbedingungen zu beziehen ist, die in einem sachlichen Zusammenhang zueinander stehen,[30] ist jedoch ebenfalls äußerst umstritten.

Entscheidend für die Beurteilung des vorliegenden Falles muss die Erwägung sein, **24** dass – hielte man einen Einzelvergleich für maßgeblich – ohnehin der den Weihnachtsgeldanspruch gewährende Entgelttarifvertrag günstiger und damit vorrangig wäre, man jedoch selbst dann, wenn man einen Gesamtvergleich oder einen Sachgruppenvergleich anstellte, letztlich mangels eines allgemein anerkannten Bewertungsmaßstabs nicht stichhaltig begründen könnte, ob der mit dem IGM-FTV verbundene Kündigungsschutz einen höheren Wert als der Weihnachtsgeldanspruch hat. Einen derartigen Bewertungsmaßstab zu formulieren, was nichts anderes bedeutet, als den genauen Preis für den Verlust des Arbeitsplatzes festzulegen, wäre Angelegenheit der Arbeits- oder Tarifvertragsparteien oder ggf. des Gesetzgebers und kann nicht nachträglich vom Rechtsanwender, der keine Bewertungskriterien oder Marktpreise als Anhaltspunkt für den Wert der zum Vergleich stehenden Positionen zur Hand hat, geleistet werden.[31]

cc) Zwischenergebnis

Der IGM-FTV kann nach alledem nicht als günstigere Regelung im Vergleich zum **25** Entgelttarifvertrag eingestuft werden. Der durch die arbeitsvertragliche Bezugnahme auf den IGM-FTV vereinbarte Ausschluss des im Entgelttarifvertrag geregelten Weihnachtsgeldanspruchs ist als Unterschreitung des tariflichen Standards zu werten und daher unwirksam.[32]

3. Ergebnis

B hat gegen M einen Anspruch auf Zahlung von Weihnachtsgeld i. H. v. 3800 Euro **26** brutto für das Jahr 2015 aus dem Arbeitsvertrag i. V. m. § 9 des Entgelttarifvertrages.

---

[25] *Heinze*, NZA 1991, 329, 333.

[26] *Zöllner/Loritz/Hergenröder*, § 39 Rn. 9.

[27] Zur Vermeidung von Wiederholungen sei, auch zum Folgenden, auf die Anmerkungen zu Fall 1 Rn. 9 ff., verwiesen. In einer klausurmäßigen Bearbeitung sollten selbstverständlich die dort angestellten Erwägungen im Wesentlichen nachvollzogen werden.

[28] *Däubler/Deinert*, TVG, § 4 Rn. 663.

[29] *Bieder*, Kompensatorische Vertragsgestaltung im Arbeits- und Wirtschaftsrecht, 2015, S. 170 ff., insbesondere S. 216 ff. m. w. N.; *Mäckler*, FS Arbeitsgerichtsbarkeit Rheinland-Pfalz, 1999, S. 381, 389 ff.

[30] So die h. M., vgl. BAG vom 20.4.1999 – 1 ABR 72/98, NZA 1999, 887, 893; ErfK/*Franzen*, § 4 TVG Rn. 38.

[31] Vgl. hierzu nur BAG vom 20.4.1999 – 1 ABR 72/98, NZA 1999, 887, 893.

[32] In der dem Fall zugrunde liegenden Entscheidung BAG vom 29.8.2007 – 4 AZR 767/06, NZA 2008, 364 ff., die im Ergebnis den Vorrang der arbeitsvertraglichen Regelung bejahte, war der Günstigkeitsvergleich unproblematisch möglich, da lediglich differierende Entgelthöhen zum Vergleich standen.

II. Rechtmäßigkeit einer Abmahnung des A durch P

27 Eine von P in Vertretung der M nach § 164 Abs. 1 S. 1 BGB ausgesprochene Abmahnung ist nach § 314 Abs. 2 S. 1 BGB nur dann rechtmäßig, wenn A eine arbeitsvertragliche Pflicht verletzt hat. Eine Pflichtverletzung des A könnte in der Nichteinhaltung der wöchentlichen Arbeitszeit von 40 Stunden zu sehen sein. Dies setzt voraus, dass A tatsächlich in diesem Umfang zur Arbeitsleistung verpflichtet ist. Diese Verpflichtung kann sich in Ermangelung vertraglicher Arbeitszeitregelungen nur aus § 4 des CGM-FTV ergeben. Hierzu müsste dieser Tarifvertrag wirksam und auf das Arbeitsverhältnis zwischen A und M anwendbar sein.

1. Wirksamkeit des CGM-Firmentarifvertrages

a) Tariffähigkeit der CGM

28 Bedenken gegen die Wirksamkeit des CGM-FTV ergeben sich im Hinblick auf die Tariffähigkeit der CGM. Da nach § 2 Abs. 1 TVG auf Seiten der Arbeitnehmer nur Gewerkschaften tariffähig sind, müsste es sich bei der CGM um eine Koalition i. S. d. Art. 9 Abs. 3 GG handeln, welche die weiteren, für eine tariffähige Gewerkschaft nach § 2 Abs. 1 TVG erforderlichen Voraussetzungen erfüllt.

aa) CGM als Koalition i. S. v. Art. 9 Abs. 3 GG

29 Den Status einer Koalition, also einer Vereinigung und damit eines freiwilligen, auf Dauer angelegten Zusammenschlusses mit organisierter Willensbildung,[33] welcher der Wahrung und Förderung der Arbeits- und Wirtschaftsbedingungen dient und aufgrund dieser Zweckvorgabe vom sozialen Gegenspieler[34] und dritten Mächten wie dem Staat, Kirchen oder Parteien unabhängig[35] sowie demokratisch[36] und – nach allerdings bestrittener Auffassung – überbetrieblich organisiert sein muss,[37] wird man der CGM mangels entgegenstehender Sachverhaltsangaben zubilligen müssen. Insbesondere ergibt sich eine mangelnde religiöse Neutralität der Vereinigung nicht bereits aus dem Umstand, dass ihr Name auf christliche Werte Bezug nimmt. Denn zu der von Art. 9 Abs. 3 GG geschützten Autonomie einer Koalition gehört es auch, sich bestimmte gesellschaftspolitische, von Religionsgemeinschaften entlehnte Vorstellungen zu eigen zu machen, solange sich die Vereinigung nicht – etwa durch eine satzungsmäßige Unterwerfung unter die Politik einer bestimmten Religionsgemeinschaft oder durch intensive personelle Verknüpfungen auf der Leitungsebene beider Vereinigungen – in die Hand eines Dritten begibt,[38] wofür hier keine Anhaltspunkte bestehen.

---

[33] *Löwisch/Rieble,* § 2 Rn. 49 ff.; Wiedemann/*Oetker,* § 2 Rn. 224 ff., 230 ff.

[34] BAG vom 17.2.1998 – 1 AZR 364/97, NZA 1998, 754, 755; Däubler/*Peter,* TVG, § 2 Rn. 31 ff.; *Löwisch/Rieble,* § 2 Rn. 56.

[35] Wiedemann/*Oetker,* § 2 Rn. 330 ff. m. w. N.; *Löwisch/Rieble,* § 2 Rn. 83 ff.

[36] *Löwisch/Rieble,* § 2 Rn. 91 ff.; Däubler/*Peter,* TVG, § 2 Rn. 8; vgl. auch Wiedemann/*Oetker,* § 2 Rn. 341 ff.

[37] BVerfG vom 6.5.1964 – 1 BvR 79/62, AP Nr. 15 zu § 2 TVG; BAG vom 9.7.1968 – 1 ABR 2/67, AP Nr. 25 zu § 2 TVG; a. A. *Löwisch/Rieble,* § 2 Rn. 133 f.

[38] LAG Düsseldorf vom 14.12.1957 – 1 Bv Ta 1/57, AP Nr. 2 zu Art. 9 GG; *Löwisch/Rieble,* § 2 Rn. 88; Wiedemann/*Oetker,* § 2 Rn. 331 f.

bb) Zusätzliche Anforderungen an die Tariffähigkeit (§ 2 Abs. 1 TVG)

Fraglich ist, welche weitergehenden Anforderungen die CGM als Koalition erfüllen **30** muss, um die Tariffähigkeit i.S.v. § 2 Abs. 1 TVG zu erlangen.

(1) Tarifwilligkeit, Anerkennung des geltenden Tarif- und Arbeitskampfrechts

Zunächst müsste, wie exemplarisch von § 2 Abs. 3 TVG für die Anerkennung der **31** eigenständigen Tariffähigkeit von Spitzenverbänden vorausgesetzt wird, die Koalition tarifwillig sein. Tarifwillig ist diejenige Koalition, deren Satzung den Abschluss von Tarifverträgen zu den Verbandsaufgaben zählt und diese Befugnis auch nicht dadurch, dass von ihr über längere Zeit kein Gebrauch gemacht wurde, aufgegeben hat.[39] Rechtfertigen lässt sich das Erfordernis einer ausdrücklichen satzungsmäßigen Regelung durch das Interesse der Mitglieder, Klarheit zu erlangen, ob sie sich durch den Koalitionsbeitritt der Tarifnormsetzung unterwerfen.[40] Eine solche Regelung enthält § 1 der Satzung der CGM, so dass diese Koalition als tarifwillig einzustufen ist.

Weitere Voraussetzung der Tariffähigkeit ist, dass die Koalition das geltende Tarif-, **32** Arbeitskampf- und Schlichtungsrecht als verbindlich anerkennt, da andernfalls die Zielsetzung des Tarifrechts, Konflikte bei der kollektiven Regelung der Arbeits- und Wirtschaftsbedingungen zum Ausgleich zu bringen und nicht neue Konflikte zu schaffen, nicht erreicht werden und sich eine regelwidrig verhaltende Koalition unter Missachtung des arbeitskampfrechtlichen Paritätsgrundsatzes Vorteile gegenüber dem sozialen Gegenspieler verschaffen könnte.[41] Auch dieses Erfordernis ist, da über Rechtsbrüche der CGM in der Vergangenheit nichts bekannt ist, zu bejahen.

(2) Soziale Mächtigkeit und hinreichende organisatorische Leistungsfähigkeit

Letztlich ist zu erwägen, von einer Koalition über die genannten Merkmale hinaus **33** noch eine ausreichende soziale Mächtigkeit oder Durchsetzungsfähigkeit als Voraussetzung der Tariffähigkeit zu fordern.[42] Begründen ließe sich diese einschränkende Sichtweise mit der Aufgabe der Tarifautonomie, welche durch die Kollektivierung der Arbeitnehmerinteressen in Gewerkschaften eine Gegenmacht zu dem strukturellen Verhandlungsübergewicht der Arbeitgeber schaffen soll.[43] Aufgrund dieser Gegenmacht sei zu erwarten, dass die zwischen beiden Parteien geführten Verhandlungen zu einem sachgerechten Interessenausgleich und zu Tarifverträgen führen, für die angesichts des Verfahrens ihres Zustandekommens die Vermutung streitet, sie seien inhaltlich angemessen und materiell „richtig".[44] Berechtigt sei eine der-

---

39 BAG vom 10.9.1985 – 1 ABR 32/83, NZA 1986, 332; BAG vom 25.11.1986 – 1 ABR 22/85, NZA 1987, 492, 493; *Löwisch/Rieble*, § 2 Rn. 150 f.; Wiedemann/*Oetker*, § 2 Rn. 364 ff.

40 *Löwisch/Rieble*, § 2 Rn. 149; Wiedemann/*Oetker*, § 2 Rn. 367.

41 BVerfG vom 20.10.1981 – 1 BvR 404/78, AP Nr. 31 zu § 2 TVG; BAG vom 10.9.1985 – 1 ABR 32/83, NZA 1986, 332; BAG vom 25.11.1986 – 1 ABR 22/85, NZA 1987, 492, 493; *Löwisch/Rieble*, § 2 Rn. 156.

42 BVerfG vom 20.10.1981 – 1 BvR 404/78, AP Nr. 31 zu § 2 TVG; BAG vom 16.11.1982 – 1 ABR 22/78, AP Nr. 32 zu § 2 TVG; BAG vom 6.6.2000 – 1 ABR 10/99, NZA 2001, 160, 162 f.; BAG vom 14.12.2010 – 1 ABR 19/10, AP Nr. 6 zu § 2 TVG – Tariffähigkeit; *Löwisch/Rieble*, § 2 Rn. 120 ff.; Wiedemann/*Oetker*, § 2 Rn. 383 ff.

43 *Löwisch/Rieble*, § 2 Rn. 120; ähnlich auch Kempen/Zachert/*Kempen*, § 2 Rn. 44.

44 BAG vom 24.3.2004 – 5 AZR 303/03, NZA 2004, 971, 973; BAG vom 28.3.2006 – 1 ABR 58/04, NZA 2006, 1112, 1116.

artige Richtigkeitsvermutung, die mit einem Verzicht auf eine staatliche Inhaltskontrolle von Tarifverträgen einher geht, allerdings nur dann, wenn sich in den Tarifverhandlungen oder den sie begleitenden Arbeitskämpfen annähernd gleich starke Koalitionen gegenüberstehen, der Zusammenschluss der Arbeitnehmer also ausreichend mächtig und organisiert ist, um den notwendigen Verhandlungsdruck aufbauen zu können.

34 Dieser restriktiven Sichtweise wird jedoch vielfach ihre fehlende Verankerung im Wortlaut des Art. 9 Abs. 3 GG sowie des § 2 TVG entgegen gehalten.[45] Durch das Erfordernis der sozialen Mächtigkeit würde insbesondere kleineren, neu gegründeten Gewerkschaften die Möglichkeit genommen, Tarifverträge abzuschließen. Damit beraube man sie des bedeutsamsten Mittels, mit dem sie sich für die Belange ihrer Mitglieder einsetzen könnten. Allein durch andere Formen der Interessenwahrnehmung für die Mitglieder, etwa die Erbringung sozialer Leistungen oder die Prozessvertretung in arbeitsgerichtlichen Streitigkeiten, könnten neu gegründete Gewerkschaften nicht in effektiven Wettbewerb zu den arrivierten Gewerkschaften treten und so langfristig mangels entsprechenden Mitgliederzuwachses keine soziale Mächtigkeit erlangen.[46] Dies stelle einen ungerechtfertigten Eingriff in die Koalitionsfreiheit dar, welche auch die Freiheit der Koalitionsbetätigung umfasse, zu der wiederum der Abschluss von Tarifverträgen als ureigenste Verhaltensweise der Gewerkschaften gehöre. Überdies führe das Merkmal der sozialen Mächtigkeit zur ungerechtfertigten Ungleichbehandlung der Sozialpartner auf Arbeitnehmer- und Arbeitgeberseite. Während der einzelne Arbeitgeber nach § 2 Abs. 1 TVG unabhängig von seiner Durchsetzungsfähigkeit und seiner sozialen Macht tariffähig sei, müssten die Gewerkschaften den Nachweis einer hinreichenden Mächtigkeit führen.[47] Um diesen Bedenken Rechnung zu tragen, wird von Teilen des Schrifttums auf das Merkmal der sozialen Mächtigkeit als Voraussetzung der Tariffähigkeit insgesamt verzichtet.[48] Andere Stimmen plädieren für eine Missbrauchskontrolle, die nur solchen Koalitionen die Tariffähigkeit versagt, welche offenkundig dem Arbeitgeberlager nicht die für eine funktionsfähige Tarifautonomie erforderliche Gegenmacht entgegensetzen können.[49] Auf dieser Basis wäre die CGM tariffähig, da es auf ihre soziale Mächtigkeit nicht ankäme bzw. ihr diese nicht offenkundig fehlt, da die CGM in der Vergangenheit eine Vielzahl von Tarifabschlüssen erreicht und so bewiesen hat, dass sie ein Mindestmaß an Verhandlungsmacht gegenüber dem sozialen Gegenspieler aufbauen kann.

35 Einer Auseinandersetzung mit der beschriebenen Kontroverse bedarf es allerdings dann nicht, wenn die CGM ohnehin als sozial mächtig und hinreichend organisiert einzustufen ist, da sie dann unabhängig davon, welchem der widerstreitenden Ansätze gefolgt wird, tariffähig ist.

(a) Soziale Mächtigkeit

36 Bei dem Merkmal der sozialen Mächtigkeit handelt es sich um ein typologisches Merkmal, so dass die Frage, ob ein Verband die erforderliche Durchsetzungskraft

---

[45] So, auch zum Folgenden, *Gamillscheg*, Bd. 1, S. 433 ff.; *Zöllner/Loritz/Hergenröder*, § 37 Rn. 6.

[46] Dies erkennt auch BAG vom 28.3.2006 – 1 ABR 58/04, NZA 2006, 1112, 1116 an.

[47] *Wiedemann/Oetker*, § 2 Rn. 404; *Zöllner/Loritz/Hergenröder*, § 37 Rn. 6.

[48] *Wiedemann/Oetker*, § 2 Rn. 408 ff.; *Zöllner/Loritz/Hergenröder*, § 37 Rn. 6.

[49] *Bayreuther*, BB 2005, 2633, 2636 f.

aufweist, im Einzelfall aufgrund einer Gesamtschau objektiver Indizien zu beantworten ist.[50] Bedeutsame Indizien sollen die Zahl der Gewerkschaftsmitglieder, ihre Stellung in den Betrieben, insbesondere die Besetzung sog. Schlüsselpositionen,[51] der Organisationsgrad in dem vom Verband selbst gewählten räumlichen und fachlichen Zuständigkeitsbereich[52] sowie die Fähigkeit und der Wille der Koalition sein, Arbeitskämpfe jedenfalls dann zu führen, wenn Verhandlungen scheitern.[53] Noch größeres Gewicht soll dem Umstand zukommen, ob die Koalition in der Vergangenheit bereits Tarifverträge abgeschlossen hat, wobei im Einzelnen streitig ist, ob der Abschluss sog. Anschlusstarifverträge, also solcher, die den Abschluss einer anderen Gewerkschaft lediglich übernehmen, ausreicht.[54] Sofern es sich bei den in der Vergangenheit erzielten Tarifabschlüssen nicht nur um Schein- oder Gefälligkeitstarifverträge handelt, sollen sie nach neuerer Rechtsprechung des BAG sogar eine Vermutung zugunsten der sozialen Mächtigkeit des Verbandes begründen.[55]

37 Ob die Aufstellung einer solchen Vermutung zutreffend ist und ob der Abschluss von Anschlusstarifverträgen ein tragfähiges Indiz für die Durchsetzungskraft einer Koalition ist, wird man dahinstehen lassen können, wenn bereits eine Gesamtschau aus den übrigen Indizien die soziale Mächtigkeit der CGM belegt. Insofern ist zu beachten, dass die CGM in dem von ihr gewählten Zuständigkeitsbereich einen Organisationsgrad von 14 % der Arbeitnehmer erreicht, sie also unter Berücksichtigung des Umstands, dass traditionell in der Metallbranche der Organisationsgrad hoch ist, aber nicht alle Arbeitnehmer in Gewerkschaften organisiert sind, mit einer absoluten Mitgliederzahl von ca. 700 000 zu den größeren Koalitionen zu rechnen ist. Im Vergleich zur IG Metall hat sie daher nicht völlig untergeordnetes Gewicht. Hinzu kommt, dass der CGM der Abschluss von 550 eigenständigen Tarifverträgen gelungen ist. Dies belegt unabhängig von dem Indizwert der weiteren 3 000 Anschlusstarifverträge, dass die Arbeitgeberseite die CGM als Verhandlungspartner wahr- und ernstnimmt. Die CGM ist daher als sozial mächtig einzustufen, so dass es einer näheren Auseinandersetzung mit der Kontroverse, ob das Merkmal der sozialen Mächtigkeit tatsächlich Voraussetzung der Tariffähigkeit ist, nicht bedarf.

(b) Hinreichende organisatorische Leistungsfähigkeit

38 Fraglich bleibt somit nur, ob die CGM auch über die für die Tariffähigkeit erforderliche, hinreichend leistungsfähige Organisation verfügt. Hinreichend leistungsfähig ist die Organisation, wenn sie die sich selbst gestellten Aufgaben mit den zur Verfügung stehenden personellen und sachlichen Mitteln erfüllen, insbesondere den Abschluss von Tarifverträgen durch entsprechende Prognosen der wirtschaftlichen Rahmenbedingungen sowie die Formulierung von Verhandlungsstrategien und -zie-

---

50 Kempen/Zachert/*Kempen,* § 2 Rn. 42 ff.; *Löwisch/Rieble,* § 2 Rn. 121 ff.; vgl. auch Wiedemann/ *Oetker,* § 2 Rn. 389 ff.

51 BAG vom 14.12.2004 – 1 ABR 51/03, NZA 2005, 697, 701; *Gamillscheg,* Bd. 1, S. 431; *Löwisch/ Rieble,* § 2 Rn. 121, 123.

52 BAG vom 14.12.2004 – 1 ABR 51/03, NZA 2005, 697, 701; *Löwisch/Rieble,* § 2 Rn. 127.

53 BVerfG vom 6.5.1964 – 1 BvR 79/62, AP Nr. 15 zu § 2 TVG; *Löwisch/Rieble,* § 2 Rn. 132; a.A. *Zöllner/Loritz/Hergenröder,* § 10 Rn. 24; vgl. zum Ganzen auch Wiedemann/*Oetker,* § 2 Rn. 378 ff.

54 BAG vom 6.6.2000 – 1 ABR 10/99, NZA 2001, 160, 162 f.; BAG vom 28.3.2006 – 1 ABR 58/04, NZA 2006, 1112, 1119; Wiedemann/*Oetker,* § 2 Rn. 391.

55 BAG vom 28.3.2006 – 1 ABR 58/04, NZA 2006, 1112, 1119.

len vorbereiten und nach Abschluss das Verhandlungsergebnis verbandsintern vermitteln und durchsetzen kann.[56] Entscheidend sind auch insoweit die Umstände des Einzelfalles, wobei zu beachten ist, dass einerseits ein bundesweiter Zuständigkeitsbereich eine erhebliche organisatorische Ausstattung erforderlich macht, andererseits aber, gerade wenn sich die fachliche Zuständigkeit auf wenige Berufsgruppen beschränkt, ein relativ kleiner, zentralisierter Apparat ausreichen kann, um Tarifverträge effektiv auszuhandeln und zu überwachen.[57] Über eine derart zentralisierte Struktur verfügt die CGM, da sie an vergleichbar wenigen Standorten präsent ist, dort allerdings bei 80 hauptamtlich und 500 ehrenamtlich Beschäftigten jeweils Teams von mehreren Personen, darunter im Durchschnitt mindestens zwei hauptamtliche Gewerkschaftssekretäre, bilden kann.[58] Dies verspricht ebenso eine sachgerechte Verhandlungsvorbereitung und Tarifdurchsetzung wie der Umstand, dass in besonders mitgliederstarken Regionen zusätzlich Bezirksvertretungen unterhalten werden, zumal sich die CGM lediglich auf Tarifabschlüsse in der Metallbranche konzentrieren und hierfür, wie die zurückliegenden Arbeitskämpfe zeigen, auch erhebliche finanzielle Mittel einsetzen kann. Damit ist die CGM hinreichend leistungsfähig organisiert.

cc) Zwischenergebnis

39 Die CGM ist eine tariffähige Koalition i.S.v.Art. 9 Abs. 3 GG, § 2 Abs. 1 TVG. Mangelnde Tariffähigkeit einer Vertragspartei hindert den Abschluss des CGM-FTV nicht.

b) Unzulässigkeit eines Firmentarifvertrages bei bestehender Bindung an einen Verbandstarifvertrag

40 Der CGM-FTV wäre jedoch auch dann unwirksam, wenn Arbeitgebern, die bereits an einen Verbandstarifvertrag gebunden sind, der Abschluss von Haustarifverträgen untersagt wäre.

41 Bestünde ein derartiger Vorrang des Verbandstarifvertrages, wie dies von einigen Instanzgerichten und Teilen des Schrifttums unter Hinweis entweder auf die in dieser Konstellation fehlende Tariffähigkeit des Arbeitgebers[59] oder die mangelnde Tarifzuständigkeit einer anderen als der den Verbandstarifvertrag abschließenden Gewerkschaft für den einzelnen Arbeitgeber[60] behauptet wird, hätte dies zur Konsequenz, dass A weiterhin auf der Grundlage des MTV nur zu einer Arbeitsleistung von 35 Wochenstunden verpflichtet ist. Folglich hätte er sich nicht pflichtwidrig verhalten, als er nach Ableistung von 35 Stunden seinen Arbeitsplatz verließ. Eine Abmahnung des A wäre unwirksam.

---

[56] BAG vom 6.6.2000 – 1 ABR 10/99, NZA 2001, 160, 163; BAG vom 14.12.2004 – 1 ABR 51/03, NZA 2005, 697, 702 f.; BAG vom 28.3.2006 – 1 ABR 58/04, NZA 2006, 1112, 1117; *Löwisch/ Rieble*, § 2 Rn. 140.

[57] BAG vom 14.12.2004 – 1 ABR 51/03, NZA 2005, 697, 703; BAG vom 28.3.2006 – 1 ABR 58/04, NZA 2006, 1112, 1117.

[58] Vgl. zur Zurücknahme der Anforderungen an die organisatorische Leistungsfähigkeit im Hinblick auf die Personalausstattung zuletzt BAG vom 5.10.2010 – 1 ABR 88/09, AP Nr. 7 zu § 2 TVG Tariffähigkeit.

[59] LAG Schleswig-Holstein vom 25.11.1999 – 4 Sa 584/99, NZA-RR 2000, 143, 145 f.; *Matthes,* FS Schaub, 1988, S. 477, 481 ff., insbesondere S. 485; vgl. auch *Reuter,* NZA 2001, 1098 ff.

[60] *Heinze,* DB 1997, 2122, 2124 ff.; *Kleinke/Kley/Walter,* ZTR 2000, 143, 145 f.

Gegen eine Sperrwirkung des Verbandstarifvertrages[61] lässt sich jedoch anführen, **42** dass die Gegenauffassung vor allem das Ziel verfolgt, den einzelnen Arbeitgeber vor einem Arbeitskampf um einen Firmentarifvertrag zu schützen, solange er einem Verband angehört. Zur Erreichung dieses Ziels ist es nicht erforderlich, den Abschluss von Firmentarifverträgen neben Verbandstarifverträgen pauschal für unzulässig zu halten. Es würde ausreichen, den auf den Abschluss eines konkurrierenden Firmentarifvertrages gerichteten Arbeitskampf als rechtswidrig einzustufen.[62] Weiterhin spricht gegen einen Vorrang des Verbandstarifs, dass sich weder den Vorschriften des TVG im Allgemeinen noch den Regelungen über die Tariffähigkeit in § 2 TVG im Besonderen, die den einzelnen Arbeitgeber gleichrangig neben den Gewerkschaften und Arbeitgeberverbänden nennen, eine Rangordnung von Tarifverträgen je nach ihrem Ursprung entnehmen lässt.[63] Der Verzicht auf eine derartige Rangordnung ergibt sich ferner im Wege eines Umkehrschlusses aus § 54 Abs. 3 Nr. 1 HandwO.[64] Wenn nach dieser Spezialvorschrift den Handwerksinnungen die Tariffähigkeit nur solange und soweit verliehen wird, wie der Innungsverband selbst keine Tarifverträge nach § 82 S. 2 Nr. 3 HandwO abschließt, also ausnahmsweise ein Vorrang des Verbandstarifvertrages begründet wird, so zeigt dies, dass ein derartiger Vorrang im Allgemeinen nicht existiert.

Der Umstand, dass die M im Augenblick des Abschlusses des CGM Firmentarifver- **43** trages noch an den MTV der IG Metall gebunden war, steht der Wirksamkeit des Firmentarifvertrages daher nicht entgegen.

c) Zwischenergebnis

Der CGM-FTV ist nach alledem wirksam. **44**

2. Bindung der Arbeitsvertragsparteien an den CGM-Firmentarifvertrag

§ 4 des CGM-FTV, der eine wöchentliche Arbeitszeit von 40 Stunden vorsieht, **45** müsste zudem auf das Arbeitsverhältnis des A anwendbar sein. Da A als Mitglied der IG Metall grundsätzlich normativ nur an den von dieser Gewerkschaft geschlossenen MTV gebunden ist (§ 4 Abs. 1 TVG), gelangte man zur Anwendbarkeit des CGM-FTV aber dann, wenn es sich dabei um den nach § 4a Abs. 2 S. 2 TVG gegenüber dem Manteltarifvertrag vorrangig anzuwendenden Tarifvertrag handelte.

Höchst zweifelhaft ist aber, ob § 4a TVG und die übrigen flankierenden Bestim- **46** mungen des Tarifeinheitsgesetzes überhaupt verfassungskonform sind.[65] Naheliegend erscheint – obwohl das BVerfG diese Frage noch nicht abschließend geklärt

---

[61] So im Ergebnis die ganz h. M., siehe nur BAG vom 25.9.1996 – 1 ABR 4/96, NZA 1997, 613, 618 f.; BAG vom 10.12.2002 – 1 AZR 96/02, NZA 2003, 734, 736 ff.; *Löwisch/Rieble*, § 2 Rn. 345; Wiedemann/*Oetker*, § 2 Rn. 149 m. w. N.

[62] So konsequent *Buchner*, ZfA 1995, 95, 120; *Lieb*, DB 1999, 2058, 2062 f. Vgl. auch Fall 5 Rn. 31 ff.

[63] Wiedemann/*Wank*, § 4 Rn. 289; Kempen/Zachert/*Wendeling-Schröder*, § 4 Rn. 232; Däubler/ *Zwanziger*, TVG, § 4 Rn. 926.

[64] *Löwisch/Rieble*, § 2 Rn. 345.

[65] Eingehend *Giesen/Kersten*, ZfA 2015, 201 ff.; zu den Details des Diskussionsstands ferner BVerfG vom 6.10.2015 – 1 BvR 1571/15, NZA 2015, 1271, 1272 f.

hat[66] – insbesondere ein Verstoß gegen die durch Art. 9 Abs. 3 GG verbürgte Koalitionsfreiheit derjenigen Gewerkschaften und ihrer Mitglieder, deren Tarifverträge nach § 4a Abs. 2 S. 2 TVG verdrängt werden und die nach § 4a Abs. 4 TVG nur noch einen Anspruch auf „Nachzeichnung", d. h. den Abschluss eines Anschlusstarifvertrages zu den im vorrangig geltenden Tarifvertrag niedergelegten Bedingungen haben. Den Gewerkschaften wird dadurch zwar nicht die Möglichkeit genommen, überhaupt Tarifverträge zu schließen, und ihre Mitglieder fallen auch nicht faktisch auf den Status Nichtorganisierter zurück[67], gleichwohl wird aber die Tarifvertragsinhaltsfreiheit deutlich beschnitten und damit gerade kleinen Gewerkschaften, deren Tarifverträge typischerweise aufgrund geringerer Mitgliederzahlen verdrängt werden, der Wettbewerb mit anderen Koalitionen empfindlich erschwert. Diese Bedenken können allerdings ebenso wie die Folgefrage, ob möglicherweise nur das BVerfG zur Verwerfung des Tarifeinheitsgesetzes berechtigt wäre, dahinstehen, wenn ungeachtet der Verfassungsmäßigkeit der Neuregelungen nach keiner denkbaren Betrachtungsweise der CGM-FTV auf das Arbeitsverhältnis des A anwendbar wäre.

47 Hält man § 4a TVG für verfassungskonform, wäre diese Norm – anders als bei den für das Arbeitsverhältnis der B relevanten Tarifverträgen – in der vorliegenden Konstellation zunächst in zeitlicher Hinsicht unproblematisch anwendbar, da sowohl der am 15.7.2015 mit der IG Metall geschlossene MTV als auch der am 1.11.2015 geschlossene CGM-FTV am Tag nach der Verkündung des Tarifeinheitsgesetzes, also dem 3.7.2015, noch nicht i. S. d. Übergangsvorschrift des § 13 Abs. 3 TVG gegolten haben. Auch läge die von § 4a Abs. 2 S. 2 TVG geforderte Überschneidung der Geltungsbereiche nicht inhaltsgleicher Tarifverträge verschiedener Gewerkschaften vor, da der IG Metall MTV und der CGM-FTV dieselbe Thematik der Wochenarbeitszeit verschieden regeln. Als Rechtsfolge wäre dann nach § 4a Abs. 2 S. 2 und 3 TVG nur der Tarifvertrag derjenigen Gewerkschaft anzuwenden, die zu dem Zeitpunkt, in dem die Kollision erstmals auftritt, die meisten Mitglieder in dem betreffenden Betrieb hat. Da bei M durchgängig und damit auch am relevanten Stichtag des 1.11.2015 70% der Beschäftigten in der IG Metall und nur 10% in der CGM organisiert sind, verdrängte der IG Metall MTV den CGM-FTV. Folglich wäre A nicht verpflichtet, länger als 35 Wochenstunden zu arbeiten und die ins Auge gefasste Abmahnung rechtswidrig.

48 Geht man hingegen von der Verfassungswidrigkeit des § 4a TVG aus, müsste das Konkurrenzverhältnis nach den Regeln, die vor dem Inkrafttreten des Tarifeinheitsgesetzes galten, aufgelöst werden. Welchen Maßstäben die Konfliktlösung zu folgen hatte, war seinerzeit zwischen Rechtsprechung und Schrifttum jedoch lebhaft umstritten. Das BAG vertrat lange Zeit[68] die Auffassung, dass die bereits vorgestellten Konstellationen der Tarifkonkurrenz und Tarifpluralität einheitlich zu behandeln und in beiden Fällen die Grundsätze der Tarifeinheit und der Spezialität zu beachten seien. Folgte man dem, so verdrängt der CGM-FTV als die dem Betrieb der M räumlich, betrieblich, fachlich und persönlich am nächsten stehende Regelung den

---

66 Ein Antrag auf Erlass einer einstweiligen Anordnung gegen das Tarifeinheitsgesetz blieb beim BVerfG (vom 6.10.2015 – 1 BvR 1571/15, NZA 2015, 1271, 1271 ff.) erfolglos.

67 Vgl. Begründung RegE zum Tarifeinheitsgesetz, BT-Drs. 18/4062, S. 14.

68 BAG vom 24.9.1975 – 4 AZR 471/74, AP Nr. 11 zu § 4 TVG – Tarifkonkurrenz; BAG vom 16.2.2000 – 4 AZR 14/99, AP Nr. 22 zu § 4 TVG; eingehend zur Entwicklung der Rechtsprechung Kempen/Zachert/*Wendeling-Schröder*, § 4 Rn. 206 ff.

allgemeineren MTV der IG Metall. Dies führte indes, mangels entsprechender mitgliedschaftlicher Legitimation, nicht dazu, dass stattdessen der CGM-FTV normativ für das Arbeitsverhältnis des A gilt, so dass grundsätzlich A gar keiner Tarifbindung mehr unterläge. Eine abweichende Beurteilung könnte sich jedoch aus der im Arbeitsvertrag des A enthaltenen Verweisungsklausel ergeben. Da diese Klausel alle jeweils im Betrieb geltenden Tarifverträge in den Arbeitsvertrag einbeziehen soll und einschränkende Voraussetzungen, wie etwa die gegenüber B verwendete, Auslegungszweifel begründende Bezugnahme nur auf Verbandstarifverträge nicht enthält, unterfällt auch der CGM-FTV dem Wortlaut dieser Regelung.[69] Teilt man die Position der älteren Rechtsprechung, gelangt man so letztlich zu einer vertraglichen Bindung des A an den CGM-FTV mit der Konsequenz, dass A zur Arbeitsleistung im Umfang von 40 Wochenstunden verpflichtet gewesen wäre, das Verlassen der Arbeitsstätte vor vollständiger Erfüllung dieser Arbeitsverpflichtung daher eine zur Abmahnung berechtigende Pflichtverletzung darstellte.

Die Instanzrechtsprechung, das überwiegende Schrifttum und zuletzt auch das **49** BAG[70] stellten demgegenüber, mit zahlreichen Differenzierungen hinsichtlich der Details, die Notwendigkeit in Abrede, die Konstellationen der Tarifkonkurrenz und Tarifpluralität gleich zu behandeln. Teils wurde die Geltung mehrerer Tarifverträge nebeneinander in demselben Betrieb einschränkungslos zugelassen.[71] Teils wurde diese Rechtsfolge auf die – hier allerdings gegebenen – Sachverhaltsgestaltungen begrenzt, dass die Tarifpluralität auf einer bewussten Willensentscheidung des Arbeitgebers – vorliegend der nach dem Scheitern der Verhandlungen mit der IG Metall getroffenen Entscheidung der M für die CGM als Vertragspartner – beruht[72] oder dass der Tarifvertrag einer DGB-Gewerkschaft, wie der MTV der IG Metall, mit den Regelungen einer nicht zum DGB gehörenden Gewerkschaft, wie der CGM, kollidiert.[73] Welcher Tarifvertrag auf das Arbeitsverhältnis der einzelnen Arbeitnehmer anwendbar ist, richtete sich danach, welcher Gewerkschaft die betreffende Person angehört. Für das IG Metall-Mitglied A wäre dann nur der MTV anwendbar. Da A danach nur 35 Wochenstunden arbeiten musste, läge keine zur Abmahnung berechtigende Pflichtverletzung vor.

Wägt man die Argumente beider Positionen gegeneinander ab, die sich zwar nicht **50** vollständig, aber in erheblichem Umfang mit denjenigen zur Frage nach der Verfas-

---

69 Im Gegensatz zu der unter I. behandelten Konstellation gibt es hier aufgrund der Verdrängungswirkung des Grundsatzes der Tarifeinheit keine gegenüber dem Arbeitsvertrag vorrangige tarifliche Regelung, so dass sich die Frage der Anwendung des Günstigkeitsprinzips insoweit nicht stellt.

70 BAG vom 7.7.2010 – 4 AZR 549/08, NZA 2010, 1068 ff., zust. Kempen/Zachert/*Wendeling-Schröder*, § 4 Rn. 213 ff.; eingehend *Deinert*, RdA 2011, 12 ff.; *Henssler*, RdA 2011, 65 ff. Vgl. zum Anfrageverfahren im Vorfeld der Rechtsprechungsänderung noch BAG vom 27.1.2010 – 4 AZR 549/08, NZA 2010, 645 und BAG vom 23.6.2010 – 10 AS 2/10, NZA 2010, 778. Eine weitere Konsolidierung dieser überzeugenden Rechtsprechung wurde dann durch das Eingreifen des Gesetzgebers verhindert.

71 LAG Sachsen vom 13.11.2001 – 7 Sa 118/01, AuR 2002, 310, 311 ff.; LAG Hessen vom 2.5.2003 – 9 Sa Ga 636/03, NZA 2003, 679, 680 f.; vgl. zur Abgrenzung von Konstellationen, in denen mehrere, an unterschiedliche Anwendungsvoraussetzungen anknüpfende Tarifwerke derselben Gewerkschaft scheinbar eine Konkurrenzsituation begründen, auch LAG Berlin vom 31.1.1994 – 9 Sa 108/93.

72 *Thüsing/v. Medem*, ZIP 2007, 510, 515 (sog. gewillkürte Tarifpluralität).

73 *Kania*, DB 1996, 1921, 1922 f.; *Schaub*, RdA 2003, 378, 380.

sungsmäßigkeit des neuen § 4a TVG decken, hatte insbesondere die Kritik der Literatur hohes Gewicht, dass der Grundsatz der Tarifeinheit die durch Art. 9 Abs. 3 GG verbürgte Koalitionsfreiheit derjenigen Gewerkschaften sowie ihrer Mitglieder beeinträchtigt, deren Tarifverträge verdrängt werden und die faktisch auf den Status Nichtorganisierter zurückfallen. Eine weitere Beeinträchtigung der Koalitionsfreiheit resultiert daraus, dass die Mitglieder, deren Tarifvertrag verdrängt wird, zum Gewerkschaftswechsel ermuntert werden, um nach dem Wechsel wieder den Schutz durch eine Gewerkschaft zu erlangen. Im Ergebnis kann dies dazu führen, dass einer bestimmten Gewerkschaft der Zugang zu bestimmten Unternehmen oder – in Extremfällen – zu ganzen Wirtschaftszweigen versperrt wird. Zwar versuchte das BAG diese Bedenken mit dem Argument zu entkräften, dass die Koalitionsfreiheit nur in ihrem Kernbereich geschützt und die Erwartung des einzelnen Koalitionsmitglieds, von dem von seiner Gewerkschaft geschlossenen Tarifvertrag tatsächlich profitieren zu können, nicht zum geschützten Kernbereich zu rechnen sei.[74] Angesichts des Umstands, dass das BAG – im Einklang mit der nahezu allgemeinen Ansicht – die Kernbereichslehre im Übrigen nicht mehr vertritt,[75] war diese Argumentationsweise jedoch inkonsequent.

51 Ebenfalls inkonsequent war es, den Grundsatz der Tarifeinheit mit dem Hinweis zu rechtfertigen, dass der Arbeitgeber vor unüberwindliche praktische Schwierigkeiten gestellt werde, wenn er mehrere unterschiedliche Tarifverträge in demselben Betrieb anwenden müsse, da die dann notwendigen Differenzierungen die mit dem Abschluss von Tarifverträgen angestrebten Rationalisierungs- und Effizienzgewinne zunichte mache.[76] Abgesehen davon, dass reine Zweckmäßigkeitserwägungen eine Einschränkung von Grundrechten kaum rechtfertigen können,[77] lassen sich die beschriebenen Nachteile auch mit Hilfe des Grundsatzes der Tarifeinheit nicht vollständig ausschließen, da dessen Befürworter zahlreiche Ausnahmefälle anerkennen mussten, in denen mehrere Tarifverträge nebeneinander anwendbar sein sollten. Letzteres wurde z. B. bei der Fortgeltung mehrerer Tarifverträge nach einem Betriebsübergang,[78] bei einer durch einen lediglich nach § 4 Abs. 5 TVG nachwirkenden Tarifvertrag hervorgerufenen Konkurrenzsituation[79] oder im Einzelfall auch bei konkurrierenden Tarifverträgen mit unterschiedlichem personellen Geltungsbereich[80] angenommen.

52 Entkräften ließen sich auch die weiteren befürchteten Konsequenzen einer Preisgabe des Grundsatzes der Tarifeinheit. Die Sorge, dass Arbeitnehmer zum „Gewerkschafts-Hopping" animiert würden, um in den Genuss des günstigsten Tarifvertrages zu kommen,[81] ist ein Scheinproblem, da der Gewerkschaftswechsel wegen § 3

---

[74] BAG vom 20.3.1991 – 4 AZR 455/90, NZA 1991, 736, 739.

[75] BAG vom 14.12.2004 – 1 ABR 51/03, NZA 2005, 697, 704; dem folgend ErfK/*Linsenmaier*, Art. 9 GG Rn. 41; umfassend dazu auch *Gamillscheg*, Bd. 1, S. 226 ff.

[76] So insbesondere *Säcker/Oetker*, ZfA 1993, 1, 12 f.

[77] Abl. auch Kempen/Zachert/*Wendeling-Schröder*, § 4 Rn. 215 m. w. N.; Däubler/*Zwanziger*, TVG, § 4 Rn. 944.

[78] BAG vom 21.2.2001 – 4 AZR 18/00, NZA 2001, 1318, 1323.

[79] BAG vom 28.5.1997 – 4 AZR 546/95, NZA 1998, 40, 43 f.; vgl. hierzu auch Däubler/*Zwanziger*, TVG, § 4 Rn. 949.

[80] BAG vom 26.1.1994 – 10 AZR 611/92, NZA 1994, 1038, 1341 f.

[81] Vgl. *Meyer*, NZA 2006, 1387, 1389; *ders.*, DB 2006, 1271.

Abs. 3 TVG nicht automatisch zur Geltung des von der den Arbeitnehmer auf-
nehmenden Gewerkschaft abgeschlossenen Tarifvertrages führt und man erwägen
könnte, die in der Person des Arbeitnehmers begründete konkurrierende Bindung
an zwei Tarifverträge nach dem Prioritätsprinzip zugunsten einer Bindung an den
Tarifvertrag derjenigen Koalition zu lösen, welcher der Arbeitnehmer zuerst ange-
hörte.[82] Auch der durch zurückliegende Arbeitskämpfe belegten Gefahr einer Läh-
mung der Wirtschaft durch zwangsläufig steigende Arbeitskampfaktivitäten, wenn
mehrere Gewerkschaften Tarifverträge durchsetzen wollen,[83] könnte ggf. durch eine
extensive Interpretation der Friedenspflicht oder durch die Einführung schuldrechtlicher Nebenpflichten, welche von den Gewerkschaften die zeitliche Koordination
der Verhandlungen und Kampfmaßnahmen fordert, begegnet werden.[84] Schließlich
trägt auch die Behauptung nicht, die Anwendung mehrerer Tarifverträge nebeneinander führe zu unlösbaren Problemen im Betriebsverfassungsrecht, da infolge der
Tarifpluralität für Teile der Belegschaft Tarifverträge zur Geltung kommen und
die den Arbeitnehmer schützende betriebliche Mitbestimmung in sozialen Angelegenheiten nach § 87 Abs. 1 BetrVG ausschließen könnten, die ein vergleichbares
Schutzniveau nicht bieten.[85] Abgesehen davon, dass die Grundsätze der Tarifeinheit
und Spezialität nicht zwangsläufig verbürgen, dass gerade der Tarif zur Anwendung
kommt, der Regelungen der sozialen Angelegenheiten enthält, verkehrt diese Behauptung den Zweck des § 87 Abs. 1 BetrVG, der die Tarifautonomie und nicht
die betriebliche Mitbestimmung vor konkurrierenden kollektivvertraglichen Regelungen schützen soll, in sein Gegenteil.[86] Der Grundsatz der Tarifeinheit war richti-
gerweise also bereits vor dem Inkrafttreten des Tarifeinheitsgesetzes abzulehnen und
darf daher auch dann, wenn sich dieses Gesetz als verfassungswidrig erweisen sollte,
nicht reaktiviert werden.

Da A unabhängig von der Verfassungskonformität des § 4a TVG nicht an den **53**
CGM-FTV gebunden ist, war er nicht verpflichtet, im Dezember 2015 und auch
sonst länger als 35 Wochenstunden zu arbeiten.

3. Ergebnis

Mangels arbeitsvertraglicher Pflichtverletzung darf P den A nicht abmahnen. **54**

---

[82] *Rieble*, Arbeitsmarkt und Wettbewerb, 1996, Rn. 1814; *Thüsing/v. Medem*, ZIP 2007, 510, 514.

[83] *Meyer*, DB 2006, 1271, 1272; ebenso, wenn auch den Grundsatz der Tarifeinheit ablehnend,
Bayreuther, BB 2005, 2633, 2640 ff.

[84] *Thüsing/v. Medem*, ZIP 2007, 510, 515.

[85] *Heinze/Ricken*, ZfA 2001, 159, 175 ff.; *Meyer*, NZA 2006, 1387, 1390 ff.

[86] *Thüsing/v. Medem*, ZIP 2007, 510, 513; abl. auch Kempen/Zachert/*Wendeling-Schröder*, 4. Aufl.
2012, § 4 Rn. 163. Vgl. zum Schutzzweck des § 87 Abs. 1 BetrVG auch Richardi/*Richardi*, § 87
Rn. 143.

Fall 3. Der Tarifvertrag – eine unendliche Geschichte?

Nach BAG vom 15.11.2006 – 10 AZR 665/05, NZA 2007, 448; BAG vom 15.10.2003 – 4 AZR 573/02, NZA 2004, 387; BAG vom 13.12.1995 – 4 AZR 1062/94, NZA 1996, 769; BAG vom 24.2.1987 – 1 ABR 18/85, NZA 1987, 639.

Sachverhalt

Die G-GmbH & Co. KG (G) betreibt in der niedersächsischen Stadt Osnabrück eine Großbäckerei mit 300 Beschäftigten. Bis zum 31.12.2011 war sie Mitglied des Landesinnungsverbandes für das niedersächsische Bäckerhandwerk, mit dem die zuständige Gewerkschaft Nahrung-Genuss-Gaststätten (NGG) bereits 2003 einen für das Gebiet des Bundeslandes Niedersachsen geltenden Manteltarifvertrag (MTV) geschlossen hatte, der in § 6 die Zahlung eines Weihnachtsgeldes i.H.v. 60% eines Brutto-Monatsverdienstes vorsah. Der Tarifvertrag wurde von der Innung mit Wirkung zum 31.12.2010 wirksam gekündigt. Ein neuer Tarifvertrag wurde bislang nicht abgeschlossen.

Nachdem G den Arbeitgeberverband verlassen hatte, zahlte sie für die Jahre 2013 und 2014 kein Weihnachtsgeld mehr aus. Die Angestellte A, die Mitglied der NGG ist und ein monatliches Bruttoeinkommen von 2500 Euro bezieht, zeigt sich ob dieser Vorgehensweise von G empört. Sie meint, auch weiterhin einen Anspruch auf Zahlung des Weihnachtsgeldes zu haben, da die Normen des MTV immer noch anzuwenden seien. G beruft sich demgegenüber darauf, dass der Tarifvertrag ausgelaufen sei, sie den Verband verlassen habe und es daher überhaupt keine Anhaltspunkte mehr für eine Tarifbindung gebe. Sie könne nicht ewig an einen uralten Tarifvertrag, der die aktuellen Gegebenheiten ihrer Branche gar nicht mehr zutreffend abbilde, gebunden sein. Hielte man sie an dem Tarifvertrag fest, sei ihre Koalitionsfreiheit verletzt.

Angesichts der sich abzeichnenden gerichtlichen Auseinandersetzung mit A und anderen Arbeitnehmern möchte G zumindest für die Zukunft eine verlässliche Rechtsgrundlage für die Gewährung des Weihnachtsgeldes und anderer Gratifikationen schaffen. Zu diesem Zweck tritt sie an den im Betrieb gebildeten Betriebsrat heran, um eine Betriebsvereinbarung abzuschließen. Nach dem Verhandlungsangebot der G soll das ehemals tariflich geregelte Weihnachtsgeld um 25% gekürzt, das tarifliche Urlaubsgeld, welches bislang 25% eines Brutto-Monatsgehalts betrug, im Gegenzug für alle Mitarbeiter, die mindestens eine Betriebszugehörigkeit von zehn Jahren aufweisen, um 30% erhöht werden. Der Betriebsrat weist diese Offerte kategorisch zurück, da es weder seine Aufgabe sein könne, einzelnen Mitarbeitern „in die Tasche zu greifen", noch, anhand der komplizierten Zahlenverhältnisse auszurechnen, mit welchen Regelungen die Belegschaft insgesamt „besser fahre".

G beauftragt daraufhin Rechtsanwalt R mit einer gutachterlichen Prüfung der Fragen, ob sie gegenüber A zur Zahlung des Weihnachtsgeldes verpflichtet ist und welche Möglichkeiten sie, die G, besitzt, um doch noch den Abschluss einer Betriebsvereinbarung mit dem vorgestellten Inhalt zu erreichen. Was wird R antworten?

Gliederung

Lösung

I. Anspruch A gegen G auf Weihnachtsgeldzahlung für die Jahre 2013 und 2014

A könnte gegen G einen Anspruch auf Zahlung des Weihnachtsgeldes für die Jahre **1** 2013 und 2014 i.H.v. insgesamt 3000 Euro brutto aus dem Arbeitsvertrag i.V.m. § 6 MTV haben.

1. Arbeitsverhältnis zwischen A und G

2 Von der Existenz des für die Entstehung des Zahlungsanspruchs notwendigen Arbeitsverhältnisses zwischen A und G ist nach den Angaben des Sachverhalts auszugehen.

2. Bindung der Arbeitsvertragsparteien an den MTV

3 Erforderlich ist weiterhin, dass auf das zwischen A und G bestehende Arbeitsverhältnis die Vorschriften des MTV Anwendung finden. Dies ist nach § 4 Abs. 1 TVG hinsichtlich tariflicher Regelungen über den Inhalt von Arbeitsverhältnissen, zu denen auch die Vereinbarung über die Zahlung eines Weihnachtsgelds gehört, dann der Fall, wenn überhaupt ein wirksamer Tarifvertrag zustande gekommen ist, das Arbeitsverhältnis in den Geltungsbereich dieses Tarifvertrages fällt und beide Arbeitsvertragsparteien tarifgebunden sind.

a) Wirksamkeit des MTV – Tariffähigkeit des Landesinnungsverbandes

4 Bedenken gegen die Wirksamkeit des MTV bestehen allenfalls im Hinblick auf die Tariffähigkeit, also die Fähigkeit der Vertragsschließenden, Tarifverträge mit normativer Wirkung für die Tarifgebundenen abschließen zu können.[1] Tariffähig sind nach § 2 Abs. 1 TVG Gewerkschaften, einzelne Arbeitgeber und Vereinigungen von Arbeitgebern. Während die Tariffähigkeit der NGG aufgrund ihres Gewerkschaftsstatus zu bejahen ist, mag man hinsichtlich des Landesinnungsverbands für das niedersächsische Bäckerhandwerk zweifeln, ob es sich um einen Arbeitgeberverband i. S. v. § 2 Abs. 1 TVG handelt, da Handwerksinnungen vielfältige Aufgaben, etwa die Förderung des Handwerks oder die Beteiligung an der Gesellenausbildung, zugewiesen sind, so dass sich ihre Funktion kaum auf diejenige der kollektiven Wahrnehmung von Arbeitgeberinteressen reduzieren lässt. Letztlich können diese Zweifel allerdings dahinstehen, da § 82 S. 2 Nr. 3 HandwO den Landesinnungsverbänden und damit auch dem Verband für das niedersächsische Bäckerhandwerk die Tariffähigkeit ausdrücklich verleiht. Der MTV ist somit wirksam abgeschlossen worden.

b) Eröffnung des räumlichen und fachlichen Geltungsbereichs des MTV

5 Ferner müsste das Arbeitsverhältnis zwischen A und G vom Geltungsbereich des MTV erfasst, der Tarifvertrag also insbesondere in räumlicher und fachlicher Hinsicht anwendbar sein.

6 Der räumliche Geltungsbereich des Tarifvertrages, also die Festlegung der geographischen Grenzen für die Anwendbarkeit der tariflichen Normen,[2] ist unproblematisch betroffen, da der MTV niedersachsenweit gilt und der Ort des Betriebes, in dem A arbeitet, in diesem Bundesland liegt. Auch in fachlicher Hinsicht ist der MTV einschlägig, da als Anknüpfung hierfür regelmäßig – dem Industrieverbandsprinzip folgend – auf die fachliche Ausrichtung des Betriebes abzustellen ist.[3] Insoweit kann, da die Landesinnung für das Bäckerhandwerk den MTV abgeschlossen hat, dessen Geltung für Bäckereibetriebe und damit für den Betrieb der G unter-

---

[1] Vgl. zum Begriff der Tariffähigkeit nur Kempen/Zachert/*Kempen*, § 2 Rn. 3; *Löwisch/Rieble*, § 2 Rn. 1.

[2] Däubler/*Deinert*, TVG, § 4 Rn. 201 f.; *Löwisch/Rieble*, § 4 Rn. 156.

[3] Kempen/Zachert/*Stein*, § 4 Rn. 143, 145; *Löwisch/Rieble*, § 4 Rn. 185.

stellt werden. In fachlicher und räumlicher Hinsicht erfasst der MTV daher das Arbeitsverhältnis zwischen A und G.

c) Beiderseitige Tarifgebundenheit der Arbeitsvertragsparteien und zeitlicher Geltungsbereich des MTV

Zweifelhaft könnte infolge des Umstands, dass die Landesinnung den MTV mit **7** Wirkung zum 31.12.2010 gekündigt hat und in der Folge die G aus der Landes- innung ausgetreten ist, sowohl die Tarifgebundenheit der Arbeitsvertragsparteien als auch – hiermit zusammenhängend – die zeitliche Anwendbarkeit des MTV in den für die Gewährung des Weihnachtsgeldes relevanten Jahren 2013 und 2014 sein.

aa) Tarifbindung der Arbeitsvertragsparteien nach § 3 Abs. 1 und 3 TVG

Tarifgebunden sind ausweislich § 3 Abs. 1 TVG die Mitglieder der Tarifvertragspar- **8** teien sowie beim Firmentarifvertrag der einzelne Arbeitgeber. Da sowohl die A als Mitglied der Gewerkschaft NGG als auch G als Mitglied der Landesinnung ur- sprünglich zu den Mitgliedern der Tarifvertragsparteien gehörten, die den MTV schlossen, ist die beiderseitige (ursprüngliche) Tarifgebundenheit der Arbeitsver- tragsparteien gegeben. Zu beachten ist jedoch, dass nach § 3 Abs. 3 TVG die Tarif- gebundenheit nur bis zum Ende des Tarifvertrages besteht. Beendet wird ein Tarif- vertrag u.a. durch Kündigung.[4] Folglich ist grundsätzlich zusammen mit der Kündigung des MTV durch die Landesinnung, gegen deren Wirksamkeit keine Bedenken bestehen, die Tarifbindung für das Arbeitsverhältnis zwischen A und G mit Wirkung zum 31.12.2010 entfallen, so dass A ihren Anspruch auf Gewährung des Weihnachtsgeldes für die Jahre 2013 und 2014 eigentlich nicht mehr auf § 6 MTV stützen kann.

bb) Nachwirkung der Tarifnormen nach § 4 Abs. 5 TVG

Eine abweichende Beurteilung könnte allerdings aufgrund der Regelung des § 4 **9** Abs. 5 TVG geboten sein, wonach die normativen Bestimmungen eines Tarifvertra- ges auch nach dessen Ablauf weitergelten, bis sie durch eine andere Abmachung ersetzt werden.

(1) Anwendbarkeit der Norm bei Verbandsaustritt im Nachwirkungsstadium

Dazu müsste die genannte Vorschrift in der vorliegenden Konstellation, in der eine **10** der ursprünglich tarifgebundenen Arbeitsvertragsparteien im Stadium der Nachwir- kung des Tarifvertrages aus der tarifschließenden Koalition ausgetreten ist, über- haupt anwendbar sein.

Dies wird teilweise mit dem Argument bestritten, dass die Bindung an einen Tarif- **11** vertrag grundsätzlich durch die Mitgliedschaft in einer Koalition legitimiert sein müsse.[5] Gemäß § 3 Abs. 3 TVG markiere die Beendigung des Tarifvertrages die äußerste zeitliche Grenze für dessen weitere Geltung.[6] Diese Grenze müsse auch in Fällen beachtlich sein, in denen die Mitgliedschaft erloschen ist. Entsprechend

---

[4] *Löwisch/Rieble*, § 1 Rn. 1377 ff.; Kempen/Zachert/*Stein*, § 4 Rn. 174 ff.

[5] LAG Köln vom 25.10.1989 – 2 Sa 474/89, NZA 1990, 502; *Löwisch/Rieble*, Anm. zu BAG vom 18.3.1992, AP Nr. 13 zu § 3 TVG (Bl. 1137 f.); *Schwab*, BB 1994, 781 f.; *Thüsing/Lambrich*, RdA 2002, 193, 203.

[6] *Buchner*, RdA 1997, 259, 260 f.; *Schwab*, BB 1994, 781, 782; *Thüsing/Lambrich*, RdA 2002, 193, 203.

handle es sich bei § 3 Abs. 3 TVG um eine Spezialvorschrift im Vergleich zu § 4 Abs. 5 TVG mit der Folge, dass die letztgenannte Vorschrift nach Beendigung der Weitergeltung nicht mehr anwendbar sei. Für diese Position wird ferner der Zweck des Instruments der Nachwirkung nach § 4 Abs. 5 TVG angeführt. Dieses habe im Wesentlichen zwei Funktionen. Zum einen soll die Nachwirkung den Zeitraum bis zum Abschluss eines neuen Tarifvertrages überbrücken (sog. Überbrückungsfunktion); zum anderen soll durch die Nachwirkung der Tarifregelungen der Inhalt des Arbeitsverhältnisses bis zum Abschluss eines neuen Tarifvertrages erhalten bleiben, um zu verhindern, dass zeitweise Regelungslücken im Arbeitsvertrag entstehen (sog. Inhaltsschutzfunktion). [7] Jedenfalls die Überbrückungsfunktion werde obsolet, wenn im konkreten Fall der Abschluss eines neuen Tarifvertrages nicht in Betracht kommt, weil ein solcher Vertrag mangels Koalitionsmitgliedschaft für die Gestaltung der Arbeitsbedingungen in dem Unternehmen des aus der Koalition ausgetretenen Arbeitgebers ohnehin keine Bedeutung erlangt.[8] Sei § 4 Abs. 5 TVG in der beschriebenen Konstellation ohnehin funktionslos, müsse diese Norm unangewendet bleiben. A hätte dann mangels Tarifbindung keinen Anspruch auf Weihnachtsgeldzahlung in den Jahren 2013 und 2014.

12 Das BAG und zahlreiche Stimmen in der Literatur zählen demgegenüber die beiderseitige Tarifgebundenheit nicht zu den Voraussetzungen für die Anwendung des § 4 Abs. 5 TVG, so dass eine Nachwirkung tariflicher Regelungen auch nach der Beendigung des Tarifvertrages und nach einem Verbandsaustritt des Arbeitgebers in Betracht kommt.[9] Auf Basis dieser Sichtweise ließe sich, sofern die tatbestandlichen Voraussetzungen der genannten Vorschrift gegeben sind, eine Tarifbindung von A und G als Grundlage für einen Anspruch auf Weihnachtsgeldzahlung bejahen.

13 Für die letztgenannte Position lassen sich die gewichtigeren Argumente anführen. Der Gegenansicht ist zwar grundsätzlich dahingehend zuzustimmen, dass eine besondere Legitimation erforderlich ist, wenn ein Rechtssubjekt an eine zwischen Dritten abgeschlossene Vereinbarung gebunden sein soll. Diese Legitimation muss sich aber nicht zwingend aus der Verbandszugehörigkeit eines Koalitionsmitglieds ergeben. Sie kann vielmehr, wie die Regelungen über die Allgemeinverbindlichkeit von Tarifverträgen (§ 5 TVG) zeigen, auch unmittelbar aus dem Gesetz folgen[10] oder aus einer auf dem Gesetz beruhenden Entscheidung resultieren. Einen derartigen eigenständigen Legitimationsgrund für die Tarifbindung kraft Gesetzes schafft § 4 Abs. 5 TVG.

14 Auch mit dem Gesetzeszweck lässt sich kaum begründen, warum § 3 Abs. 3 TVG *lex specialis* zu § 4 Abs. 5 TVG sein soll. Gegen ein derartiges Spezialitätsverhältnis spricht bereits, dass beide Vorschriften unterschiedliche Regulierungsziele verfolgen. § 3 Abs. 3 TVG dient, im Gegensatz zu § 4 Abs. 5 TVG, nicht der Überbrückung

---

[7] Vgl. zu den beiden Funktionen der Nachwirkung nur ErfK/*Franzen*, § 4 TVG Rn. 50; *Löwisch/Rieble*, § 4 Rn. 655 ff.

[8] *Lieb*, NZA 1994, 337, 338.

[9] BAG vom 18.3.1992 – 4 AZR 339/91, NZA 1992, 700, 701; BAG vom 15.10.2003 – 4 AZR 573/02, NZA 2004, 387, 388 f.; *Däubler*, NZA 1996, 225, 227 f.; ErfK/*Franzen*, § 4 TVG Rn. 60; Wiedemann/*Wank*, § 4 Rn. 338 f.; siehe auch BAG vom 6.7.2011 – 4 AZR 424/09, AP Nr. 51 zu § 3 TVG: Nachwirkung auch bei einem Gewerkschaftsbeitritt des Beschäftigten in der Nachbindungsphase, d. h. nach Verbandsaustritt des Arbeitgebers.

[10] Vgl. BAG vom 19.4.2012 – 6 AZR 578/10, NJOZ 2012, 2183, 2185.

einer „tarifvertragslosen" Zeitspanne, sondern im Wesentlichen dem Bestandsschutz der Koalitionen. Deren Mitgliedern soll durch diese Regelung der Anreiz genommen werden, aus der Koalition auszutreten, nur um sich der Wirkungen eines nachteiligen oder lästigen Tarifvertrages zu entledigen.[11] Divergiert jedoch die *ratio* beider Vorschriften so erheblich, ist es naheliegender, dass beide Normen nebeneinander anwendbar sind, statt dass eine von ihnen die andere verdrängt.

Letztlich greift auch die Überlegung zu kurz, dass der Überbrückungsfunktion als **15** wesentlichem Regelungszweck des § 4 Abs. 5 TVG beim Verbandsaustritt im Nachwirkungsstadium in Ermangelung eines Folgetarifvertrages keine Bedeutung zukomme. Wie bereits ausgeführt, verfolgt § 4 Abs. 5 TVG einen doppelten Zweck, da durch diese Vorschrift auch vermieden werden soll, dass das Arbeitsverhältnis infolge des Wegfalls der Geltung der tariflichen Regelungen inhaltsleer wird und Regelungslücken entstehen.[12] Ein Bedürfnis für einen derartigen Inhaltsschutz des Arbeitsverhältnisses bis zu einer neuen Regelung der Arbeitsbedingungen besteht generell nach dem Ende der normativen Wirkung des Tarifvertrages und unabhängig davon, ob der Arbeitgeber im Nachwirkungszeitraum aus dem tarifschließenden Verband austritt oder nicht.

§ 3 Abs. 3 TVG kann daher nicht als *lex specialis* im Vergleich zu § 4 Abs. 5 TVG **16** angesehen werden und die letztgenannte Vorschrift folglich auch nicht verdrängen.

(2) Voraussetzungen der Nachwirkung

Da es sich bei der Regelung in § 6 MTV, wie zuvor gezeigt (siehe Rn. 8), um eine **17** normativ wirkende Tarifbestimmung handelt und weder zwischen der NGG und der Landesinnung ein neuer Tarifvertrag, noch zwischen den Arbeitsvertragsparteien A und G eine neue Regelung über die Gewährung eines Weihnachtsgeldes zustande gekommen ist, liegen auch die tatbestandlichen Voraussetzungen der Nachwirkung vor.

(3) Begrenzung der Nachwirkung durch teleologische Reduktion des § 4 Abs. 5 TVG

Als Rechtsfolge bestimmt § 4 Abs. 5 TVG die – nur unmittelbare, nicht aber zwin- **18** gende[13] – Fortgeltung der Tarifnormen bis zum Abschluss einer Neuregelung. In Fällen, in denen eine derartige Neuregelung nicht zustande kommt, könnte die Nachwirkung nach dem Wortlaut der Norm zeitlich unbegrenzt gelten. Die damit verbundene Konsequenz, dass eine Arbeitsvertragspartei möglicherweise über viele Jahre hinweg an einen Tarifvertrag gebunden ist, obwohl die Koalitionsmitgliedschaft, welche die Bindung ursprünglich legitimierte, erloschen ist, erscheint bedenklich. Zum einen ist der Rechtsordnung, wie § 624 S. 1 BGB oder die Grundsätze über die Unabdingbarkeit der Befugnis zur außerordentlichen Kündigung von Dauerschuldverhältnissen (§ 314 BGB)[14] belegen, die Wertentscheidung zu ent-

---

[11] *Herschel*, ZfA 1973, 183, 192; vgl. ferner Wiedemann/*Oetker*, § 3 Rn. 58 ff.

[12] Vgl. dazu die Nachweise oben Fn. 7.

[13] Klarstellend BAG vom 30.1.2013 – 4 AZR 306/11, AP Nr. 25 zu § 1 TVG – Tarifverträge: Musiker; vertiefend zur Abdingbarkeit des § 4 Abs. 5 TVG BAG vom 16.5.2012 – 4 AZR 366/10, AP Nr. 52 zu § 4 TVG – Nachwirkung.

[14] Vgl. dazu nur BGH vom 26.5.1986 – VIII ZR 218/85, NJW 1986, 3134 f.; MünchKomm-BGB/*Gaier*, § 314 Rn. 4; Palandt/*Grüneberg*, § 314 Rn. 3.

nehmen, dass die zeitlich unbegrenzte vertragliche Bindung eines Rechtssubjekts regelmäßig unangemessen und damit unwirksam ist. Untersagt die Rechtsordnung in den genannten Beispielen eine überlange Bindung selbst hinsichtlich solcher Verpflichtungen, die ein Rechtssubjekt durch eine eigene Willenserklärung begründet, könnte eine zeitlich unbegrenzte Bindung an Tarifverträge, welche die Koalitionen für ihre Mitglieder abschließen und die daher als Akt der Fremdbestimmung für den Gebundenen eine höhere Gefahr für die Handlungsfreiheit darstellen können als eine von ihm selbst verfasste Erklärung, erst recht unzulässig sein. Zum anderen steht die Bindung an einen Tarifvertrag, wenn die Koalitionsmitgliedschaft nicht mehr besteht, in einem Spannungsfeld zu der auch durch Art. 9 Abs. 3 GG geschützten negativen Koalitionsfreiheit, die das Recht verbürgt, Koalitionen fern zu bleiben.[15] Die Austrittsentscheidung des ehemaligen Koalitionsmitglieds wird deutlich entwertet, wenn es dauerhaft an einen nachwirkenden Tarifvertrag gebunden bleibt und die wesentlichen Rechtsfolgen, die mit der Koalitionsmitgliedschaft verbunden sind, trotz des Austritts fortbestehen.

19 Zur Auflösung dieses Spannungsfelds wird in der Literatur eine teleologische Reduktion des § 4 Abs. 5 TVG erwogen.[16] Danach soll die Zeitdauer der Nachwirkung des Tarifvertrages auf ein angemessenes Maß begrenzt werden, welches teils analog § 624 S. 2 BGB mit einer Frist von sechs Monaten,[17] teils entsprechend § 613a Abs. 1 S. 2 BGB mit einer Jahresfrist[18] und von wieder anderen Stimmen analog § 39 Abs. 2 BGB[19] oder entsprechend § 736 Abs. 2 BGB, § 160 HGB[20] mit einer Frist von zwei bzw. fünf Jahren beziffert wird. Folgte man dem, wäre unabhängig davon, ob es für den Fristbeginn auf den Zeitpunkt des Koalitionsaustritts oder denjenigen der Beendigung des Tarifvertrages ankommt, nach den beiden erstgenannten Konzeptionen die Nachwirkung bereits vor der Entstehung des Weihnachtsgeldanspruchs für das Jahr 2013 entfallen, so dass A insgesamt kein Anspruch zustünde. Wäre dagegen eine Zweijahresfrist relevant, hätte A mangels Tarifbindung jedenfalls für das Jahr 2014 keinen Anspruch auf Zahlung des Weihnachtsgeldes. Ob ein derartiger Anspruch zumindest für das Jahr 2013 entstanden wäre, hängt dann von der Beantwortung der bereits aufgeworfenen Folgefrage ab, wann die Frist für die Begrenzung der Nachwirkung zu laufen beginnt. Basiert der Grundkonflikt,

---

[15] BAG (GS) vom 29.11.1967 – GS 1/67, AP Nr. 13 zu Art. 9 GG; Maunz/Dürig/*Scholz*, Art. 9 Rn. 226.

[16] Vergleichbare Bestrebungen bestehen auch mit Blick auf die Nachbindung (§ 3 Abs. 3 TVG), die zum Teil auf die Zeit bis zur ersten regulären Möglichkeit, den Tarifvertrag zu kündigen, beschränkt (so etwa *Bauer*, FS Schaub, 1998, 19, 24; *Hanau*, RdA 1998, 65, 68; dagegen BAG vom 1.7.2009 – 4 AZR 261/08, NZA 2010, 53, 59) oder ebenfalls in Analogie zu den in Rn. 19 genannten Vorschriften begrenzt werden soll. Umfassend dazu *Lobinger*, in: Lobinger/Piekenbrock/Stoffels, Zur Integrationskraft zivilrechtlicher Dogmatik, 2014, S. 17, 26ff.

[17] *Däubler*, NZA 1996, 225, 227; *Hanau/Kania*, DB 1995, 1229, 1230.

[18] *Rieble*, RdA 1996, 151, 155; für Manteltarifverträge *Konzen*, NZA 1995, 913, 920; beschränkt auf Betriebsnormen eines Tarifvertrages *Löwisch/Rieble*, § 4 Rn. 674; für das Parallelproblem der Nachbindung ferner *Willemsen/Mehrens*, NZA 2010, 307, 309.

[19] Wiedemann/*Oetker*, § 3 Rn. 94 m.w.N.; im Ergebnis auch *Biedenkopf*, Grenzen der Tarifautonomie, 1964, S. 232, der die Zwei-Jahresfrist mit den seinerzeit geltenden Regelungen über die Wahlperiode des Betriebsrats begründet.

[20] So wohl *Kittner*, AuR 1998, 469, 471, der immerhin mit dem Rechtsgedanken des § 160 HGB argumentiert und deshalb konsequenterweise die Nachwirkung auf fünf Jahre begrenzen müsste; für das Parallelproblem der Nachbindung nunmehr auch *Höpfner*, NJW 2010, 2173, 2177.

welcher die Begrenzung der Nachwirkung erst erforderlich macht, auf der Bindung an eine tarifliche Regelung, die nicht durch die Koalitionsmitgliedschaft vermittelt wird, wäre es konsequent, den Lauf der Frist in dem Augenblick beginnen zu lassen, in dem der Koalitionsaustritt wirksam wird. Beginn der Zweijahresfrist analog § 39 Abs. 2 BGB wäre dann gemäß § 187 Abs. 1 BGB der 1.1.2012, so dass die Nachbindung erst mit dem Ablauf des 31.12.2013 entfallen wäre (§ 188 Abs. 2 BGB) und A für das Jahr 2013 noch das Weihnachtsgeld beanspruchen könnte. Zöge man schließlich die gesellschaftsrechtlichen Nachhaftungsregelungen in entsprechender Anwendung heran, stünde A der Weihnachtsgeldanspruch nicht nur für die beiden in Rede stehenden Jahre, sondern sogar zukünftig noch bis zum Ablauf des Jahres 2016 zu.

Überwiegend wird eine Befristung der Nachwirkung jedoch abgelehnt.[21] Hierfür **20** spricht im Wesentlichen, dass sich die für die praktische Rechtsanwendung notwendige Präzisierung der Nachbindungsfrist kaum – wie bereits die Vielzahl der für eine Analogie zur Diskussion gestellten, ganz unterschiedlichen Fristenregelungen belegt – ohne Willkür erreichen lässt. Vor allem ist die wertungsmäßige Vergleichbarkeit zwischen der vorliegenden Konstellation und den Konfliktsituationen, deren Regulierung die übrigen gesetzlichen Fristenregelungen dienen, nur schwer nachzuweisen.

So mag man zwar § 39 Abs. 2 BGB den allgemeinen Rechtsgedanken entnehmen, **21** dass kein Mitglied länger als zwei Jahre an einen Verein gebunden sein soll. Vorliegend geht es allerdings nicht um die Dauer der Bindung an einen Verband, sondern um die davon zu unterscheidende Frage, wie lange ein Verbandsmitglied an die während der Mitgliedschaft vom Verband begründeten Rechte und Pflichten gebunden sein soll. Dass beide Fragen nicht identisch beantwortet werden müssen, belegen z.B. § 736 Abs. 2 BGB und § 160 Abs. 1 HGB, wonach die Verantwortlichkeit von Gesellschaftern für die Begleichung von Gesellschaftsschulden weit über den Zeitpunkt des Austritts hinaus fortbestehen kann.

Auch die Jahresfrist des § 613a Abs. 1 S. 2 BGB beruht auf Ausgangsbedingungen, **22** die kaum mit der Situation der Tarifnachwirkung beim Verbandsaustritt vergleichbar sind. Die relativ kurz bemessene Jahresfrist für die Bindung des Betriebserwerbers an die im übernommenen Betrieb geltenden Betriebsvereinbarungen und Tarifverträge mag aufgrund der Erwägung gerechtfertigt sein, dass der Betriebserwerber auf den Inhalt dieser Kollektivverträge keinen Einfluss hatte und deshalb nicht übermäßig lange an sie gebunden sein soll. Das aus einer Koalition austretende Mitglied trägt demgegenüber sehr wohl eine Mitverantwortung für die von der Koalition während der Dauer der Mitgliedschaft abgeschlossenen Verträge, so dass auch eine über die Frist des § 613a Abs. 1 S. 2 BGB hinausgehende Bindung angemessen sein kann.

Der Übertragbarkeit der Frist des § 624 S. 2 BGB ist schließlich entgegen zu halten, **23** dass die dort normierte Sechs-Monats-Frist deutlich kürzer als die Kündigungsfristen bemessen ist, die typischerweise in Tarifverträgen vorgesehen sind. Ein sach-

---

[21] BAG vom 15.10.2003 – 4 AZR 573/02, NZA 2004, 387, 389; Däubler/*Däubler*, TVG, Einl. Rn. 117. Nach BVerfG NZA 2000, 947 f. begründet dies keinen Verstoß gegen die negative Koalitionsfreiheit. Ebenso zu § 3 Abs. 3 TVG BAG vom 1.7.2009 – 4 AZR 261/08, NZA 2010, 53, 59.

licher Grund oder ein schutzwürdiges Interesse, warum sich ein Koalitionsmitglied nach dem Verbandsaustritt binnen einer kürzeren Frist von dem Tarifvertrag lösen können soll, als der Verband dies bei einem laufenden Tarifvertrag selbst könnte, ist nicht ersichtlich.[22]

24 Des Weiteren besteht – unabhängig von der konkret gewählten Fristenlänge – in Sachverhaltsgestaltungen wie der vorliegenden, in denen sich nicht einzelne Arbeitnehmer, sondern ein Arbeitgeber nach dem Koalitionsaustritt gegen die unbegrenzte Nachwirkung eines Tarifvertrages wendet, kein nennenswertes Bedürfnis für eine Befristung der Rechtsfolgen des § 4 Abs. 5 TVG. Zwar lässt sich dieses Bedürfnis nur bedingt mit dem verbreiteten Hinweis leugnen, der Arbeitgeber habe die Möglichkeit, die Arbeitsbedingungen durch Abschluss eines Firmentarifvertrages oder durch den Ausspruch einer Vielzahl von Änderungskündigungen (§ 2 KSchG) anzupassen.[23] Denn zum einen führt auch der Abschluss des Firmentarifvertrages zu einer Tarifbindung, die der Arbeitgeber gerade durch seinen Verbandsaustritt vermeiden wollte. Zum anderen scheitert in der Praxis eine einheitliche Anpassung der Arbeitsbedingungen einer Vielzahl von Arbeitnehmern durch Änderungskündigungen regelmäßig daran, dass die soziale Rechtfertigung derartiger Kündigungen i. S. v. § 1 KSchG nur hinsichtlich eines Teils der Belegschaft gegeben ist und der Arbeitgeber häufig vor schwierige Probleme der Sozialauswahl gestellt wird. Entscheidend ist vielmehr, dass Tarifverträge notwendig von Zeit zu Zeit der Anpassung an die geänderten wirtschaftlichen Rahmenbedingungen bedürfen und auch tatsächlich angepasst werden. Derartige Änderungen führen nach nahezu unbestrittener Auffassung zur Beendigung der Tarifbindung,[24] so dass deshalb im Regelfall eine Befristung der Bindungswirkung nicht notwendig ist.

25 Eine Befristung der Nachwirkung tariflicher Normen im Falle des Verbandsaustritts des Arbeitnehmers durch eine teleologische Reduktion des § 4 Abs. 5 TVG ist daher abzulehnen.

(4) Zwischenergebnis

26 Die Arbeitsvertragsparteien A und G sind an die in § 6 MTV niedergelegten Regelungen über die Gewährung eines Weihnachtsgeldes gebunden.

3. Tarifvertragliche Voraussetzungen für die Weihnachtsgeldzahlung

27 Mangels entgegenstehender Angaben ist davon auszugehen, dass die Gewährung des Weihnachtsgeldes nach § 6 MTV nur die Tätigkeit der Arbeitnehmer im Ver-

---

22 Eine gewisse Relativierung erfährt dieses Argument allerdings dadurch, dass nach § 624 S. 1 BGB der Ablauf einer fünfjährigen Laufzeit des zu kündigenden Vertrages Voraussetzung des Beginns der kurzen Frist ist. Wortlautgetreu wird man bei analoger Anwendung dieser Vorschrift auf den Fall der Nachwirkung insoweit auf die bereits verstrichene Laufzeit des Tarifvertrages und nicht auf die Dauer der Nachwirkung abstellen müssen. Diese Anforderung ist vorliegend allerdings erfüllt, da der zwischen Landesinnungsverband und NGG abgeschlossene MTV bereits aus dem Jahr 2003 stammt.

23 So lassen z. B. BVerfG vom 3.7.2000 – 1 BvR 945/00, NZA 2000, 947, 948 und Däubler/*Däubler*, TVG, Einl. Rn. 117 Änderungen der Arbeitsverträge im Nachwirkungszeitraum zu. Für die Zulässigkeit von Änderungskündigungen muss dann letztlich Gleiches gelten.

24 BAG vom 18.3.1992 – 4 AZR 339/91, NZA 1992, 700, 701; BAG vom 7.11.2001 – 4 AZR 703/00, NZA 2002, 748, 749 f.; Wiedemann/*Oetker*, § 3 Rn. 98 ff., insbesondere Rn. 102, jeweils m. w. N.

lauf des Bezugszeitraums für den jeweiligen Arbeitgeber voraussetzt. Da A diese Anforderung erfüllt, steht ihr für die Jahre 2013 und 2014 der Anspruch auf Zahlung des Weihnachtsgeldes dem Grunde nach zu. Die Höhe des Anspruchs beträgt pro Jahr 60 % eines Bruttomonatsentgelts. Bei einem Monatsverdienst der A von 2 500 Euro brutto und einem Bezugszeitraum von zwei Jahren beläuft sich ihr Gesamtanspruch daher auf 3 000 Euro brutto.

4. Ergebnis

A hat gegen G aus dem Arbeitsvertrag i.V.m. § 6 MTV einen Anspruch auf Zahlung von Weihnachtsgeld für die Jahre 2013 und 2014 i.H.v. insgesamt 3 000 Euro brutto. **28**

II. Weitere Vorgehensweise zum Abschluss der Betriebsvereinbarung

G könnte zur Einleitung eines Verfahrens vor der Einigungsstelle nach § 76 Abs. 5 **29** S. 1 BetrVG zu raten sein, da der Spruch der Einigungsstelle nach der genannten Vorschrift in den Fällen des erzwingbaren Einigungsstellenverfahrens die Einigung zwischen Arbeitgeber und Betriebsrat ersetzt. Daher ist dieses Verfahren grundsätzlich geeignet, eine Einigung über den Abschluss der von G gewünschten Betriebsvereinbarung auch gegen den Willen des Betriebsrats herbeizuführen.

1. Zulässigkeit des Einigungsstellenverfahrens

Die Anrufung der Einigungsstelle müsste zulässig sein. **30**

a) Zuständigkeit der Einigungsstelle

Hinsichtlich der Zuständigkeit der Einigungsstelle (§ 76 Abs. 1 S. 1 BetrVG) be- **31** stehen keine Bedenken.

b) Statthafter Verfahrensgegenstand (§ 76 Abs. 5 S. 1 i.V.m. § 87 Abs. 2 BetrVG)

Bei der von G begehrten Ersetzung der Einigung über den Abschluss einer Be- **32** triebsvereinbarung über die Gewährung tariflicher Sonderzahlungen müsste es sich um einen statthaften Verfahrensgegenstand handeln. Statthaft ist das zwingende Einigungsstellenverfahren nach § 76 Abs. 5 S. 1 BetrVG in Fällen, in denen der Spruch der Einigungsstelle die Einigung zwischen Arbeitgeber und Betriebsrat ersetzt. Ein solcher Fall ist ausweislich § 87 Abs. 2 S. 1 und 2 BetrVG dann gegeben, wenn in Angelegenheiten der zwingenden Mitbestimmung i.S.v. § 87 Abs. 1 BetrVG keine Einigung zwischen Arbeitgeber und Betriebsrat erzielt werden kann. Entsprechend müsste hinsichtlich des Regelungsgegenstands der von G gewünschten Betriebsvereinbarung ein Mitbestimmungsrecht des Betriebsrats nach dem Katalog des § 87 Abs. 1 BetrVG oder einer anderen betriebsverfassungsrechtlichen Rechtsgrundlage bestehen.

aa) Mitbestimmungsrecht des Betriebsrats nach § 87 Abs. 1 Nr. 10 BetrVG

In Betracht kommt das Mitbestimmungsrecht in Fragen der betrieblichen Lohnge- **33** staltung (§ 87 Abs. 1 Nr. 10 BetrVG). Der Begriff des Lohns stellt ein Synonym zu demjenigen des Arbeitsentgelts dar,[25] so dass – ohne Rücksicht auf die gewählte Bezeichnung – sämtliche Leistungen des Arbeitgebers erfasst sind, die als Gegenleistung für die Arbeitsleistung der Beschäftigten erbracht werden.[26] Auch mittelbar leistungsbezogene Vergütungsbestandteile wie Gratifikationen oder Jahressonderzahlungen dienen der Honorierung der Arbeitsleistung.[27] Bei dem Weihnachts- und Urlaubsgeld, das G auf Grundlage der Betriebsvereinbarung zahlen möchte, handelt es sich um eine derartige Sonderzahlung und somit um Lohn i.S.v. § 87 Abs. 1 Nr. 10 BetrVG.

34 Das Mitbestimmungsrecht nach § 87 Abs. 1 Nr. 10 BetrVG setzt des Weiteren voraus, dass nicht nur irgendeine lohnrelevante Regelung getroffen werden soll, sondern eine Frage der betrieblichen Lohngestaltung betroffen ist. Fragen der betrieblichen Lohngestaltung sind solche, welche der Aufstellung abstrakt-genereller Grundsätze zur Lohnfindung dienen, also einen über individuelle Entgeltvereinbarungen hinausgehenden kollektiven Tatbestand schaffen sollen.[28] Diesem kollektiven Erfordernis genügt die geplante Betriebsvereinbarung, da durch sie die Modalitäten der Gratifikationszahlung – und nicht nur die Gewährung der Gratifikation an sich – für sämtliche Arbeitnehmer der G nach allgemeinen Merkmalen geregelt werden sollen.

35 Zugunsten des Betriebsrats der G besteht daher grundsätzlich ein Mitbestimmungsrecht nach § 87 Abs. 1 Nr. 10 BetrVG.

bb) Ausschluss des Mitbestimmungsrechts nach § 77 Abs. 3 BetrVG

36 Dem Mitbestimmungsrecht könnte allerdings, da die von der geplanten Betriebsvereinbarung erfassten Regelungsgegenstände sowohl des Weihnachts- als auch des Urlaubsgeldes ursprünglich aufgrund eines Tarifvertrages gewährt wurden, § 77 Abs. 3 BetrVG entgegenstehen, wenn durch diese Vorschrift eine Betriebsvereinbarung als Regelungsinstrument ausgeschlossen wäre. Ob eine Regelung der Gratifikationen durch Betriebsvereinbarung tatsächlich unzulässig ist, hängt davon ab, in welchem Verhältnis § 87 Abs. 1 und § 77 Abs. 3 BetrVG zueinander stehen.

37 Vielfach wird § 77 Abs. 3 BetrVG als Instrument verstanden, welches die Tarifautonomie umfassend schützen und deshalb auch im Anwendungsbereich der zwingenden Mitbestimmungsrechte des § 87 Abs. 1 BetrVG uneingeschränkt Geltung beanspruchen soll (sog. Zwei-Schranken-Theorie).[29] Diese, im Wesentlichen mit dem Wortlaut der §§ 77 Abs. 3, 87 Abs. 1 BetrVG, der eine Ausnahme von der

---

[25] BAG vom 30.1.1990 – 1 ABR 2/89, NZA 1990, 571, 573; *Fitting,* § 87 Rn. 412; Richardi/ *Richardi,* § 87 Rn. 734.

[26] BAG vom 29.2.2000 – 1 ABR 4/99, NZA 2000, 1066, 1067; GK-BetrVG/*Wiese,* § 87 Rn. 821 ff.

[27] BAG vom 11.2.1992 – 1 ABR 51/91, NZA 1992, 702, 704; *Fitting,* § 87 Rn. 413 f.; GK-BetrVG/*Wiese,* § 87 Rn. 823 (jeweils zu Jahressondervergütungen).

[28] BAG vom 28.3.2006 – 1 ABR 59/04, NZA 2006, 1367, 1368; BAG vom 22.6.2010 – 1 AZR 853/08, NZA 2010, 1243, 1245; *Fitting,* § 87 Rn. 417.

[29] LAG Schleswig-Holstein vom 20.8.1987 – 4 Sa 37/87, NZA 1988, 35, 36; LAG Hamm vom 7.1.1988 – 1 Sa 1016/87, LAGE Nr. 3 zu § 77 BetrVG 1972; Wiedemann/*Wank,* § 4 Rn. 616 ff. Die im Anschluss an *Säcker,* ZfA Sonderheft 1972, S. 41, 65 geprägte Bezeichnung als „Zwei-Schranken-Theorie" ist allerdings missverständlich, da auch nach dieser Konzeption § 77 Abs. 3 BetrVG die einzige Schranke der betrieblichen Regelungsautonomie darstellt. Vgl. dazu GK-BetrVG/*Kreutz,* § 77 Rn. 151 m.w.N.

Regelungssperre für Betriebsvereinbarungen in Mitbestimmungsangelegenheiten nicht ausdrücklich vorsieht, begründete Auffassung führt dazu, dass eine Regelung durch Betriebsvereinbarung ausscheidet, sofern deren Regelungsgegenstand entweder tariflich geregelt ist oder zumindest üblicherweise durch Tarifvertrag geregelt wird. Folgte man dem, scheitert der Abschluss einer Betriebsvereinbarung vorliegend zwar nicht an einer entgegenstehenden tariflichen Regelung, da die Regelungen des MTV nicht mehr normativ gelten, sondern nur noch nachwirken,[30] aber an dem Vorrang tarifüblicher Regelungen, da sich Vereinbarungen über Sonderzahlungen wie Weihnachts- oder Urlaubsgelder regelmäßig und branchenübergreifend in Tarifverträgen finden. Ist aber bereits der Abschluss einer Betriebsvereinbarung unzulässig, muss erst recht auch ein Einigungsstellenverfahren unterbleiben, welches mit dem Ziel der Erzwingung einer derartigen Vereinbarung betrieben wird.[31] Entsprechend könnte G mangels eines zwingenden Mitbestimmungsrechts ihres Betriebsrats nach § 87 Abs. 1 BetrVG die Einigungsstelle nicht anrufen.

Insbesondere die Rechtsprechung sieht § 87 Abs. 1 BetrVG dagegen als *lex specialis* **38** im Verhältnis zu § 77 Abs. 3 BetrVG an, so dass Mitbestimmungsrechte durch den Abschluss einer Betriebsvereinbarung wahrgenommen werden können, soweit eine gesetzliche oder tarifliche Regelung nicht besteht (sog. Vorrangtheorie).[32] Mit Hilfe des in § 77 Abs. 3 BetrVG enthaltenen, im Vergleich zu § 87 Abs. 1 BetrVG enger gefassten Merkmals der Tarifüblichkeit einer Regelung ließe sich bei diesem Verständnis eine Regelungssperre für Betriebsvereinbarungen nicht begründen. Somit könnte die von G gewünschte Betriebsvereinbarung abgeschlossen und auch ein Einigungsstellenverfahren zur Erzwingung dieser Regelung betrieben werden.

Wägt man die Argumente beider Konzeptionen gegeneinander ab,[33] spricht vor **39** allem zweierlei für die letztgenannte Position: Zum einen wird die Tarifautonomie selbst dann, wenn man § 87 Abs. 1 BetrVG als im Vergleich zu § 77 Abs. 3 BetrVG vorrangige Regelung ansieht, nicht gefährdet, da es den Tarifvertragsparteien unbenommen bleibt, in den Fällen, in denen Betriebsvereinbarungen tarifübliche Vereinbarungen enthalten, nachträglich selbst abschließende inhaltsgleiche Regelungen zu treffen und so die Sperrwirkung nach § 87 Abs. 1 BetrVG auszulösen. Zum anderen besitzt die Prämisse der Gegenansicht, wonach zwar das Mitbestimmungsrecht des Betriebsrats fortbestehen soll, ihm aber der Abschluss von Betriebsvereinbarungen in diesem Bereich versagt sein soll,[34] wenig Überzeugungskraft. Die Mitbestimmungsrechte stellten nur noch eine leere Hülle dar, wenn das wesentliche Instrument zur Durchsetzung dieser Rechte ausgeschlossen wird.[35] Bei einem derartigen Verständnis hätten zahlreiche der Mitbestimmungsrechte aus dem Katalog des § 87 Abs. 1 BetrVG, insbesondere die Nrn. 4 (Auszahlung des Arbeitsentgelts), 5

---

30 Vgl. GK-BetrVG/*Kreutz*, § 77 Rn. 124, 151. Eine Betriebsvereinbarung beendete nämlich mit ihrem Abschluss oder mit dem Spruch der Einigungsstelle als andere Abmachung i. S. d. § 4 Abs. 5 TVG die Nachwirkung des Tarifvertrages.

31 So konsequent GK-BetrVG/*Kreutz*, § 77 Rn. 151.

32 BAG vom 24.2.1987 – 1 ABR 18/85, NZA 1987, 639, 640 f.; BAG (GS) vom 3.12.1991 – GS 2/90, NZA 1992, 749, 752 ff.; BAG vom 18.10.2011 – 1 ABR 25/10, NZA 2012, 392, 394 f.

33 Vgl. zu den einzelnen Argumenten Fall 1 Rn. 51 ff.

34 Vgl. GK-BetrVG/*Kreutz*, § 77 Rn. 154.

35 BAG vom 24.2.1987 – 1 ABR 18/85, NZA 1987, 639, 640 f.; zust. *Gast*, Anm. BB 1987, 1249; *Stege/Rinke*, DB 1991, 2386, 2389.

(allgemeine Urlaubsgrundsätze) und 10 (allgemeine Entlohnungsgrundsätze), kaum praktische Bedeutung, da insoweit, was auch dem Gesetzgeber bewusst gewesen sein muss, üblicherweise tarifliche Regelungen existieren. Da dem Gesetzgeber kaum unterstellt werden kann, er habe in solch großem Umfang weitgehend funktionslose Normen schaffen wollen, ist im Ergebnis der Position der Rechtsprechung zu folgen, so dass der Abschluss einer Betriebsvereinbarung über Fragen des Urlaubs- und Weihnachtsgelds möglich und daher ein Einigungsstellenverfahren grundsätzlich zulässig ist.

c) Einlassungszwang des Betriebsrats der G

40 Die Durchführung des Einigungsstellenverfahrens könnte daher allenfalls noch an den Einwänden des Betriebsrats der G scheitern, die Belastung einzelner Mitarbeiter sei nicht seine Aufgabe und die Durchführung eines kollektiven Günstigkeitsvergleichs dahingehend, ob die von G gewünschte Betriebsvereinbarung günstiger als die ursprünglichen tariflichen Regelungen ist, sei ihm nicht zumutbar.

41 Hinsichtlich der Unzumutbarkeit des Günstigkeitsvergleichs für den Betriebsrat ist zunächst die Regelung des § 74 Abs. 1 S. 2 BetrVG zu beachten, wonach die Betriebsparteien über strittige Fragen mit dem ernsten Willen zur Einigung zu verhandeln und Vorschläge für die Beilegung der Streitigkeiten zu machen haben. Aus der Pflicht zur Verhandlung leitet sich eine gegenseitige Einlassungs- und Erörterungspflicht der Betriebsparteien sowie die weitere Pflicht, die Verständigung über strittige Fragen nicht durch eine Verweigerungshaltung zu lähmen, ab.[36] Dazu gehört insbesondere, dass die Betriebsparteien ihre Positionen begründen, die Argumente der Gegenseite prüfen und erkennbare Kompromissmöglichkeiten aufzeigen.[37] Angesichts dieser Pflichtenbindung könnte man die Ansicht vertreten, dass das Vorbringen des Betriebsrats zu pauschal gehalten ist, weil es nicht aufzeigt, welche konkreten Arbeitnehmer Verluste erleiden, und die Durchführung eines Günstigkeitsvergleichs per se abgelehnt wird.

42 Ob der Betriebsrat seiner Einlassungs- und Erörterungsverpflichtung genügt, kann allerdings vorliegend dahinstehen, da ein pflichtgemäßes Handeln des Betriebsrats keine Voraussetzung für die Durchführung des Einigungsstellenverfahrens darstellt.[38] Erst recht kann dann ein Verstoß des Betriebsrats gegen § 74 Abs. 1 S. 2 BetrVG nicht dazu führen, dass ein vom Arbeitgeber betriebenes Einigungsstellenverfahren unzulässig ist, da andernfalls jede Betriebspartei die ausdrücklich im Gesetz vorgesehene Möglichkeit, eine Betriebsvereinbarung im Einigungsstellenverfahren zu erzwingen, vereiteln könnte. Für diese Sichtweise spricht ferner, dass sowohl die Frage, ob einzelne Arbeitnehmer belastet werden als auch das Problem, ob die avisierte Regelung für die Gesamtheit der Belegschaft ungünstiger ist,[39] materielle Einwendungen sind, welche die von der Einigungsstelle im Rahmen der Prüfung der Begründetheit des Antrags vorzunehmende Ermessensentscheidung beeinflussen mögen, für die Zulässigkeit des Verfahrens jedoch unbeachtlich sind.

---

[36] *Fitting*, § 74 Rn. 9 f.; GK-BetrVG/*Kreutz*, § 74 Rn. 26 a. E.

[37] GK-BetrVG/*Kreutz*, § 74 Rn. 26 a. E.

[38] LAG Niedersachsen vom 25.10.2005 – 1 TaBV 48/05, NZA-RR 2006, 142 f.; *Fitting*, § 74 Rn. 9a; GK-BetrVG/*Kreutz*, § 74 Rn. 28 m. w. N.

[39] Siehe dazu Fall 1 Rn. 9 ff.

Das Vorbringen des Betriebsrats steht somit der Durchführung des Einigungsstel- **43**
lenverfahrens nicht entgegen.

d) Antrag der G zur Einleitung des Einigungsstellenverfahrens

Den nach § 76 Abs. 5 S. 1 BetrVG zur Verfahrenseinleitung erforderlichen Antrag **44**
des Arbeitgebers oder des Betriebsrats könnte G vorliegend noch stellen, da insoweit besondere Form- oder Fristerfordernisse nicht zu beachten sind.[40]

e) Zwischenergebnis

Das Einigungsstellenverfahren nach § 76 Abs. 5 S. 1 BetrVG ist zulässig. **45**

2. Errichtung der Einigungsstelle

Schließlich müsste zur Entscheidung über den Antrag die Einigungsstelle, die keine **46**
ständige Einrichtung ist, nach Maßgabe des § 76 Abs. 1 und 2 BetrVG ordnungsgemäß errichtet werden. Dazu müsste sich G mit dem Betriebsrat über die Person
des Vorsitzenden der Einigungsstelle und die Zahl seiner Beisitzer einigen. Sofern,
was angesichts des bisherigen Verhaltens des Betriebsrats nicht fernliegt, eine Einigung nicht zustande kommt, kann auf Antrag des G eine Bestellung des Vorsitzenden und die Festlegung der Zahl, nicht jedoch der Person der Beisitzer durch das
Arbeitsgericht im Verfahren nach § 98 ArbGG erfolgen.[41] Nach Entsendung der
vom Arbeitgeber, vorliegend also von G, zu bestellenden Beisitzer könnten diese für
den Fall, dass der Betriebsrat die festgelegte Zahl der Beisitzer trotz der Entscheidung des Arbeitsgerichts nicht bestellt oder die bestellten Beisitzer der Sitzung fernbleiben, zusammen mit dem Einigungsstellenvorsitzenden über die gewünschte Betriebsvereinbarung entscheiden (§ 76 Abs. 5 S. 2 BetrVG).

3. Ergebnis

G kann eine Regelung durch Einigungsstellenspruch, der den Charakter einer Be- **47**
triebsvereinbarung hat,[42] mit dem Betriebsrat im Rahmen des zwingenden Einigungsstellenverfahrens nach § 76 Abs. 5 S. 1 BetrVG erreichen.

---

[40] Vgl. dazu *Fitting,* § 76 Rn. 59. Ausnahmen gelten nur in den – hier nicht einschlägigen – Fällen
von § 37 Abs. 6 S. 5, § 38 Abs. 2 S. 4 BetrVG.
[41] Weiterführend zu diesem Verfahren ErfK/*Koch,* § 98 ArbGG Rn. 1 ff.
[42] Vgl. dazu *Fitting,* § 76 Rn. 139.

Fall 4. Überlegungen des Vorstandes

Nach BAG vom 6.11.2007 – 1 AZR 862/06, NZA 2008, 542; BAG vom 18.4.2007 – 4 AZR 652/05, NZA 2007, 965.

Sachverhalt

Die Südbrunnen-AG (S) ist ein traditionsreiches, in Oberbayern ansässiges Unternehmen der Getränkeindustrie mit 320 Mitarbeitern, das Mineralwasser und Limonaden herstellt und vertreibt. Die Produktion und die Hauptverwaltung befinden sich im Münchener Stadtteil Obermenzing, der Vertrieb in München-Schwabing. S ist Mitglied des zuständigen Arbeitgeberverbandes Ernährung und Genuss. Der Vorstand der S möchte, um die Wettbewerbsfähigkeit des Unternehmens zu sichern, die Personalkosten deutlich reduzieren. Dabei denkt er in erster Linie daran, die seiner Ansicht nach zu kurzen tarifvertraglich festgesetzten Wochenarbeitszeiten (35-Stunden-Woche) auszudehnen. Da mit einer Änderung des geltenden Arbeitszeittarifvertrages (Manteltarifvertrag für die Getränkeindustrie mit der Gewerkschaft Nahrung-Genuss-Gaststätten – NGG) derzeit nicht zu rechnen ist, werden verschiedene Modelle zur Reduzierung der Arbeitskosten erwogen:

1. Die naheliegendste Lösung scheint dem Vorstand zunächst darin zu liegen, aus dem Arbeitgeberverband auszutreten. Das wird u.a. deshalb als vorzugswürdig angesehen, weil ohnehin nur 25 % der Belegschaft Mitglied der NGG sind, so dass man jedenfalls bei den übrigen 75 %, bei denen lediglich vertraglich auf die Tarifverträge der Getränkeindustrie in ihrer jeweils gültigen Fassung verwiesen wird, problemlos durch eine Betriebsvereinbarung zur 40-Stunden-Woche (ohne Lohnausgleich) zurückkehren könne. Der Betriebsrat sei im Hinblick auf die Gefahr einer Verlegung von Unternehmensteilen nach Tschechien zu einer solchen Regelung grundsätzlich bereit. Hinsichtlich der tarifgebundenen Arbeitnehmer könne dann versucht werden, diese angesichts der wirtschaftlichen Situation mehrheitlich zur Zustimmung zu einer Rückkehr zur 40-Stunden-Woche zu bewegen. Wahrscheinlich könne man auch insoweit den Betriebsrat einbinden.
2. Als Alternative oder auch kumulativ wird erwogen, den gesamten Vertrieb, der bisher schon im Betriebsteil München-Schwabing (50 Mitarbeiter) zusammengefasst ist, auszugliedern und auf eine neu gegründete hundertprozentige Tochtergesellschaft in der Rechtsform einer GmbH zu übertragen, die keinem Arbeitgeberverband beitreten solle. Damit könnte – so die Ansicht einiger Vorstandsmitglieder – die 35-Stunden-Woche jedenfalls für die Vertriebsmitarbeiter schnell beendet und die 40-Stunden-Woche wieder eingeführt werden. Ein Vorstandsmitglied rät demgegenüber dazu, dass die neu zu gründende GmbH durchaus dem für Vertriebsunternehmen zuständigen Arbeitgeberverband des Handels zur Herbeiführung der Tarifbindung beitreten solle. Die Arbeitnehmer würden sonst hinsichtlich ihres bisherigen Tarifvertrages Vertrauensschutz genießen. Der auch in der Lohnhöhe günstigere Verbandstarifvertrag zwischen dem Arbeitgeberverband des Handels und der H-Gewerkschaft sehe immerhin nicht die 35-, sondern die 38-Stunden-Woche vor.

3. In diesem Zusammenhang stellt sich für den Fall, dass die GmbH keinem Arbeitgeberverband beitritt, zudem die Frage, ob die Mitarbeiter, die in diese Gesellschaft übernommen werden, weiterhin Anspruch auf die nachfolgenden Tariflohnerhöhungen der Getränkeindustriebranche haben.

4. Schließlich wird im Vorstand die Frage erörtert, ob der Betriebsrat oder ein anderes betriebsverfassungsrechtliches Gremium im Fall einer Übertragung des Betriebsteils in München-Schwabing auf die neu gegründete Tochter-GmbH zu beteiligen sei und ob die Übertragung, etwa im Hinblick auf die geringere Kapitalausstattung der Tochter-GmbH, möglicherweise sogar die Aufstellung eines teuren Sozialplans erfordere.

Der Vorstand bittet um ein umfassendes Gutachten.

Gliederung

Lösung

Frage 1: Neuregelung nach Verbandsaustritt, Rückkehr zur 40-Stunden-Woche

Fraglich ist, ob die vom Vorstand der S ins Auge gefasste Maßnahme, aus dem Ar- **1**
beitgeberverband Ernährung und Genuss auszutreten, geeignet ist, den Weg zur
(Wieder-)Einführung der 40-Stunden-Woche zu bereiten. Dazu müssten die
Rechtsfolgen des Austritts aus dem Arbeitgeberverband ermittelt werden. Da nur
ein Bruchteil (25 %) der Arbeitnehmer Mitglied der tarifschließenden Gewerkschaft
NGG ist und für den anderen Teil der Belegschaft der Arbeitszeittarifvertrag kraft
arbeitsvertraglicher Verweisung gilt, bietet es sich an, hinsichtlich der Rechtsfolgen
des Austritts zwischen diesen beiden Arbeitnehmergruppen zu differenzieren.

I. Auswirkungen des Verbandsaustritts auf die Arbeitsverhältnisse der tarifgebundenen Arbeitnehmer

1. Bisherige Rechtslage nach dem Arbeitszeittarifvertrag

Für die Arbeitsverhältnisse derjenigen Arbeitnehmer, die Mitglied der NGG sind, **2**
gilt derzeit der Arbeitszeittarifvertrag, den diese Gewerkschaft mit dem zuständigen
Arbeitgeberverband Ernährung und Genuss geschlossen hat, normativ kraft beiderseitiger Tarifbindung. Ob es sich bei den Arbeitszeitbestimmungen um Betriebsnormen handelt, so dass nach § 3 Abs. 2 TVG sogar allein die Tarifbindung der S
ausgereicht hätte, kann an dieser Stelle dahingestellt bleiben. Einschränkungen der
Dauer der wöchentlichen Arbeitszeit, wie sie der einschlägige Arbeitszeittarifvertrag
hier vorsieht, stellen auch nicht etwa eine Verletzung der Berufsfreiheit des Arbeitgebers (Art. 12 GG) dar. Zwar mag die Arbeitszeitfestsetzung von dem verbandsangehörigen Arbeitgeber mitunter als bevormundende Einengung empfunden werden. Das BVerfG hat solche Arbeitszeitfestsetzungen jedoch zu Recht als bloße
Berufsausübungsregelungen qualifiziert, die die unternehmerische Freiheit unberührt ließen.[1] Ergänzend könnte man auf die grundrechtlich garantierte Koalitionsfreiheit (Art. 9 Abs. 3 GG) verweisen. In der Koalitionsbetätigung verwirklicht sich
zudem die gegenläufig ausgerichtete Berufsausübungsfreiheit der Arbeitnehmer, die
nicht nur dem Schutz ihrer Person, sondern auch durch kollektive Arbeitsverknap-
pung der Höherwertigkeit ihrer Tätigkeit dienen kann.[2] Es kann damit festgehalten
werden, dass für die tarifgebundenen Arbeitnehmer der S derzeit die im einschlägigen Arbeitszeittarifvertrag vorgesehene 35-Stunden-Woche unabdingbar und zwingend gilt.

2. Beendigung der Tarifbindung durch Austritt aus dem Arbeitgeberverband?

Fraglich ist, ob sich S durch den Austritt aus dem Arbeitgeberverband ihrer tarifver- **3**
traglichen Bindung ohne Weiteres entledigen könnte, um dann freie Hand für anderweitige Gestaltungen zu haben. Diese Frage ist in § 3 Abs. 3 TVG geregelt. Ge-

---

[1] BVerfG AP Nr. 15 zu § 87 BetrVG 1972 – Arbeitszeit.
[2] So zutr. Wiedemann/*Wiedemann*, Einl. Rn. 320.

rade um eine solche „Flucht aus dem Tarifvertrag" zu verhindern, ordnet § 3 Abs. 3 TVG die Weitergeltung des laufenden Tarifvertrages für die Zeit nach der Beendigung der Mitgliedschaft an (sog. Nachbindung). Das bedeutet, dass die Tarifnormen, hier also auch diejenigen, in denen die 35-Stunden-Woche festgeschrieben wird, nach dem Austritt wie zuvor weiter gelten würden. Sie entfalteten also weiterhin gem. § 4 Abs. 1 TVG für die beiderseits tarifgebundenen Arbeitsvertragsparteien ihre unmittelbare und zwingende Wirkung, und zwar bis zum Ende des Tarifvertrages. Davon wären im Übrigen nicht nur die bei S bereits beschäftigten Arbeitnehmer betroffen, sondern darüber hinaus auch die während der Laufzeit noch hinzukommenden tarifgebundenen Arbeitnehmer.[3] Gleiches würde gelten, wenn ein im Betrieb bereits beschäftigter Arbeitnehmer der tarifschließenden Gewerkschaft NGG im Nachbindungszeitraum beitreten würde.[4]

3. Einführung der 40-Stunden-Woche durch Betriebsvereinbarung

4   Zu prüfen ist, ob – wie vom Vorstand der S erwogen – die Heraufsetzung der Wochenarbeitszeit auf 40 Stunden auf dem Weg einer mit dem Betriebsrat abzuschließenden Betriebsvereinbarung wirksam bewerkstelligt werden kann. Das ist schon deshalb zweifelhaft, da auch in der Phase der Nachbindung die zwingende Wirkung des Tarifvertrages aufrecht erhalten bleibt[5] und die abweichende Regelung auch nicht ohne Weiteres vom Günstigkeitsprinzip gedeckt erscheint. Das kann aber an dieser Stelle noch unentschieden bleiben, da unabhängig davon die Regelungssperre des § 77 Abs. 3 BetrVG einer Regelung durch Betriebsvereinbarung im Wege stehen könnte. Hiernach können Arbeitsentgelte und sonstige Arbeitsbedingungen, die durch Tarifvertrag geregelt sind oder üblicherweise geregelt werden, nicht Gegenstand einer Betriebsvereinbarung sein. Das gilt ohne Rücksicht auf die Günstigkeit einer betrieblichen Regelung. Bei den Arbeitszeitregelungen handelt es sich um materielle Arbeitsbedingungen, die ohne Weiteres als „sonstige Arbeitsbedingungen" i.S.d. § 77 Abs. 3 BetrVG zu qualifizieren sind. Das umstrittene Verhältnis des § 77 Abs. 3 BetrVG zu § 87 Abs. 1 einleitender Satzteil BetrVG[6] muss in diesem Zusammenhang nicht weiter erörtert werden, da auch § 87 Abs. 1 BetrVG ein Mitbestimmungsrecht des Betriebsrats nur insoweit vorsieht, als eine tarifliche Regelung nicht besteht. Bereits die abschließende Regelung der Arbeitszeit durch den – ggf. auch nach Austritt kraft Nachbindung (§ 3 Abs. 3 TVG) weitergeltenden – Arbeitszeittarifvertrag steht damit einer Regelung durch Betriebsvereinbarung entgegen.

4. Einführung der 40-Stunden-Woche durch arbeitsvertragliche Vereinbarungen

5   Es bleibt die Überlegung des Vorstandes der S, die tarifgebundenen Arbeitnehmer mehrheitlich zur Rückkehr zur 40-Stunden-Woche zu bewegen, ggf. unter Einschaltung des Betriebsrats, der einen entsprechenden Vorschlag formulieren könnte. Ein solches Zugeständnis der Arbeitnehmer gegenüber ihrem Arbeitgeber müsste, um

---

3   H/W/K/*Henssler*, § 3 TVG Rn. 42.
4   BAG vom 6.7.2011 – 4 AZR 424/09, NZA 2012, 281.
5   ErfK/*Franzen*, § 3 TVG Rn. 28; J/K/O/Sch/*Oetker*, § 6 Rn. 54, 63.
6   Vgl. dazu Fall 3 Rn. 36 ff.

rechtlich bindend zu sein, in Form einer arbeitsvertraglichen Vereinbarung erfolgen. Allerdings darf eine solche arbeitsvertragliche Lösung nicht die zwingende Wirkung des Tarifvertrages unterlaufen (§ 4 Abs. 1 TVG). Gerechtfertigt könnte die Abweichung vom Arbeitszeittarifvertrag nur sein, wenn sie durch das Günstigkeitsprinzip (§ 4 Abs. 3 TVG) gedeckt ist. Die Erhöhung der Arbeitszeit von 35 auf 40 Stunden in der Woche ohne Lohnausgleich ist für sich genommen eindeutig eine ungünstige Abweichung vom Tarifvertrag.

Eine andere Beurteilung ist richtiger Ansicht nach auch nicht im Hinblick auf die **6** von der Personalkosteneinsparung eventuell ausgehende Erhöhung der Arbeitsplatzsicherheit geboten. Das BAG würde sich hier von vornherein einem Günstigkeitsvergleich verweigern, da es sich – seiner Ansicht nach – um zwei völlig unterschiedlich geartete Regelungsgegenstände handelt, für deren Bewertung es keinen gemeinsamen Maßstab gibt (Vergleich von „Äpfeln und Birnen").[7] Nun ist das Verständnis des Günstigkeitsprinzips in den Fällen sog. Bündnisse für Arbeit bekanntlich lebhaft umstritten.[8] Gleichwohl muss diese Diskussion im vorliegenden Fall nicht geführt werden. Denn selbst von denjenigen Autoren, die dem BAG im Ansatz widersprechen und die Arbeitsplatzsicherheit durchaus als gewichtigen Vorteil im Vergleich zu einer Verschlechterung der tariflichen Entgelt- und Arbeitszeitbestimmungen betrachten, wird im Gegenzug doch eine klare Zusage des Arbeitgebers vorausgesetzt.[9] In der Praxis begegnet man vor allem einer sog. „Beschäftigungsgarantie" in Form des Ausschlusses von betriebsbedingten Kündigungen für einen bestimmten Zeitraum. Denkbar wäre auch die Zusage, den Betrieb nicht ins Ausland zu verlagern. Eine solche belastbare Zusage hat S hier nicht abgegeben. Allein die vage Hoffnung, dass das durch Rückkehr zur 40-Stunden-Woche ohne Lohnausgleich erzielbare Einsparvolumen die Arbeitsplätze an ihrem bisherigen Standort sicherer macht, kann unter keinen Umständen die Abweichung vom Tarifvertrag rechtfertigen. Daran ändert auch eine eventuelle Einbindung des Betriebsrats nichts.

5. Zwischenergebnis

Mit einem Austritt aus dem Arbeitgeberverband könnte S die Arbeitszeit nicht er- **7** höhen und somit auch nicht mittelbar die Lohnkosten der tarifgebundenen Arbeitnehmer absenken. Auch die Zustimmung der Belegschaft und/oder des Betriebsrats vermag das Abweichen vom Tarifvertrag nicht zu rechtfertigen.

II. Auswirkungen des Verbandsaustritts auf die Arbeitsverhältnisse der nicht tarifgebundenen Arbeitnehmer

Weitere Gestaltungsspielräume könnten nach einem Austritt aus dem Arbeitgeber- **8** verband im Hinblick auf die Arbeitsverhältnisse der nicht tarifgebundenen Arbeitnehmer bestehen.

---

7   BAG vom 20.4.1999 – 1 ABR 72/98, NZA 1999, 887, 892 f.
8   Siehe hierzu ausführlich Fall 1 Rn. 9 ff., insbesondere Rn. 15 ff.
9   *Buchner*, DB Beil. 12/1996, S. 1, 10 f.; vgl. ferner *Buchner*, NZA 1999, 897, 901; *Adomeit*, NJW 1984, 26 f.; *Schliemann*, NZA 2003, 122, 126 f.

1. Neuregelung durch Betriebsvereinbarung – Regelungssperre des § 77 Abs. 3 BetrVG

9 Einer Umsetzung der geplanten Erhöhung der Wochenarbeitszeit auf 40 Stunden durch eine Betriebsvereinbarung könnte auch gegenüber den nicht tarifgebundenen Arbeitnehmern die Regelungssperre des § 77 Abs. 3 BetrVG entgegenstehen. Anders als für § 87 Abs. 1 einleitender Satzteil BetrVG kommt es für § 77 Abs. 3 BetrVG nicht auf die Tarifbindung der Arbeitsvertragsparteien an. Das ist für die Tarifbindung auf der Arbeitgeberseite nahezu einhellig anerkannt.[10] Aber auch die Tarifgebundenheit der Arbeitnehmer (oder auch nur eines Arbeitnehmers) spielt für die Sperrwirkung des § 77 Abs. 3 BetrVG keine Rolle.[11] Entscheidend ist allein, dass ein Tarifvertrag abgeschlossen worden ist, der eine positive Sachregelung des betreffenden Gegenstandes enthält (hier Dauer der Arbeitszeit), und die Arbeitsverhältnisse in den Geltungsbereich des Tarifvertrages fallen.[12] Da dies hier der Fall ist, verbietet sich schon wegen der Sperrwirkung des § 77 Abs. 3 BetrVG eine Neuregelung durch Betriebsvereinbarung – auch soweit sie auf die nicht tarifgebundenen Arbeitnehmer beschränkt wäre.

2. Neuregelung durch arbeitsvertragliche Änderungsvereinbarung

a) Verstoß gegen den Grundsatz der Unabdingbarkeit des Tarifvertrages

10 Auch gegenüber den nicht tarifgebundenen Arbeitnehmern könnte eine vom Tarifvertrag abweichende Regelung durch Arbeitsvertrag nach Austritt aus dem Arbeitgeberverband gegen den Grundsatz der Unabdingbarkeit des Tarifvertrages (§ 4 Abs. 1 TVG) verstoßen. Die verlängerte Tarifbindung nach § 3 Abs. 3 TVG wurde bereits dargelegt. Ferner müsste der Arbeitszeittarifvertrag trotz fehlender Tarifbindung der Arbeitnehmer normative Wirkung entfalten.

aa) Arbeitszeitregelung als Betriebsnorm?

11 Das wäre dann der Fall, wenn es sich bei den Arbeitszeitregelungen im Tarifvertrag um Betriebsnormen handeln würde. Für die normative Wirkung von Betriebsnormen lässt es das Gesetz (§ 3 Abs. 2 TVG) nämlich genügen, dass der Arbeitgeber tarifgebunden ist. Betriebliche Normen behandeln Fragen eines Betriebes, die sich auf die ganze Belegschaft beziehen und daher nur betriebseinheitlich geregelt werden können. Sie betreffen den einzelnen Arbeitnehmer als Mitglied der Belegschaft. Wegen der nicht unproblematischen Erstreckung der Normwirkung auf Außenseiter[13] empfiehlt sich ein eher restriktives Verständnis der Betriebsnormen. Das BAG versucht den Bereich der Betriebsnormen daher einzugrenzen. Es müsse sich um Bestimmungen handeln, „die in der sozialen Wirklichkeit aus tatsächlichen oder rechtlichen Gründen nur einheitlich gelten können".[14] Für die Dauer der indivi-

---

[10] BAG vom 22.3.2005 – 1 ABR 64/03, NZA 2006, 383, 386; *Fitting,* § 77 Rn. 78; H/W/K/*Gaul,* § 77 BetrVG Rn. 49; a.A. GK-BetrVG/*Kreutz,* § 77 Rn. 110.

[11] W/P/K/*Preis,* § 77 Rn. 66; D/K/K/W/*Berg,* § 77 Rn. 140; H/W/K/*Gaul,* § 77 BetrVG Rn. 49.

[12] BAG vom 22.3.2005 – 1 ABR 64/03, NZA 2006, 383, 386; *Fitting,* § 77 Rn. 75.

[13] Statt vieler aus neuerer Zeit *Giesen,* Tarifvertragliche Rechtsgestaltung für den Betrieb, 2002, S. 381 ff.

[14] BAG vom 26.4.1990 – 1 ABR 84/87, NZA 1990, 850, 853; BAG vom 17.6.1997 – 1 ABR 3/97, NZA 1998, 213, 214.

duellen Arbeitszeit wird man das nicht sagen können.[15] Diese könnte durchaus individuell und unterschiedlich in den Arbeitsverträgen geregelt werden. Vielmehr kann man sogar sagen, dass das Arbeitszeitvolumen zusammen mit der Höhe des Entgelts den Kernbestand des arbeitsvertraglichen Leistungsversprechens ausmacht.[16] Es geht bei der Dauer der Arbeitszeit auch nicht um Arbeitsbedingungen, die in einer Wechselbeziehung zu den Arbeitsbedingungen der anderen Arbeitnehmer stehen und daher nur in dieser Wechselbezüglichkeit geregelt werden können.[17] Lassen sich die Arbeitszeitbestimmungen des Tarifvertrages demnach nicht als Betriebsnormen qualifizieren, so entfalten sie nicht etwa allein durch die Tarifgebundenheit der S normative und damit zugleich zwingende Wirkung.

bb) Arbeitszeitregelungen als Inhaltsnormen?

Als Inhaltsnormen gelten die Arbeitszeitregelungen des Tarifvertrages nur, wenn **12** beiderseitige Tarifgebundenheit gegeben ist (§ 3 Abs. 1 TVG), was im Hinblick auf 75 % der Belegschaft nicht der Fall ist. Ihnen gegenüber gelten die Regelungen des Arbeitszeittarifvertrages nur kraft arbeitsvertraglicher Verweisung. Diese führt nicht zur Tarifgebundenheit. Die in Bezug genommenen Tarifbestimmungen wirken nicht unmittelbar (normativ) auf die Arbeitsverhältnisse der betreffenden Arbeitnehmer ein.[18] Aufgrund der ausschließlich schuldvertraglichen Wirkung der in Bezug genommenen Vorschriften des Tarifvertrages steht es den Arbeitsvertragsparteien auch frei, auf derselben arbeitsvertraglichen Ebene abweichende Abmachungen zu treffen und damit den Verweis (teilweise) einzuschränken oder außer Kraft zu setzen. Ein Verstoß gegen den Unabdingbarkeitsgrundsatz (§ 4 Abs. 1 TVG) läge den nicht tarifgebundenen Arbeitnehmern gegenüber jedenfalls nicht vor.

b) Verstoß gegen den arbeitsrechtlichen Gleichbehandlungsgrundsatz?

Eine solche Differenzierung zwischen tarifgebundenen und nicht tarifgebundenen **13** Arbeitnehmern könnte freilich gegen den arbeitsrechtlichen Gleichbehandlungsgrundsatz verstoßen. Dieser verbietet die willkürliche Schlechterstellung einzelner Arbeitnehmer innerhalb einer Gruppe, aber auch eine sachfremde Gruppenbildung.[19] Selbst wenn man das Vorgehen des Arbeitgebers hier überhaupt am allgemeinen Gleichbehandlungsgrundsatz messen wollte, so wäre die Differenzierung zwischen den tarifgebundenen Arbeitnehmern, deren Rechtsposition zu respektieren wäre, und den nicht tarifgebundenen Arbeitnehmern, die zu einer Wiedereinführung der 40-Stunden-Woche ohne Lohnausgleich bewegt werden könnten, schon deswegen nicht zu beanstanden, weil sich die betreffenden Arbeitnehmer individuell und privatautonom zu diesem Verzicht entschließen würden.[20] Im Übrigen ist das Tarifrecht als solches darauf angelegt, nur organisierten Arbeitnehmern einen unabdingbaren Anspruch auf die tariflichen Leistungen zuzuerkennen (§§ 3

---

15 *Löwisch/Rieble*, § 1 Rn. 370 ff.; differenzierend Wiedemann/*Thüsing*, § 1 Rn. 748 f.

16 ErfK/*Franzen*, § 1 TVG Rn. 47.

17 Der Gedanke wird im Schrifttum zur Präzisierung der Abgrenzung vorgeschlagen, vgl. ErfK/ *Franzen*, § 1 TVG Rn. 47.

18 BAG vom 7.12.1977 – 4 AZR 474/76, AP Nr. 9 zu § 4 TVG – Nachwirkung; BAG vom 24.11.2004 – 10 AZR 202/04, NZA 2005, 349, 351; Wiedemann/*Oetker*, § 3 Rn. 285.

19 *Zöllner/Loritz/Hergenröder*, § 20 Rn. 16 ff.

20 Vgl. ErfK/*Preis*, § 611 BGB Rn. 577 m. w. N.

Abs. 1, 4 Abs. 1 TVG), da nur sie die Lasten der Organisation tragen. Die Unterscheidung nach der Gewerkschaftszugehörigkeit trägt somit grundsätzlich ihren sachlichen Grund in sich selbst.[21] Ein Verstoß gegen den allgemeinen arbeitsrechtlichen Gleichbehandlungsgrundsatz wäre somit nicht gegeben.

c) Mitbestimmungspflichtigkeit dieser Maßnahme nach § 87 BetrVG?

14 Zu prüfen bleibt noch, ob die arbeitsvertragliche Verlängerung der Wochenarbeitszeit der nicht tarifgebundenen Arbeitnehmer auf 40 Stunden der Mitbestimmung durch den Betriebsrat nach § 87 Abs. 1 BetrVG unterliegt. Die Mitbestimmung des Betriebsrats in Arbeitszeitfragen ist in § 87 Abs. 1 Nrn. 2 und 3 BetrVG geregelt. Dem Mitbestimmungsrecht des Betriebsrats steht zwar nicht der Umstand entgegen, dass die betroffenen Arbeitnehmer bereit sind, sich individualvertraglich mit ihrem Arbeitgeber über die Erhöhung der Arbeitszeit zu einigen. Wohl aber müssten die tatbestandlichen Voraussetzungen eines Mitbestimmungsrechts erfüllt sein. Nach § 87 Abs. 1 Nr. 2 BetrVG besteht ein Mitbestimmungsrecht des Betriebsrats nur hinsichtlich Beginn und Ende der Arbeitszeit sowie hinsichtlich der Verteilung auf die einzelnen Wochentage. Der Umfang des vom Arbeitnehmer vertraglich geschuldeten individuellen Arbeitszeitvolumens ist nicht erwähnt. Dass dies eine bewusste Entscheidung des Gesetzgebers war, ergibt sich im Umkehrschluss auch aus § 87 Abs. 1 Nr. 3 BetrVG, wonach dem Betriebsrat lediglich bei einer vorübergehenden Verkürzung oder Verlängerung der betriebsüblichen Arbeitszeit ein Mitbestimmungsrecht eingeräumt ist. Nur für diesen Sonderfall der Dauer der wöchentlichen Arbeitszeit ist ein erzwingbares Mitbestimmungsrecht vorgesehen. Daraus und aus dem der Systematik des § 87 BetrVG zu Grunde liegenden Enumerationsprinzip folgt, dass die Festlegung des Arbeitszeitvolumens – auch i.S. einer Höchstarbeitszeit – nicht von den Mitbestimmungsrechten nach § 87 Abs. 1 Nrn. 2 und 3 BetrVG erfasst wird.[22] Das schließt natürlich nicht aus, dass die S den Betriebsrat in den Umsetzungsprozess einbindet und sich seiner Unterstützung versichert. Das könnte die Akzeptanz der vorgeschlagenen Vertragsänderung bei den betroffenen (nicht tarifgebundenen) Arbeitnehmern erhöhen.

III. Abschließende Bewertung

15 Es hat sich gezeigt, dass S auch nach einem möglichen Austritt aus dem Arbeitgeberverband Ernährung und Genuss die Wochenarbeitszeit der tarifgebundenen Arbeitnehmer nicht von 35 auf 40 Stunden heraufsetzen kann. Lediglich hinsichtlich der nicht tarifgebundenen Arbeitnehmer wären entsprechende abgestimmte arbeitsvertragliche Änderungsvereinbarungen zulässig. Ob eine solche Zweiteilung der Belegschaft erstrebenswert ist, dürfte zweifelhaft sein, da der Betriebsfrieden damit auf eine harte Probe gestellt werden würde. Ferner ist zu bedenken, dass die Unternehmensleitung sehr genau darauf achten müsste, dass die Anhebung der Wochenarbeitszeit strikt auf die Außenseiter beschränkt bleibt, da anderenfalls die Gewerkschaft NGG einen Unterlassungsanspruch geltend machen könn-

---

[21] *Gamillscheg,* Bd. 1, S. 358.
[22] BAG vom 18.8.1987 – 1 ABR 30/86, NZA 1987, 779, 782 f.; BAG vom 22.6.1993 – 1 ABR 62/92, NZA 1994, 184, 186; BAG vom 22.7.2003 – 1 ABR 28/02, NZA 2004, 507, 508; BAG vom 24.1.2006 – 1 ABR 6/05, NZA 2006, 862, 864; W/P/K/*Bender,* § 87 Rn. 54; *Fitting,* § 87 Rn. 103 ff.; GK-BetrVG/*Wiese,* § 87 Rn. 275 ff.

te.[23] Außerdem besteht die Möglichkeit, dass bislang nicht tarifgebundene Arbeitnehmer durch einen nachträglichen Beitritt zur Gewerkschaft NGG trotz der dann zwischenzeitlich erfolgten Vertragsänderung wieder den alten Zustand herbeiführen. Denn während des Nachbindungszeitraums (§ 3 Abs. 3 TVG) gilt der Tarifvertrag auch für neu der Gewerkschaft beitretende Arbeitnehmer (und ohnehin für Gewerkschaftsmitglieder, die im Nachbindungszeitraum neu eingestellt werden). Eine weitere Schwierigkeit ergibt sich daraus, dass dem Arbeitgeber vielfach nicht bekannt sein wird, welcher Arbeitnehmer der tarifschließenden Gewerkschaft angehört. Dies müsste er ggf. erst in Erfahrung bringen.[24] Vor dem Hintergrund der dargestellten Rechtslage und der angedeuteten Opportunitätserwägungen muss der Vorstand seine Entscheidung treffen. Dabei hat sich gezeigt, dass es zur Umsetzung dieser Maßnahme eines Austritts aus dem Arbeitgeberverband nicht bedarf. Ob das Unternehmen diesen Schritt gehen will, kann unabhängig von der gegenwärtigen Situation auf der Grundlage langfristig ausgerichteter Überlegungen entschieden werden.

Frage 2: Übertragung des Vertriebs auf die neu zu gründende GmbH

Einer näheren Begutachtung bedarf sodann der Vorschlag, den schon bisher in **16** München-Schwabing befindlichen Vertrieb auf eine neu zu gründende hundertprozentige Tochtergesellschaft in der Rechtsform einer GmbH zu übertragen. Ob auf diesem Weg das Ziel einer Anhebung der Wochenarbeitszeit erreicht werden kann, hängt entscheidend von der kollektivrechtlichen Rechtslage nach der Übertragung auf die GmbH ab. Auch hier bietet es sich an, hinsichtlich der in der Gewerkschaft NGG organisierten Arbeitnehmer und der Außenseiter zu differenzieren.

I. Kollektivrechtliche Lage hinsichtlich der tarifgebundenen Arbeitnehmer

Die Übertragung des bereits bisher in München-Schwabing zusammengefassten **17** Vertriebs auf eine neu zu gründende GmbH könnte einen Betriebsübergang darstellen und die Fortgeltung des Tarifvertrages auf der Grundlage des § 613a Abs. 1 S. 2–4 BGB zur Folge haben. Diese Vorschrift schafft einen Ausgleich zwischen dem Bestandsinteresse der Belegschaft und dem Ablöseinteresse des neuen Arbeitgebers.

1. Anwendbarkeit des § 613a BGB

Der Tatbestand des § 613a BGB geht davon aus, dass der Übergang des Betriebs **18** oder Betriebsteils „durch Rechtsgeschäft" erfolgt. Die hier vom Vorstand ins Auge gefasste Maßnahme würde jedoch gesellschaftsrechtlich als Ausgliederung, also als Unterfall der Spaltung (zur Neugründung) qualifiziert werden müssen (vgl. § 123 Abs. 3 UmwG). Der übertragende Rechtsträger (die S) würde einen Teil seines Vermögens ausgliedern, diesen Teil auf einen anderen, den übernehmenden Rechts-

---

[23] BAG vom 20.4.1999 – 1 ABR 72/98, NZA 1999, 887, 890 ff.; vgl. zum Unterlassungsanspruch auch oben Fall 1 Rn. 49 ff.

[24] Zur Frage nach der Gewerkschaftszugehörigkeit zuletzt BAG vom 18.11.2014 – 1 AZR 257/13, NZA 2015, 306.

träger, überführen und dafür selbst Anteile dieses Rechtsträgers erhalten. Der Übergang würde sich damit kraft Gesetzes im Wege der (partiellen) Gesamtrechtsnachfolge vollziehen.[25] Die neu zu gründende GmbH träte also uno actu hinsichtlich des Vertriebs an die Stelle der S, ohne dass es einzelner rechtsgeschäftlicher Übertragungsakte bedürfte. Gleichwohl bestimmt § 324 UmwG, dass § 613a Abs. 1, 4–6 BGB durch die Wirkung der Eintragung u.a. einer Spaltung unberührt bleibt. Das bedeutet, dass die Anwendbarkeit des § 613a BGB in den Fällen der Gesamtrechtsnachfolge nicht an dem fehlenden Merkmal einer Übertragung „durch Rechtsgeschäft" scheitert. Im Übrigen handelt es sich bei § 324 UmwG um eine Rechtsgrundverweisung.[26] Erforderlich ist demnach, dass infolge der Umwandlungsmaßnahme ein Betrieb oder Betriebsteil auf einen anderen Rechtsträger übergeht.

2. Tatbestandliche Voraussetzungen des Betriebsübergangs

a) Übergang eines Betriebsteils

19 Bei dem in München-Schwabing zusammengefassten Vertrieb handelt es sich um einen Betriebsbereich, der zwar auf den Zweck des Hauptbetriebs in München-Obermenzing ausgerichtet und in dessen Organisation eingegliedert ist, auf der anderen Seite ihm gegenüber organisatorisch abgrenzbar und relativ verselbständigt ist. Es handelt sich mithin um einen Betriebsteil i.S.d. § 4 Abs. 1 BetrVG und erst recht i.S.d. § 613a BGB. Dieser Betriebsteil soll en bloc, also unter Übertragung aller konstitutiven Betriebsmittel sächlicher, immaterieller und personeller Art, auf die GmbH überführt werden. Darin läge ein die Identität der wirtschaftlichen Einheit bewahrender Übergang.[27]

b) Übergang auf einen anderen Inhaber

20 § 613a Abs. 1 S. 1 BGB setzt des Weiteren voraus, dass der Betriebsteil auf einen anderen Inhaber übergeht. Das bedeutet, dass es zu einem Wechsel des Rechtsträgers kommen muss.[28] Hier soll der Vertrieb von der S auf eine neu zu gründende GmbH, also auf eine andere juristische Person übertragen werden. Dass es sich bei der GmbH um eine hundertprozentige Tochtergesellschaft der S handeln soll, ist insoweit nicht von Belang.[29]

3. Individualrechtliche Rechtsfolgen des Betriebsübergangs

21 Der Betriebsübergang hat individual- und kollektivrechtliche Konsequenzen. Zunächst werden die individualrechtlichen Folgen erörtert, um sodann auf dieser Grundlage den ggf. kollektivrechtlich geprägten Inhalt der (übergegangenen) Arbeitsverhältnisse zu bestimmen. Zunächst einmal tritt der Erwerber, das wäre hier die neu zu gründende GmbH, in die Rechte und Pflichten aus allen Arbeitsverhält-

---

[25] Zum Konzept der partiellen Gesamtrechtsnachfolge im Umwandlungsrecht *K. Schmidt*, S. 357 f.
[26] BAG vom 25.5.2000 – 8 AZR 416/99, NZA 2000, 1115, 1117; BAG vom 6.10.2005 – 2 AZR 316/04, NZA 2006, 990, 993; Semler/Stengel/*Simon*, § 324 Rn. 3.
[27] Vgl. als Ausgangspunkt Art. 1 Abs. 1 lit. b Betriebsübergangs-Richtlinie 2001/23/EG.
[28] BAG vom 3.5.1983 – 3 AZR 1263/79, AP Nr. 4 zu § 128 HGB.
[29] § 613a BGB findet anerkanntermaßen auch auf einen Übergang zwischen zwei Gesellschaften desselben Konzerns Anwendung, vgl. EuGH vom 2.12.1999 – C-234/98, NZA 2000, 587; EuGH vom 6.3.2014 – C-458/12, NZA 2014, 423; *Bieder*, EuZA 2014, 494, 497 ff.

nissen ein, die im Zeitpunkt des Übergangs bestehen und dem übergegangenen Betrieb, hier dem Vertrieb in München-Schwabing, zuzuordnen sind (§ 613a Abs. 1 S. 1 BGB).

Allerdings müsste der Vorstand hier die Möglichkeit in Rechnung stellen, dass ein- **22** zelne oder auch zahlreiche Arbeitnehmer dem Übergang ihres Arbeitsverhältnisses widersprechen (§ 613a Abs. 6 BGB). Das Widerspruchsrecht besteht auch im Falle einer Spaltung, verweist § 324 UmwG doch ausdrücklich auch auf § 613a Abs. 6 BGB. Bei einem ordnungs- und fristgerechten Widerspruch würden die Arbeitsverhältnisse der widersprechenden Arbeitnehmer zum bisherigen Arbeitgeber, der S, weiter bestehen bleiben. Die S könnte in diesem Fall wegen der weggefallenen Arbeitsplätze im Vertrieb betriebsbedingte Kündigungen gegenüber den widersprechenden Arbeitnehmern in Erwägung ziehen. Solche Kündigungen wären keine Kündigungen wegen des Betriebsübergangs (§ 613a Abs. 4 S. 1 BGB), sondern solche aus anderen Gründen (§ 613a Abs. 4 S. 2 BGB). Der Betriebsübergang wäre hier nur äußerer Anlass, nicht jedoch der tragende Grund für die Kündigung. Allerdings müssten die auszusprechenden Kündigungen in jeder Hinsicht den Voraussetzungen des Kündigungsschutzgesetzes entsprechen. Daraus folgt u. a., dass S betriebsbedingte Kündigungen nur aussprechen dürfte, wenn keine anderweitigen Beschäftigungsmöglichkeiten im Unternehmen vorhanden sind. Eine weitere Erschwerung des Ausspruchs betriebsbedingter Kündigungen ergibt sich aus den in § 1 Abs. 3 KSchG normierten Grundsätzen zur Sozialauswahl. Der Vorstand wird insoweit die Rechtsprechung des BAG in Rechnung zu stellen haben, der zufolge sich auch die widersprechenden Arbeitnehmer auf eine mangelhafte Sozialauswahl berufen können, ohne dass es hierfür auf die dem Widerspruch zugrunde liegenden Beweggründe ankommt.[30] Die widersprechenden Arbeitnehmer werden in dieser Hinsicht also wie jeder andere Arbeitnehmer auch behandelt. Es sind allerdings nach Ansicht des BAG Fälle denkbar, in denen durch den Widerspruch etwa einer größeren Anzahl von Arbeitnehmern gegen einen Betriebsteilübergang und der in ihrer Folge vom Arbeitgeber durchzuführenden Sozialauswahl tiefgreifende Umorganisationen notwendig werden, die zu schweren betrieblichen Ablaufstörungen führen können, so dass über § 1 Abs. 3 S. 2 KSchG Teile der vom Betriebsteilübergang nicht betroffenen Arbeitnehmer nicht in die Sozialauswahl einzubeziehen wären. Ob hier eine solche Konstellation eintreten würde, lässt sich derzeit nicht sicher prognostizieren. Wichtig ist jedenfalls, dass die nach § 613a Abs. 5 BGB gebotene Unterrichtung der Arbeitnehmer über ihr Widerspruchsrecht in jeder Hinsicht korrekt erfolgt,[31] da anderenfalls die einmonatige Widerspruchsfrist des § 613a Abs. 6 BGB nicht anlaufen würde.

4. Kollektivrechtliche Folgen des Betriebsübergangs

Im vorliegenden Fall interessiert nun vor allem das weitere Schicksal der kollektiv- **23** rechtlichen Normen aus dem bislang normativ für die tarifgebundenen Arbeitneh-

---

30 BAG vom 31.5.2007 – 2 AZR 276/06, NZA 2008, 33, 38 f.
31 Vgl. zu den strengen Anforderungen an eine ordnungsgemäße Unterrichtung nur BAG vom 13.7.2006 – 8 AZR 305/05, NZA 2006, 1268 und 1273; BAG vom 23.7.2009 – 8 AZR 538/08, NZA 2010, 89; BAG vom 21.8.2008 – 8 AZR 407/07, NZA-RR 2009, 62 ff.; BAG vom 7.5.2008 – 7 AZR 90/07, DB 2008, 2660; BAG vom 10.11.2011 – 8 AZR 430/10, AP Nr. 15 zu § 613a BGB – Unterrichtung.

mer geltenden Arbeitszeittarifvertrag, in dem die 35-Stunden-Woche festgeschrieben war. Da dessen Normen nicht Bestandteil des Arbeitsvertrages sind, sondern von außen wie Gesetze auf das Arbeitsverhältnis einwirken, wäre die GmbH nicht etwa schon wegen des in § 613a Abs. 1 S. 1 BGB angeordneten Vertragsübergangs an die tarifvertraglichen Bestimmungen gebunden. Maßgeblich sind insoweit die Sondervorschriften des § 613a Abs. 1 S. 2–4 BGB.

a) Anwendbarkeit der § 613a Abs. 1 S. 2–4 BGB

24 Diese Vorschriften sind nur dann anwendbar, wenn der bisherige Tarifvertrag nicht schon kraft beiderseitiger Tarifgebundenheit (§ 3 Abs. 1 TVG) auch für die Arbeitsverhältnisse beim neuen Arbeitgeber gilt. Dies ist vorliegend schon deswegen nicht der Fall, weil die neu zu gründende GmbH einer anderen Branche zugehören würde. Es erfolgte auch nicht etwa ein automatischer Eintritt der GmbH in den Arbeitgeberverband Ernährung und Genuss aufgrund der Eigenschaft als Tochtergesellschaft der S. Die GmbH wäre ein von S zu unterscheidender selbständiger Rechtsträger, der sich seinerseits auf die negative Koalitionsfreiheit berufen könnte (Art. 9 Abs. 3, 19 Abs. 3 GG).

b) Transformation und Veränderungssperre (§ 613a Abs. 1 S. 2 BGB)

25 Sind der Betriebserwerber, die neu zu gründende GmbH, und deren Arbeitnehmer nach dem Betriebsübergang nicht an denselben Tarifvertrag gebunden, so werden die Tarifbestimmungen im Falle des Betriebsübergangs grundsätzlich Bestandteil der Arbeitsverhältnisse zwischen den Arbeitnehmern und dem Betriebserwerber (§ 613a Abs. 1 S. 2 BGB). Sie behalten dabei allerdings nach neuerer Rechtsprechung ihren kollektivrechtlichen Charakter.[32] Das folgert das BAG nicht nur aus dem sprachlichen Unterschied zwischen Arbeitsvertrag und Arbeitsverhältnis. Auch habe der Gesetzgeber – so das BAG – die konkreten Rechtsfolgen für bestimmte Einzelkonstellationen im Zusammenhang mit der Ablösung transformierter Normen in einer Weise geregelt, die einem individualrechtlichen Verständnis der Fortgeltung widerspräche. Nach der Transformation greift dann noch eine Veränderungssperre: Die Rechte und Pflichten aus dem ehemals normativ geltenden Tarifvertrag dürfen nicht vor Ablauf eines Jahres nach dem Zeitpunkt des Betriebsübergangs zum Nachteil des Arbeitnehmers geändert werden.

c) Ausnahme von der Transformation (§ 613a Abs. 1 S. 3 BGB)

26 Die beim bisherigen Betriebsinhaber, der S, geltenden kollektivvertraglichen Regelungen, hier der Arbeitszeittarifvertrag, werden ausnahmsweise nicht nach § 613a Abs. 1 S. 2 BGB aufrechterhalten, wenn die Rechte und Pflichten bei dem neuen Inhaber, das wäre hier die neu zu gründende GmbH, durch einen anderen Tarifvertrag oder eine andere Betriebsvereinbarung geregelt würden. Dabei gilt Folgendes: Die ablösenden Regelungen müssen nicht notwendig bereits im Zeitpunkt des Betriebsinhaberwechsels bestehen. Es ist anerkannt, dass auch nachträglich abgeschlossene Tarifverträge und Betriebsvereinbarungen § 613a Abs. 1 S. 3 BGB unter-

---

[32] BAG vom 22.4.2009 – 4 AZR 100/08, NZA 2010, 41; teils abweichend im Sinne eines Sukzessionsmodells *Sagan*, RdA 2011, 163, 167 und ErfK/*Preis*, § 613a BGB Rn. 112.

fallen.[33] Ferner bestand bislang weitgehend Einigkeit dahingehend, dass die ablösende Kollektivvereinbarung aus Arbeitnehmersicht auch ungünstiger sein darf als die abgelöste Regelung. Es gilt insoweit das Ordnungs- bzw. Ablösungsprinzip und nicht das Günstigkeitsprinzip.[34] Diese Rechtslage ist allerdings durch die Entscheidung des EuGH in der Rechtssache Scattolon[35] zweifelhaft geworden. In ihr führt der EuGH aus, die sofortige Anwendung der Erwerbertarifverträge dürfe nicht zum Ziel oder zur Folge haben, dass den Arbeitnehmern insgesamt schlechtere Arbeitsbedingungen als die vor dem Übergang geltenden auferlegt werden. Denn der Schutz der Betriebsübergangs-Richtlinie bestehe hauptsächlich darin, zu verhindern, dass sich die Lage der übergegangenen Arbeitnehmer ausschließlich wegen des Übergangs gegenüber ihrer Lage vor dem Übergang verschlechtert. Die Konsequenzen dieser Entscheidung sind noch ungeklärt und werden im Schrifttum kontrovers diskutiert.[36] Aus der Perspektive des sichersten Weges[37] wäre gleichwohl der Verbandswechsel zu empfehlen. Denn unter der Prämisse, dass die EuGH-Entscheidung in der Sache Scattolon nicht zur Unanwendbarkeit des § 613a Abs. 1 S. 2 BGB führt, würde sich der in allen Belangen (aus Arbeitgebersicht) günstigere Handelstarif durchsetzen. Sollte umgekehrt das Judikat des EuGH in der Sache Scattolon doch zu einer Neubestimmung des nationalen Rechts zwingen, hätte diese für den Arbeitgeber keine erheblichen Nachteile zur Folge. Denn in diesem Fall bliebe wohl schlicht der *status quo* erhalten. Die Chance einer Verbesserung sollte vor diesem Hintergrund nicht vergeben werden.

aa) „Über-Kreuz-Ablösung" durch Betriebsvereinbarung

Von daher ist die Ablösung der tariflichen Arbeitszeitbestimmungen durch eine Betriebsvereinbarung in Betracht zu ziehen. Das würde allerdings darauf hinauslaufen, dass durch eine Betriebsvereinbarung eine über § 613a Abs. 1 S. 2 BGB transformierte Regelung tariflichen Ursprungs geändert würde. Im Schrifttum wird diese Möglichkeit verbreitet anerkannt.[38] Ob eine Betriebsvereinbarung sich in das Tarifgeschehen einmischen darf, regele § 77 Abs. 3 BetrVG. Diese Regelungssperre greife aber nicht ein, da es sich bei den transformierten Tarifnormen nicht mehr um tarifliche Regelungen handele und ihre Fortwirkung in dem Arbeitsverhältnis nicht mehr auf einer ausgeübten Tarifautonomie beruhe. Wolle man in § 613a Abs. 1 S. 3 BGB eine weitergehende Sperre sehen, käme es zu problematischen Wertungswidersprüchen. **27**

Das BAG hat demgegenüber einer solchen „Über-Kreuz-Ablösung" – jedenfalls außerhalb des Bereichs der zwingenden Mitbestimmung – eine Absage er- **28**

---

33 BAG vom 20.4.1994 – 4 AZR 342/93, NZA 1994, 1140, 1142; BAG vom 16.5.1995 – 3 AZR 535/94, NZA 1995, 1166, 1167; BAG vom 11.5.2005 – 4 AZR 315/04, NZA 2005, 1362, 1365; H/W/K/*Willemsen/Müller-Bonanni*, § 613a BGB Rn. 270.

34 BAG vom 16.5.1995 – 3 AZR 535/94, NZA 1995, 1166, 1168; BAG vom 14.8.2001 – 1 AZR 619/00, NZA 2002, 276, 278; *Löwisch/Rieble*, § 3 Rn. 413; H/W/K/*Willemsen/Müller-Bonanni*, § 613a BGB Rn. 270.

35 EuGH vom 6.9.2011 – C-108/10, NZA 2011, 1077 – Scattolon.

36 Vgl. u. a. *Sagan*, EuZA 2012, 247; *Steffan*, NZA 2012, 473.

37 *Junker/Kamanabrou*, Vertragsgestaltung, 4. Aufl. 2014, § 1 Rn. 32 ff. und *Teichmann*, FS Kanzleiter, 2010, S. 381, jeweils m. w. N.

38 *Löwisch/Rieble*, § 3 Rn. 422; *Wiedemann/Oetker*, § 3 Rn. 251; H/W/K/*Willemsen/Müller-Bonanni*, § 613a BGB Rn. 273.

teilt.[39] Zwar schließe der Wortlaut des § 613a Abs. 1 S. 3 BGB eine solche Ablösungsmöglichkeit nicht von vornherein aus. Gegen die Möglichkeit einer Ablösung vormals tariflicher Regelungen durch verschlechternde Regelungen einer Betriebsvereinbarung sprechen jedoch nach Ansicht des BAG entscheidend systematische und teleologische Gründe. Könnten ungünstigere Regelungen einer beim Erwerber geltenden Betriebsvereinbarung die Transformation tariflicher Regelungen in die Arbeitsverhältnisse nach § 613a Abs. 1 S. 2 BGB verhindern oder später beseitigen, so würden die Betriebsparteien aus Anlass eines Betriebsübergangs in die Lage versetzt, tarifliche Arbeitsbedingungen zu verschlechtern. Außerhalb eines Betriebsübergangs verstieße dies gegen § 4 Abs. 3 TVG. Auch eine gemäß § 4 Abs. 5 TVG nur nachwirkende Tarifnorm könne zumindest außerhalb des Bereichs der zwingenden Mitbestimmung (Dauer der Arbeitszeit und Vergütungshöhe fallen vorliegend in diese Kategorie) nicht durch eine ungünstigere Betriebsvereinbarung abgelöst werden. Eine solche Betriebsvereinbarung sei wegen des Günstigkeitsprinzips auch unabhängig von § 77 Abs. 3 S. 1 BetrVG keine wirksame „andere Abmachung" i.S.v. § 4 Abs. 5 TVG, die in die aus dem ehemals normativ wirkenden Tarifvertrag abgeleiteten Rechtspositionen der Arbeitnehmer verschlechternd eingreifen könnte. Dem widerspräche es, wenn die Betriebsparteien im Zusammenhang mit einem Betriebsübergang eine solche Befugnis besäßen. Dies werde besonders deutlich, wenn die Betriebsvereinbarung erst einige Zeit nach dem Betriebsübergang geschlossen wird, so dass zunächst eine Transformation der beim Veräußerer normativ geltenden Tarifregelungen in die Arbeitsverhältnisse mit dem Erwerber i.S.v. § 613a Abs. 1 S. 2 BGB stattgefunden hat. In die auf diese Weise entstandene individualrechtliche Position der Arbeitnehmer dürfe eine Betriebsvereinbarung grundsätzlich nicht verschlechternd eingreifen. Etwas anderes folge auch nicht aus dem Umstand, dass die Rechtspositionen der Arbeitnehmer einen kollektivrechtlichen Ursprung haben. Dieser Umstand berechtige zwar zu einer Ablösung von zuvor auf einer Betriebsvereinbarung beruhenden individualrechtlichen Positionen i.S.v. § 613a Abs. 1 S. 2 BGB durch eine spätere, ungünstigere Betriebsvereinbarung beim Erwerber. Er könnte aber eine Ablösung individualrechtlicher Positionen, die auf einer Transformation von Tarifnormen gemäß § 613a Abs. 1 S. 2 BGB beruhen, durch eine spätere, verschlechternde Betriebsvereinbarung beim Erwerber nicht rechtfertigen. Die Möglichkeit einer „Über-Kreuz-Ablösung" verstößt nach Ansicht des BAG auch gegen den Schutzzweck von § 613a Abs. 1 BGB und der ihm zu Grunde liegenden Richtlinie 77/187/EWG des Rates vom 14.2.1977 in ihrer Fassung durch die Richtlinie 2001/23/EG des Rates vom 12.3.2001.[40] Nach Art. 3 Abs. 3 Richtlinie 2001/23/EG „erhält der Erwerber (nach dem Übergang) die in einem Kollektivvertrag vereinbarten Arbeitsbedingungen bis zur Kündigung oder zum Ablauf des Kollektivvertrages bzw. bis zum Inkrafttreten oder bis zur Anwendung eines anderen Kollektivvertrages in dem gleichen Maße aufrecht, wie sie in dem Kollektivvertrag für den Veräußerer vorgesehen waren". Art. 3 der Richtlinie

---

[39] BAG vom 6.11.2007 – 1 AZR 862/06, NZA 2008, 542, 545 f.; BAG vom 21.4.2010 – 4 AZR 768/08, AP Nr. 387 zu § 613a BGB; ebenso Staudinger/*Annuß,* § 613a Rn. 221; ErfK/*Preis,* § 613a BGB Rn. 126.

[40] Richtlinie 2001/23/EG des Rates vom 12.3.2001 zur Angleichung der Rechtsvorschriften der Mitgliedstaaten über die Wahrung von Ansprüchen beim Übergang von Unternehmen, Betrieben oder Unternehmens- und Betriebsteilen (ABl. Nr. L 82, S. 16 ff.). Die ursprüngliche Fassung ist veröffentlicht im ABl. Nr. L 61, S. 26 ff.

und § 613a Abs. 1 BGB verfolgten ersichtlich das Ziel, die Rechtsstellung der Arbeitnehmer vor Verschlechterungen aus Anlass eines Betriebsübergangs weitgehend zu schützen. Dem widerspräche es, wenn es dem Erwerber ermöglicht würde, ursprünglich tariflich begründete Rechtsansprüche der Arbeitnehmer, die durch § 4 Abs. 3 TVG vor Verschlechterungen durch eine Betriebsvereinbarung geschützt waren, nach dem Betriebsübergang durch ungünstigere Regelungen einer Betriebsvereinbarung abzulösen. Im Rahmen einer gutachterlichen Stellungnahme für den Vorstand der S empfiehlt es sich, die Stellungnahme auf der Grundlage der höchstrichterlichen Rechtsprechung zu formulieren. Eine „Über-Kreuz-Ablösung" durch eine Betriebsvereinbarung sollte daher nicht weiter verfolgt werden.

bb) Ablösung durch Tarifvertrag für den Handel

Die bisherigen Darlegungen haben gezeigt, dass ehemals tarifliche Normen im **29** Rahmen von § 613a Abs. 1 S. 3 BGB nur durch tarifliche Normen ersetzt werden können. Es fragt sich, ob diese Option hier durch den ebenfalls von einem Vorstandsmitglied ins Spiel gebrachten Beitritt der GmbH zum für Vertriebsunternehmen zuständigen Arbeitgeberverband des Handels eröffnet werden kann. Der vorrangige Tarifvertrag wäre dann der Verbandstarifvertrag des Arbeitgeberverbandes des Handels mit der H-Gewerkschaft. Dessen Geltung hätte die Anhebung der Wochenarbeitszeit auf 38 Stunden zur Folge. Fraglich ist aber, ob für eine Ablösung nach § 613a Abs. 1 S. 3 BGB die bloße Tarifgebundenheit des Arbeitgebers, hier der GmbH, genügt. Nach der Rechtsprechung des BAG[41] und der überwiegenden Meinung im Schrifttum[42] setzt die Ablösung eines vor dem Betriebsübergang normativ[43] geltenden Tarifvertrages durch einen „anderen Tarifvertrag" nach § 613a Abs. 1 S. 3 BGB die kongruente Tarifgebundenheit des neuen Inhabers und des Arbeitnehmers voraus. Dafür spricht in der Tat, dass dem Arbeitnehmer anderenfalls der durch § 613a Abs. 1 S. 2 BGB gewährleistete kollektive Inhaltsschutz entzogen würde, ohne dass er einem anderen Kollektivsystem unterfiele. Die kollektiv geregelten Arbeitsbedingungen würden ersatzlos entfallen – mit der Folge, dass das Arbeitsverhältnis inhaltslos würde.[44] Außerdem wäre die Möglichkeit einer Vereinbarung nach § 613a Abs. 1 S. 4 BGB damit praktisch gegenstandslos. Das aber wäre mit dem Normzweck und dem systematischen Zusammenspiel des § 613a Abs. 1 S. 2–4 BGB schwerlich zu vereinbaren.[45] Folglich lässt sich eine Änderung der Arbeitsbedingungen hin zu einer 38-Stunden-Woche nur dadurch erreichen, dass die bisher in der Gewerkschaft NGG organisierten Arbeitnehmer in die H-Gewerkschaft übertreten. Ein solcher Gewerkschaftswechsel zur Erreichung schlechterer Arbeitsbedingungen ist praktisch nicht durchführbar. Einer zwangsweisen

---

[41] BAG vom 30.8.2000 – 4 AZR 581/99, NZA 2001, 510, 512; BAG vom 11.5.2005 – 4 AZR 315/04, NZA 2005, 1362, 1364; BAG vom 9.4.2008 – 4 AZR 164/07, BeckRS 2008, 56177.

[42] *Kania,* DB 1994, 529, 530f.; *Löwisch/Rieble,* § 3 Rn. 425; *Wiedemann/Oetker,* § 3 Rn. 253f.; ErfK/*Preis,* § 613a BGB Rn. 123; A/P/Sch/*Steffan,* § 613a BGB Rn. 135; einseitige Tarifbindung des Arbeitgebers lassen hingegen genügen *Henssler,* FS Schaub, 1998, S. 311, 319f.; *Hromadka,* DB 1996, 1872, 1875f.; *Seitz/Werner,* NZA 2000, 1257, 1267f.; *Zöllner,* DB 1995, 1401, 1403ff.; vgl. ferner *Heinze,* DB 1998, 1861, 1866.

[43] Die normative Geltung eines Tarifvertrages im Arbeitsverhältnis der Parteien vor Betriebsübergang ist unverzichtbare Voraussetzung, vgl. BAG vom 29.8.2007 – 4 AZR 767/06, NZA 2008, 364, 366.

[44] Staudinger/*Annuß,* § 613a Rn. 229; ErfK/*Preis,* § 613a BGB Rn. 123.

[45] A/P/Sch/*Steffan,* § 613a BGB Rn. 135.

Durchsetzung stünde die durch Art. 9 Abs. 3 GG geschützte Koalitionsfreiheit entgegen.[46]

d) Vereinbarung der Anwendung des Tarifvertrages für den Handel

30 § 613a Abs. 1 S. 4 BGB eröffnet schließlich noch die Möglichkeit, arbeitsvertraglich (nach h.M. nicht durch Betriebsvereinbarung)[47] die Geltung eines anderen Tarifvertrages – hier desjenigen für den Handel – zu vereinbaren, ohne dass die Veränderungssperre des Satzes 2 dem entgegensteht. Die praktische Durchsetzbarkeit dieser Lösung ist jedoch problematisch, da die Arbeitnehmer zum Abschluss einer solchen Vereinbarung nicht verpflichtet sind[48] und sich angesichts der damit einhergehenden Verschlechterung auch nicht werden bewegen lassen. Ob der Betriebserwerber mit Änderungskündigungen die Vereinheitlichung der Arbeitsbedingungen durchsetzen kann, ist bislang nicht geklärt.[49] Allein das Argument, die Arbeitsbedingungen vereinheitlichen zu wollen, dürfte wohl nicht ausreichen.[50] Daher kann auch dieser Weg nicht empfohlen werden.

5. Zwischenergebnis

31 Eine einseitige Änderung der Arbeitsbedingungen der tarifgebundenen Arbeitnehmer wird durch die Überführung des Vertriebs in eine noch zu gründende GmbH nicht ermöglicht. Denn dieser Weg setzt die Kooperation der Arbeitnehmer voraus, die in eine entsprechende Vertragsänderung einwilligen müssten.

II. Rechtslage hinsichtlich der nicht tarifgebundenen Arbeitnehmer

32 Anders könnte sich die Rechtslage hinsichtlich der nicht tarifgebundenen Arbeitnehmer darstellen.

1. Keine Fortgeltung der in Bezug genommenen Tarifregelungen nach § 613a Abs. 1 S. 2–4 BGB

33 Denn anders als in der zuvor behandelten Konstellation greifen die Regelungen des § 613a Abs. 1 S. 2–4 BGB vorliegend nicht ein. Die in § 613a Abs. 1 S. 2 BGB angeordnete Fortgeltung setzt nämlich die bisherige normative Geltung des Tarifvertrages voraus,[51] von der ein Großteil der Arbeitnehmer mangels Tarifbindung nicht ergriffen würde.

2. Übergang der arbeitsvertraglich in Bezug genommenen Tarifbestimmungen gemäß § 613a Abs. 1 S. 1 BGB

34 Die Fortgeltung der tarifvertraglichen Bestimmungen könnte sich hier allerdings aus § 613a Abs. 1 S. 1 BGB ergeben. Vorliegend befindet sich in den Arbeitsverträgen der nicht tarifgebundenen Arbeitnehmer eine Klausel, welche die Tarifverträge

---

[46] *Kania,* DB 1994, 530.
[47] MünchKommBGB/*Müller-Glöge,* § 613a Rn. 138; *Kania,* DB 1995, 625, 626.
[48] ErfK/*Preis,* § 613a BGB Rn. 122.
[49] Vgl. *Hromadka/Maschmann,* Bd. 2, § 19 Rn. 124 f.
[50] *Hromadka/Maschmann,* Bd. 2, § 19 Rn. 125; vgl. auch BAG NZA 2006, 587.
[51] BAG vom 16.10.2002 – 4 AZR 467/01, NZA 2003, 390, 391 f.; Wiedemann/*Oetker,* § 3 Rn. 240; ErfK/*Preis,* § 613a BGB Rn. 117.

der Getränkeindustrie in Bezug nimmt. Die Bestimmungen des Arbeitszeittarifvertrages könnten damit Eingang in den Arbeitsvertrag gefunden haben mit der Folge, dass der Erwerber (hier die neu zu gründende GmbH) in die hierdurch begründeten Rechte und Pflichten nach § 613a Abs. 1 S. 1 BGB einträte.

Als klärungsbedürftig könnte sich die Frage erweisen, auf welche tarifliche Regelung **35** die Bezugnahmeklausel nach dem Übergang der Arbeitsverhältnisse der nicht tarifgebundenen Arbeitnehmer auf die neu zu gründende GmbH verweisen würde. Anders formuliert lautet die Frage, ob die arbeitsvertraglich vereinbarte Bezugnahme weiterhin auf den alten Tarifvertrag der Getränkeindustrie verweist oder sogar – nach einem möglichen Beitritt der GmbH zum Arbeitgeberverband Handel – auch den Fall des Tarifwechsels des Arbeitgebers erfasst. Dies ist durch Auslegung der Verweisungsklausel zu ermitteln. Die Praxis kennt mehrere unterschiedliche Varianten.

a) Auslegung der Verweisungsklausel als statische Bezugnahme

Denkbar ist zunächst, dass die Bezugnahme lediglich auf die Anwendung eines be- **36** stimmten Tarifvertrages in einer bestimmten, meist zur Zeit der Bezugnahme geltenden Fassung gerichtet ist (sog. statische Bezugnahmeklausel). In diesem Fall würde der bisherige Arbeitszeittarifvertrag mit seiner 35-Stunden-Woche für die nicht tarifgebundenen Arbeitnehmer kraft arbeitsvertraglicher Inbezugnahme weitergelten.[52]

b) Auslegung der Verweisungsklausel als dynamische Bezugnahme

In Betracht kommt aber auch die Auslegung als dynamische Verweisung. Sie erfasst **37** den Tarifvertrag dann in seiner jeweiligen Gestalt, nimmt also auch spätere Änderungen des Tarifvertrages in sich auf (sog. kleine dynamische Bezugnahmeklausel). Als große dynamische Bezugnahmeklausel kann sie sogar dazu führen, dass nach einem Verbandswechsel andere Tarifverträge zum Verweisungsziel werden, an die der Arbeitgeber normativ gebunden ist (daher auch Tarifwechselklausel). Solange die GmbH jedoch nicht dem Arbeitgeberverband Handel beitritt, gilt die 35-Stunden-Woche auf der Grundlage des bisherigen Arbeitszeittarifvertrages der Getränkeindustrie weiter, und zwar – wie gesehen – im Ergebnis unabhängig davon, ob man die Verweisung als statisch oder halb- bzw. volldynamisch versteht.

c) Rechtslage im Falle des Beitritts der neu zu gründenden GmbH zum Arbeitgeberverband des Handels

Relevant wird die Qualifizierung der Bezugnahmeklausel jedoch, wenn die neu zu **38** gründende GmbH dem Vorschlag eines Vorstandsmitglieds folgend dem Arbeitgeberverband Handel beitreten sollte. Die GmbH wäre dann tarifgebunden und der Tarifvertrag Handel könnte kraft arbeitsvertraglicher Bezugnahme für die nicht tarifgebundenen Arbeitnehmer verbindlich sein. Dafür dürfte allerdings keine statische Bezugnahme gegeben sein. Von einer solchen kann hier schon aufgrund des eindeutigen Wortlauts („in ihrer jeweils gültigen Fassung") nicht ausgegangen werden. Hinzu kommt, dass statische Bezugnahmen i.d.R. nicht interessengerecht sind, da sie Gefahr laufen, den wechselseitigen Bedürfnissen der Arbeitsvertragspar-

---

[52] Eine statische Verweisung kann nicht zu einem Tarifwechsel führen, vgl. *Wank,* NZA 1987, 505, 509.

teien mit zunehmendem Zeitablauf nicht mehr gerecht zu werden.[53] Von daher sollte man im Zweifel ohnehin von einer dynamischen Verweisung ausgehen.[54]

39 Handelt es sich somit vorliegend um eine dynamische Verweisung, muss nunmehr geklärt werden, ob sie auch den Tarifwechsel im Falle eines Betriebsübergangs umfasst. Das läge jedenfalls dann besonders nahe, wenn die Verweisung im Arbeitsvertrag als große dynamische Bezugnahme qualifiziert werden könnte. Der Wortlaut spricht allerdings nicht für eine solche Sichtweise. Dazu hätte es etwa der Worte „die jeweils einschlägigen Tarifverträge" bedurft. Eine große dynamische Verweisungsklausel kann auch i. Ü. nach allgemeiner Ansicht nur bei Hinzutreten besonderer Umstände angenommen werden,[55] die belegen, dass darin auch die Vereinbarung enthalten ist, es sollten für den Betrieb oder Betriebsteil, in welchem der Arbeitnehmer beschäftigt ist, jeweils die fachlich-betrieblich einschlägigen Tarifverträge in ihrer jeweils geltenden Fassung anzuwenden sein. Solche weiteren Umstände müssen schon deshalb vorliegen, weil die Arbeitsvertragsparteien eben diese Rechtsfolge auch ausdrücklich im Arbeitsvertrag vereinbaren können, z. B. dass das Arbeitsverhältnis den für den Betrieb jeweils anzuwendenden „einschlägigen" Tarifverträgen unterstellt wird.[56]

40 Folglich ist vorliegend von einer sog. kleinen dynamischen Klausel auszugehen, bei der auf bestimmte Regelwerke, hier die Tarifverträge der Getränkeindustrie in der jeweils geltenden Fassung, verwiesen wird. Trotz aller Unsicherheiten im Hinblick auf die rechtliche Beurteilung von Bezugnahmeklauseln und der Änderung der Rechtsprechung in einigen wichtigen Punkten, entspricht es nunmehr gefestigter Ansicht, dass eine kleine Bezugnahmeklausel nicht in der Lage ist, bei einem Betriebsübergang einen Tarifwechsel für die nicht tarifgebundenen Arbeitnehmer herbeizuführen, selbst dann nicht, wenn der Betriebserwerber tarifgebunden ist.[57]

III. Ergebnis

41 Die Gründung einer GmbH mit dem Ziel, den in München-Schwabing zusammengefassten Vertrieb auf diese zu überführen, ist nach alledem kein empfehlenswerter Weg, von der im Arbeitszeittarifvertrag der Getränkeindustrie verankerten 35-Stunden-Woche abzugehen. Diese Beurteilung schließt auch einen möglichen Beitritt der GmbH in den Arbeitgeberverband Handel ein. Im Hinblick auf die tarifgebundenen Arbeitnehmer gilt der Tarifvertrag kollektivrechtlich weiter und kann nicht vor Ablauf eines Jahres nach dem Zeitpunkt des Betriebsübergangs geändert werden (§ 613a Abs. 1 S. 2 BGB). Die Überwindung der Veränderungssperre nach § 613a Abs. 1 S. 4 Alt. 2 BGB hängt von der Kooperation der Arbeitneh-

---

53 *Preis,* Arbeitsvertrag, II V 40 Rn. 9.
54 BAG vom 16.8.1988 – 3 AZR 61/87, NZA 1989, 102, 103; BAG vom 20.3.1991 – 4 AZR 455/90, NZA 1991, 736, 738; BAG vom 11.10.2006 – 4 AZR 486/05, NZA 2007, 634, 635; D/B/D/*Däubler,* § 305c BGB Rn. 43 ff.; für eine Vermutung zugunsten dynamischer Bezugnahme *Coester,* FS Löwisch, 2007, S. 57, 59.
55 BAG vom 30.8.2000 – 4 AZR 581/99, NZA 2001, 510, 511;BAG vom 29.8.2007 – 4 AZR 767/06, NZA 2008, 364, 365; BAG vom 22.10.2008 – 4 AZR 784/07, NZA 2009, 151, 152 f.; BAG vom 17.11.2010 – 4 AZR 391/09, NZA 2011, 356, 358; ErfK/*Preis,* § 613a BGB Rn. 127a.
56 Vgl. BAG vom 30.8.2000 – 4 AZR 581/99, NZA 2001, 510, 511.
57 Vgl. nur A/P/Sch/*Steffan,* § 613a BGB Rn. 142 ff. m. w. N.

mer ab, die angesichts der dann eintretenden Verschlechterung nicht zu erwarten ist.

Für die nicht tarifgebundenen Arbeitnehmer würde der arbeitsvertraglich in Bezug **42** genommene Arbeitszeittarifvertrag schon nach § 613a Abs. 1 S. 1 BGB weiter fortgelten. Seine Bestimmungen könnten arbeitsvertraglich jederzeit abgeändert werden, also nicht erst nach Ablauf eines Jahres wie bei den tarifgebundenen Kollegen. Auch hier wäre der Arbeitgeber jedoch auf das Einvernehmen der Arbeitnehmer angewiesen. Auf den beschwerlichen Weg massenhafter Änderungskündigungen wird er sich wohlweislich nicht einlassen.

Frage 3: Anspruch auf nachfolgende Tariflohnerhöhung in der Getränkeindustriebranche

Auch hinsichtlich der Frage, ob die nachfolgenden Tariflohnerhöhungen der Ge- **43** tränkeindustriebranche auch den in die GmbH übernommenen Arbeitnehmern zugute kommen, muss danach differenziert werden, ob die betreffenden Arbeitnehmer zuvor tarifgebunden waren oder ob der Tarifvertrag der Getränkeindustrie (nur) kraft arbeitsvertraglicher Bezugnahme galt. Darüber hinaus gibt es noch die Gruppe derjenigen Arbeitnehmer, für die der Tarifvertrag zuvor normativ gegolten hat, in deren Arbeitsvertrag sich aber zudem auch die besagte Bezugnahmeklausel findet.

I. Anspruch der bislang tarifgebundenen Arbeitnehmer auf den erhöhten Tariflohn

Mangels Mitgliedschaft der GmbH im Arbeitgeberverband Ernährung und Genuss **44** erfasst der Tarifvertrag der Getränkeindustrie die Arbeitsverhältnisse der übernommenen Arbeitnehmer zwar nicht normativ. Wie oben gezeigt sind die ehemals normativ geltenden Rechte und Pflichten der Tarifverträge der Getränkeindustrie jedoch Inhalt der Arbeitsverhältnisse geworden (§ 613a Abs. 1 S. 2 BGB). Der Anspruch auf den erhöhten Lohn könnte sich mithin aus § 611 Abs. 1 BGB i. V. m. dem kollektivrechtlich fortgeltenden Tarifvertrag der Getränkeindustrie ergeben.

Das setzt allerdings voraus, dass die übernommenen Arbeitnehmer auch an der **45** Weiterentwicklung der Rechte und Pflichten durch nachfolgende Änderungen des transformierten Tarifvertrages teilnehmen. Dcr Gesetzeswortlaut spricht eher dagegen, denn aus ihm ergibt sich lediglich, dass die Rechte und Pflichten des im Zeitpunkt des Übergangs bestehenden Arbeitsverhältnisses übernommen werden müssen und als Rechtsnormen eines Tarifvertrages Inhalt des Arbeitsverhältnisses zwischen dem neuen Inhaber und dem Arbeitnehmer werden. Aber auch die tarifrechtliche Systematik spricht gegen eine in § 613a Abs. 1 S. 2 BGB angelegte Dynamik. Eine Einwirkung späterer Tarifnormen wird nach der in § 613a Abs. 1 S. 2 BGB angeordneten Transformation sogar noch stärker ausgeschlossen als durch die Regelungen in § 3 Abs. 2 und 3, § 4 Abs. 5, § 5 TVG. Es wird keine Fortgeltung der Normen als auf das Arbeitsverhältnis einwirkende Bestimmungen vorgeschrieben, sondern ein Eingang dieser Normen in das Arbeitsverhältnis gesetzlich festgelegt. Werden aber damit die bisherigen tarifvertraglichen Normen nunmehr Teil des

Arbeitsverhältnisses, fehlt es an einer Einwirkungsmöglichkeit normativer Art, wie sie nur spätere Tarifnormen entfalten könnten. Das Fehlen der normativen Wirkung späterer Tarifnormen ist damit noch stärker ausgeprägt und scheitert dann an der fehlenden Tarifbindung. Für dieses Ergebnis spricht schließlich auch, dass der Gesetzgeber sowohl nach der Betriebsübergangs-Richtlinie (damals Nr. 77/187/ EWG) als auch nach dem Entwurf zum arbeitsrechtlichen EG-Anpassungsgesetz lediglich einen Bestandsschutz gewähren, also lediglich sicherstellen wollte, dass bei einer Betriebsübernahme der kollektivrechtliche *status quo* aufrechterhalten bleiben soll.[58]

46 Da die kollektivrechtliche Fortgeltung der Tarifverträge der Getränkeindustrie nach § 613a Abs. 1 S. 2 BGB nur eine statische ist, vermag sie die später erfolgten Änderungen des Tariflohns nicht mehr zu transformieren. Es fehlt mithin an einer Rechtsgrundlage für einen Anspruch der tarifgebundenen Arbeitnehmer auf Weitergabe der Tariflohnerhöhungen.[59]

II. Anspruch der nicht tarifgebundenen Arbeitnehmer auf den erhöhten Tariflohn

47 Ein Anspruch der nicht tarifgebundenen Arbeitnehmer könnte sich aus ihren Arbeitsverträgen (§ 611 BGB) ergeben, die auf die Tarifverträge der Getränkeindustrie in ihrer jeweils gültigen Fassung verweisen. Durch die Bezugnahmeklauseln könnten die dort niedergelegten Rechte und Pflichten einschließlich der auch später noch vereinbarten Vergütungsregelungen in die Arbeitsverträge einbezogen sein. Ob sich die Bezugnahmeklausel auch auf die nach dem Betriebsübergang noch erfolgten Tariflohnerhöhungen erstreckt, muss im Weg der Auslegung geklärt werden.

1. Auslegung als Gleichstellungsabrede?

48 Nach der früheren Rechtsprechung des BAG[60] waren bei Tarifbindung des Arbeitgebers (kleine) dynamische Verweisungsklauseln i. d. R. als sog. Gleichstellungsabreden auszulegen. Dies beruhte auf der Vorstellung, dass mit einer solchen von einem tarifgebundenen Arbeitgeber gestellten Vertragsklausel lediglich die möglicherweise fehlende Tarifgebundenheit des Arbeitnehmers ersetzt – er also einem Gewerkschaftsmitglied gleichgestellt – werden solle, um jedenfalls zu einer vertraglichen Anwendung des einschlägigen Tarifvertrages zu kommen und damit zu dessen Geltung für alle Beschäftigten. Nach dem so verstandenen Sinn und Zweck der Klausel sollte das Arbeitsverhältnis an den dynamischen Entwicklungen des in Bezug genommenen Tarifvertrages so lange teilnehmen, wie der Arbeitgeber selbst tarifgebunden war. Endet die Tarifgebundenheit – z. B. mit einem Betriebsübergang in eine andere Branche – und gelten die Tarifnormen nach Transformation in das Arbeitsverhältnis für die tarifgebundenen Arbeitnehmer nur noch statisch fort (§ 613a

---

[58] Wie hier auch BAG vom 13.11.1985 – 4 AZR 309/84, NZA 1986, 422, 423; BAG vom 29.8.2001 – 4 AZR 332/00, NZA 2002, 513, 515; BAG vom 19.9.2007 – 4 AZR 711/06, NZA 2008, 241, 243; BAG vom 22.4.2009 – 4 AZR 100/08, NZA 2010, 41, 49; J/K/O/Sch/*Oetker*, § 6 Rn. 172; *Hromadka/Maschmann*, Bd. 2, § 19 Rn. 110.

[59] Zum Zusammentreffen mit einer arbeitsvertraglichen Bezugnahmeklausel vgl. noch unten Rn. 57 ff.

[60] BAG vom 19.3.2003 – 4 AZR 331/02, NZA 2003, 1207, 1208; BAG vom 1.12.2004 – 4 AZR 50/04, NZA 2005, 478, 479.

Abs. 1 S. 2 BGB), so sollte dies auch auf die Reichweite der Verweisungsklausel durchschlagen. Ihr Gleichstellungszweck gegenüber den nicht tarifgebundenen Arbeitnehmern konnte – so die damalige Rechtsprechung – nur dann erfüllt werden, wenn auch für diese die Normen des im Vertrag in Bezug genommenen Tarifvertrages nur statisch weitergalten.

2. Arbeitsvertragliche Inbezugnahme als unbedingte zeitdynamische Verweisung

Diese Rechtsprechung sah sich vor allem nach Inkrafttreten der Schuldrechtsmodernisierung zunehmender Kritik ausgesetzt. Im Mittelpunkt dieser Kritik stand der Einwand, dass die Auslegungsregel des BAG an einen Umstand anknüpfe, der im an sich eindeutigen Wortlaut dynamischer einzelvertraglicher Inbezugnahmen von Tarifverträgen keinen Anhalt finde. Die Unklarheitenregel des § 305c Abs. 2 BGB streite nunmehr für eine Auslegung zu Ungunsten des Arbeitgebers und gegen eine durch das Ende einer ursprünglich bestehenden Tarifgebundenheit auflösend bedingten Dynamik in Bezug genommener Tarifverträge.   **49**

Diese Kritik hat der 4. Senat des BAG zum Anlass genommen, seine Rechtsprechung zu korrigieren. Diese Änderung ist in der Entscheidung vom 14.12.2005 angekündigt worden.[61] Dabei berief sich der Senat vor allem auf die Wertungen des Rechts der Allgemeinen Geschäftsbedingungen. Nicht nur die Unklarheitenregel des § 305c Abs. 2 BGB, auch das Transparenzgebot des § 307 Abs. 1 S. 2 BGB und das Verbot der geltungserhaltenden Reduktion stritten als allgemeine Rechtsgrundsätze gegen eine wohlwollende Auslegung zugunsten des Klauselverwenders.   **50**

Vollzogen hat der Senat die angekündigte Rechtsprechungsänderung sodann in seinem Urteil vom 18.4.2007.[62] Der Senat hält eine einzelvertraglich vereinbarte dynamische Bezugnahme auf einen bestimmten Tarifvertrag nunmehr grundsätzlich für eine konstitutive Verweisungsklausel, die durch einen Wegfall der Tarifgebundenheit des Arbeitgebers nicht berührt werde. Das gelte nur dann nicht, wenn die Tarifgebundenheit des Arbeitgebers an den im Arbeitsvertrag genannten Tarifvertrag in einer für den Arbeitnehmer erkennbaren Weise zur auflösenden Bedingung der Vereinbarung gemacht worden ist. Die Korrektur war in der Tat spätestens nach der Erstreckung des AGB-Rechts auf vorformulierte Arbeitsvertragsbedingungen unabweisbar, dürfte aber auch auf individuell ausgehandelte Bezugnahmen zu erstrecken sein. Das BAG macht zu Recht deutlich, dass sich die Auslegung in erster Linie am Wortlaut der Verweisungsklausel zu orientieren hat. Soweit ein Vertragspartner vom Wortlaut abweichende Regelungsziele verfolge, könnten diese nur dann in die Auslegung eingehen, „wenn sie für den anderen Vertragspartner mit hinreichender Deutlichkeit zum Ausdruck kommen". Anderenfalls könne die Bezugnahmeklausel bei einer etwaigen Tarifgebundenheit des Arbeitgebers an den im Arbeitsvertrag genannten Tarifvertrag grundsätzlich keine andere Wirkung haben als bei einem nicht tarifgebundenen Arbeitgeber. Zwar liege es bei einem tarifgebunden Arbeitgeber nahe, in der beabsichtigten Gleichstellung tarifgebundener und nicht tarifgebundener Arbeitnehmer ein Motiv für das Stellen einer Verweisungs-   **51**

---

61 BAG vom 14.12.2005 – 4 AZR 536/04, NZA 2006, 607, 609 ff.
62 BAG vom 18.4.2007 – 4 AZR 652/05, NZA 2007, 965, 967 ff.

klausel zu sehen. Eine korrigierende Auslegung der dem Wortlaut nach eindeutigen Verweisungsklausel wegen eines bloßen Motivs des Arbeitgebers sei jedoch nicht geboten, zumal diesem eine seinem eigentlich Regelungsziel „entsprechende Vertragsgestaltung ohne Schwierigkeiten möglich wäre".

3. Rückwirkung der Rechtsprechungsänderung – Vertrauensschutz

52 Bei S handelt es sich ausweislich des Sachverhalts um ein traditionsreiches Unternehmen, bei dem also zahlreiche Arbeitnehmer schon über lange Jahre hinweg tätig sein werden. Vor diesem Hintergrund stellt sich die Frage, ob die geänderte rechtliche Bewertung der in den Arbeitsverträgen der nicht tarifgebundenen Arbeitnehmer enthaltenen Verweisungsklauseln auch auf solche Arbeitsverhältnisse zurückwirkt, die bereits vor geraumer Zeit begründet worden sind. Mit dem BAG wird man den betroffenen Arbeitgebern hier grundsätzlich Vertrauensschutz zu gewähren haben. Denn angesichts der Dispositionen, die die Arbeitgeber insoweit im Vertrauen auf den Bestand der immer wieder bestätigten Rechtsprechung bei unveränderter Rechtslage getroffen haben, wäre ein derart tiefgreifender Einschnitt auch unter Beachtung der entgegenstehenden berechtigten Interessen der Arbeitnehmer nicht gerechtfertigt und würde überdies zu einer großen Verunsicherung in den Betrieben führen.[63] Auf der anderen Seite gilt es zu bedenken, dass die von der früheren Rechtsprechung praktizierte Auslegung dynamischer Verweisungen als Gleichstellungsabreden nicht unumstritten war und die Kritik mit Inkrafttreten der Schuldrechtsreform immer deutlicher zu vernehmen war.[64] Das ist ein Umstand, der prinzipiell geeignet ist, das Ausmaß des Vertrauens in die Aufrechterhaltung der Rechtsprechung zu verringern. Den Ausgleich der widerstreitenden Interessen und Prinzipien hat der 4. Senat in einer Stichtagsregelung gefunden, die den Vorteil einer klaren und rechtssicheren Grenzlinie für sich reklamieren kann.[65] Als Stichtag, ab dem die neue Rechtsprechung gelten soll, hat der Senat den Zeitpunkt des Inkrafttretens der Schuldrechtsreform (1.1.2002) bestimmt. Er markiere die Zeitgrenze, die auch und gerade im Arbeitsrecht bei der Festlegung von Vertrauensschutz zu einer Gewichtung der beiderseitigen berechtigten Interessen führen müsse. Der Gesetzgeber habe mit der Schuldrechtsnovelle u.a. eine erneute nachhaltige Aufforderung an die Verwender von Formularverträgen erhoben, das von ihnen Gewollte auch in der entsprechenden verständlichen (§ 307 Abs. 1 S. 2 BGB) Form eindeutig zum Ausdruck zu bringen. Diese Festsetzung ist im Schrifttum mit beachtlichen Gründen kritisiert worden.[66] Sie ist jedoch im Rahmen eines für den Vorstand zu erstellenden Gutachtens als Richtlinie zu Grunde zu legen.

---

[63] BAG vom 18.4.2007 – 4 AZR 652/05, NZA 2007, 965, 971.

[64] Vgl. z. B. *Bayreuther*, DB 2002, 1008 ff.; *Däubler*, NZA 1996, 225, 228; *Hanau*, NZA 2005, 489, 490 f.; *Thüsing/Lambrich*, RdA 2002, 193, 196 ff. Aus der Instanzrechtsprechung u. a. LAG Hessen vom 23.3.1999 – 4 Sa 1300/98, NZA-RR 2000, 93, 94 ff.; LAG Hamburg vom 15.11.2000 – 4 Sa 32/00, NZA 2001, 562, 565 ff.

[65] BAG vom 14.12.2005 – 4 AZR 536/04, NZA 2006, 607, 610; BAG vom 18.4.2007 – 4 AZR 652/05, NZA 2007, 965, 971 f.

[66] Die Literatur (*Bayreuther*, DB 2007, 168; *Giesen*, NZA 2006, 625, 628 f.; ErfK/*Preis*, § 611 BGB Rn. 230; *Simon/Kock/Halbsguth*, BB 2006, 2354, 2355 f.) plädiert überwiegend und zu Recht für eine Erstreckung des Vertrauensschutzes bis zum 14.12.2005, dem Tag der Verkündung des Urteils, in dem der 4. Senat die Änderung seiner Rechtsprechung ankündigte.

Die Konsequenz für den vorliegend zu beurteilenden Fall liegt in einer rechtlichen **53** Spaltung der auf die GmbH übergegangenen, nicht tarifgebundenen Belegschaft je nach Zeitpunkt ihres Eintritts in das Unternehmen der S. Bei denjenigen nicht tarifgebundenen Arbeitnehmern, deren Vertragsschluss vor dem 1.1.2002 liegt, ist die im Arbeitsvertrag enthaltene Verweisungsklausel noch entsprechend der früheren Rechtsprechung aus Gründen des Vertrauensschutzes als Gleichstellungsabrede auszulegen. An den nachfolgenden Tariflohnerhöhungen in der Getränkeindustrie nehmen sie daher – ebenso wie die tarifgebundenen Arbeitnehmer – nicht mehr teil. Diejenigen nicht tarifgebundenen Arbeitnehmer, deren Arbeitsverhältnis erst nach dem 31.12.2001 begründet worden ist,[67] profitieren hingegen von den Tariflohnerhöhungen in der Getränkeindustrie. Die in ihren Arbeitsverträgen enthaltenen Bezugnahmen sind als unbedingte zeitdynamische Verweisungen auszulegen.

4. Europarechtskonformität der neueren Rechtsprechung des BAG

Die aufgezeigte rechtliche Bewertung solcher dynamischen Verweisungsklauseln in **54** den Arbeitsverträgen der nicht tarifgebundenen Arbeitnehmer dürfte allerdings nicht gegen unionsrechtliche Vorgaben verstoßen. Dies soll hier sowohl im Hinblick auf die Behandlung der Altverträge als auch hinsichtlich der Neubewertung der nach dem 31.12.2001 vereinbarten Bezugnahmen überprüft werden.

Mit dem Betriebsübergang befasst sich die Richtlinie 2001/23/EG des Rates vom **55** 12. März 2001 zur Angleichung der Rechtsvorschriften der Mitgliedstaaten über die Wahrung von Ansprüchen beim Übergang von Unternehmen, Betrieben oder Unternehmens- oder Betriebsteilen.[68] Maßgebend ist hier insoweit Art. 3 der Richtlinie. Hiernach gehen die Rechte und Pflichten des Veräußerers aus einem zum Zeitpunkt des Übergangs bestehenden Arbeitsvertrag oder Arbeitsverhältnis aufgrund des Übergangs auf den Erwerber über. Aus dieser Richtlinienbestimmung ergibt sich nach Ansicht des EuGH[69] nicht, dass der Gemeinschaftsgesetzgeber den Erwerber durch andere Kollektivverträge als die zum Zeitpunkt des Übergangs geltenden binden und demnach verpflichten wollte, die Arbeitsbedingungen später durch die Anwendung eines neuen, nach dem Übergang geschlossenen Kollektivvertrages zu ändern. Das entspreche auch dem Ziel der Richtlinie, die nur bezwecke, die am Tag des Übergangs bestehenden Rechte und Pflichten der Arbeitnehmer zu wahren. Dagegen wolle die Richtlinie nicht bloße Erwartungen und somit hypothetische Vergünstigungen schützen, die sich aus zukünftigen Entwicklungen der Kollektivverträge ergeben könnten. Soweit die Rechtsprechung des BAG zu einer lediglich statischen Weitergeltung der tarifvertraglichen Bestimmungen gelangt – betrifft die vor dem 1.1.2002 vereinbarte kleine dynamische Verweisung bei Arbeitgebern, die vor dem Betriebsübergang tarifgebunden waren – steht dies folglich im Einklang mit der Richtlinie.

Soweit umgekehrt die Bezugnahmeklausel nach der Rechtsprechung auch nach dem **56** Betriebsübergang dynamisch wirkt (tarifgebundene Arbeitgeber, wenn die Bezug-

---

67 Beachte: Auch Vertragsänderungen aus anderem Anlass nach dem Stichtag, die die bereits in einem früheren Vertrag enthaltene Verweisungsklausel wörtlich wiederholen, gelten als Neuverträge i. S. d. geänderten Rechtsprechung, vgl. BAG vom 18.4.2007 – 4 AZR 652/05, NZA 2007, 965, 972.
68 ABl. Nr. L 82, S. 16.
69 EuGH vom 9.3.2006 – C-499/04, NZA 2006, 376, 378 – Werhof.

nahme aus der Zeit nach dem 31.12.2001 datiert), hindert die Richtlinie die Besserstellung der Arbeitnehmer nicht (vgl. Art. 8 RL 2001/23/EG). Wohl aber könnte insoweit die Vereinigungsfreiheit des neuen Arbeitgebers tangiert sein. Die Vereinigungsfreiheit ist in Art. 11 EMRK (und in Art. 28 EU-GRCharta) verankert und gehört zu den Grundrechten, die nach ständiger Rechtsprechung des EuGH in der Gemeinschaftsrechtsordnung geschützt werden.[70] Die Vereinigungsfreiheit umfasst auch das Recht, einer Vereinigung nicht beizutreten.[71] Insofern ergibt sich ein Gleichlauf mit der verfassungsrechtlichen Garantie der Koalitionsfreiheit in Art. 9 Abs. 3 GG. Das Recht, von einem Tarifvertrag nicht erfasst zu werden, ist Inhalt der negativen Koalitionsfreiheit. Die neue Interpretation von Bezugnahmeklauseln beim vormals tarifgebundenen Arbeitgeber i. S. einer unbedingten zeitdynamischen Verweisung (seit dem 1.1.2002) dürfte trotz der insoweit missverständlichen Formulierung des EuGH in der Werhof-Entscheidung[72] keinen Verstoß gegen die negative Vereinigungsfreiheit darstellen. Denn die negative Vereinigungsfreiheit schützt ebenso wie die verfassungsrechtlich in Art. 9 Abs. 3 GG verankerte negative Koalitionsfreiheit den Arbeitgeber allenfalls davor, normativ an Tarifverträge gebunden zu werden, die von einem Verband abgeschlossen werden, in dem er nicht Mitglied ist. Die Wirksamkeit der individualvertraglichen Inbezugnahme von Tarifverträgen als Ausdruck privatautonomer Gestaltungsmacht ist dadurch nicht berührt.[73]

57 Für neuerliche Unsicherheit hat jüngst das Urteil des EuGH in der Rechtssache Alemo-Herron[74] gesorgt. Der EuGH gelangt hierin in Auslegung von Art. 3 der Betriebsübergangs-Richtlinie 2001/23/EG zu dem Ergebnis, dass es einem Mitgliedstaat verwehrt sei, vorzusehen, dass im Fall eines Unternehmensübergangs die Klauseln, die dynamisch auf nach dem Zeitpunkt des Übergangs verhandelte und abgeschlossene Kollektivverträge verweisen, gegenüber dem Erwerber durchsetzbar sind, wenn dieser nicht die Möglichkeit hat, an den Verhandlungen über die betreffenden Kollektivverträge teilzunehmen. Die Richtlinie diene nämlich nicht nur dem Schutz der Arbeitnehmerinteressen bei einem Unternehmensübergang, sondern sie solle auch einen gerechten Ausgleich zwischen den Interessen der Arbeitnehmer einerseits und denen des Erwerbers andererseits gewährleisten. Insofern sei die Richtlinie im Lichte der in der Charta der Grundrechte der Europäischen Union (Art. 16) verankerten Unternehmerfreiheit zu sehen. Insbesondere stelle die Richtlinie klar, dass der Erwerber in der Lage sein müsse, die für die Fortsetzung seiner Tätigkeit erforderlichen Anpassungen vorzunehmen Der Handlungsspiel-

---

[70] EuGH vom 15.12.1995 – C-415/93, NZA 1996, 191, 196 – Bosman; EuGH vom 9.3.2006 – C-499/04, NZA 2006, 376, 378 – Werhof; Slg. 2001, I-1611 – Connolly – unter Hinweis auf Art. 6 Abs. 2 EU.

[71] EuGH vom 9.3.2006 – C-499/04, NZA 2006, 376, 378 m. w. N. – Werhof.

[72] EuGH vom 9.3.2006 – C-499/04, NZA 2006, 376, 378 – Werhof.

[73] So zutr. BAG vom 23.9.2009 – 4 AZR 331/08, NZA 2010, 513 in Auseinandersetzung mit der Werhof-Entscheidung des EuGH; zuvor schon auf dieser Linie BAG vom 18.4.2007 – 4 AZR 652/05, NZA 2007, 965, 969; ebenso im Ergebnis zum Betriebsübergang BAG vom 19.9.2007 – 4 AZR 711/06, NZA 2008, 241, 244 sowie ErfK/*Preis,* § 611 BGB Rn. 230 mit der Feststellung, die Werhof-Entscheidung habe auf die allein nach nationalem Recht zu lösende Frage der Auslegung von Willenserklärungen keine Auswirkungen; anders hingegen *Nicolai,* DB 2006, 670, 672 f. und *Simon/Kock/Halbsguth,* ZIP 2006, 726, 727 f.

[74] EuGH vom 18.7.2013 – C-426/11, NZA 2013, 835.

raum werde aber erheblich eingeschränkt, wenn er durch eine vom Betriebsveräußerer vereinbarte dynamische Verweisung auf Kollektivverträge an Anpassungen gehindert sei. Dem Erwerber müsse es möglich sein, seine Interessen wirksam geltend zu machen und auf die Entwicklung der Arbeitsbedingungen Einfluss zu nehmen. Diese Entscheidung hat eine intensive literarische Diskussion entfacht.[75] Wie sie zu interpretieren ist und ob sie der bisherigen Rechtsprechung des BAG entgegensteht, wird unterschiedlich beurteilt. So wird darauf hingewiesen, dass die EuGH-Entscheidung in der Rechtssache Alemo-Herron der Sondersituation eines Übergangs aus dem öffentlichen Sektor auf den Privatsektor und den Besonderheiten des englischen Tarifrechts geschuldet gewesen sein könnte.[76] Vieles spricht dafür, dass die Entscheidung hier nicht einschlägig ist. Bis die zweifelhaften Rechtsfragen nicht abschließend höchstrichterlich geklärt sind,[77] wird die hier vertretene, auf der insoweit eindeutigen BAG-Rechtsprechung basierende Lösung verfolgt.

III. Anspruch der tarifgebundenen Arbeitnehmer, in deren Arbeitsvertrag sich zugleich eine Bezugnahmeklausel befindet

Abschließend gilt es noch die Konstellation zu untersuchen, dass tarifgebundene **58** Arbeitnehmer gegenüber der GmbH die Weitergabe der Tariflohnerhöhungen in der Getränkeindustrie verlangen und sich hierfür auf die auch in ihren Arbeitsverträgen befindlichen Bezugnahmeklauseln berufen. Dass sich auch in den Arbeitsverträgen der nicht tarifgebundenen Arbeitnehmer Bezugnahmeklauseln gleichen Inhalts befinden, liegt nahe und ist in der Praxis sogar der Regelfall. Anderenfalls müsste sich der Arbeitgeber im Zuge des Vertragsschlusses nach der Gewerkschaftszugehörigkeit erkundigen und daraufhin dann den Arbeitsvertrag ausrichten. Eine solche Vorgehensweise ist in der Praxis unüblich, zumal vor Vertragsschluss die Frage nach der Gewerkschaftszugehörigkeit nicht gestellt werden darf.[78] Fraglich ist, ob das unter I. für die tarifgebundenen Arbeitnehmer auf der Grundlage des § 613a Abs. 1 S. 2 BGB (statische Transformation) erzielte Ergebnis im Hinblick auf die auch in ihren Arbeitsverträgen enthaltenen Bezugnahmeklauseln (partiell) korrigiert werden muss.

Voraussetzung hierfür ist, dass die Bezugnahmeklauseln auch in dieser Konstellation **59** konstitutiven Charakter haben. Davon ist auszugehen, da der Arbeitgeber bei Vertragsschluss i.d.R. nicht weiß, ob der Arbeitnehmer Mitglied der tarifschließenden Gewerkschaft ist oder nicht. Um sicher zu gehen, dass die Tarifverträge nicht nur für die tarifgebundenen Arbeitnehmer, sondern für die gesamte Belegschaft gelten, muss er der arbeitsvertraglichen Bezugnahme konstitutive Bedeutung beimessen. Die so verstandene Bezugnahmeklausel überlagert dann auch die normative Regelung, wenn der in Bezug genommene Tarifvertrag günstiger ist.[79] Allerdings hatte das BAG schon vor der jüngst eingeleiteten Rechtsprechungsänderung dynamische

---

[75] Statt vieler *Willemsen/Grau*, NJW 2014, 12; *Lobinger*, NZA 2013, 945; *Latzel*, RdA 2014, 110; *Jacobs/Frieling*, EuZW 2013, 737; *Forst*, DB 2013, 1847.

[76] *Preis*, Arbeitsvertrag, II V 40 Rn. 109.

[77] Vgl. insoweit das Vorabentscheidungsersuchen des BAG vom 17.6.2015 – 4 AZR 61/14.

[78] BAG vom 20.2.2002 – 4 AZR 123/01, NZA 2003, 933, 934; H/W/K/*Thüsing*, § 123 BGB Rn. 14.

[79] In diesem Sinne unter Berufung auf das Günstigkeitsprinzip (§ 4 Abs. 3 TVG) ErfK/*Preis*, § 613a BGB Rn. 127.

Bezugnahmeklauseln bei tarifgebundenen Arbeitnehmern als konstitutiv angesehen.[80] Gleichwohl endete unter der früheren Rechtsprechung die Dynamik wegen des Gleichstellungszwecks bei Wegfall der Tarifbindung des Arbeitgebers, also etwa bei einem Betriebsübergang.[81] Diese Sichtweise müsste das BAG nach dem oben Gesagten aus Vertrauensschutzgesichtspunkten für die vor dem 1.1.2002 begründeten Arbeitsverhältnisse weiter aufrechterhalten. Die bereits vor diesem Zeitpunkt eingestellten Arbeitnehmer haben – ungeachtet ihrer Gewerkschaftszugehörigkeit – keinen Anspruch auf Teilhabe an den nach dem Betriebsübergang vereinbarten Tariflohnerhöhungen. Es bleibt dabei: Nach § 613a Abs. 1 S. 2 BGB gelten die Tarifbestimmungen lediglich statisch fort.

60 Für die nach dem 31.12.2001 begründeten Arbeitsverhältnisse setzt sich hingegen die neuere Rechtsprechung durch, derzufolge die Bezugnahmeklausel als unbedingte zeitdynamische Verweisung zu verstehen ist. Die konstitutive Verweisung gilt dann als Bestandteil des Arbeitsvertrages gemäß § 613a Abs. 1 S. 1 BGB in beiden Belegschaftsgruppen auch nach dem Betriebsübergang. Nach der Beendigung der Tarifbindung des Arbeitgebers besteht nunmehr in Gestalt der konstitutiven, unbedingten zeitdynamischen Bezugnahmeklausel ein eigenständiger Geltungsgrund, der die Dynamik aufrechtzuerhalten vermag.[82] Außenseiter und Gewerkschaftsangehörige haben einen Anspruch auf Weitergabe der Tariflohnerhöhungen, die erst nach dem Betriebsübergang erfolgen. Die GmbH müsste daher nicht nur die branchenfremden Löhne der Getränkeindustrie zahlen, sondern auch Tariflohnerhöhungen aus diesem Bereich weitergeben. Dies gilt für alle Gewerkschaftsangehörigen, deren Arbeitsverhältnis nach dem 31.12.2001 begründet worden ist.

IV. Ergebnis

61 Folgt man der neueren Rechtsprechung des BAG, so haben die Arbeitnehmer, deren Arbeitsvertrag eine unbedingte zeitdynamische Verweisung auf den Tarifvertrag der Getränkeindustrie enthält, nur dann einen Anspruch auf Teilhabe an den nach dem Betriebsübergang vereinbarten Tariflohnerhöhungen, wenn ihr Arbeitsvertrag nach dem 31.12.2001 abgeschlossen worden ist. Dies gilt unabhängig von ihrer Gewerkschaftszugehörigkeit.

Frage 4: Mitbestimmungsrechte und Sozialplanpflichtigkeit bei Ausgliederung des Vertriebs

62 Möglicherweise müssen im Zuge der ins Auge gefassten Übertragung des Betriebsteils in München-Schwabing auf die neu zu gründende GmbH Beteiligungsrechte des Betriebsrats oder anderer betriebsverfassungsrechtlicher Gremien gewahrt werden. Die Beteiligungsrechte des Betriebsrats ergeben sich aus dem Betriebsverfassungsgesetz.

---

[80] BAG vom 20.2.2002 – 4 AZR 123/01, NZA 2003, 933, 934 und BAG vom 19.3.2003 – 4 AZR 331/02, NZA 2003, 1207. Ebenso die aktuelle Rechtsprechung, vgl. BAG NZA 2008, 364, 365: „Die Wirkung einer Bezugnahmeklausel wird nicht dadurch berührt, dass der in Bezug genommene Tarifvertrag noch aus einem weiteren Grund für das Arbeitsverhältnis maßgebend ist."

[81] BAG vom 29.8.2001 – 4 AZR 332/00, NZA 2002, 513, 515.

[82] *Bauer/Günther,* NZA 2008, 6, 10; *Klebeck,* NZA 2006, 15, 17.

I. Mitbestimmung in sozialen oder personellen Angelegenheiten

Die Mitbestimmung des Betriebsrats in sozialen Angelegenheiten ist in § 87 **63** BetrVG geregelt. Die Vorschrift regelt den Kernbereich der Mitwirkung und Mitbestimmung der Arbeitnehmer. Allerdings sind die Angelegenheiten, in denen der Betriebsrat ein Mitbestimmungsrecht hat, dort abschließend aufgezählt. Ist – wie hier – keiner der dort aufgeführten Tatbestände verwirklicht, so muss der Betriebsrat unter diesem Gesichtspunkt auch nicht beteiligt werden.

Eine Mitbestimmung in personellen Angelegenheiten scheidet ebenfalls aus. Insbesondere kommt es für die bislang bei S beschäftigten Vertriebsmitarbeiter weder zu **64** einer Versetzung noch zu einer Einstellung i.S.d. § 99 BetrVG. Der Betriebsübergang führt dazu, dass der Erwerber von Gesetzes wegen in das Arbeitsverhältnis eintritt, also ein bloßer Arbeitgeberwechsel stattfindet.[83] Eine Änderung des konkreten Arbeitsbereichs der betroffenen Arbeitnehmer geht damit nicht einher.

II. Mitbestimmung in wirtschaftlichen Angelegenheiten

Beteiligungsrechte des Betriebsrates oder auch des Wirtschaftsausschusses könnten **65** sich allerdings aus dem Abschnitt über die „wirtschaftlichen Angelegenheiten" (§§ 106 ff. BetrVG) ergeben.

1. Unterrichtung des Wirtschaftsausschusses

Zunächst könnte nach § 106 Abs. 2 BetrVG die Verpflichtung des Unternehmers, **66** der S, bestehen, den Wirtschaftsausschuss rechtzeitig und umfassend über das ins Auge gefasste Vorhaben und die sich daraus ergebenden Auswirkungen auf die Personalplanung zu unterrichten.

Der Wirtschaftsausschuss ist ein Hilfsorgan des Betriebsrats, des eigentlichen Trä- **67** gers der Mitbestimmungsrechte in wirtschaftlichen Angelegenheiten. Seine Errichtung durch den Betriebsrat ist zwingend vorgeschrieben, wenn der in § 106 Abs. 1 BetrVG genannte Schwellenwert von i.d.R. mehr als einhundert ständig beschäftigten Arbeitnehmern erreicht wird. Die S liegt mit 320 Arbeitnehmern weit über diesem Schwellenwert, so dass hier von der Errichtung eines Wirtschaftsausschusses ausgegangen werden kann.

Die Unterrichtungspflicht bezieht sich auf die „wirtschaftlichen Angelegenheiten" **68** (§ 106 Abs. 2 S. 1 BetrVG). Fraglich ist, ob es sich bei der auf der Vorstandsebene erwogenen Übertragung des Vertriebs auf eine neu zu gründende GmbH um eine solche „wirtschaftliche Angelegenheit" handelt. Im Katalog des § 106 Abs. 3 BetrVG werden beispielhaft die wichtigsten wirtschaftlichen Angelegenheiten aufgezählt. Vorliegend könnte § 106 Abs. 3 Nr. 8 BetrVG einschlägig sein. Als wirtschaftliche Angelegenheit wird dort u.a. die Spaltung von Unternehmen oder Betrieben bezeichnet. Hier steht – wie bereits dargelegt wurde – eine solche Spaltung des Unternehmens in Form einer Ausgliederung nach dem Umwandlungsgesetz zur Debatte. Der Wirtschaftsausschuss muss über dieses Vorhaben bereits im Planungsstadium unterrichtet werden und zwar spätestens dann, wenn sich die Planungen

---

[83] Daher liegt keine Einstellung vor, vgl. BAG vom 7.11.1975 – 1 ABR 78/74, AP Nr. 3 zu § 99 BetrVG 1972; *Fitting*, § 99 Rn. 46; Richardi/*Thüsing*, § 99 Rn. 43.

konkretisiert haben und das Stadium bloßer Vorüberlegungen überschritten ist.[84] Die Unterrichtung muss umfassend sein, also sich u. a. dazu verhalten, welcher Betriebsteil und welche Arbeitsverhältnisse infolge der Spaltung auf welchen Rechtsträger übergehen, ob mit dem Übergang ein Wechsel in einen anderen Tarifbereich verbunden ist und welche sonstigen Folgen die Maßnahme für die Arbeitnehmer und ihre Vertretung haben wird.[85]

2. Unterrichtung des Betriebsrats nach dem UmwG

69 Neben die Unterrichtungspflicht des Unternehmers gegenüber dem Wirtschaftsausschuss nach § 106 Abs. 2 BetrVG tritt hier ferner eine spezielle Unterrichtungspflicht gegenüber dem Betriebsrat nach dem Umwandlungsgesetz.[86] Nach § 136 S. 1 UmwG hat das Vertretungsorgan des übertragenden Rechtsträgers – hier der Vorstand der S – einen Spaltungsplan aufzustellen. § 136 S. 2 UmwG ordnet sodann an, dass dieser Spaltungsplan an die Stelle des Übernahme- und Spaltungsvertrages tritt. Für diesen – und damit auch für den Spaltungsplan – gilt nach § 126 Abs. 3 UmwG, dass dieser spätestens einen Monat vor der Beschlussfassung dem zuständigen Betriebsrat des Rechtsträgers zuzuleiten ist. In dem Spaltungsplan müssen die Folgen der Spaltung für die Arbeitnehmer und ihre Vertretungen sowie die insoweit vorgesehenen Maßnahmen enthalten sein (§ 126 Abs. 1 Nr. 11 UmwG). Insoweit entfalten die umwandlungsrechtlichen Vorschriften eine Art „Vorwirkung".[87]

3. Unterrichtung des Betriebsrats nach § 111 S. 1 BetrVG

70 Ferner verpflichtet § 111 S. 1 BetrVG den Unternehmer, den Betriebsrat über geplante Betriebsänderungen rechtzeitig und umfassend zu unterrichten und die geplanten Betriebsänderungen mit dem Betriebsrat zu beraten, die wesentliche Nachteile für die Belegschaft oder erhebliche Teile der Belegschaft zur Folge haben können. Der für dieses Beteilungsrecht notwendige Schwellenwert von i. d. R. mehr als zwanzig wahlberechtigten Arbeitnehmern im Unternehmen ist bei S mit 320 Arbeitnehmern deutlich überschritten.

71 Zu prüfen ist somit, ob es sich bei der in Aussicht genommenen Übertragung des Vertriebs auf die neu zu gründende GmbH um eine Betriebsänderung handelt. Der Begriff ist in § 111 BetrVG zwar nicht legaldefiniert, wohl aber sind die wichtigsten Fälle in Satz 3 dieser Vorschrift genannt. Bei den dort aufgeführten Tatbeständen ist nicht zu prüfen, ob die Maßnahmen wesentliche Nachteile für die Belegschaft oder erhebliche Teile derselben zur Folge haben können. Diese werden insoweit fingiert.[88] Vorliegend könnte die Betriebsänderung aufgrund von § 111 S. 3 Nr. 3 BetrVG anzunehmen sein. Als Betriebsänderung gilt hiernach u. a. die Spaltung von Betrieben. Anders als bei § 106 Abs. 3 Nr. 8 BetrVG würde eine Spaltung von Un-

---

[84] H/W/K/*Willemsen/Lembke*, § 106 BetrVG Rn. 80.

[85] *Fitting*, § 106 Rn. 68 ff.

[86] Für ein Nebeneinander beider Unterrichtungsansprüche W/P/K/*Preis*, § 106 Rn. 18; Richardi/ *Thüsing*, § 106 Rn. 54.

[87] So treffend H/W/K/*Willemsen/Lembke*, § 106 BetrVG Rn. 80.

[88] Ob tatsächlich solche Nachteile eingetreten sind, ist erst bei Aufstellung des Sozialplans zu prüfen, vgl. BAG vom 10.12.1996 – 1 ABR 32/96, NZA 1997, 898, 899.

ternehmen hier nicht ausreichen. Diese Differenz spielt hier jedoch keine Rolle, da zugleich auch eine Spaltung des Betriebs vorliegt. Die derzeitige betriebliche Struktur (Hauptbetrieb mit Hauptverwaltung und Produktion in München-Obermenzing und Vertrieb als Betriebsteil in München-Schwabing) würde durch die in Aussicht genommene Überführung des Vertriebs in eine GmbH ihre Identität verlieren, da es zu einer Abspaltung eines Betriebsteils und dessen Übertragung auf einen neuen Betriebsinhaber käme.[89] Das ist eine Betriebsänderung i.S.v. Nr. 3, ohne dass es insoweit darauf ankommt, ob es sich bei dem abgespaltenen Teil um einen wesentlichen oder erheblichen Teil des Betriebs handelt,[90] was hier im Übrigen ohne Weiteres zu bejahen wäre.

Somit ist S verpflichtet, den Betriebsrat rechtzeitig und umfassend zu unterrichten **72** und die geplante Betriebsänderung mit ihm zu beraten. Rechtzeitig ist die Unterrichtung, wenn sie den Betriebsrat in die Lage versetzt, noch auf das Ob und Wie der geplanten Betriebsänderung Einfluss nehmen zu können. Nach der gesetzlichen Konzeption (vgl. § 108 Abs. 4 BetrVG) ist die Unterrichtung des Wirtschaftsausschusses derjenigen des Betriebsrats zeitlich vorgelagert.[91] Denn wirtschaftliche Angelegenheiten i.S.d. § 106 Abs. 3 BetrVG sollen in einem möglichst frühen Stadium zunächst mit dem besonders kompetenten Gremium beraten werden, bevor die konkretisierten Überlegungen dem Betriebsrat unterbreitet werden.

4. Unterrichtung des Betriebsrats nach § 80 Abs. 2 BetrVG

Fraglich ist, ob darüber hinaus der Betriebsrat auch auf der Grundlage seines allge- **73** meinen Informationsrechts nach § 80 Abs. 2 BetrVG Unterrichtung verlangen kann. Hiernach ist der Betriebsrat zur Durchführung seiner Aufgaben nach dem Betriebsverfassungsgesetz rechtzeitig und umfassend unter Vorlage der erforderlichen Urkunden vom Arbeitgeber zu unterrichten. Zwar statuiert § 80 Abs. 2 BetrVG eine allgemeine Unterrichtungspflicht in Form einer Generalklausel. Die umwandlungsrechtlichen Vorschriften wird man gleichwohl nicht als *leges speciales* ansehen können, da sie lediglich dem Vorstand bestimmte Vorgaben für die Abfassung des Spaltungsberichts machen und ihn verpflichten, diesen Bericht dem Betriebsrat zuzuleiten. Um eine Unterrichtungspflicht i.e.S., die strukturell der Informationspflicht des § 80 Abs. 2 BetrVG entspricht, handelt es sich hierbei nicht.

Auch scheidet § 80 Abs. 2 BetrVG als Grundlage für einen Unterrichtungsanspruch **74** richtiger Ansicht nach nicht schon deswegen aus, weil eine solche Verpflichtung des Arbeitgebers bereits gegenüber dem Wirtschaftsausschuss besteht.[92] Doch kann dies hier letztlich offen bleiben, da die allgemeine Informationspflicht nach § 80 Abs. 2

---

[89] Es ist allgemein anerkannt, dass ein Betriebsteilübergang – im Gegensatz zu einem Betriebsübergang – regelmäßig mit einer mitbestimmungspflichtigen Spaltung des Betriebs i.S.v. § 111 S. 3 Nr. 3 BetrVG verbunden ist; vgl. BAG vom 10.12.1996 – 1 ABR 32/96, NZA 1997, 898, 899; BAG vom 25.1.2000 – 1 ABR 1/99, NZA 2000, 1069, 1070; *Fitting,* § 111 Rn. 50, 52; ErfK/*Kania,* § 111 BetrVG Rn. 12.

[90] BAG vom 10.12.1996 – 1 ABR 32/96, NZA 1997, 898, 899.

[91] *Fitting,* § 106 Rn. 22; GK-BetrVG/*Oetker,* § 106 Rn. 116; H/W/K/*Willemsen/Lembke,* § 106 BetrVG Rn. 12.

[92] BAG vom 5.2.1991 – 1 ABR 24/90, NZA 1991, 644, 645; *Fitting,* § 80 Rn. 48; GK-BetrVG/ *Weber,* § 80 Rn. 54; H/W/K/*Willemsen/Lembke,* § 106 BetrVG Rn. 11; für ein Konkurrenzverhältnis i.S.d. Spezialität des § 106 Abs. 2 BetrVG jedoch ErfK/*Kania,* § 80 BetrVG Rn. 17.

BetrVG jedenfalls durch die insoweit speziellere Unterrichtungspflicht bei Betriebsänderungen nach § 111 S. 1 BetrVG verdrängt wird.[93]

III. Sozialplanpflichtigkeit der Übertragung des Vertriebs auf die GmbH

75 Abschließend ist zu untersuchen, ob die Übertragung etwa im Hinblick auf die geringere Kapitalausstattung der Tochter-GmbH möglicherweise die Aufstellung eines
teuren Sozialplans erfordern könnte. Das richtet sich nach § 112 BetrVG. Hiernach
kann der Betriebsrat unter den dort genannten Voraussetzungen die Aufstellung
eines Sozialplans verlangen. Kommt eine Einigung mit dem Unternehmer nicht
zustande, so entscheidet die Einigungsstelle mit bindender Wirkung (§ 112 Abs. 4
BetrVG). Als Sozialplan bezeichnet das Gesetz eine Einigung über den Ausgleich
oder die Milderung der wirtschaftlichen Nachteile, die den Arbeitnehmern infolge
der geplanten Betriebsänderung entstehen (§ 112 Abs. 1 S. 2 BetrVG).

76 Aus dieser Legaldefinition lässt sich entnehmen, dass grundlegende Voraussetzung
für einen erzwingbaren Sozialplan das Vorliegen einer geplanten Betriebsänderung
ist, wobei § 112a BetrVG Ausnahmen vorsieht, bei denen trotz Vorliegens einer
Betriebsänderung kein Sozialplan erzwungen werden kann. Dass die vom Vorstand
erwogene Ausgliederung des Vertriebs in eine neu zu gründende GmbH eine Betriebsänderung i. S. d. § 111 BetrVG darstellt, ist in diesem Gutachten (siehe oben
Rn. 71 f.) bereits dargelegt worden. Hieran kann für die Beurteilung der Sozialplanpflichtigkeit im Rahmen des § 112 BetrVG angeknüpft werden. Die Ausnahmetatbestände nach § 112a BetrVG sind vorliegend erkennbar nicht verwirklicht.

77 Weiterhin kann der Betriebsrat im Wege eines Sozialplans nur den Ausgleich oder
die Milderung solcher wirtschaftlichen Nachteile durchsetzen, die infolge der geplanten Betriebsänderung entstehen. Erforderlich ist ein Zusammenhang von
Grund und Folge zwischen der geplanten Betriebsänderung und den wirtschaftlichen Nachteilen. Wirtschaftliche Nachteile aus Vorgängen, die selbst keine Betriebsänderung und auch nicht deren notwendige Folge darstellen, sind hingegen
keiner erzwingbaren Regelung – ggf. durch Spruch der Einigungsstelle – zugänglich.[94] Als relevanter Nachteil kommt hier insbesondere die geringere Haftungsmas-
se der neu zu gründenden GmbH in Betracht. Außerdem ist zu bedenken, dass sich
die tarifrechtliche Lage auf längere Sicht infolge des Branchenwechsels jedenfalls für
einen Teil der Belegschaft verschlechtern wird. Ferner könnte man auch an die be-
fristete Befreiung der GmbH von der Sozialplanpflichtigkeit nach § 112a Abs. 2
S. 1 BetrVG denken. Allerdings gilt diese Privilegierung nicht für Neugründungen
im Zusammenhang mit der rechtlichen Umstrukturierung von Unternehmen
(§ 112a Abs. 2 S. 2 BetrVG). Es verbleibt damit bei den beiden zuvor genannten
Anknüpfungspunkten für wirtschaftliche Nachteile, nämlich der geringeren Kapitalausstattung der GmbH und der Verschlechterung der tarifrechtlichen Lage.

78 Hinsichtlich dieser Nachteile ist allerdings zu konstatieren, dass sich diese allein aus
dem Übergang des Betriebsteils auf den neuen Betriebsinhaber, die GmbH, ergeben
würden. Sie wären also Folgen des Rechtsträgerwechsels, nicht aber der Spaltung
des Betriebes. Der Umstand, dass beide Vorgänge zeitlich zusammenfallen können,

---

[93] ErfK/*Kania*, § 80 BetrVG Rn. 17; W/P/K/*Preis*, § 80 Rn. 24; a. A. *Fitting*, § 80 Rn. 48.
[94] BAG vom 10.12.1996 – 1 ABR 32/96, NZA 1997, 898, 899.

ändert nichts daran, dass sie weder rechtlich noch tatsächlich notwendigerweise zusammengehören.[95] Auch im Übrigen ist im Falle eines Betriebsübergangs davon auszugehen, dass die betroffenen Arbeitnehmer auf einem zumutbaren Arbeitsplatz weiterbeschäftigt werden können; für die Zumutbarkeit spricht hier insbesondere, dass den Arbeitnehmern ihr bisher innegehabter Arbeitsplatz in dem identischen Betrieb erhalten bleibt. Und selbst für den hier nicht gegebenen Fall, dass die Arbeitsverhältnisse beim Betriebserwerber gem. § 613a Abs. 1 S. 3 BGB durch einen anderen – ungünstigeren – Tarifvertrag geregelt werden, würden dadurch die Arbeitsplätze beim Betriebserwerber noch nicht unzumutbar. Einmal erreichte Arbeitsbedingungen sind nicht auf Dauer garantiert. Auch der bisherige Betriebsinhaber könnte durch Verbandsaustritt und Eintritt in einen anderen Arbeitgeberverband die Tarifbindung ändern und die Geltung anderer Tarifverträge herbeiführen bzw. durch eine Vereinbarung mit dem Betriebsrat andere Rechtsgrundlagen für die Arbeitsbedingungen schaffen.[96]

Da mithin durch die Überführung des Vertriebs auf die neu zu gründende GmbH **79** keine durch einen Sozialplan ausgleichspflichtigen Nachteile für die betroffenen Arbeitnehmer zu erwarten sind, ist die vom Vorstand aufgeworfene Frage, ob die Betriebsänderung einen teuren Sozialplan nach sich ziehen würde, zu verneinen.

---

[95] Wie hier gegen die Annahme ausgleichspflichtiger Nachteile BAG vom 10.12.1996 – 1 ABR 32/96, NZA 1997, 898, 900 mit einer sehr klaren Unterscheidung zwischen spaltungsbedingten Nachteilen und denjenigen Nachteilen, die auf den Teilbetriebsübergang zurückzuführen sind; ferner BAG vom 25.1.2000 – 1 ABR 1/99, NZA 2000, 1069, 1070; Richardi/*Annuß*, § 112 Rn. 87; H/W/K/ *Hohenstatt/Willemsen,* § 112 BetrVG Rn. 36; ErfK/*Kania,* §§ 112, 112a BetrVG Rn. 37; a.A. *Hanau,* FS Gaul, 1992, S. 287, 295.

[96] So BAG vom 5.2.1997 – 10 AZR 553/96, NZA 1998, 158, 159f.

Fall 5. Go West

Nach BAG vom 24.4.2007 – 1 AZR 252/06, NZA 2007, 987; BAG vom 10.12.2002 – 1 AZR 96/02, NZA 2003, 734.

Sachverhalt

Die H-AG (H) produziert Druckmaschinen, u.a. in ihrem Werk in Hamburg. Da sich dieser Betrieb im internationalen Vergleich als unrentabel erweist, beschließt der Vorstand die Schließung und die Verlagerung der Produktion in die USA; von den rund 1000 in Hamburg Beschäftigten sind ca. 560 von der Kündigung aufgrund der Betriebsverlagerung bedroht. Mit dem Betriebsrat werden Verhandlungen zu einem Interessensausgleich/Sozialplan aufgenommen.

Während dieser Verhandlungen erhält der Arbeitgeberverband, in dem H Mitglied ist, von der IG Metall ein Schreiben, in dem die gemeinsame Verantwortung der Tarifvertragsparteien für den Standorterhalt des Hamburger Werkes betont und sodann für den Fall, dass es letztlich doch zur Betriebsverlagerung und betriebsbedingten Kündigungen kommen sollte, die Forderung nach einem firmenbezogenen Verbandstarifvertrag erhoben wird mit folgendem Inhalt:

„1. Für betriebsbedingte Kündigungen durch den Arbeitgeber gilt eine Grundkündigungsfrist von drei Monaten zum Quartalsende. Die Grundkündigungsfrist verlängert sich um jeweils zwei Monate für jedes volle Jahr des Bestehens des Arbeitsverhältnisses.

2. Beschäftigte, die betriebsbedingt gekündigt werden, haben nach Ablauf der Kündigungsfrist Anspruch auf eine Abfindung i.H.v. zwei Monatsentgelten pro Beschäftigungsjahr."

Die die tariflichen Kündigungsfristen enthaltende Bestimmung des Manteltarifvertrages war von der IG Metall im Vorfeld bereits form- und fristgerecht gekündigt worden. Diese Möglichkeit der Kündigung sieht der Manteltarifvertrag ausdrücklich vor. Die Tarifvertragsparteien verhandeln derzeit über eine Neufassung der entsprechenden Tarifregeln. Im Übrigen kennen weder der geltende Manteltarifvertrag noch andere tarifliche Vorschriften Regelungen dieses oder ähnlichen Inhalts.

Als der Arbeitgeberverband unter Hinweis auf die laufenden betrieblichen Verhandlungen zum Interessenausgleich, die tariflichen Verhandlungen zur Neufassung des MTV und die Satzung des Arbeitgeberverbandes, wonach die Mitglieder keine Haustarifverträge schließen dürfen, diese Forderung zurückweist, ruft die IG Metall durch ihren Bezirksleiter – der nach der Satzung der IG Metall Beauftragter des Vorstandes ist – die Beschäftigten der H zum unbefristeten Streik auf. Zugleich macht sich die IG Metall in Flugblättern und der gemeinsam mit dem Betriebsrat herausgegebenen Werkszeitung für den Standorterhalt stark. Aufgrund dieses Streiks entstehen Produktionsausfälle und Lieferengpässe. Einige Druckmaschinen, die nur mit Verspätung gefertigt werden können, müssen zur Einhaltung der mit dem Kunden vereinbarten Lieferfristen mit Luftfracht versendet werden, was gegenüber der ansonsten möglichen Seefracht Mehrkosten i.H.v. 50000 Euro verursacht.

1. Der Vorstand der H verlangt von der IG Metall Schadensersatz i.H.v. 50 000 Euro. Mit Recht?
2. Dem seit vielen Jahren bei H tätigen Arbeitnehmer A, der sich bei der Organisation des Streiks erkennbar hervortut, wird ohne Anhörung des Betriebsrats (i.Ü. formell einwandfrei) als „Rädelsführer" des für unzulässig angesehenen Streiks unter Einhaltung der Kündigungsfrist gekündigt, um den Streik möglichst schnell zu beenden. Kann A sich mit Erfolg gegen die Kündigung wehren?

Gliederung

Lösung

Frage 1: Ansprüche der H gegen die IG Metall auf Schadensersatz

I. Anspruch aus § 280 Abs. 1 S. 1 BGB

1 H könnte von der IG Metall aus § 280 Abs. 1 S. 1 BGB Schadensersatz i. H. v. 50000 Euro für die durch den Streik verursachten Mehrkosten bei der Versendung der Druckmaschinen verlangen.

1. Bestehen eines Schuldverhältnisses

2 Der Anspruch aus § 280 Abs. 1 BGB setzt zunächst ein zwischen den Beteiligten bestehendes Schuldverhältnis voraus. Dies könnte hier die tarifvertragliche Friedenspflicht sein.

a) Begriff der Friedenspflicht

3 Jedem Tarifvertrag wohnt die schuldrechtliche Verpflichtung der Tarifvertragsparteien inne, während der Laufzeit des Tarifvertrages Arbeitskampfmaßnahmen über im Tarifvertrag enthaltene Angelegenheiten zu unterlassen.[1] Diese sog. relative Friedenspflicht verbietet die kampfweise Durchsetzung von Forderungen, deren Gegenstand inhaltlich im Tarifvertrag bereits geregelt ist oder die mit bereits geregelten Fragen dergestalt in sachlichem Zusammenhang stehen, dass ihre Erfüllung die wirtschaftliche Ausgewogenheit der in dem bisherigen Tarifvertrag festgelegten Bedingungen verändert.[2]

---

[1] *Kissel*, § 26 Rn. 1 ff.; BAG vom 27.6.1989 – 1 AZR 404/88, NZA 1989, 969 (= AP Nr. 113 zu Art. 9 GG – Arbeitskampf); BAG vom 21.12.1982 – 1 AZR 411/80, AP Nr. 76 zu Art. 9 GG – Arbeitskampf.

[2] Eine absolute Friedenspflicht des Inhaltes, jeglichen Arbeitskampf ohne Rücksicht auf das mit ihm verfolgte Ziel zu unterlassen, besteht nur bei ausdrücklicher Vereinbarung; eine solche liegt hier nicht vor.

b) Verstoß der Friedenspflicht des deutschen Arbeitskampfrechts gegen die Europäische Sozialcharta (ESC)?

Die Friedenspflicht des deutschen Arbeitskampfrechts könnte aber – wie andere **4** Einschränkungen des Streikrechts auch (insbesondere das Erfordernis eines gewerkschaftsgetragenen Streiks[3]) – gegen die Europäische Sozialcharta verstoßen. Diese, für die Bundesrepublik Deutschland 1965 in Kraft getreten,[4] enthält die wirtschaftlichen und sozialen Grundrechte der Mitgliedstaaten des Europarates. Teil II Art. 6 Nr. 4 ESC normiert eine ausdrückliche „Anerkennung des Rechts der Arbeitnehmer und der Arbeitgeber auf kollektive Maßnahmen einschließlich des Streikrechts im Falle von Interessenkonflikten, vorbehaltlich etwaiger Verpflichtungen aus geltenden Gesamtarbeitsverträgen".

Fraglich ist, ob die genannte Vorschrift von deutschen Gerichten unmittelbar an- **5** zuwenden ist. Ein Teil der Literatur sieht diese Norm unter Berufung auf das Wort „anerkennen" als geltendes innerstaatliches Recht an.[5] Nach Auffassung des BAG handelt es sich hingegen bei der Europäischen Sozialcharta um eine (transformationsbedürftige) völkerrechtliche Verpflichtung der Bundesrepublik Deutschland, die die Gerichte beachten müssen, wenn sie Gesetzeslücken anhand von Wertentscheidungen der Verfassung ausfüllen; die Europäische Sozialcharta ist danach lediglich als Auslegungshilfe heranzuziehen.[6] Einzelne können sich jedoch nicht unmittelbar darauf berufen, eine unmittelbare Anwendung durch die Gerichte scheidet aus.[7] Die Frage kann hier aber dahinstehen, da selbst bei Annahme der unmittelbaren Anwendbarkeit kein Verstoß gegen die Europäische Sozialcharta festgestellt werden kann. Denn bei der tariflichen Friedenspflicht handelt es sich jedenfalls um eine Verpflichtung aus einem Gesamtarbeitsvertrag i.S.d. Vorschrift, so dass der ausdrückliche Vorbehalt zur Anwendung kommt.[8]

c) Umfang der Friedenspflicht

Die Friedenspflicht bindet nur die vertragsschließenden Tarifparteien, im Falle des **6** Branchentarifvertrages – wie hier – aber nicht das tarifgebundene Unternehmen. Dennoch kann sich das einzelne tarifgebundene Unternehmen auf eine Verletzung der Friedenspflicht berufen, denn der Tarifvertrag ist in seinem schuldrechtlichen Teil ein Vertrag zugunsten Dritter; die Friedenspflicht ist daher für die Mitglieder der Tarifparteien drittschützend.[9] Das verbandsangehörige Unternehmen ist daher durch die sich aus dem Verbandstarifvertrag ergebende Friedenspflicht gegen einen

---

3 Ein nichtgewerkschaftlicher, sog. wilder Streik ist immer rechtswidrig. Grundlegend BAG vom 20.12.1963 – 1 AZR 428/62, BAGE 15, 174, 194; seitdem st. Rspr.

4 Einzelheiten bei *Kissel*, § 20 Rn. 5 ff.

5 Vgl. dazu die Nachweise bei *Otto*, § 4 Rn. 55.

6 BAG vom 10.12.2002 – 1 AZR 96/02, NZA 2003, 734, 739, nachdem zuvor von BAG vom 12.9.1984 – 1 AZR 342/83, NZA 1984, 393, 398 diese Frage noch offen gelassen worden war. Vgl. zum Ganzen auch *Kissel*, § 20 Rn. 13 ff.

7 BVerwG vom 18.12.1992 – 7 C 12/92, BVerwGE 91, 327, 330 f.; *Otto*, § 4 Rn. 55 m.w.N. auch zur Gegenmeinung.

8 BAG vom 19.6.2007 – 1 AZR 396/06, NZA 2007, 1055, 1057; BAG vom 10.12.2002 – 1 AZR 96/02, NZA 2003, 734, 739.

9 BAG vom 31.10.1958 – 1 AZR 632/57, AP Nr. 2 zu § 1 TVG – Friedenspflicht; *Kissel*, § 26 Rn. 51; *Löwisch/Rieble*, § 1 Rn. 1026.

Streik geschützt, der auf den Abschluss von Firmen- oder firmenbezogenen Verbandstarifverträgen über dieselbe Regelungsmaterie gerichtet ist.[10]

7   Mit der tarifvertraglichen Friedenspflicht besteht daher ein Schuldverhältnis zwischen H und der IG Metall.

2. Verletzung einer schuldvertraglichen Pflicht

8   Die von der IG Metall erhobenen Forderungen könnten eine Verletzung der Friedenspflicht darstellen:

a) Neuregelung der Kündigungsfristen

9   Die bestehenden tariflichen Regeln zu den arbeitsvertraglichen Kündigungsfristen sind von der Gewerkschaft gekündigt worden. Zwar ist grundsätzlich eine Teilkündigung eines Tarifvertrages nicht möglich, da ein Tarifvertrag ein einheitliches und in seinen Teilen aufeinander abgestimmtes Regelwerk darstellt.[11] Die Tarifvertragsparteien können aber, wie hier, die Möglichkeit der Teilkündigung ausdrücklich vorsehen.[12] Danach ist die Teilkündigung wirksam erfolgt. Sie ist auch nicht rechtsmissbräuchlich und damit gemäß § 242 BGB unwirksam, denn selbst wenn sie allein zu dem Zweck erklärt worden sein sollte, aus arbeitskampftaktischen Gründen die bestehende Friedenspflicht zu beseitigen, ohne die gekündigten Regelungen wirklich ersetzen zu wollen, ist ein solches Verhalten von Art. 9 Abs. 3 GG gedeckt.[13]

10 Zwar wirken die gekündigten Bestimmungen nach § 4 Abs. 5 TVG nach, nachwirkende Normen sind aber von der Friedenspflicht nicht mehr erfasst.[14]

b) Übrige Forderungen

11 Der Gegenstand der übrigen Forderungen ist tariflich noch nicht geregelt, insofern wurde die Friedenspflicht nicht verletzt.

c) Friedenspflicht aufgrund laufender Verhandlungen?

12 Die Friedenspflicht könnte aber deswegen verletzt sein, weil die Tarifvertragsparteien gerade Verhandlungen über einen Flächentarifvertrag mit zumindest teilweise gleichem Gegenstand (Neufassung der Kündigungsfristen) führen. Die Friedenspflicht aus dem gekündigten Tarifvertrag ist jedoch mit Wirksamwerden der Kündigung entfallen, die Friedenspflicht aus einer neuen tariflichen Vereinbarung entsteht erst mit Abschluss dieses Tarifvertrages. Zudem schließen Verhandlungen auf Flächentarifvertragsebene nicht Streiks zur Erzwingung eines firmenbezogenen Verbandstarifvertrages aus.[15]

---

[10] BAG vom 10.12.2002 – 1 AZR 96/02, NZA 2003, 734, 738.

[11] *Löwisch/Rieble,* § 1 Rn. 1385.

[12] Allgemeine Meinung, vgl. nur *Löwisch/Rieble,* § 1 Rn. 1386. Streitig ist, ob die Teilkündigung auch ohne entsprechende tarifvertragliche Regelung zulässig ist; offen gelassen in BAG vom 3.5.2006 – 4 AZR 795/05, NZA 2006, 1125 ff.

[13] BAG vom 24.4.2007 – 1 AZR 252/06, NZA 2007, 987, 998.

[14] *Otto,* § 7 Rn. 10.

[15] Unzulässig ist aber der Streik gegen einen verbandsangehörigen Arbeitgeber mit dem Ziel, einen Firmentarifvertrag abzuschließen, wenn der geltende (ungekündigte!) Verbandstarifvertrag inhaltlich bereits eine Regelung enthält, die mit der angestrebten in einem inneren Zusammenhang steht, BAG vom 10.12.2002 – 1 AZR 96/02, NZA 2003, 734, 738.

3. Ergebnis

Die Friedenspflicht als schuldrechtliche Pflicht wurde nicht verletzt. Somit besteht **13** kein Schadensersatzanspruch aus § 280 Abs. 1 S. 1 BGB.

II. Anspruch aus §§ 823 Abs. 1, 31 BGB

Der H könnte gegen die IG Metall jedoch ein deliktischer Schadensersatzanspruch **14** aus §§ 823 Abs. 1, 31 BGB zustehen.

1. Anwendbarkeit des § 31 BGB

§ 31 BGB, der die Haftung eines Vereins für zum Schadensersatz verpflichtende **15** Handlungen eines Organs regelt, setzt nach seinem Wortlaut einen rechtsfähigen Verein voraus; die IG Metall ist jedoch als nicht rechtsfähiger Verein verfasst. Der Hintergrund ist ein historischer: die preußische Verwaltung wollte vor allem politische Parteien und Gewerkschaften zur Eintragung verleiten und damit unter staatliche Kontrolle bringen. Um sich dieser Kontrolle nicht zu unterwerfen, verzichteten die Gewerkschaften bei ihrer Gründung auf eine Eintragung.[16] Aus historischen Gründen haben dies die meisten Gewerkschaften beibehalten.[17] Nach ständiger Rechtsprechung[18] ist aber § 31 BGB auf den nicht rechtsfähigen Idealverein und damit auch auf Gewerkschaften analog anwendbar.[19]

2. Organ

Der Bezirksleiter ist nach der Satzung der IG Metall „Beauftragter des Vorstandes" **16** und damit ein verfassungsmäßig berufener Vertreter (ebenso wie der örtliche Streikleiter); er unterfällt daher dem Anwendungsbereich des § 31 BGB.

3. Verletztes Recht

Als verletztes Recht kommt hier das Recht des Betriebsinhabers am eingerichteten **17** und ausgeübten Gewerbebetrieb nach Art. 14 Abs. 1 GG in Betracht. Dieses ist als sonstiges Recht Schutzgut i.S.d. § 823 Abs. 1 BGB und damit deliktsrechtlich geschützt.[20] Verletzt wird das Recht am eingerichteten und ausgeübten Gewerbebetrieb unter anderem durch rechtswidrige Arbeitskampfmaßnahmen.[21] Voraussetzung der Eröffnung des Schutzbereiches ist ein betriebsbezogener Eingriff als unmittelbare Beeinträchtigung des Betriebs. Das Bestreiken der Druckmaschinenproduktion stellt einen unmittelbaren und betriebsbezogenen Eingriff dar, denn Betriebsablaufstörungen sind gerade ihr Ziel. Das Recht am eingerichteten und ausgeübten Gewerbebetrieb wurde daher hier verletzt.

---

[16] Näheres bei *Kittner,* S. 271 ff.

[17] Dagegen sind beispielsweise ver.di oder der Marburger Bund als neu gegründete Gewerkschaften eingetragene Vereine.

[18] BAG vom 21.6.1988 – 1 AZR 651/86, NZA 1988, 846, 850; BGH vom 6.10.1964 – VI ZR 176/63, BGHZ 42, 210, 216; BGH vom 11.7.1968 – VII ZR 63/66, BGHZ 50, 325, 329.

[19] Bamberger/Roth/*Schöpflin,* § 31 BGB Rn. 3: „Für eine entsprechende Anwendung des § 31 und damit eine Zurechnung von schadensersatzpflichtigem Verhalten ist ausschlaggebend, ob die Person für ein Sondervermögen organschaftlich handelt."

[20] St. Rspr. seit BAG vom 4.5.1955 – 1 AZR 493/54, AP Nr. 2 zu Art. 9 GG – Arbeitskampf.

[21] Palandt/*Sprau,* § 823, Rn. 126 ff.

4. Rechtswidrigkeit

18 Die Verletzung muss rechtswidrig sein. Dies ist dann der Fall, wenn der Arbeitskampf rechtswidrig war. Die Rechtmäßigkeit eines Streiks beurteilt sich nach folgenden Kriterien:

a) Tariflich regelbares Ziel

19 Ein rechtmäßiger Arbeitskampf setzt voraus, dass er um einen Gegenstand geführt wird, der gemäß § 1 Abs. 1 TVG tariflich regelbar ist.[22] Dabei sind die unterschiedlichen Forderungen der Gewerkschaft zu betrachten, wobei bereits ein rechtswidriges Kampfziel auch bei i. Ü. zulässigen weiteren Kampfzielen den gesamten Arbeitskampf rechtswidrig macht:[23] Denn es handelt sich nicht um mehrere Arbeitskämpfe um einzelne Tarifziele, sondern um einen Arbeitskampf für einen einheitlichen Tarifvertrag.

aa) Standorterhalt

20 Die Frage des Standortes ist kein tariflich regelbares Ziel, sondern liegt allein in der Entscheidungsmacht des Arbeitgebers. Ein darauf gerichteter Streik („ob" der Verlagerung) wäre als unzulässiger Eingriff in den durch Art. 12 Abs. 1 GG geschützten Bereich der Unternehmensautonomie[24] rechtswidrig.[25] Fraglich ist jedoch, ob hier eine solche Forderung erhoben wurde.

21 Entscheidend ist dabei allein auf den gewerkschaftlichen Streikbeschluss abzustellen. Mangels anderer Informationen ist hier davon auszugehen, dass er bzgl. des Kampfzieles inhaltlich dem Schreiben an den Arbeitgeberverband entsprach. Dort wurde die Forderung nach Standorterhalt aber nicht erhoben. Andere Äußerungen zur Thematik, wie z.B. in der Werkszeitung und in Flugblättern, sind – jedenfalls nach bisheriger Auffassung des BAG – unmaßgeblich und ohne Einfluss auf den durch den Streikbeschluss festgelegten Forderungskatalog.[26] Daher ist davon auszugehen, dass die (rechtswidrige) Forderung nach einem Standorterhalt nicht Gegenstand des Arbeitskampfes war.[27]

---

[22] St. Rspr., zuletzt BAG vom 10.12.2002 – 1 AZR 96/02, NZA 2003, 734, 740.

[23] *Kissel,* § 24 Rn. 11 („Rühreitheorie"); *Otto,* § 5 Rn. 25; *Willemsen/Mehrens,* NZA 2013, 1400, 1402. In diese Richtung auch BAG vom 4.5.1955 – 1 AZR 493/54, AP Nr. 2 zu Art. 9 GG – Arbeitskampf; BAG vom 27.6.1989 – 1 AZR 404/88, NZA 1989, 969 (= AP Nr. 113 zu Art. 9 GG – Arbeitskampf); BAG vom 10.12.2002 – 1 AZR 96/02, NZA 2003, 734, 741 (jedenfalls bei Hauptforderungen).

[24] *Höfling,* ZfA 2008, 1, 20 f. mit umfangreichen Nachweisen.

[25] LAG Hamm vom 31.5.2000 – 18a Sa 858/00, NZA-RR 2000, 535; *Gamillscheg,* Bd. 1, S. 339; *Nicolai,* SAE 2004, 240, 241; *Reichold,* BB 2004, 2814, 2816; a. A. *Kühling/Bertelsmann,* NZA 2005, 1017, 1021 ff.

[26] BAG vom 24.4.2007 – 1 AZR 252/06, NZA 2007, 987, 997; abl. *Gaul,* RdA 2008, 13, 19. Ist der Streikbeschluss allerdings *inhaltlich* eindeutig, kann er der Arbeitgeberseite auch über die Medien mitgeteilt werden: BAG vom 23.10.1996 – 1 AZR 269/96, NZA 1997, 397 (= AP Nr. 146 zu Art. 9 GG – Arbeitskampf).

[27] Anders jetzt die im Verfahren des einstweiligen Rechtsschutzes ergangene Entscheidung des LAG Hessen vom 9.9.2015 – 9 SaGa 1082/15, BeckRS 2015, 71474: das Gericht untersagte den von der Vereinigung Cockpit getragenen Streik der Lufthansapiloten, da die Gewerkschaft als wesentliches Streikziel nicht wie im formellen Streikbeschluss festgestellt die Verbesserung der tariflichen Altersversorgung, sondern in Wirklichkeit die Verhinderung der unternehmerischen Neuausrichtung der Konzernstruktur und damit ein tariflich nicht regelbares Ziel erreichen wollte. Die weitere Entwicklung der Rechtsprechung bleibt hier abzuwarten.

bb) Verlängerte Kündigungsfristen

Kündigungsfristen sind als Beendigungsnormen gem. § 1 Abs. 1 TVG tariflich re- **22** gelbar (vgl. auch § 622 Abs. 4 BGB). Die Länge der Fristen könnte hier aber zum Leerlaufen der grundrechtlich durch Art. 12 Abs. 1 GG geschützten Unternehmensautonomie führen. Der Kernbereich der Unternehmensautonomie (Entscheidung über Betriebsschließung, -veräußerung, -verlagerung, Personalabbau, Investitionen, Strukturen etc.) ist unantastbar. Diesen Kernbereich einschränkende Maßnahmen sind rechtswidrig. Somit stehen sich hier Art. 12 Abs. 1 GG auf der einen und Art. 9 Abs. 3 GG auf der anderen Seite gegenüber; der Ausgleich ist im Wege der praktischen Konkordanz zu suchen.

Für die Rechtswidrigkeit der Forderung nach solchen extrem langen Kündigungsfris- **23** ten ließe sich die Rechtsprechung des BAG zur Kündigung tarifvertraglich Unkündbarer anführen.[28] Demnach sind Kündigungsbeschränkungen, die den Arbeitgeber verpflichten, ein unzumutbares Arbeitsverhältnis aufrecht zu erhalten, verfassungswidrig. Im konkreten Fall hielt es das BAG für unzumutbar, einen Arbeitnehmer noch für fünf Jahre bezahlen zu müssen, obwohl es keinerlei Verwendung mehr für seine Arbeitskraft gab, und ließ eine außerordentliche Kündigung mit sozialer Auslauffrist zu. Wenn dies schon bei der Kündigung nur eines Arbeitsverhältnisses gelte, müsse dieser Grundsatz erst Recht Anwendung finden, wenn es um die betriebsbedingte Kündigung einer Vielzahl von Arbeitsverhältnissen gehe.[29] Zudem wird im Schrifttum darauf hingewiesen, dass Tarifforderungen den gleichen Maßstäben unterlägen wie Tarifverträge. Eine Tarifforderung müsse so gestellt sein, dass die Gegenseite mit einem bloßen „Ja" den Tarifvertrag zustande kommen lassen könnte. Sei aber schon eine Forderung rechtswidrig mit der Folge, dass ein entsprechender Tarifvertrag rechtswidrig wäre, dann sei der ganze Arbeitskampf rechtswidrig.[30]

Die Rechtsprechung stellt demgegenüber nur auf die Tarifforderung ab, nicht aber **24** auf einen möglichen, darauf beruhenden Tarifvertrag. Das Aufstellen von Maximalforderungen sei in Tarifverhandlungen üblich. Entscheidend sei allein, was im Verhandlungswege herauskomme. Der Arbeitskampf sei nur rechtswidrig, wenn qualitativ unzulässige Forderungen erhoben würden, d.h. bei einem auf ein tariflich nicht regelbares Ziel gerichteten Streik. Auf tariflich regelbare Gegenstände gerichtete Streikforderungen unterlägen keiner gerichtlichen Übermaßkontrolle, dies sei als Tarifzensur durch die Gerichte ein Verstoß gegen Art. 9 Abs. 3 GG. Eine Übermaßkontrolle der Forderung sei auch nicht zum Schutz der Grundrechte des Koalitionspartners geboten, da von der bloßen Forderung als solcher noch keine den Gegner beeinträchtigende Wirkung ausgehe. Die Rechtskontrolle liefe auf die Prüfung einer nur potentiellen Norm in Unkenntnis ihrer späteren Konkretisierung hinaus. Die Grenze sei erst bei einem auf wirtschaftliche Existenzvernichtung des Gegners gerichteten Streik erreicht. Demnach ist auf der Grundlage der BAG-Rechtsprechung hier die Forderung nach verlängerten Kündigungsfristen rechtmäßig.[31]

---

[28] BAG vom 5.2.1998 – 2 AZR 227/97, NZA 1998, 771.
[29] *Nicolai*, SAE 2004, 240, 243; weitergehend *Löwisch*, BB 1998, 877, 880f., dass der vollständige Ausschluss betriebsbedingter Kündigungen verfassungsrechtlich nicht zulässig sei.
[30] *Bauer/Krieger*, NZA 2004, 1019, 1022; vgl. zum Ganzen auch *Brox/Rüthers*, § 8 Rn. 138ff.
[31] BAG vom 24.4.2007 – 1 AZR 252/06, NZA 2007, 987, 996f.

cc) Abfindungszahlungen

25 Regelungen zu Abfindungszahlungen sind Beendigungsnormen gemäß § 1 Abs. 1 TVG und damit einem Tarifvertrag zugänglich.

dd) Sperrwirkung der §§ 111 ff. BetrVG

26 Bei der Schließung des Werkes und der Verlagerung der Produktion handelt es sich um eine Betriebsänderung gemäß § 111 S. 3 Nrn. 1 und 2 BetrVG.[32] Der tariflichen Regelbarkeit der erhobenen Forderungen könnte dann aber entgegenstehen, dass die §§ 111 ff. BetrVG für die hier vorliegende Situation der Betriebsänderung bereits detaillierte Regelungen enthalten und die dort vorgesehenen Instrumente zur Milderung sozialer Nachteile für die Arbeitnehmer (Interessenausgleich, Sozialplan) abschließend sind.

27 Für eine Sperrwirkung sprechen folgende Argumente: Der Vorrang des Tarifvertrages würde dazu führen, dass sinnvolle Verhandlungen über den vom Betriebsverfassungsgesetz eigentlich vorgesehenen Sozialplan letztlich unmöglich würden, da erst nach Abschluss des Tarifvertrag klar wäre, was im Sozialplan noch vereinbart werden kann. Letztlich wäre sogar eine vollständige Ersetzung möglich, oder im Sozialplan würde durch die Gewerkschaft das auch noch durchgesetzt, was im Tarifvertrag nicht durchgesetzt werden konnte.[33] Ein betrieblicher Sozialplan ist für Arbeitnehmer vorteilhafter: zum einen ist der Betriebsrat sachnäher als die Gewerkschaft. Zudem hat nur der betriebliche Sozialplan die Wirkung einer Betriebsvereinbarung (§ 112 Abs. 1 S. 3 BetrVG) und wirkt damit zwingend und unmittelbar auf alle Arbeitsverhältnisse, der Tarifvertrag dagegen nur auf diejenigen der Tarifgebundenen, was eine Ungleichbehandlung der von der Betriebsänderung gleichermaßen betroffenen Arbeitnehmer darstellt.[34] Beteiligungsrechte des Betriebsrats können zum anderen durch Tarifvertrag nicht eingeschränkt werden; ein freiwilliger Verzicht des Betriebsrats ist unbeachtlich, weil es sich bei den gesetzlichen Mitbestimmungsrechten um unverzichtbare Rechte handelt.[35] Der Tarifsozialplan belässt dem Sozialplan aber letztlich keinen Regelungsbereich mehr; der Betriebsrat würde in einem gesetzlich zwingend vorgeschriebenen Verfahren funktionslos gestellt.[36] Die faktische Entwertung der Mitbestimmung wäre aber genauso unzulässig wie eine ausdrückliche Beschränkung.

28 Das BAG[37] und mit ihm ein Teil des Schrifttums lehnen eine solche Sperrwirkung der §§ 111 ff. BetrVG für die Regelungskompetenz der Tarifvertragsparteien jedoch ab. § 112 Abs. 1 S. 4 BetrVG zeige, dass dem Gesetzgeber das Nebeneinander betrieblicher und tariflicher Regeln im Gegenstandsbereich eines Sozialplans bewusst war; gleichwohl habe er keine Kollisionsregel geschaffen. Daher seien ein Tarifvertrag, der ohne Weiteres nur für Organisierte gelte, und ein Sozialplan, der für alle

---

[32] Siehe ausführlich dazu Fall 4 Rn. 75 ff.

[33] *Nicolai,* RdA 2006, 33 f.; *Rolfs/Clemens,* NZA 2004, 410, 414 f.

[34] *Nicolai,* RdA 2006, 33, 35.

[35] BAG vom 26.4.2005 – 1 AZR 76/04, NZA 2005, 892; BAG vom 14.11.2006 – 1 ABR 4/06, NZA 2007, 399, 403; *Gamillscheg,* Bd. 1, S. 155.

[36] LAG Hamm vom 31.5.2000 – 18a Sa 858/00, NZA-RR 2000, 535, 537; *Lieb,* DB 1999, 2058, 2067 f.

[37] BAG vom 6.12.2006 – 4 AZR 798/05, NZA 2007, 821, 824 und BAG vom 24.4.2007 – 1 AZR 252/06, NZA 2007, 987, 995.

Arbeitnehmer gelte, nebeneinander möglich. Die Konkurrenz sei ggf. nach dem Günstigkeitsprinzip zu lösen. Eine Besserstellung der Gewerkschaftsmitglieder gegenüber den Nichtorganisierten sei dem geltenden Tarifrecht systemimmanent.[38] Tarif- und Betriebsverfassungsrecht seien unterschiedliche Systeme, die jeweils eigenen Regeln unterlägen. Daher wäre eine Einschränkung der Regelungsbefugnis der Tarifvertragsparteien durch das BetrVG systemfremd; für eine solche Einschränkung der grundgesetzlich geschützten Tarifautonomie gebe es keine Rechtsgrundlage, im Gegenteil, § 2 Abs. 3 BetrVG besage ausdrücklich, dass die Aufgaben der Koalitionen durch das Betriebsverfassungsgesetz nicht berührt werden.[39] Daher ist auf der Grundlage der höchstrichterlichen Rechtsprechung davon auszugehen, dass die tarifliche Regelbarkeit trotz der §§ 111 ff. BetrVG gegeben ist, diese betriebsverfassungsrechtlichen Normen also keine Sperrwirkung für tarifliche Regelungen entfalten.

ee) Zwischenergebnis

Der Arbeitskampf ist auf tariflich regelbare Ziele gerichtet.   **29**

b) Friedenspflicht

Die Friedenspflicht ist nicht verletzt (siehe oben Rn. 8 ff.).   **30**

c) Arbeitskampf zwischen Tarifvertragsparteien; Erstreikbarkeit eines firmenbezogenen Verbandstarifvertrages?

Die Rechtmäßigkeit eines Arbeitskampfes setzt weiter voraus, dass es sich bei den **31** daran Beteiligten um tariffähige Vereinigungen (§ 2 TVG) handelt und diese die Befugnis zum Abschluss des umkämpften Tarifvertrages besitzen. Formal handelt es sich hier um einen Arbeitskampf gegen den Arbeitgeberverband. Allerdings geht es allein um einen firmenbezogenen Verbandstarifvertrag (nicht um einen Firmentarifvertrag), also einen Tarifvertrag, der zwar mit dem Arbeitgeberverband abgeschlossen wird, aber letztlich nur auf einen einzigen Arbeitgeber anwendbar sein soll.

Fraglich ist, ob der Verband einen solchen, auf nur ein einziges Mitgliedsunternehmen **32** beschränkten Tarifvertrag überhaupt schließen kann. Dem könnte zum einen die Betätigungsfreiheit des einzelnen Arbeitgebers entgegenstehen (Art. 9 Abs. 3, 12 GG); zum anderen könnte der vereinsrechtliche Gleichheitssatz verletzt sein.

In der Literatur wird geltend gemacht, dass dem Verband die Legitimation fehle, **33** einen gegen den Willen des alleinigen betroffenen Unternehmens gerichteten Tarifvertrag zu schließen, da dies dem Zweck des Art. 9 Abs. 3 GG geradezu entgegenstehe. Ein solches Legitimationsdefizit im Innenverhältnis habe auch Außenwirkung.[40] Dem ist jedoch entgegenzuhalten, dass die Tarifvertragsparteien in Ausübung ihrer Tarifautonomie selbst über den Geltungsbereich der von ihnen geschlossenen Tarifverträge bestimmen können. Der einzelne Arbeitgeber wird in

---

38 *Fischinger*, NZA 2007, 310, 312; a.A. *Lobinger*, Arbeitskämpfe und Standortschließungen und -verlagerungen, ZAAR-Schriftenreihe, Bd. 2, 2005, Rn. 51; *Schiefer/Worzalla*, DB 2006, 46, 47.

39 *Kühling/Bertelsmann*, NZA 2005, 1017, 1019; abw. *Franzen*, Kampfverbot für einzelne Tarifinhalte?, in: Zukunft des Arbeitskampfes – 1. Ludwigsburger Rechtsgespräch, 2005, Rn. 29 f., der eine Parallele zu den tariflich nicht regelbaren personellen Maßnahmen i. S. d. §§ 93–95 BetrVG zieht.

40 *Höfling*, ZfA 2008, 1, 13 ff.; *Lobinger*, RdA 2006, 12, 20 f.

seiner grundrechtlich garantierten Betätigungsfreiheit nicht beeinträchtigt, denn er hat sich durch seinen Beitritt zum Arbeitgeberverband dessen Tarifvertragsabschlusskompetenz auch für Firmentarifverträge unterworfen.[41]

34 Im Abschluss eines solchen nur für ein einziges Mitgliedsunternehmen geltenden Tarifvertrages liegt auch kein die Unwirksamkeit herbeiführender Verstoß gegen den vereinsrechtlichen Gleichbehandlungsgrundsatz, da dieser lediglich Vereinsbinnenrecht ist ohne Außenwirkung; auch ein gegen die Satzung des Arbeitgeberverbandes verstoßender Tarifvertrag ist wirksam.[42]

35 Ein solcher Tarifvertrag ist auch erstreikbar: Aus Art. 9 Abs. 3 GG folgt nicht, dass Gewerkschaften nur Tarifverträge fordern könnten, die für alle Verbandsmitglieder gelten sollen. Die kollektive Betätigungsfreiheit des Arbeitgeberverbandes ist erst verletzt, wenn der Streik gerade darauf gerichtet ist, das Unternehmen zur Aufgabe seiner Verbandsmitgliedschaft zu bewegen[43] (was hier nicht der Fall ist). Die individuelle Koalitionsfreiheit des Unternehmens ist auch nicht verletzt: gilt dies schon beim Firmentarifvertrag,[44] dann erst recht beim firmenbezogenen Verbandstarifvertrag.[45]

d) Verhältnismäßigkeit *(ultima ratio)*

36 Arbeitskampfmaßnahmen dürfen erst ergriffen werden, wenn ohne sie ein Tarifabschluss im Verhandlungswege nicht zu erwirken ist; sie stehen unter dem Gebot der Verhältnismäßigkeit.[46] Hier werden parallel gerade Verhandlungen auf Flächentarifebene geführt. Damit könnte die Gewerkschaft verpflichtet sein, zur Erstreikung eines firmenbezogenen Verbandstarifvertrages erst einmal abzuwarten, bis die parallel geführten Verhandlungen auf Flächentarifebene gescheitert sind.

37 Das BAG hat eine solche Verpflichtung jedoch verneint. Verhandlungen alleine begründeten weder eine Friedenspflicht noch eine vorvertragliche Verpflichtung und Selbstbindung der Tarifvertragsparteien, den betreffenden Gegenstand ausschließlich im Rahmen eines Flächentarifvertrages zu regeln. Aus der Bereitschaft zu Verhandlungen über die Regelung einer Materie im Flächentarifvertrag folge nicht, dass der Arbeitgeberverband bereit wäre, auch über die nur für ein bestimmtes Mitglied geforderten Sonderregeln mit Wirkung für alle seine Mitglieder zu verhandeln, und deshalb der Streik für einen firmenbezogenen Verbandstarifvertrag nicht mehr erforderlich wäre.[47] Auf dieser Grundlage ist der Streik daher nicht als unverhältnismäßig anzusehen, da der Arbeitgeberverband den Abschluss des geforderten Tarifvertrages abgelehnt hat.

e) Arbeitskampfparität

38 Die dem Tarifvertrag innewohnende Richtigkeitsgewähr des Tarifvertrages setzt ein Gleichgewicht der Verhandlungspartner voraus; dadurch soll sicherstellt werden,

---

[41] *Kissel*, § 26 Rn. 135.
[42] BAG vom 10.12.2002 – 1 AZR 96/02, NZA 2003, 734, 737.
[43] BAG vom 10.12.2002 – 1 AZR 96/02, NZA 2003, 734, 738.
[44] BAG vom 10.12.2002 – 1 AZR 96/02, NZA 2003, 734.
[45] BAG vom 24.4.2007 – 1 AZR 252/06, NZA 2007, 987, 992 f.
[46] BAG vom 21.4.1971 – GS 1/68, AP Nr. 43 zu Art. 9 GG – Arbeitskampf.
[47] BAG vom 24.4.2007 – 1 AZR 252/06, NZA 2007, 987, 993.

dass möglichst gleiche Verhandlungschancen bestehen und nicht eine Seite der anderen ihren Willen aufzwingen kann (Arbeitskampfparität).[48]

aa) Schwächung der Solidarität der Verbandsmitglieder

Die Parität könnte aber dadurch gestört sein, dass die durch firmenbezogene Verbandstarifverträge gebundenen Mitgliedsunternehmen an der Abwehr einer später durch die Gewerkschaft angestrebten Regelung in einem Flächentarifvertrag kein Interesse mehr hätten. Die Gewerkschaft könnte also in der Fläche ihre Forderungen leichter durchsetzen, je mehr Unternehmen bereits durch firmenbezogene Verbandstarifverträge gebunden sind. **39**

Das BAG nimmt hier jedoch keine Störung der Kampfparität an, da zum einen die befürchtete Abnahme der Solidarität nicht den Arbeitskampf um den hier vorliegenden Tarifsozialplan, sondern allenfalls den (möglicherweise später stattfindenden) Arbeitskampf um den Flächentarifvertrag betreffe, zum anderen die Solidarisierung und Mobilisierung der Mitglieder im Falle eines Arbeitskampfes Sache des Verbandes sei und außerhalb der Verantwortung der staatlichen Gerichte liege.[49] **40**

bb) Störung der Kampfparität durch tariflichen Sozialplan

Im konkreten Fall des Arbeitskampfes um einen tariflichen Sozialplan könnte die Kampfparität gleichwohl gestört sein. Denn der betriebliche Sozialplan ist gemäß § 112 Abs. 4 BetrVG auf jeden Fall erzwingbar. Insofern stellt sich die Situation anders dar als bei normalen Tarifverhandlungen: Dort kann der Arbeitgeber die gewerkschaftlichen Forderungen ablehnen und versuchen, den Arbeitskampf zu gewinnen; hier ist aber die Forderung auf jeden Fall spätestens über den Weg des betrieblichen Sozialplans erzwingbar. Der Arbeitgeber kann also einer Regelung letztlich nicht entgehen[50] („der Arbeitgeber wird von zwei Seiten in die Zange genommen"). Daraus lässt sich der Schluss ziehen, dass sich der Gesetzgeber – wenn schon nicht gegen den Sozialtarifvertrag insgesamt – mit der Normierung des betriebsverfassungsrechtlichen Einigungsstellenverfahrens aber jedenfalls gegen das Mittel des Arbeitskampfes entschieden hat, soweit es um die Durchsetzung von Sozialplaninhalten geht.[51] **41**

Die Rechtsprechung sieht darin jedoch keine Störung der Arbeitskampfparität. Das Verhandlungsgleichgewicht werde nicht strukturell zu Lasten des Verbandes verschoben, seine Verteidigungsmöglichkeiten würden dadurch nicht berührt. Da der Streik um tarifliche Abfindungsansprüche wirtschaftlich betrachtet mit dem Ziel der Aufstockung betrieblich begründeter Ansprüche geführt werde und die Betriebsparteien durch entsprechende Regelungen im Sozialplan eine Kumulation der Ansprüche vermeiden könnten, vermöge sich die kampflose Erzwingbarkeit eines betrieblichen Sozialplanes sogar negativ auf die Streikwilligkeit der Arbeitnehmer **42**

---

48 BAG vom 21.4.1971 – GS 1/68, AP Nr. 43 zu Art. 9 GG – Arbeitskampf; BAG vom 10.6.1980 – 1 AZR 822/79, AP Nr. 64 zu Art. 9 GG – Arbeitskampf.

49 BAG vom 24.4.2007 – 1 AZR 252/06, NZA 2007, 987, 994.

50 *Nicolai*, RdA 2006, 33, 38 f.; *Schiefer/Worzalla*, DB 2006, 46, 49.

51 So auch *Bauer/Krieger*, NZA 2004, 1019, 1023; *Hohenstatt/Schramm*, DB 2004, 2214, 2216 ff.; *Willemsen/Stamer*, NZA 2007, 413, 414 f.

auszuwirken. Auf jeden Fall aber könne die Wahrung der Kampfparität zwar zu Einschränkungen der Mitbestimmungsrechte des Betriebsrats führen, aber sie könne nicht umgekehrt zur Beschränkung der verfassungsrechtlich geschützten Koalitionsfreiheit der Tarifvertragsparteien zugunsten des Betriebsrats führen. Daher müsse die Gewerkschaft mit dem Streik auch nicht abwarten, bis das betriebliche Sozialplanverfahren abgeschlossen sei, denn beide Möglichkeiten stünden unabhängig nebeneinander.[52]

43 Auf der Grundlage der Rechtsprechung des BAG[53] ist im vorliegenden Fall die Arbeitskampfparität nicht gestört.

f) Zwischenergebnis zur Rechtmäßigkeit des Streiks

44 Der Streik ist auf der Grundlage der höchstrichterlichen Rechtsprechung als rechtmäßig zu werten.[54]

5. Ergebnis

45 Ein Schadensersatzanspruch nach §§ 823 Abs. 1, 31 BGB ist nicht gegeben.[55]

III. Anspruch aus § 823 Abs. 2 BGB i. V. m. § 240 StGB

46 Ein Schadensersatzanspruch könnte sich aus § 823 Abs. 2 BGB ergeben, wenn der Streik eine Nötigung gemäß § 240 Abs. 1 und 2 StGB darstellt. Der rechtswidrige Streik kann strafrechtlich als Nötigung gewertet werden, da der Arbeitgeber durch die mit dem rechtswidrigen Streik verursachte Druckausübung und Schadenszufügung zu einem bestimmten Verhalten beim Tarifabschluss gezwungen werden soll.[56] Hier war der Streik aber rechtmäßig. Die Druckausübung war von der Rechtsordnung gebilligt und kann damit nicht die Voraussetzungen eines Straftatbestandes erfüllen.[57] Ein Anspruch aus § 823 Abs. 2 BGB, § 240 Abs. 1 StGB besteht daher nicht.

---

[52] BAG vom 24.4.2007 – 1 AZR 252/06, NZA 2007, 987, 996.

[53] BAG vom 24.4.2007 – 1 AZR 252/06, NZA 2007, 987; ebenso LAG Schleswig-Holstein vom 27.3.2003 – 5 Sa 137/03, NZA-RR 2003, 592; LAG Niedersachsen vom 2.6.2004 – 7 Sa 819/04, NZA-RR 2005, 200; LAG Hessen vom 2.2.2006 – 9 Sa 915/05, BeckRS 2006, 41396.

[54] Beachte aber LAG Berlin-Brandenburg vom 28.9.2007 – 8 Sa 916/07, LAGE Nr. 78a zu Art. 9 GG – Arbeitskampf: Bei einem bestehenden tariflichen Rationalisierungsschutzabkommen ist der Streik um den Tarifsozialplan rechtswidrig, weil insoweit die Friedenspflicht entgegensteht; dazu *Lindemann/Dannhorn*, BB 2008, 1226.

[55] Zum hier nicht mehr relevant werdenden Erfordernis des Verschuldens: wäre der Streik rechtswidrig, so ist Vorsatz/Fahrlässigkeit zu prüfen. Nicht jedes rechtswidrige Verhalten einer Koalition ist zugleich als schuldhaft zu bewerten (unzumutbare Haftungsrisiken). Bei Zweifeln über die Rechtmäßigkeit der Streikziele darf eine Gewerkschaft von ihrem Streikrecht nur in maßvollem Rahmen und auch nur dann Gebrauch machen, wenn für die Zulässigkeit des Streiks sehr beachtliche Gründe sprechen und eine endgültige Klärung der Rechtslage nicht anders zu erwarten ist (BAG vom 19.6.2012 – 1 AZR 775/10, NZA 2012, 1372, 1378).

[56] *Kissel*, § 47 Rn. 40.

[57] Beachte: Dies gilt nur für die Rechtmäßigkeit des Streiks an sich. Anlässlich des (rechtmäßigen) Streiks begangene Exzesshandlungen Einzelner können sehr wohl Straftatbestände wie diejenigen der Beleidigung, Nötigung, Körperverletzung etc. erfüllen.

IV. Anspruch aus § 831 Abs. 1 BGB

Der Bezirksleiter der IG Metall ist Organ, nicht lediglich Verrichtungsgehilfe (an- **47** ders z. B. für bloße Streikposten[58]), und handelte i. Ü. nicht rechtswidrig.

V. Ergebnis

Ein Schadensersatzanspruch der H gegen die IG Metall besteht nicht. **48**

Frage 2: Kündigungsschutzklage des A

Die Kündigungsschutzklage des A wird Erfolg haben, wenn sie zulässig und be- **49** gründet ist.

I. Zulässigkeit der Klage

1. Rechtsweg zu den Arbeitsgerichten und richtige Verfahrensart

Die Zulässigkeit des Rechtweges zu den Gerichten für Arbeitssachen und die Zu- **50** weisung der Streitigkeit in das Urteilsverfahren ergibt sich aus § 2 Abs. 1 Nr. 3 lit. b ArbGG, da Streitgegenstand mit der Frage der Wirksamkeit der Kündigung der Bestand des Arbeitsverhältnisses zwischen den Parteien ist.

2. Örtliche Zuständigkeit

Das Arbeitsgericht Hamburg ist nach § 48 Abs. 1a S. 1 ArbGG (Gerichtsstand des **51** Arbeitsortes) zuständig.[59]

3. Klageart

Die Klageart ist die Feststellungsklage, gerichtet auf die Feststellung, dass das Ar- **52** beitsverhältnis nicht durch die (mit Datum bezeichnete) Kündigung beendet wurde (punktueller Streitgegenstand).

4. Feststellungsinteresse

Das Feststellungsinteresse (§ 256 Abs. 1 ZPO) folgt aus § 4 S. 1 i. V. m. § 7 KSchG: **53** Die Kündigung gilt als von Anfang rechtswirksam, wenn die Rechtsunwirksamkeit nicht rechtzeitig durch Feststellungsklage geltend gemacht wird.

5. Übrige Sachurteilsvoraussetzungen

Die übrigen Sachurteilsvoraussetzungen (Partei-, Prozess- und Postulationsfähigkeit, **54** Feststellungsinteresse, keine anderweitige Rechtshängigkeit oder entgegenstehende Rechtskraft, instanzielle Zuständigkeit des Arbeitsgerichts) sind ohne Weiteres gegeben.[60]

---

[58] BAG vom 21.6.1988 – 1 AZR 651/86, NZA 1988, 846, 850.

[59] Im Übrigen besteht der allgemeine Gerichtsstand am – hier nicht im Sachverhalt angegebenen – Sitz des Arbeitgebers (§ 46 Abs. 2 ArbGG, § 17 Abs. 1 ZPO) sowie der besondere Gerichtsstand des vertraglichen Erfüllungsortes (§ 46 Abs. 2 ArbGG, § 29 ZPO), der hier ebenfalls Hamburg ist. Bei mehreren möglichen Gerichtsständen hat der klagende Arbeitnehmer die Wahl (§ 35 ZPO).

[60] Ausführlich zu den Zulässigkeitsvoraussetzungen der Kündigungsschutzklage *Junker,* Fälle zum Arbeitsrecht, 3. Aufl. 2015, Fall 1.

55 Wenn A die Klage in der gebotenen Form (§ 46 Abs. 2 ArbGG, § 253 ZPO) ordnungsgemäß erhebt, ist diese zulässig.

II. Begründetheit der Klage

56 Die Kündigungsschutzklage ist begründet, wenn die Kündigung unwirksam war und das Arbeitsverhältnis nicht beendet hat.

1. Ordnungsgemäße Kündigungserklärung

57 Von der ordnungsgemäßen Erklärung der ordentlichen Kündigung (Schriftform nach § 623 BGB, wirksame Vertretung der AG, Zugang bei A) ist mangels entgegenstehender Informationen im Sachverhalt auszugehen.

2. Einhaltung der Klagefrist

58 Die Einhaltung der bei jeder Kündigung zu beachtenden dreiwöchigen Klagefrist des § 4 S. 1 KSchG ist eine Frage der Begründetheit, nicht der Zulässigkeit, da bei Versäumen der Frist die Kündigung gemäß § 7 KSchG als von Anfang an rechtswirksam gilt (materielle Ausschlussfrist). A muss also die Kündigungsschutzklage innerhalb von drei Wochen nach Zugang der Kündigung erheben, um die Wirksamkeitsfiktion nicht eintreten zu lassen.

3. Betriebsratsanhörung (§ 102 Abs. 1 BetrVG)

59 Die Kündigung könnte unwirksam sein, weil der Betriebsrat vor Ausspruch der Kündigung nicht gemäß § 102 Abs. 1 BetrVG angehört wurde. Grundsätzlich ist eine solche Kündigung gemäß § 102 Abs. 1 S. 3 BetrVG unheilbar unwirksam.

60 Das Beteiligungsrecht des Betriebsrats könnte aber wegen des Arbeitskampfes suspendiert sein. Das Betriebsverfassungsgesetz enthält hierzu keine ausdrückliche Regelung. Gemäß § 74 Abs. 2 S. 1 BetrVG sind Arbeitskampfmaßnahmen zwischen den Betriebsparteien unzulässig, Arbeitskämpfe tariffähiger Parteien werden hierdurch allerdings nicht berührt. Entsprechendes gilt nach § 2 Abs. 3 BetrVG. Grundsätzlich ist also das BetrVG auch während eines Arbeitskampfes anzuwenden; der Betriebsrat bleibt grundsätzlich mit allen Rechten und Pflichten im Amt und hat dieses neutral wahrzunehmen; er wird nicht funktionsunfähig[61]. Nach der Rechtsprechung des BAG ist der Betriebsrat aber dann an der Ausübung einzelner Mitbestimmungsrechte gehindert, wenn hierdurch die Arbeitskampffreiheit des Arbeitgebers ernsthaft beeinträchtigt ist; die Beteiligungsrechte sind arbeitskampfkonform auszulegen.[62] Daher hat der Betriebsrat eines unmittelbar kampfbetroffenen Betriebs für die Dauer des Arbeitskampfes bei arbeitskampfbedingten personellen Maßnahmen im Ergebnis keine Beteiligungsrechte.[63] Eine Einschränkung

---

[61] BAG vom 10.12.2002 – 1 ABR 7/02, NZA 2004, 223.

[62] Zum ganzen Richardi/*Richardi*, § 74 Rn. 32 ff.

[63] BAG vom 14.2.1978 – 1 AZR 76/76, AP Nr. 58 zu Art. 9 GG – Arbeitskampf; BAG vom 6.3.1979 – 1 AZR 866/77, AP Nr. 20 zu § 102 BetrVG 1972; BAG vom 10.12.2002 – 1 ABR 7/02, NZA 2004, 223 (= AP Nr. 59 zu § 80 BetrVG 1972). Beachte allerdings: Reine Informationsrechte des Betriebsrats bleiben erhalten, BAG vom 10.12.2002 – 1 ABR 7/02, NZA 2004, 223; BAG vom 13.12.2011 – 1 ABR 2/10, NZA 2012, 571; krit. *Meyer,* BB 2012, 2753, 2755.

der Mitbestimmungsrechte des Betriebsrats – z.B. aufgrund § 99 BetrVG bzgl. einer als Reaktion auf das Arbeitskampfgeschehen geplanten Versetzung oder nach § 87 Abs. 1 Nrn. 2 und 3 BetrVG bei der Anordnung von Mehrarbeit für arbeitswillige Beschäftigte – hat zu erfolgen, wenn bei deren uneingeschränkter Aufrechterhaltung die ernsthafte Gefahr besteht, dass der Betriebsrat eine dem Arbeitgeber sonst mögliche Arbeitskampfmaßnahme verhindert und dadurch zwangsläufig zu dessen Nachteil in das Kampfgeschehen eingreift. Dies liegt dann vor, wenn der Arbeitgeber an der Durchführung einer beabsichtigten kampfbedingten Maßnahme zumindest vorübergehend gehindert ist und auf diese Weise zusätzlich Druck auf ihn ausgeübt wird. Diese Anforderungen sind erfüllt, wenn die Mitbestimmungsrechte des Betriebsrats an die Einhaltung einer Frist oder ein positives Votum des Betriebsrats und ggf. dessen Ersetzung durch die Einigungsstelle knüpfen.[64] Demgegenüber bestehen Beteiligungsrechte des Betriebsrats für Maßnahmen des Arbeitgebers, die zwar während des Arbeitskampfes getroffen werden, mit diesem aber in keinem Zusammenhang stehen, uneingeschränkt fort.[65]

Hier erfolgte die Kündigung als Reaktion auf den Arbeitskampf und als Mittel zu **61** dessen Abwehr („Kampfkündigung"). Damit war der Betriebsrat nicht nach § 102 Abs. 1 BetrVG zu hören[66], die Kündigung ist damit nicht wegen fehlender Anhörung unwirksam.

4. Kündigungsschutz nach dem KSchG

Die Kündigung könnte jedoch sozial ungerechtfertigt und damit gemäß § 1 KSchG **62** unwirksam sein.

a) Anwendbarkeit des KSchG

Die Anwendbarkeitsvoraussetzungen gemäß §§ 1 Abs. 1, 23 Abs. 1 KSchG (Dauer **63** des Arbeitsverhältnisses, Betriebsgröße) sind gegeben. Allerdings sind gemäß § 25 KSchG arbeitskampfbedingte Kündigungen ausdrücklich vom Anwendungsbereich des Gesetzes ausgenommen; dies würde bedeuten, dass A eine Berufung auf das KSchG hier verwehrt wäre.

Die Vorschrift wird mittlerweile jedoch nicht mehr angewandt. Dies hat historische **64** Hintergründe: Zur Zeit der Schaffung des KSchG 1951 herrschte ein individualrechtliches Verständnis des Arbeitskampfes. Der Arbeitnehmer musste vor Streikteilnahme kündigen; der Arbeitgeber musste seinerseits den Arbeitnehmern kündigen, wenn er zum Mittel der Aussperrung greifen wollte. Damit wäre aber die Arbeitskampfparität durch das KSchG beeinträchtigt worden: denn die Arbeitnehmer hätten ohne jede Voraussetzung und nur unter Einhaltung der Kündigungsfrist kündigen und sich dann am Streik beteiligen können, während die Arbeitgeber die Kündigung und dann die Aussperrung nur unter den sehr eingeschränkten Voraus-

---

[64] BAG vom 13.12.2011 – 1 ABR 2/10, NZA 2012, 571; das Zustimmungserfordernis des Betriebsrats des *abgebenden* Betriebs zu einer arbeitskampfbedingten Versetzung arbeitswilliger Arbeitnehmer *in* einen unmittelbar streikbetroffenen Betrieb entfällt nach dieser Entscheidung unabhängig davon, ob der *abgebende* Betrieb in den Arbeitskampf einbezogen ist oder nicht.

[65] BAG vom 6.3.1979 – 1 AZR 866/77, AP Nr. 20 zu § 102 BetrVG 1972; BAG vom 30.8.1994 – 1 ABR 10/94, NZA 1995, 183.

[66] BAG vom 14.2.1978 – 1 AZR 76/76, AP Nr. 58 zu Art. 9 GG – Arbeitskampf.

setzungen des KSchG hätten durchführen können. Diesen Wertungswiderspruch sollte § 25 (damals § 23) KSchG von vornherein ausschließen und die Arbeitskampfparität damit wahren.

65 Mit der Grundsatzentscheidung des BAG vom 28.1.1955[67] hat sich das Verständnis des Arbeitskampfes jedoch zu einer kollektivrechtlichen Auffassung gewandelt. Der rechtmäßige Streik suspendiert die gegenseitigen Hauptleistungspflichten.[68] Eine vorherige Kündigung ist zur Streikteilnahme bzw. Aussperrung nicht mehr notwendig. Damit wurde § 25 KSchG gegenstandslos, allerdings hat sich der Gesetzgeber bislang nicht zu einer Aufhebung durchringen können („heißes Eisen").

66 § 25 KSchG steht somit einer Anwendung des KSchG nicht im Wege.[69]

b) Soziale Rechtfertigung

67 Die Kündigung könnte als verhaltensbedingte Kündigung gemäß § 1 Abs. 2 KSchG sozial gerechtfertigt sein. Die Verweigerung der Arbeitsleistung kann eine Kündigung rechtfertigen. Durch den rechtmäßigen Streik wie hier werden aber die gegenseitigen arbeitsvertraglichen Hauptleistungspflichten suspendiert, so dass eine Arbeitsverweigerung keinen Bruch des Arbeitsvertrages mehr darstellt. Somit ist eine Kündigung dann nur wegen anlässlich des Streiks begangener rechtswidriger Handlungen denkbar (Streikexzesse[70]) oder im Falle eines rechtswidrigen Streiks (dann kann auch ohne Verletzung des Gleichheitssatzes nur einem einzelnen Arbeitnehmer gekündigt werden – sog. herausgreifende Kündigung –, wenn die Auswahl nach sachlichen Kriterien erfolgt, z.B. bei herausgehobener Kampfbeteiligung[71]). Dies lag hier aber nicht vor, so dass mangels eines verhaltensbedingten Grundes die Kündigung nicht sozial gerechtfertigt ist.

III. Ergebnis

68 Die Kündigung ist nicht sozial gerechtfertigt und daher unwirksam; sie hat das Arbeitsverhältnis nicht beendet. Die Kündigungsschutzklage des A wird Erfolg haben.

---

[67] BAG vom 28.1.1955 – GS 1/54, AP Nr. 1 zu Art. 9 GG – Arbeitskampf.
[68] BAG vom 21.4.1971 – GS 1/68, AP Nr. 43 zu Art. 9 GG – Arbeitskampf.
[69] Zum Ganzen *Kissel*, § 46 Rn. 87 ff.
[70] Ob hier wieder die Verpflichtung zur Anhörung des Betriebsrats besteht, ist streitig, vgl. *Kissel*, § 36 Rn. 74.
[71] BAG vom 21.10.1969 – 1 AZR 93/68, AP Nr. 41 zu Art. 9 GG – Arbeitskampf.

Fall 6. Fernbeziehung

Nach BAG vom 19.6.2007 – 1 AZR 396/06, NZA 2007, 1055; BAG vom 22.12.1980 – 1 ABR 2/79, AP Nr. 70 zu Art. 9 GG – Arbeitskampf; BAG vom 22.12.1980 – 1 ABR 76/79, AP Nr. 71 zu Art. 9 GG – Arbeitskampf.

Sachverhalt

Im Tarifgebiet der Metallindustrie Nordwürttemberg/Nordbaden gilt ein Tarifvertrag, wonach Arbeiter in bestimmten Arbeitssystemen Anspruch auf pauschale Erholzeiten haben. Nach Kündigung dieses Tarifvertrages und Auslaufen der Friedenspflicht kommt es zu als Warnstreiks bezeichneten mehrstündigen Arbeitsniederlegungen, zu denen die IG Metall zur Durchsetzung ihrer Forderung nach Wiederinkraftsetzung des gekündigten Tarifvertrages per Flugblatt aufgerufen hat. Betroffen ist auch das Stuttgarter Werk des verbandsangehörigen Maschinenbauunternehmens L-AG (L) mit 5000 Beschäftigten. Infolge der sich ohne Ergebnis hinziehenden Verhandlungen werden die Warnstreiks ohne vorherige Urabstimmung auf immer mehr Betriebe und auch in ihrer Dauer ausgeweitet, so dass im Werk schließlich der Bereich Maschinenproduktion mangels ausreichender Anzahl an arbeitswilligen Mitarbeitern für zwei Tage eingestellt wird. Dies wird einen Tag vorher allen Mitarbeitern, nicht aber der IG Metall und dem Betriebsrat, mitgeteilt.

A ist bei L in Stuttgart in der Maschinenproduktion (Montage) beschäftigt. Er ist Mitglied der IG Metall und beteiligt sich von Beginn an am Streik. Die Werksleitung hält den Streik wegen fehlender Urabstimmung jedoch für unzulässig und erteilt dem A wie den anderen Streikenden eine Abmahnung wegen Arbeitsverweigerung. A will das nicht hinnehmen, er verlangt unverzügliche Entfernung der Abmahnung aus seiner Personalakte.

B, kein Gewerkschaftsmitglied, arbeitet bei L im Bereich Instandhaltung; dort ist die Anzahl der Streikenden geringer. B beteiligt sich nicht am Streik, so dass eine Weiterbeschäftigung an sich möglich wäre. Da aber die Produktion steht, sieht die Werkleitung keinen Bedarf für Instandhaltungsarbeiten, so dass auch B wie alle anderen Instandhaltungsarbeiter nach Hause geschickt wird. B verlangt seinen Lohn für die ausgefallene Arbeitszeit. Er sei arbeitswillig gewesen und am ersten Tag am Arbeitsplatz erschienen, ihm sei jedoch unmissverständlich gesagt worden, dass er während des streikbedingten Produktionsstillstandes nicht eingesetzt werde und zuhause bleiben könne. Seiner Auffassung nach hätte er jedoch trotz des Stillstandes der Produktion sehr wohl sinnvoll eingesetzt werden können, nämlich in der ohnehin nötigen Wartung der stillstehenden Produktionsanlagen.

Die S-AG (S) ist Mitglied im Arbeitgeberverband der Metall- und Elektroindustrie Nordrhein-Westfalen. Dieser ist, ebenso wie der baden-württembergische Verband, Mitglied bei Gesamtmetall, dem Dachverband der Metallindustrie auf Bundesebene. Die S stellt in ihrem in Nordrhein-Westfalen gelegenen Betrieb Spritzgussteile für die Maschinenbauindustrie her. Zu den Hauptabnehmern gehören die im Raum Stuttgart (Tarifgebiet Nordwürttemberg/Nordbaden) ansässigen Hersteller. Infolge der durch die Arbeitsniederlegungen bewirkten Produktionsausfälle bei ihren Kunden kann S ihre Spritzgussteile nicht mehr absetzen. Da infolge der Verkettung der Produktion (*just-in-time*-Lieferungen) eine Produktion „auf Halde" ausscheidet und die Mitarbeiter somit nicht mehr in wirtschaftlich sinnvoller Weise eingesetzt werden können, stellt auch S die Produktion im Bereich Spritzgussteile komplett ein. Die Werkleitung informiert den Betriebsrat darüber einen Tag vorher. Es wäre allerdings auch möglich gewesen, aufgrund des absehbaren Abnahmestopps die Produktion durch schrittweise Arbeitszeitverkürzung langsam zu reduzieren und damit noch für einige Tage in reduziertem Umfang aufrecht zu erhalten.

Der bei S im Bereich Spritzgussteile beschäftigte Arbeiter D unterstützt die Forderung der Kollegen in Stuttgart, wofür er auch zu streiken bereit wäre. Da es aber im Tarifgebiet NRW einen vergleichbaren Tarifvertrag nicht gibt, findet dort auch kein Arbeitskampf statt. Auch D verlangt den Lohn für die wegen der Produktionseinstellung ausgefallene Arbeitszeit.

1. Bestehen die von A und B geltend gemachten Ansprüche?
2. Hat D einen Lohnanspruch gegen seinen Arbeitgeber für die ausgefallene Arbeitszeit?
3. Könnte die Gewerkschaft im Betrieb der S zu einem eintägigen Streik zur Unterstützung der Kollegen in Baden-Württemberg aufrufen?

Gliederung

Lösung

Frage 1: Ansprüche von A und B gegen L

I. Anspruch des A auf Entfernung der Abmahnung aus seiner Personalakte aus §§ 1004 Abs. 1 S. 1 i. V. m. 242 BGB analog

A könnte gegen seine Arbeitgeberin einen Anspruch auf Entfernung der Abmah- **1** nung aus seiner Personalakte aus §§ 1004 Abs. 1 S. 1 i. V. m. 242 BGB analog haben.

1. Anwendbarkeit

Nach seinem Wortlaut ist § 1004 Abs. 1 S. 1 BGB, der auf eine Beeinträchtigung **2** des Eigentums abstellt, nicht anwendbar. Die Rechtsprechung nimmt aber für die vorliegende Fallkonstellation eine analoge Anwendung an:[1] Mit einer Abmahnung übt ein Arbeitgeber seine arbeitsvertraglichen Gläubigerrechte aus. Er weist den Arbeitnehmer als seinen Schuldner auf dessen vertragliche Pflichten hin; zugleich fordert er ihn für die Zukunft zu einem vertragstreuen Verhalten auf und kündigt individualrechtliche Konsequenzen für den Fall einer erneuten Pflichtverletzung an. Eine zur Personalakte genommene Abmahnung ist geeignet, den Arbeitnehmer in seinem beruflichen Fortkommen und seinem Persönlichkeitsrecht dauerhaft zu beeinträchtigen. Der Arbeitgeber muss daher im Rahmen seiner allgemeinen Fürsorgepflicht dafür Sorge tragen, dass die Personalakte ein zutreffendes Bild des Arbeitnehmers vermittelt.[2] Daher kann der Arbeitnehmer aus § 1004 Abs. 1 BGB, der nach ständiger Rechtsprechung über seinen Wortlaut hinausgehend auf alle nach § 823 BGB geschützten Rechtspositionen und damit auch das allgemeine Persönlichkeitsrecht entsprechend anwendbar ist,[3] i.V.m. § 242 BGB die Entfernung einer Abmahnung verlangen, die zu Unrecht erteilt wurde. Dies ist nicht nur dann der Fall, wenn die Abmahnung unzutreffende Tatsachenbehauptungen enthält, sondern auch, wenn sie auf einer unzutreffenden rechtlichen Bewertung des Verhaltens des Arbeitnehmers beruht.

3 §§ 1004 Abs. 1 S. 1 i.V.m. 242 BGB ist daher im vorliegenden Fall die anzuwendende Anspruchsgrundlage.

2. Rechtmäßigkeit der Abmahnung wegen Arbeitsverweigerung: Suspendierung der Hauptleistungspflichten durch rechtmäßigen Streik?

4 Materielle Rechtmäßigkeitsvoraussetzung[4] der Abmahnung ist ein vertragswidriges Verhalten des Arbeitnehmers. Die Verletzung einer arbeitsvertraglichen Pflicht könnte hier darin liegen, dass A seine Hauptleistungspflicht, die Arbeitsleistung, nicht erbracht hat. Die Verpflichtung zur Arbeitsleitung könnte jedoch durch die Streikteilnahme entfallen sein; denn diese suspendiert die gegenseitigen vertraglichen Hauptleistungspflichten, vorausgesetzt, der Streik war rechtmäßig.[5] Dies hängt von folgenden Voraussetzungen ab:

a) Tariflich regelbares Ziel

5 Ein rechtmäßiger Arbeitskampf setzt voraus, dass er um einen Gegenstand geführt wird, der gemäß § 1 Abs. 1 TVG tariflich regelbar ist. Die Frage bezahlter Erholpausen betrifft den Inhalt von Arbeitsverhältnissen und ist damit gemäß § 1 Abs. 1 TVG tariflich regelbar.

---

[1] St. Rspr., siehe nur BAG vom 30.5.1996 – 6 AZR 537/95, NZA 1997, 145; BAG vom 11.12.2001 – 9 AZR 464/00, NZA 2002, 965, 966.

[2] BAG vom 27.11.1985 – 5 AZR 101/84, NZA 1986, 227, 228. Daher wird die Klagemöglichkeit gegen die Abmahnung auch nicht dadurch ausgeschlossen, dass diese in einem späteren Kündigungsschutzprozess ohnehin auf ihre Berechtigung zu überprüfen wäre (BAG vom 5.8.1992 – 5 AZR 531/91, NZA 1993, 838).

[3] MünchKommBGB/*Baldus*, § 1004 Rn. 32.

[4] Zu den formellen Voraussetzungen, zu denen der Sachverhalt keine Angaben enthält, vgl. *Junker*, Fälle zum Arbeitsrecht, 3. Aufl. 2015, Fall 10 Rn. 36 ff.

[5] BAG (GS) vom 21.4.1971 – GS 1/68, AP Nr. 43 zu Art. 9 GG – Arbeitskampf. Die Nebenpflichten werden dagegen vom Arbeitskampf nicht berührt, BAG vom 3.8.1999 – 1 AZR 735/98, NZA 2000, 487, 488.

b) Friedenspflicht

Die Friedenspflicht ist mit dem Wirksamwerden der Kündigung des Tarifvertrages **6** abgelaufen.

c) Tariffähige Parteien

Der Arbeitskampf wird von der Gewerkschaft IG Metall gegen den Arbeitgeberver- **7** band und damit von tariffähigen Parteien i. S. v. § 2 Abs. 1 TVG geführt.

d) Arbeitskampfbeschluss

Der Beschluss zum Arbeitskampf muss dem Arbeitskampfgegner bekannt gegeben **8** werden, so dass dieser daraus eindeutig das Ziel, den zeitlichen Rahmen und den zur Teilnahme aufgerufenen Arbeitnehmerkreis erkennen kann.[6] Hohe Anforderungen sind nicht zu stellen; ein im Betrieb verteiltes Flugblatt, aus dem sich die Arbeitskampfmaßnahme und der Zeitraum des Streiks ergeben, genügt.[7] Allerdings liegt diesem Beschluss keine von der Gewerkschaft durchgeführte Urabstimmung zugrunde. Dies ist eine von der Satzung vorgesehene Abstimmung der Mitglieder der streikaufrufenden Gewerkschaft über den Streik. Üblicherweise ist dabei eine bestimmte Zustimmungsquote erforderlich (bei der IG Metall 75 %). Die Urabstimmung ist jedoch keine Rechtmäßigkeitsvoraussetzung, sondern lediglich eine innerverbandliche Regelung der Gewerkschaft. Als solche hat sie – wie auch die Satzungsregeln der Arbeitgeberverbände – keine Außenwirkung. Ihr Fehlen allein macht den Streik daher nicht zu einem rechtswidrigen.[8]

e) Verhältnismäßigkeit *(ultima ratio)*

Jede Arbeitskampfmaßnahme darf nur nach Ausschöpfung aller Verständigungs- **9** möglichkeiten ergriffen werden; der Arbeitskampf muss das letzte mögliche Mittel *(ultima ratio)* sein.[9] Problematisch ist hier allerdings, dass die Verhandlungen um den Flächentarifvertrag noch gar nicht gescheitert sind, sondern andauern, und damit der Erfolg der gewerkschaftlichen Forderungen derzeit nicht absehbar ist. Somit könnte der Streik deshalb rechtswidrig sein, weil es sich nicht um das letzte Mittel handelt. Die arbeitskampfrechtliche Würdigung dieses verhandlungsbegleitenden „Warnstreiks" ist umstritten.[10] Das BAG unterwirft nunmehr – nach anderslautenden Entscheidungen in der Vergangenheit, die den kurzzeitigen Warnstreik gegenüber dem unbefristeten Erzwingungsstreik privilegierten, indem sie ihn ausdrücklich vom Erfordernis der *ultima ratio* ausnahmen[11] – auch den Kurzzeitstreik dem *ultima-ratio*-Grundsatz. Auch der Warnstreik ist letztlich ein Erzwingungsstreik. Dem wird in der Literatur im Wesentlichen zugestimmt.[12]

Umstritten ist jedoch, wann der das Merkmal des *ultima-ratio*-Prinzips erfüllende **10** Zeitpunkt, also die erfolglose Ausschöpfung aller Verständigungsmöglichkeiten,

---

6 *Otto,* § 7 Rn. 38 f.
7 BAG vom 19.6.2012 – 1 AZR 775/10, NZA 2012, 1372, 1376 f.
8 So die h. M., siehe nur *Kissel,* § 40 Rn. 16 m. w. N.; a. A. *Hanau/Adomeit,* Rn. 294.
9 BAG (GS) vom 21.4.1971 – GS 1/68, AP Nr. 43 zu Art. 9 GG – Arbeitskampf.
10 Zum Meinungsstand *Kissel,* § 41; MünchHdbArbR/*Ricken,* § 200 Rn. 49.
11 BAG vom 17.12.1976 – 1 AZR 605/75, NJW 1977, 1079; BAG vom 12.9.1984 – 1 AZR 342/83, NZA 1984, 393, 397; BAG vom 29.1.1985 – 1 AZR 179/84, NZA 1985, 508.
12 Vgl. *Kissel,* § 41 Rn. 30, 32.

erreicht ist. Das BAG geht davon aus, dass die Gewerkschaft selbst darüber entscheiden kann, wann sie Verhandlungen ohne weiteren Streikdruck noch für aussichtsreich hält: Dabei verlange das *ultima-ratio*-Prinzip nicht, dass die Tarifverhandlungen förmlich für gescheitert erklärt würden. In der Einleitung von Arbeitskampfmaßnahmen liege vielmehr die freie und nicht nachprüfbare Entscheidung der Gewerkschaft, dass sie die Verhandlungsmöglichkeiten ohne begleitende Arbeitskampfmaßnahme als ausgeschöpft ansehe.[13] Eine zeitliche Obergrenze für den Warnstreik lehnt das BAG (anders als in früheren Entscheidungen) ebenfalls ab.[14]

11 Ein Teil des Schrifttums fordert demgegenüber eine Erklärung des Scheiterns der Verhandlungen. Da diese allerdings auch konkludent erfolgen kann, dürfte im Ergebnis der Unterschied zur Auffassung des BAG minimal sein.[15] Schwerer wiegt jedoch der Einwand, dass das BAG in der Sache das *ultima-ratio*-Prinzip weitgehend aufgegeben hat.[16] Zudem wirkt die Argumentation des BAG, welches aus der Tatsache, dass gestreikt wird, auf das Scheitern der Verhandlungen schließt und somit den Warnstreik zulässt, zirkulär. Im Schrifttum werden daher bei grundsätzlicher Anerkennung des Warnstreiks Begrenzungen vorgeschlagen, um dem Verhältnismäßigkeitsgrundsatz gerecht zu werden: zum einen zeitliche Grenzen (in der Regel maximal eine Stunde, in Ausnahmefällen bis drei Stunden), zum anderen das Verbot der Wiederholung eines Warnstreiks in demselben Betrieb.[17]

12 Unter Zugrundelegung der Rechtsprechung des BAG ist das *ultima-ratio*-Prinzip im vorliegenden Fall jedoch gewahrt, da die Gewerkschaft durch die Einleitung von Arbeitskampfmaßnahmen zu verstehen gegeben hat, dass sie weitere Verhandlungen ohne Streikdruck als nicht erfolgversprechend ansieht und diese Entscheidung keiner inhaltlichen Überprüfung durch die Gerichte unterliegt.

13 Der Streik ist damit rechtmäßig.

3. Ergebnis

14 Durch die Teilnahme am rechtmäßigen Streik waren die gegenseitigen Hauptleistungspflichten suspendiert. Damit durfte A die Arbeit niederlegen, ohne damit seine arbeitsvertragliche Pflicht zur Erbringung der Arbeitsleistung zu verletzen; die Abmahnung wegen Arbeitsverweigerung war rechtswidrig. A kann daher von L die Entfernung der ihm erteilten Abmahnung aus seiner Personalakte verlangen.

II. Anspruch des B auf Arbeitslohn für die Streiktage (§§ 611 Abs. 1, 615 S. 1 BGB i.V.m. dem Arbeitsvertrag)

15 B könnte von L den Arbeitslohn für die Tage verlangen, an denen er aufgrund der streikbedingten Einstellung der Produktion nicht zur Arbeitsleistung herangezogen wurde, wenn L dadurch in Annahmeverzug gekommen ist.

1. Bestehendes Arbeitsverhältnis

16 B steht in einem Arbeitsverhältnis zu L. Damit ist der Lohnanspruch entstanden.

---

[13] BAG vom 21.6.1988 – 1 AZR 651/86, NZA 1988, 846, 849.
[14] BAG vom 21.6.1988 – 1 AZR 651/86, NZA 1988, 846, 849.
[15] Vgl. *Kissel*, § 41 Rn. 35.
[16] *Otto*, § 10 Rn. 15.
[17] *Otto*, § 10 Rn. 28 ff. m.w.N.

2. Verhältnis des § 615 S. 1 BGB zu den Unmöglichkeitsvorschriften

Da die Verpflichtung zur Arbeitsleistung nach h. M. absolute Fixschuld[18] ist, führt **17** jeder Verzug bei deren Annahme unweigerlich zur Unmöglichkeit. Verzug und Unmöglichkeit schließen sich im Schuldrecht jedoch gegenseitig aus. Dies würde konsequent zu Ende gedacht dazu führen, dass § 615 BGB im Arbeitsrecht überhaupt keinen Anwendungsbereich hätte und stets allein § 326 Abs. 2 BGB zur Anwendung gelänge.

Die Rechtsprechung versucht dieses Dilemma dadurch zu beheben, dass sie § 615 **18** BGB dann anwendet, wenn der Dienstberechtigte sich weigert, die an sich erbringbare Leistung zuzulassen, dagegen Unmöglichkeit annimmt, wenn trotz Annahmebereitschaft die Leistung nicht erbracht werden kann (sog. Abstrahierungsformel).[19] Vorzugswürdig erscheint jedoch demgegenüber die im Schrifttum überwiegend vertretene Lehre von der Annahmeunmöglichkeit.[20] Sie lehnt im Rahmen des § 615 BGB die These von der Alternativität von Unmöglichkeit und Annahmeverzug ab. Die Norm regle vielmehr alle Fälle einer „Annahmeunmöglichkeit", gleichgültig, ob der Arbeitgeber nicht willens oder nicht in der Lage sei, die Leistung anzunehmen. Grundlage dieser Ansicht ist die Überlegung, dass die Mitwirkung des Dienstberechtigten unverzichtbare Voraussetzung der Vertragserfüllung durch den Dienstverpflichteten ist. Denn § 615 BGB beruht darauf, dass die Dienstleistungsschuld eine zeitbezogene Leistung darstellt. Die mangelnde Mitwirkung des Gläubigers beseitigt zugleich die Möglichkeit der Leistungserbringung.[21] Aus welchem Grund die Mitwirkung des Dienstberechtigten unterbleibt, ist daher unerheblich. Dies erlaubt eine Gleichbehandlung beider Fälle und damit die Anwendung des § 615 BGB.[22] Letztlich kann die Entscheidung des Meinungsstreites jedoch dahinstehen, da hier L die Dienste des B nicht annehmen wollte. Daher ist der Anwendungsbereich des § 615 BGB auch auf der Grundlage der Rechtsprechung eröffnet.

3. Angebot der Arbeitsleistung

Gemäß § 294 BGB ist grundsätzlich ein tatsächliches Angebot der Leistung erforderlich. Dieses liegt hier darin, dass B am Arbeitsplatz arbeitsbereit erschienen ist. **19**

4. Nichtannahme der Arbeitsleistung

L hat die Arbeitsleistung nicht angenommen. **20**

5. Suspendierung der gegenseitigen Hauptleistungspflichten

Die L ist aber dann nicht in Annahmeverzug gekommen, wenn sie die Arbeitsleis- **21** tung des B gar nicht mehr annehmen musste. Dies ist dann der Fall, wenn die gegenseitigen vertraglichen Hauptleistungspflichten suspendiert waren und eine Ar-

---

[18] ErfK/*Preis,* § 611 BGB Rn. 675.
[19] BAG vom 24.11.1960 – 5 AZR 545/59, AP Nr. 18 zu § 615 BGB.
[20] Grundlegend *Picker,* JZ 1979, 285, 292 ff.; *ders.,* JZ 1985, 641 ff. und 693 ff.
[21] *Richardi,* NZA 2002, 1004, 1008.
[22] MünchKommBGB/*Henssler,* § 615 Rn. 8; ebenso ErfK/*Preis,* § 615 BGB Rn. 4 ff.

beitsverpflichtung des B überhaupt nicht mehr bestand. Ist der Arbeitnehmer von der Arbeitspflicht befreit, schuldet er dem Arbeitgeber keine Dienste, dem Arbeitgeber obliegt keine Mitwirkungshandlung i. S. v. § 296 BGB.[23]

a) Suspendierung durch Streik

22 Die Suspendierung könnte durch den Streik erfolgt sein. Dies setzt aber die Streikteilnahme des Arbeitnehmers voraus,[24] die subjektive Entscheidung des Arbeitnehmers bleibt beachtlich. B hat sich jedoch am Streik nicht beteiligt.

b) Suspendierung durch Aussperrung

23 Sodann könnte die Suspendierung durch Aussperrung der Arbeitnehmer bewirkt worden sein. Die Aussperrung ist die vom Arbeitgeber vorgenommene planmäßige Ausschließung der Arbeitnehmer von der Arbeitsleistung und der daraus folgenden Verweigerung der Lohnzahlung an sie. Es handelt sich um ein Mittel der kollektiven Druckausübung durch Lohnverlust gegenüber den Ausgesperrten, um die Arbeitnehmerseite von der Durchsetzung ihres Kampfzieles abzubringen.[25] Sie hat als Reaktion auf den Streik wie dieser suspendierende Wirkung. Sie richtet sich nicht gegen die aktiv am Streik beteiligten Arbeitnehmer, deren Arbeitspflicht ja bereits suspendiert ist, sondern gerade gegen die Arbeitswilligen, die weiterhin zur Arbeitsleitung verpflichtet wären. Dadurch soll kampftaktisch das Druckpotential erhöht werden.[26] Die Aussperrung bedarf jedoch beim Arbeitskampf um einen Flächentarifvertrag eines Beschlusses des Arbeitgeberverbandes als kampfführender Tarifpartei;[27] ein solcher liegt hier nicht vor. Es handelt sich daher nicht um eine Aussperrung.

c) Suspendierung durch Betriebsstilllegung

24 Die Suspendierung könnte aber aufgrund der Stilllegung des Betriebs durch die L eingetreten sein. Fraglich ist, ob der unmittelbar streikbetroffene Arbeitgeber die Befugnis hat, einseitig den Betrieb stillzulegen und damit sowohl den Beschäftigungs- als auch den Entgeltzahlungsanspruch der arbeitswilligen Arbeitnehmer zu beseitigen.

25 Der Arbeitgeber hat verschiedene Möglichkeiten, auf einen ihn unmittelbar treffenden Streik zu reagieren: Er kann versuchen, den Betrieb aufrechtzuerhalten, und dort, wo es möglich ist, weiterarbeiten lassen. Arbeitswillige Mitarbeiter verlieren in diesem Fall ihren Lohnanspruch nur, wenn ihre Beschäftigung unmöglich oder unzumutbar ist: „Das Risiko der Unmöglichkeit der Beschäftigung und damit auch das Risiko des vergeblichen tatsächlichen Angebotes der Arbeitsleistung ist Teil des Arbeitskampfrisikos, das die Arbeitnehmer zu tragen haben, nicht aber der (beschäftigungswillige) Arbeitgeber.“[28]

---

[23] BAG vom 23.1.2001 – 9 AZR 26/00, NZA 2001, 597.

[24] *Otto*, § 14 Rn. 3 ff.

[25] *Kissel*, § 51 Rn. 1.

[26] *Kissel*, § 55 Rn. 2.

[27] BAG vom 31.10.1995 – 1 AZR 217/95, NZA 1996, 389. Beim Arbeitskampf um einen Firmentarifvertrag steht die Aussperrungskompetenz folgerichtig dem einzelnen Arbeitgeber zu, vgl. BAG vom 11.8.1992 – 1 AZR 103/92, NZA 1993, 39, 40 ff.

[28] BAG vom 11.7.1995 – 1 AZR 161/95, NZA 1996, 209, 211.

Der unmittelbar bestreikte Arbeitgeber hat nach der Rechtsprechung des BAG **26** stattdessen aber auch das Recht zur (Teil-)Betriebsstilllegung im Umfang des Streikaufrufes mit der Folge der Suspendierung der Beschäftigungs- und Lohnzahlungspflicht auch gegenüber den arbeitswilligen Arbeitnehmern.[29] Dies gilt unabhängig davon, ob die Aufrechterhaltung des Betriebs technisch unmöglich oder betriebswirtschaftlich unzumutbar ist oder ob die betroffenen Arbeitnehmer objektiv sinnvoll hätten eingesetzt werden können.

In der Literatur ist dies auf Kritik gestoßen. Die intendierte Rechtsfolge des Frei- **27** werdens von der Lohnzahlungspflicht auch gegenüber Streikunbeteiligten sei über die Aussperrung[30] und nur bei Einhaltung der für diese geltenden (strengen) Voraussetzungen zu erreichen. Für einen derartigen Eingriff in das arbeitsvertragliche Synallagma bestehe daher weder ein Bedürfnis noch eine individual- oder kollektivrechtliche Grundlage.[31] Kritisiert wird außerdem die unverhältnismäßige Belastung der Außenseiter mit dem Entgeltrisiko ("Zwangssolidarisierung" mit den Streikenden).[32] Auch B gehört im vorliegenden Fall keiner Gewerkschaft an.

Dem ist jedoch mit dem BAG entgegenzuhalten, dass der Arbeitgeber nicht zur **28** (teilweisen) Aufrechterhaltung des Betriebs verpflichtet ist: Das Arbeitskampfrecht kennt keine Pflicht zur aktiven Abwehr von Kampfmaßnahmen; es obliegt allein dem Arbeitgeber zu entscheiden, ob er die Fortführung des Betriebs für sinnvoll hält oder nicht[33]. Eine vermeintliche "Zwangssolidarisierung" spricht ebenfalls nicht als grundsätzliches Argument gegen die Befugnis zur Betriebsstilllegung. Zwar haben die Außenseiter keinen Einfluss auf die Willensbildung der den Arbeitskampf führenden Tarifvertragspartei, und der umkämpfte Tarifvertrag wäre auf sie nicht gemäß §§ 3 Abs. 1, 4 Abs. 1 TVG anwendbar. Jedoch ist zu berücksichtigen, dass aufgrund der weit verbreiteten Anwendung von Tarifverträgen auch auf Außenseiter im Wege vertraglicher Vereinbarung (Tariferstreckungsklauseln) diese mittelbar so gut wie immer von den Ergebnissen des Arbeitskampfes profitieren. Ihnen wird daher auch das Recht zur Streikteilnahme zuerkannt.[34] Daher ist es gerechtfertigt, sie auch in die Risiken des Arbeitskampfes einzubeziehen und sie mit Streikfolgen zu belasten, da die damit verbundenen Nachteile durch die Vorteile einer für die Arbeitnehmerseite effizienten Tarifpolitik aufgewogen werden.[35]

Das BAG weist schließlich zu Recht darauf hin, dass der Arbeitgeber „mit der Still- **29** legung im Umfang des gewerkschaftlichen Streikbeschlusses nur das vollzieht, was die kampfführende Arbeitnehmerseite anstrebt: die vollständige Arbeitsniederlegung durch alle Arbeitnehmer des Betriebes – organisierte wie anders- und nichtor-

---

[29] BAG vom 22.3.1994 – 1 AZR 622/93, NZA 1994, 1097 (Grundsatzurteil); BAG vom 11.7. 1995 – 1 AZR 63/95, NZA 1996, 214; BAG vom 13.12.2011 – 1 AZR 495/10, NZA 2012, 995.

[30] *Otto*, § 11 Rn. 24 bezeichnet daher die Betriebsstilllegung als „light-Version" der Aussperrung.

[31] *Kissel*, § 33 Rn. 114.

[32] Vgl. MünchKommBGB/*Henssler*, § 615 Rn. 108 m. w. N.

[33] BAG vom 11.7.1995 – 1 AZR 161/95, NZA 1996, 209, 210; BAG vom 27.6.1995 – 1 AZR 1016/94, NZA 1996, 212.

[34] Allgemeine Meinung, siehe nur BAG (GS) vom 29.11.1967 – GS 1/67, BAGE 20, 175, 195.

[35] BAG (GS) vom 21.4.1971 – GS 1/68, AP Nr. 43 zu Art. 9 GG – Arbeitskampf; BAG vom 22.3.1994 – 1 AZR 622/93, NZA 1994, 1097, 1099.

ganisierte[36]". Deswegen liegt darin auch keine eigenständige Arbeitskampfmaßnahme, über die zu entscheiden nur den Arbeitskampfparteien obläge.

30 Daher ist mit dem BAG eine Stilllegungsbefugnis des unmittelbar streikbetroffenen
Arbeitgebers zu bejahen. Die Stilllegungsbefugnis ist durch den zeitlichen und
räumlichen Rahmen der gegnerischen Kampfmaßnahme begrenzt;[37] dies unterscheidet sie auch von der Aussperrung. Sie setzt allerdings voraus, dass die betriebliche Tätigkeit weder vom Arbeitgeber selbst noch von einem für die Zeit des Arbeitskampfes beauftragten anderen Unternehmen ersatzweise ausgeführt wird.[38] Die
Entscheidung des Arbeitgebers ist gerichtlicher Nachprüfung entzogen.[39] Ein Mitbestimmungsrecht des Betriebsrats nach § 87 Abs. 1 Nr. 3 BetrVG besteht dabei im
unmittelbar kampfbetroffenen Betrieb nicht.[40] Erforderlich ist lediglich die eindeutige Erklärung der Stilllegung[41] (nicht deren Begründung) gegenüber den betroffenen Arbeitnehmern, nicht dagegen gegenüber dem Betriebsrat oder der kampfführenden Gewerkschaft. Es genügt die Bekanntgabe der Stilllegungsabsicht in
betriebsüblicher Weise, einer individuellen Benachrichtigung der betroffenen Arbeitnehmer bedarf es nicht.[42]

31 *In casu* lag in der der Belegschaft mitgeteilten Entscheidung, sowohl die Produktion
einzustellen als auch sämtliche Mitarbeiter der Instandhaltung nach Hause zu schi-
cken, eine Betriebsstilllegung.

32 Damit waren die gegenseitigen Hauptleistungspflichten suspendiert mit der Folge,
dass den Arbeitnehmer keine Leistungspflicht mehr traf und folglich der Arbeitgeber auch nicht in Annahmeverzug geraten konnte.[43]

6. Ergebnis

33 B kann von L keinen Arbeitslohn für die zwei Tage verlangen, an denen er aufgrund
der streikbedingten Stilllegung des Betriebes nicht arbeiten konnte.

Frage 2: Lohnanspruch des D gegen S aus §§ 611 Abs. 1, 615 S. 1 BGB i. V. m. dem Arbeitsvertrag

34 D könnte von S Bezahlung seines Lohnes für die Tage verlangen, während derer er
wegen der Stilllegung des Betriebes nicht arbeiten konnte, wenn S diesbezüglich in
Annahmeverzug war.

I. Bestehendes Arbeitsverhältnis

35 Ein Arbeitsverhältnis besteht. Damit ist der Lohnanspruch zunächst seinem Grunde
nach entstanden.

---

[36] BAG vom 22.3.1994 – 1 AZR 622/93, NZA 1994, 1097.
[37] BAG vom 27.6.1995 – 1 AZR 1016/94, NZA 1996, 212, 214.
[38] BAG vom 13.12.2011 – 1 AZR 495/10, NZA 2012, 995, 997.
[39] BAG vom 27.6.1995 – 1 AZR 1016/94, NZA 1996, 212, 214.
[40] Siehe ausführlich Fall 5.
[41] Daran fehlt es, solange sich der Arbeitgeber nicht festlegt, sondern die rechtliche Möglichkeit offen-
hält, die Arbeitsleistung jederzeit in Anspruch zu nehmen, BAG vom 11.7.1995 – 1 AZR 161/95,
NZA 1996, 209, 211.
[42] BAG vom 13.12.2011 – 1 AZR 495/10, NZA 2012, 995, 997.
[43] BAG vom 23.1.2001 – 9 AZR 26/00, NZA 2001, 597.

II. Nichtannahme der ordnungsgemäß angebotenen Arbeitsleistung

S hat die von D ordnungsgemäß angebotene Arbeitsleistung nicht entgegen ge- **36** nommen (§§ 293, 294 BGB).

III. Entfall der Beschäftigungs- und Lohnzahlungspflicht: Betriebsstilllegung im mittelbar streikbetroffenen Betrieb

Die Beschäftigungs- und Lohnzahlungspflicht des Arbeitgebers könnte hier aber **37** nach den Grundsätzen des Arbeitskampfrisikos entfallen sein, so dass S nicht in Annahmeverzug gemäß §§ 293 ff. BGB geraten konnte.

1. Zuweisung des Arbeitskampfrisikos bei Fernwirkungen

Fraglich ist, wer das Risiko eines in einem *anderen* Betrieb geführten Arbeitskamp- **38** fes zu tragen hat (Arbeitskampfrisiko). Grundsätzlich trägt der Arbeitgeber das Betriebs- und Wirtschaftsrisiko. Das bedeutet, dass er den Lohn auch dann zahlen muss, wenn er die Belegschaft ohne sein Verschulden aus betriebstechnischen Gründen nicht beschäftigen kann (Betriebsrisiko) oder wenn die Fortsetzung des Betriebes wegen Auftrags- und Absatzmangels wirtschaftlich sinnlos wird (Wirtschaftsrisiko).[44] Ob davon im Falle der Fernwirkungen eines Arbeitskampfes eine Ausnahme zu machen ist, ist umstritten.[45] Ein Teil der Literatur lehnt dies ab und weist dem Arbeitgeber stets das Lohnrisiko zu, von dem er sich nur über (mitbestimmungspflichtige) Kurzarbeit oder Aussperrung lösen könne.[46] Dem steht auf der andern Seite des Meinungsspektrums die Auffassung gegenüber, die alleine auf den Ursachenzusammenhang zwischen Arbeitskampf und Arbeitsausfall abstellt und daher in Fällen der Fernwirkung zugunsten des mittelbar betroffenen Arbeitgebers stets einen Wegfall des Lohnanspruches annimmt, wenn der Arbeitsausfall unter Anlegung wirtschaftlicher Kriterien für den Arbeitgeber unvermeidbar war.[47]

Die Rechtsprechung des BAG und mit ihr weite Teile des Schrifttums gehen einen **39** Mittelweg: Grundsätzlich trägt der Arbeitgeber zwar das Wirtschaftsrisiko. Dies gilt aber nicht uneingeschränkt in Arbeitskämpfen: Diese führen zwangsläufig zu Störungen auch bei unbeteiligten Unternehmen, die mit den kampfbetroffenen zusammenarbeiten. Die Last der Beschäftigungs- und Lohnzahlungspflicht kann hier nicht uneingeschränkt dem Arbeitgeber aufgebürdet werden, der ebensowenig wie die Arbeitnehmer seines Betriebes mit dem Streikgeschehen unmittelbar zu tun hat. Unter bestimmten Voraussetzungen entfällt danach die Lohnzahlungspflicht des mittelbar streikbetroffenen Arbeitgebers.[48]

---

[44] BAG vom 22.3.1994 – 1 AZR 622/93, NZA 1994, 1097.

[45] Übersicht bei MünchKommBGB/*Henssler*, § 615 Rn. 112 ff.

[46] Däubler/*Colneric*, AKR, Rn. 604 ff. m.w.N.

[47] *Otto*, § 16 Rn. 15 ff. m.w.N.

[48] BAG vom 22.12.1980 – 1 ABR 2/79, AP Nr. 70 zu Art. 9 GG – Arbeitskampf; BAG vom 22.12.1980 – 1 ABR 76/79, AP Nr. 71 zu Art. 9 GG – Arbeitskampf. Ebenso LAG Niedersachsen vom 14.8.1987 – 15 Sa 161/85, NZA 1988, 408, 409; LAG Hamburg vom 28.5.1984 – 5 TaBv 4/84, NZA 1984, 404. Nachweise zum Schrifttum bei *Kissel*, § 33 Rn. 104 ff.

2. Dogmatische Begründung

40 Wie dieses Ergebnis begründet werden kann, ist jedoch umstritten[49].

a) Sphärentheorie

41 Nach der sog. Sphärentheorie musste der einzelne Arbeitnehmer für alle Störungen, die von der kollektiv verstandenen Arbeitnehmerseite kamen, als solidarisches Glied einer Kette einstehen.[50] Danach wäre hier das Lohnrisiko von der Belegschaft der S zu tragen. Diese Auffassung wird heute aber als reine Fiktion und Ausdruck überwundenen Klassendenkens zu Recht allgemein abgelehnt.

b) Partizipationsprinzip

42 Denkbar ist es jedoch, auf den sog. Partizipationsgedanken abzustellen: Danach ist entscheidend, ob die Beschäftigten des mittelbar betroffenen Betriebes von einem Tarifabschluss im umkämpften Tarifgebiet partizipieren würden. Dies ist dann der Fall, wenn der umkämpfte Tarifvertrag auf sie anzuwenden wäre oder Modellcharakter hätte und seine tatsächliche Anwendung oder Inkraftsetzung zu erwarten wäre. Nur im Falle einer solchen Partizipation wäre das Arbeitskampfrisiko von den Arbeitnehmern zu tragen, da sie von einem erfolgreichen Abschluss auch profitieren würden.[51] Der Partizipationsgedanke liegt §§ 100 Abs. 1, 160 Abs. 3 SGB III zugrunde. Die Bestimmungen regeln die Voraussetzungen, unter denen Beschäftigte, die mittelbar von einem Arbeitskampf betroffen sind, staatliche Hilfe in Form von Kurzarbeitergeld bzw. Arbeitslosengeld von der Agentur für Arbeit erhalten können. Legt man diesen Maßstab an, muss im vorliegenden Fall der Arbeitgeber das Risiko tragen, da die Mitarbeiter in Nordrhein-Westfalen unter keinem Gesichtspunkt von der nur in Baden-Württemberg geltenden Regelung profitieren könnten; D behielte seinen Lohnanspruch.

c) Paritätsprinzip (BAG)

43 Das BAG lehnt den Partizipationsgedanken jedoch ab.[52] Dieser sei allein Ausdruck der staatlichen Neutralitätspflicht, Vergütungsansprüche gegen den Arbeitgeber und staatliche Leistungen der Arbeitsagentur müssten keinesfalls in gleicher Weise begrenzt werden. Das BAG begründet die Verteilung des Arbeitskampfrisikos mit dem Grundsatz der Kampfparität. Das Gleichgewicht der Verhandlungspartner werde gestört, wenn die Rechtsordnung einer Seite so starke Kampfmittel zur Verfügung stelle, dass dem sozialen Gegenspieler keine gleichwertige Verhandlungschance bleibe. Soweit die Fernwirkungen eines Streiks für die kämpfenden Parteien Bedeutung gewinnen, weil sie deren Verhandlungsstärke beeinflussen, müssten sie

---

[49] Die Lösungsansätze in der Literatur sind in ihren vielfältigen Varianten kaum noch überschaubar, *MünchKommBGB/Henssler*, § 615 Rn. 113. Die klausurmäßige Bearbeitung stützt sich daher im Wesentlichen auf die Rechtsprechung des BAG.

[50] RG vom 6.2.1923 – III 93/22, RGZ 106, 272, 275 ff. – Kieler Straßenbahn.

[51] *MünchKommBGB/Henssler*, § 615 Rn. 119; *Kalb*, FS Stahlhacke, 1995, S. 213, 228.

[52] BAG vom 22.12.1980 – 1 ABR 2/79, AP Nr. 70 zu Art. 9 GG – Arbeitskampf; BAG vom 22.12.1980 – 1 ABR 76/79, AP Nr. 71 zu Art. 9 GG – Arbeitskampf. Ebenso LAG Niedersachsen vom 14.8.1987 – 15 Sa 161/85, NZA 1988, 408, 409 f.; LAG Hamburg vom 28.5.1984 – 5 TaBv 4/84, NZA 1984, 404.

berücksichtigt werden: „Insoweit kann den betroffenen Arbeitgebern das Beschäftigungs- und Lohnrisiko nicht aufgebürdet werden, weil sie sonst stärker belastet würden als die unmittelbar bestreikten Arbeitgeber. Insgesamt ergäbe sich ein wesentlicher kampftaktischer Vorteil für die Gewerkschaften. Diese könnten sich darauf beschränken, besonders wichtige Schlüsselbetriebe oder kleine Funktionseliten in einen Teilstreik zu führen, ohne die erheblichen Fernwirkungen einer solchen Kampftaktik mit Lohneinbußen erkaufen zu müssen; gleichzeitig stünden die bestreikten Arbeitgeber u.U. unter dem latenten oder sogar realen Druck der mittelbar betroffenen Arbeitgeber, den Forderungen der Gewerkschaft nachzugeben.“[53]

Das BAG stellt daher auf der Grundlage einer typisierenden Betrachtungsweise dar- **44** auf ab, inwieweit die Belastung des lediglich mittelbar betroffenen Arbeitgebers die Positionen der am eigentlichen Arbeitskampf beteiligten Parteien beeinflusst. Dies ist dann der Fall, wenn auf der Arbeitgeberseite ein Binnendruck dergestalt entstehen kann, dass die lediglich mittelbar betroffenen Arbeitgeber Druck auf die kampfführenden Unternehmen ausüben, den Arbeitskampf möglichst rasch zu beenden. Eine solche Drucksituation entsteht, wenn sowohl das unmittelbar wie das mittelbar kampfbetroffene Unternehmen derselben Branche, wenn auch in unterschiedlichen Tarifgebieten, angehören und eine verbandsmäßige Verflechtung besteht, denn dann kann davon ausgegangen werden, dass die mittelbar betroffenen Arbeitgeber ihre Einflussmöglichkeiten auf den Willensbildungsprozess im Verband nutzen und auf ein schnelles Ende des Arbeitskampfes – möglicherweise wirtschaftlich zu Lasten der unmittelbar betroffenen Betriebe – drängen werden.[54]

Diese Voraussetzungen sind hier gegeben; die verbandsmäßige Verflechtung ergibt **45** sich aus der Zugehörigkeit beider beteiligter Arbeitgeberverbände zum Dachverband Gesamtmetall. Schließlich ist mit der IG Metall auch dieselbe Gewerkschaft beteiligt. Damit ist die Paritätsrelevanz der mittelbaren Streikfolgen bei der im Tarifgebiet Nordrhein-Westfalen gelegenen S für den eigentlichen Arbeitskampf in Baden-Württemberg zu bejahen. Infolgedessen war das Arbeitskampfrisiko hier grundsätzlich der Arbeitnehmerseite zuzuordnen.

3. Voraussetzungen des Entfalls der Lohnzahlungspflicht

a) Weiterbeschäftigung unmöglich oder unzumutbar

Die Weiterbeschäftigung der Arbeitnehmer muss für die S entweder wirtschaftlich **46** unzumutbar oder technisch unmöglich[55] gewesen sein[56]. Ersteres ist laut Sachverhalt der Fall.[57]

---

53 BAG vom 22.12.1980 – 1 ABR 2/79, AP Nr. 70 zu Art. 9 GG – Arbeitskampf.
54 Des Weiteren können beachtliche Fernwirkungen in den durch die mittelbare Betroffenheit gestörten Vertragsbeziehungen des Betriebs und seiner Vertragspartner, in wirtschaftlichen Abhängigkeiten zwischen dem unmittelbar und dem mittelbar betroffenen Betrieb und in mangelnden Absatzmöglichkeiten liegen, vgl. *Kissel*, § 33 Rn. 20, 129.
55 Die Beweislast für die Unvermeidlichkeit der Betriebsstilllegung trägt der Arbeitgeber.
56 Dies unterscheidet die Stilllegung des nur mittelbar betroffenen Betriebs von der Stilllegung des unmittelbar arbeitskampfbetroffenen Betriebs, die an keine weiteren Voraussetzungen gebunden ist.
57 Hinweise für die Beurteilung dieser in der Praxis äußerst schwierigen Frage enthalten die Geschäftsanweisungen der Bundesagentur für Arbeit zum Kurzarbeitergeld, Stand: Juni 2013.

b) Keine unternehmerische Fehldisposition

47 Die Befugnis zur Betriebsstilllegung besteht nicht, wenn der Arbeitsausfall lediglich Folge unternehmerischer Fehldisposition ist. Eine solche ist hier jedoch nicht zu erkennen; insbesondere ist der Arbeitgeber nicht verpflichtet, auf Halde zu produzieren, außergewöhnliche Vorräte zu halten oder auf Ersatzlieferungen auszuweichen.

c) Beteiligung des Betriebsrats

48 Mit den Grundsätzen des Arbeitskampfrisikos ist jedoch nur der Rahmen vorgegeben, innerhalb dessen der Arbeitgeber seine Maßnahmen zur Betriebsfortführung treffen kann wie auch zur Vermeidung von Lohnkosten. „Der Arbeitskräftebedarf, der für eine absehbare Zeit innerhalb eines betrieblichen Rahmens wegfällt, darf ohne Kostenbelastung eingespart werden. Aber wie diese Vorgabe in den betrieblichen Ablauf umzusetzen ist und welche Arbeitnehmer dadurch im Ergebnis betroffen werden, ist eine Regelungsfrage, die je nach den betrieblichen Besonderheiten ggf. zahlreiche Lösungen zulässt."[58]

Daher könnte hier ein Mitbestimmungsrecht bestanden haben. Die arbeitskampfbedingte vollkommene Einstellung der Produktion mit der beabsichtigten Folge des Entfalls der Lohnansprüche könnte daher den Arbeitnehmern gegenüber unwirksam sein, da der Betriebsrat hier nicht beteiligt wurde.

aa) Mitbestimmungsrecht gemäß § 87 Abs. 1 Nr. 3 BetrVG

49 Gemäß § 87 Abs. 1 Nr. 3 BetrVG hat der Betriebsrat bei der vorübergehenden Verkürzung der Arbeitszeit mitzubestimmen. Dies gilt auch bei der Verkürzung auf Null.

bb) Arbeitskampfbedingte Einschränkung des Mitbestimmungsrechts?

50 Das Mitbestimmungsrecht könnte auch hier arbeitskampfbedingt eingeschränkt sein, wenn die Wahrnehmung der Mitbestimmung paritätsrelevant wäre.[59] Dies gilt nach der Rechtsprechung des BAG jedoch nur im unmittelbar kampfbetroffenen Betrieb; beim nur mittelbar betroffenen fehle es an der arbeitskampftypischen Konfrontation von Arbeitgeber und Belegschaft, da der Arbeitskampf, um dessen Fernwirkungen es gehe, andere Unternehmen betreffe und oft auch ein anderes Tarifgebiet.[60] Daher ist das Mitbestimmungsrecht des Betriebsrats der S nicht eingeschränkt.

cc) Umfang des Mitbestimmungsrechts

51 Voraussetzung des Mitbestimmungsrechts ist, dass für die zu regelnde Frage überhaupt noch ein Regelungsspielraum verbleibt. Wird die Arbeit wegen technischer Unmöglichkeit eingestellt, d.h. *kann* überhaupt nicht mehr weitergearbeitet werden, dann entfällt nach den Grundsätzen des Arbeitskampfrisikos der Lohnanspruch ohne Weiteres und damit auch ein Mitbestimmungsrecht.[61] Hier war jedoch (jedenfalls zunächst) ein Regelungsspielraum gegeben, da statt der vollständigen

---

[58] BAG vom 22.12.1980 – 1 ABR 76/79, AP Nr. 71 zu Art. 9 GG – Arbeitskampf.
[59] Siehe ausführlich Fall 5.
[60] BAG vom 22.12.1980 – 1 ABR 2/79, AP Nr. 70 zu Art. 9 GG – Arbeitskampf.
[61] MünchKommBGB/*Henssler*, § 615 Rn. 121.

Einstellung der Produktion auch eine Arbeitsstreckung mit lediglich verringerter Arbeitszeit möglich gewesen wäre.[62] Dabei bestimmt sich die Reichweite des Mitbestimmungsrechts wie folgt: Die grundlegende Entscheidung des „ob" der Betriebsstilllegung wird allein vom Arbeitgeber getroffen und ist mitbestimmungsfrei. Das Mitbestimmungsrecht bezieht sich aber auf die Frage der Umsetzung der Betriebsstilllegung („wie"). Der Betriebsrat hat darüber mitzubestimmen, wie die vom Arbeitgeber festgesetzte Einsparung des Arbeitskräftebedarfs in den betrieblichen Ablauf umzusetzen ist. Der dabei bestehende Regelungsspielraum betrifft etwa die Frage, ob zunächst voll weitergearbeitet oder ob der zu erwartende Arbeitskräfteüberhang zunächst durch Arbeitsstreckung ausgeglichen werden soll, ferner die abstrakte Bestimmung des betroffenen Arbeitnehmerkreises.

Die Frage der Arbeitszeitreduzierung bezieht sich auf die Art und Weise der Umsetzung und unterfällt damit dem Mitbestimmungsrecht des Betriebsrats. **52**

dd) Rechtsfolge der Verletzung des Mitbestimmungsrechts

Hier hat S den Betriebsrat nicht beteiligt. Nach der Theorie der Wirksamkeitsvoraussetzung sind den Arbeitnehmer belastende Maßnahmen, die unter Nichtbeachtung des Mitbestimmungsrechts zustande gekommen sind, individualrechtlich unwirksam.[63] Damit ist die Betriebsstilllegung gegenüber den Arbeitnehmern unwirksam. Dies gilt jedenfalls für die Tage, in denen es noch einen Regelungsspielraum gab und die vollständige Einstellung der Produktion nicht die einzige Handlungsoption für den Arbeitgeber war. Verletzt der Arbeitgeber die hier bestehenden Mitbestimmungsrechte des Betriebsrats, bleibt er zur Vergütungsfortzahlung verpflichtet.[64] **53**

Die Voraussetzungen für den Entfall des Beschäftigungs- und Lohnanspruches waren daher im konkreten Fall nicht erfüllt. **54**

IV. Weitere Voraussetzungen des Annahmeverzuges

D war zur Arbeitsleistung bereit und imstande (§ 297 BGB). Der Umstand, dass S die Nichtannahme nicht zu vertreten hat, ist irrelevant. Der Annahmeverzug setzt (mit Ausnahme des in § 299 BGB geregelten Falles) kein Verschulden des Gläubigers voraus. **55**

S befand sich daher in Annahmeverzug. **56**

V. Ergebnis

D kann von S für die Zeit, in der er aufgrund der Einstellung der Produktion nicht eingesetzt werden konnte, Zahlung seiner Vergütung verlangen. **57**

---

[62] Ist die vollständige Einstellung der Produktion dagegen die einzige Möglichkeit, entfällt mangels Regelungsspielraumes auch das Mitbestimmungsrecht. Die zunächst wegen fehlender Mitbestimmung unwirksame Maßnahme des Arbeitgebers kann im Laufe der Entwicklung wirksam werden mit der Folge, dass dann die Lohnzahlungspflicht nur *pro rata temporis* eintritt, vgl. *Kissel*, § 33 Rn. 216. A. A. *Otto*, § 16 Rn. 72, der den Arbeitgeber auf die Einigungsstelle oder den Antrag auf einstweilige Verfügung verweist.

[63] St. Rspr. seit BAG vom 19.4.1963 – 1 ABR 6/62, AP Nr. 2 zu § 56 BetrVG und ganz h. M., vgl. nur *Fitting*, § 87 Rn. 599. A. A. *Richardi/Richardi*, § 87 Rn. 104 ff.

[64] MünchKommBGB/*Henssler*, § 615 Rn. 121.

Frage 3: Streikaufruf der Gewerkschaft im Betrieb der S zur Unterstützung der in Baden-Württemberg erhobenen Forderungen

58 Die IG Metall kann zum Streik aufrufen, wenn dieser rechtmäßig ist. Problematisch ist hier jedoch, dass die Gewerkschaft in dem Tarifgebiet, in dem der Betrieb der S liegt, gar keine tariflichen Forderungen gegenüber dem dortigen Arbeitgeber(-verband) durchsetzen, sondern einen von ihr in einem anderen Tarifgebiet gegen einen anderen Kampfgegner geführten Arbeitskampf unterstützen will. Dieser sog. Sympathiearbeitskampf oder Unterstützungsarbeitskampf[65] begegnet Bedenken.

I. Friedenspflicht

59 Der Sympathiearbeitskampf könnte gegen die Friedenspflicht verstoßen. Allerdings sind für das Tarifgebiet NRW keine Tarifverträge zu der in Baden-Württemberg in Streit stehenden Frage der bezahlten Ruhepausen, aus denen sich eine Friedenspflicht ergeben könnte, abgeschlossen worden. Die aus den ehemals für Baden-Württemberg geltenden Tarifverträgen resultierende Friedenspflicht ist, wie gezeigt, infolge der Kündigung der Tarifverträge erloschen und hätte auch im Vorfeld der Kündigung nicht über das Tarifgebiet hinausgewirkt. Die tarifvertragliche Friedenspflicht ist daher nicht verletzt.[66]

II. Tariflich regelbare Forderung

60 Hier setzt die IG Metall einen Streik zur Durchsetzung tariflicher Forderungen ein, auf die der streikbetroffene Arbeitgeber bzw. dessen Verband in NRW aber überhaupt nicht reagieren kann, da von ihm der Abschluss eines Tarifvertrages überhaupt nicht gefordert wird.

1. Bisherige Rechtsprechung

61 Daher war nach früherer Rechtsprechung des BAG ein solcher Streik mangels durch den Arbeitskampfgegner tariflich erfüllbarer Forderung grundsätzlich rechtswidrig. Der Arbeitskampf sei Hilfsinstrument der Tarifautonomie; er diene dem Ausgleich sonst nicht lösbarer tariflicher Interessenskonflikte und dürfe daher nur als Instrument zur Durchsetzung tariflicher Regelungen eingesetzt werden. Mit dieser Funktion sei der reine Sympathiearbeitskampf i.d.R. nicht zu vereinbaren.[67]

62 Allerdings hielt das BAG in bestimmten Fallkonstellationen die Rechtfertigung des Sympathiestreiks für möglich, so wenn der betroffene Arbeitgeber zwar rechtlich selbstständig, wirtschaftlich betrachtet aber nur ein Betriebsteil des im Arbeitskampf befindlichen Unternehmens sei,[68] oder wenn der von der Kampfmaßnahme betroffene Arbeitgeber vorher seine „Neutralität" im Hauptarbeitskampf verletzt habe, etwa durch Übernahme der Produktion.[69]

---

[65] In Abgrenzung zum „politischen Arbeitskampf", mit dem ein Handeln des staatlichen Gesetzgebers erzwungen werden soll.

[66] Zuletzt BAG vom 19.6.2007 – 1 AZR 396/06, NZA 2007, 1055, 1059; ebenso bereits BAG vom 5.3.1985 – 1 AZR 468/83, NZA 1985, 504, 506; Wiedemann/*Thüsing*, § 1 Rn. 886.

[67] BAG vom 5.3.1985 – 1 AZR 468/83, NZA 1985, 504, 507; bestätigt in BAG vom 12.1.1988 – 1 AZR 219/86, NZA 1988, 474.

[68] BAG vom 20.12.1963 – 1 AZR 157/63, AP Nr. 34 zu Art. 9 GG – Arbeitskampf.

[69] BAG vom 5.3.1985 – 1 AZR 468/83, NZA 1985, 504, 507.

2. Neuere Rechtsprechung

Diese keinesfalls unbedenkliche, gleichwohl jedoch insgesamt noch restriktive Linie **63** hat das BAG aufgegeben und hält in einer Kehrtwendung seiner Rechtsprechung den Sympathiestreik nunmehr grundsätzlich für zulässig.[70] Auch dieser sei als koalitionsspezifische Betätigung vom Schutzbereich des Art. 9 Abs. 3 GG erfasst, denn er diene letztlich (mittelbar) ebenfalls der Durchsetzung tariflicher Forderungen. Alleiniger Prüfungsmaßstab für die Rechtmäßigkeit sei das Verhältnismäßigkeitsprinzip, wobei das BAG im Zweifel immer eine Einschätzungsprärogative der kampfführenden Gewerkschaft annimmt. Der Unterstützungsstreik sei angesichts des Umstandes, dass der betroffene Arbeitgeber die Forderungen nicht erfüllen kann, auch nicht ungeeignet, denn es gebe unabhängig von der formalen Verbandszugehörigkeit unterschiedliche „informelle, darum aber keineswegs weniger wirksame Einflussmöglichkeiten" im Wirtschaftsleben. Die Verhältnismäßigkeit i. e. S. (Proportionalität) will das BAG anhand einer Einzelfallbetrachtung feststellen. Kriterien hierbei seien: Rechtmäßigkeit des Hauptarbeitskampfes, wirtschaftliche Verflochtenheit der Arbeitgeber (insbesondere im Konzern, aber auch bei Produktions-, Dienstleistungs- und Lieferbeziehungen), Dauer und Umfang des Unterstützungsstreiks (Unverhältnismäßigkeit bei signifikanter Verlagerung des gesamten Arbeitskampfes auf den Unterstützungsstreik) sowie die Frage, ob der Unterstützungsstreik einem eigenen Arbeitskampf der Gewerkschaft oder dem einer anderen Gewerkschaft diene.

3. Stellungnahme

Teile des Schrifttums[71] hatten bisher schon die Zulässigkeit des Sympathiestreiks ver- **64** treten und dies mit Art. 6 Nr. 4 ESC begründet, dem keine Begrenzung auf tariflich regelbare Ziele zu entnehmen sei.[72] Auch der Gedanke der Solidarität und der Kampfparität wird herangezogen: Angesichts der vielfachen Verflechtungen wirtschaftlicher Art verkenne die Beschränkung der Zulässigkeit des Arbeitskampfes auf den unmittelbaren tariflichen Gegenüber die gesamtwirtschaftlichen Zusammenhänge und beeinträchtige die Arbeitskampfparität der Arbeitnehmerseite im unmittelbaren und damit maßgeblichen Kampfgeschehen, was nur durch die Möglichkeit von tarifgebietsübergreifenden Kampfmaßnahmen ausgeglichen werden könne.[73]

Demgegenüber spricht für die Unzulässigkeit des Sympathiearbeitskampfes, dass **65** der Streik Hilfsmittel zur Sicherung der Tarifautonomie ist; dies hat auch das BVerfG ausdrücklich klargestellt.[74] Als solcher muss er dort seine Grenze finden, wo mangels Reaktionsmöglichkeit des betroffenen Arbeitgebers auf die Forderungen der Gewerkschaft auch die Tarifautonomie gar nicht mehr ausgeübt werden kann („wirtschaftliche Geiselnahme") und damit der Schutzbereich des Art. 9 Abs. 3 GG

---

[70] BAG vom 19.6.2007 – 1 AZR 396/06, NZA 2007, 1055, 1056, insbesondere 1059 ff.

[71] Däubler/*Bieback,* AKR, Rn. 373; *Birk,* Die Rechtmäßigkeit gewerkschaftlicher Unterstützungsmaßnahmen, 1978, S. 27, 64.

[72] ArbG Gelsenkirchen vom 13.3.1998 – 3 Ca 3173/97, AuR 1998, 427 f.; *Däubler,* AuR 1998, 144, 145.

[73] ArbG Gelsenkirchen vom 13.3.1998 – 3 Ca 3173/97, AuR 1998, 427 f.; *Wohlgemuth,* AuR 1980, 33, 38.

[74] BVerfG vom 26.6.1991 – 1 BvR 779/85, NZA 1991, 809; BVerfG vom 4.7.1995 – 1 BvF 2/86 u. a., NZA 1995, 754, 755; BVerfG vom 10.9.2004 – 1 BvR 1191/03, NZA 2004, 1338, 1339.

nicht mehr tangiert ist. Art. 9 Abs. 3 GG – so das BVerfG – gewährleistet nicht die uneingeschränkte Befugnis, alle denkbaren Kampfformen einzusetzen.[75] Insbesondere bedeutet die Arbeitskampfmittelfreiheit auf keinen Fall die Freiheit, ein von der Rechtsordnung als unzulässig eingestuftes Kampfmittel eigenmächtig zu einem zulässigen zu erklären.[76]

66 Der Hinweis der Gegenansicht auf die Europäische Sozialcharta geht fehl, denn auch diese erkennt das Recht auf kollektive Maßnahmen nur an, „um die wirksame Ausübung des Rechts auf Kollektivverhandlungen zu gewährleisten" (Art. 6 einleitender Satzteil ESC) – das aber ist die Verhandlung um „Gesamtarbeitsverträge" (Art. 6 Nr. 2 ESC), wodurch der Bezug zum Tarifvertrag hergestellt ist.[77] Dem Hinweis auf die zunehmende wirtschaftliche Verflechtung ist entgegenzuhalten, dass diese einer gewerkschaftlichen Strategie i.S.e. Paritätsstörung keineswegs nur hinderlich, sondern oft auch von Vorteil ist (Pilotabschlüsse, Schwerpunktstreiks etc.).[78] Auch die bislang von der Rechtsprechung zugelassenen Ausnahmen sind abzulehnen. Eine wie auch immer bestehende wirtschaftliche Verflechtung der Arbeitskampfparteien rechtfertigt nicht den Sympathiearbeitskampf. Sie vermittelt, wenn nicht die unmittelbar und mittelbar streikbetroffenen Unternehmen in einen Konzernverbund i.S.d. §§ 15ff. AktG eingebettet sind, keinen Anspruch des vom Sympathiearbeitskampf betroffenen Unternehmens auf Einflussnahme gegenüber dem in den Hauptarbeitskampf involvierten Arbeitgeber.[79] Wird dennoch Einfluss genommen, verletzt dies i.d.R. die Leistungstreuepflicht,[80] die aus den zwischen den Unternehmen geschlossenen, die wirtschaftliche Verflechtung begründenden Austauschverträgen resultiert. Denn kommt es infolge der Beeinflussung zum Abschluss oder zur Änderung eines Tarifvertrages, ändert sich typischerweise die Kalkulationsgrundlage, auf der das beeinflusste Unternehmen die genannten Austauschverträge abgeschlossen hat. Auch kann eine unberechtigte Einflussnahme mit dem Ziel, ein Unternehmen zum Abschluss eines Tarifvertrages zu bewegen, einen Verstoß gegen die Vorgaben der §§ 19, 20 GWB darstellen, wenn es sich bei dem Einfluss nehmenden Arbeitgeber um ein marktstarkes Unternehmen handelt. Maßgeblich für die Bestimmung der Zulässigkeit eines Unterstützungsarbeitskampfes muss deshalb vielmehr, wenn nicht ausnahmsweise ein Fall der Konzernierung gegeben ist, der Geltungsbereich des umkämpften Tarifvertrages bleiben: denn entweder ist diese Verbindung so eng, dass der umkämpfte Tarifvertrag auch im Betrieb des in den „Sympathiearbeitskampf" einbezogenen Arbeitgebers gilt – mit der Folge, dass es keines Unterstützungsstreikes mehr bedarf – oder die Geltung des Tarifvertrages erstreckt sich nicht auf den weiteren Betrieb, dann kann dort mittels eines „normalen" Arbeitskampfes die Erstreckung tariflicher Regeln durchgesetzt werden.[81] Im Übrigen ist eine „Neutralitätspflicht" Dritter gegenüber den Parteien des

---

[75] BVerfG vom 26.6.1991 – 1 BvR 779/85, NZA 1991, 809, 811.

[76] *Wank,* RdA 2009, 1, 3.

[77] *Kissel,* § 24 Rn. 34.

[78] *Kissel,* § 24 Rn. 39.

[79] Hierzu und zum Folgenden *Bieder,* NZA 2008, 799, 801 f. m.w.N.

[80] Gemeint ist die Pflicht jedes Schuldners, alles zu tun, um den vertraglich angestrebten Erfolg vorzubereiten, herbeizuführen und zu sichern sowie umgekehrt, alles zu unterlassen, was den Eintritt dieses Erfolges gefährdet. Vgl. dazu nur BGH vom 28.4.1982 – IV a ZR 8/81, NJW 1983, 998; Palandt/*Grüneberg,* § 242 Rn. 27.

[81] *Kissel,* § 24 Rn. 46.

Hauptarbeitskampfs, deren Verletzung einen Unterstützungsstreik bereits nach der älteren Rechtsprechung rechtfertigen soll, dem geltenden Recht unbekannt.[82] Insbesondere überzeugt es nicht, eine Verletzung der Neutralitätspflicht bereits dann anzunehmen, wenn ein Dritter während des Hauptarbeitskampfs die Produktion des bestreikten Unternehmens übernimmt. Derartige Produktionsverlagerungen sind im Regelfall wesensmäßige Konsequenz des arbeitskampfbedingten Produktionsausfalls und damit Folge des normalen Wettbewerbs. Der Sympathiearbeitskampf ist daher in der vorliegenden Konstellation mangels tariflich regelbarer Forderung unzulässig.

Daran ist auch weiterhin und trotz der nunmehr geänderten Rechtsprechung des **67** BAG festzuhalten.

Mangels tariflich regelbarer Forderung wäre der Streik daher rechtswidrig. **68**

III. Ergebnis

Die IG Metall könnte nicht zu einem Streik im Betrieb der S zur Unterstützung des **69** in Baden-Württemberg geführten Arbeitskampfes aufrufen.

---

[82] Im Detail hierzu *Bieder,* NZA 2008, 799, 802 f. m. w. N.

Fall 7. Flashmob

Nach BAG vom 22.9.2009 – 1 AZR 972/08, NZA 2009, 1347; BVerfG vom 26.3.2014 – 1 BvR 3185/09, NZA 2014, 493.

Sachverhalt

Der zwischen dem zuständigen Arbeitgeberverband und der Gewerkschaft ver.di geschlossene Entgelttarifvertrag für den Berliner Einzelhandel ist abgelaufen. Nachdem die Verhandlungen über einen neuen Tarifvertrag bisher zu keinem Ergebnis geführt haben, ruft die Gewerkschaft ver.di zum Streik in verschiedenen Betrieben auf. Da der Streikaufruf aufgrund des geringen gewerkschaftlichen Organisationsgrades aber wirkungslos bleibt, veröffentlicht ver.di folgenden Aufruf auf ihrer Homepage:

„Hast Du Lust, Dich an Flashmob-Aktionen zu beteiligen? Gib uns Deine Handy-Nummer und dann lass uns zu dem per SMS gesendeten Zeitpunkt zusammen in einer bestreikten Filiale, in der Streikbrecher arbeiten, gezielt einkaufen gehen, z. B. so:

– Viele Menschen kaufen zur gleichen Zeit einen Cent-Artikel und blockieren damit für längere Zeit den Kassenbereich.
– Viele Menschen packen zur gleichen Zeit ihre Einkaufswagen voll (bitte keine Frischware!!) und lassen sie dann stehen."

Nachdem ver.di dies auch in der Presse und bei öffentlichen Kundgebungen propagiert hat, führt die Gewerkschaft im Supermarkt der B-GmbH eine Flashmob-Aktion durch: 40 kurzfristig per SMS zusammengerufene Personen, von denen einige ver.di-Sticker tragen, betreten gleichzeitig den Supermarkt, nachdem kurz zuvor zwei Aktivisten ein Flugblatt mit einem Streikaufruf an den Backofen in der Filiale geklebt haben. Zum einen kaufen sie dort sog. Cent-Artikel, deren Einscannen durch die Kassiererinnen lange Zeit in Anspruch nimmt, so dass sich an den Kassen lange Warteschlangen bilden. Zum anderen befüllen sie etwa 40 Einkaufswagen und lassen diese dann ohne Begründung oder mit dem Vorwand, das Geld vergessen zu haben, in den Gängen oder im Kassenbereich stehen. Dabei handelt es sich in einigen Fällen auch um Tiefkühlware, die anschließend entsorgt werden muss. Die Aktion dauert ca. eine Stunde, in der ein normaler Geschäftsbetrieb nicht mehr möglich ist; das Zurückräumen der Ware nimmt danach weitere drei Stunden in Anspruch.

Diese Aktion führt im Unternehmen zu heftigen Diskussionen. Die Geschäftsleitung wendet sich an den Arbeitgeberverband mit der Bitte, hier tätig zu werden, da ver.di angekündigt hat, in Zukunft weiterhin ähnliche Aktionen zu organisieren. C, der Mitglied des bei der B gebildeten Betriebsrats und der Gewerkschaft ver.di ist, unterstützt dagegen das Vorgehen von ver.di offensiv. Er verteilt Flugblätter, in denen er ohne entsprechenden Gewerkschafts- bzw. Betriebsratsbeschluss zu weiteren Aktionen und Arbeitsniederlegungen im Namen des Betriebsrats – allerdings erfolglos – aufruft. Wegen eines solchen Aufrufes zum Streik war C vor seiner Amtszeit als Betriebsrat bereits einmal abgemahnt worden. Als die Geschäftsleitung davon erfährt, prüft sie, ob C sein Amt als Betriebsratsmitglied entzogen werden kann. Zugleich leitet sie umgehend die fristlose, hilfsweise ordentliche Kündigung des C ein und hört den Betriebsrat an; dieser widerspricht der Kündigung bereits am nächsten Tag. Die Geschäftsleitung zögert nun, ob sie die Kündigung gleichwohl aussprechen soll.

1. Kann der Arbeitgeberverband von ver.di verlangen, derartige Flashmob-Aktionen künftig zu unterlassen?
2. Was kann die Geschäftsleitung unternehmen, um C seines Amtes als Betriebsratsmitglied zu entheben?
3. Wäre eine nunmehr ausgesprochene Kündigung des C wirksam? Was müsste die Arbeitgeberin ggf. unternehmen?

Die Prüfung der Zulässigkeit gerichtlicher Anträge ist nicht erforderlich.

Gliederung

Lösung

Frage 1: Anspruch des Arbeitgeberverbandes gegen die Gewerkschaft ver.di auf Unterlassung, künftig zu Flashmob-Aktionen aufzurufen, aus § 1004 Abs. 1 S. 2 analog i.V.m. § 823 Abs. 1 BGB, Art. 9 Abs. 3 GG

I. Aktivlegitimation des Arbeitgeberverbandes und verletztes Recht

1 Arbeitgeberverbände haben nach gefestigter Rechtsprechung einen eigenen Anspruch auf Unterlassung rechtswidriger Arbeitskampfmaßnahmen gegen ihre Mitglieder aus § 1004 Abs. 1 S. 2 i.V.m. § 823 Abs. 1 BGB, Art. 9 Abs. 3 GG. Das Doppelgrundrecht des Art. 9 Abs. 3 GG schützt die Freiheit einer Koalition in ihrem Bestand, ihrer organisatorischen Ausgestaltung und koalitionsspezifischen Betätigung. Durch rechtswidrige Arbeitskampfmaßnahmen wird das Recht der gegnerischen Koalition auf koalitionsmäßige Betätigung verletzt. Diese kann daher aus eigenem Recht auf Unterlassung klagen.[1] Voraussetzung ist, dass die Flashmob-Aktion rechtswidrig war.[2]

II. Rechtmäßigkeit der Arbeitskampfmaßnahme

2 Die Rechtmäßigkeit des Flashmobs als Arbeitskampfmaßnahme bestimmt sich nach folgenden Voraussetzungen.

1. Tariflich regelbares Ziel

3 Die deutsche Rechtsordnung gewährleistet den Arbeitskampf aufgrund seiner Hilfsfunktion für die Tarifautonomie.[3] Deshalb darf er nur als Instrument zur Erzwingung rechtmäßiger tariflicher Regelungen eingesetzt werden; er muss also auf ein tariflich regelbares Ziel gerichtet sein. Entgelte sind tariflich regelbare Gegenstände (§ 1 Abs. 1 TVG). Ein darauf gerichteter Arbeitskampf ist – bei Einhaltung der übrigen Rechtmäßigkeitsvoraussetzungen – möglich.

2. Beachtung der Friedenspflicht

4 Jedem Tarifvertrag wohnt die schuldrechtliche Verpflichtung der Tarifvertragsparteien inne, während der Laufzeit des Tarifvertrages Arbeitskampfmaßnahmen über im Tarifvertrag enthaltene Angelegenheiten zu unterlassen.[4] Diese Friedenspflicht bestand hier nicht mehr, da der Vorgängertarifvertrag beendet war.

---

1 ErfK/*Linsenmaier*, Art. 9 GG Rn. 231 m.w.N.

2 Das BAG (vom 22.9.2009 – 1 AZR 972/08, NZA 2009, 1347) hat dies in einer heftig kritisierten Entscheidung verneint. In der klausurmäßigen Bearbeitung wurde hier das übliche Schema zur Prüfung der Rechtmäßigkeit einer Arbeitskampfmaßnahme beibehalten, dieses weicht daher im Aufbau von den Urteilsgründen des BAG ab, das alle Fragen allein unter dem Obersatz der Verhältnismäßigkeit subsumiert (zur Kritik daran siehe unten Rn. 24 ff.).

3 BAG (GS) vom 21.4.1971 – GS 1/68, NJW 1971, 1668, 1669; BAG vom 7.6.1988 – 1 AZR 372/86, NZA 1988, 883; BAG vom 5.3.1985 – 1 AZR 468/83, NZA 1985, 504; *Kissel*, § 24 Rn. 2.

4 *Kissel*, § 26 Rn. 1 ff.; BAG vom 27.6.1989 – 1 AZR 404/88, AP Nr. 113 zu Art. 9 GG – Arbeitskampf; BAG vom 21.12.1982 – 1 AZR 411/80, AP Nr. 76 zu Art. 9 GG – Arbeitskampf.

3. Arbeitskampfmaßnahme zwischen Tarifvertragsparteien

Es ist aber fraglich, ob es sich beim Flashmob überhaupt um eine Arbeitskampf- **5** maßnahme handelt. Denn anders als beim klassischen Streik ist sein Inhalt nicht die „passive" Arbeitsniederlegung durch die Arbeitnehmer des bestreikten Betriebs, sondern er ist auf die aktive Störung betrieblicher Abläufe unter gewollter Beteiligung betriebsfremder Dritter gerichtet.

Das BAG geht hier von einer umfassend durch Art. 9 Abs. 3 GG gewährleiste- **6** ten Kampfmittelfreiheit aus: es gebe keinen historisch gewachsenen *numerus clausus* der Arbeitskampfmittel. Vielmehr entschieden zunächst die Koalitionen, welche Kampfmittel sie zur Durchsetzung ihrer Forderungen einsetzen wollten. Deshalb sei auch der Flashmob eine koalitionsspezifische Betätigung. Der Schutzbereich des Art. 9 Abs. 3 GG sei zudem nicht dadurch versperrt, dass sich an der Aktion Dritte beteiligen könnten: denn für die Einordnung als Arbeitskampfmaßnahme komme es nicht auf die individuelle Motivation der Teilnehmer, sondern auf das von der Gewerkschaft verfolgte Ziel an.[5] Es handelt sich nach Auffassung des BAG somit auch um einen Arbeitskampf zwischen Tarifvertragsparteien, da Kampfgegner der Arbeitgeberverband war.

Dem ist jedoch Folgendes entgegenzuhalten: Es ist schon zweifelhaft, ob es sich um **7** eine von der Gewerkschaft getragene Maßnahme handelt. Zwar gehen Streik- und Flashmob-Aufruf von dieser aus. Durch die öffentliche Aufforderung zur Teilnahme gibt die Gewerkschaft aber das Heft aus der Hand; anders als beim Aufruf nach ihrer Anzahl genau bekannter Arbeitnehmer ist eine nachträgliche Beschränkung der Teilnahme betriebsfremder Dritter – und eine nur ansatzweise Kontrolle deren Handelns (siehe dazu unten Rn. 22) – nicht möglich. Von einem gewerkschaftlich gesteuerten Arbeitskampf kann daher mangels Steuerbarkeit nicht die Rede sein.[6]

Schon seiner Struktur nach ist der Flashmob außerdem keine Maßnahme des Ar- **8** beitskampfes. Die passive Zurückhaltung der eigenen Arbeitsleistung verhindert beim Streik die ordnungsgemäße Durchführung der arbeitsvertraglichen Beziehungen durch Suspendierung der vertraglichen Rechte und Pflichten. Die Eigentumsordnung bleibt aber unangetastet.[7] Daher sind Betriebsblockaden, -besetzungen und -sabotagen nach allgemeiner Meinung[8] *per se* keine zulässigen Arbeitskampfmaßnahmen, und zwar unabhängig von ihrer Dauer. Nichts anderes ist aber der Flashmob: indem der Verkaufsraum durch stehengelassene Einkaufswagen bzw. die Kasse durch nicht kaufwillige Aktivisten versperrt wird, wird Kunden der Einkauf und dem Unternehmen der Warenverkauf unmöglich gemacht. Hinzu kommt, dass sich die Aktion nicht in ihrer Blockadewirkung „erschöpft", da auch noch nach Abzug der Aktionsteilnehmer unmittelbare wirtschaftliche Schäden angerichtet werden: denn das Wiedereinräumen vorsätzlich stehengelassener Ware kostet den Arbeitgeber Zeit und Geld.[9] Die Argumentation des BAG, eine Blockade liege hier nicht vor, weil der Betrieb nicht „nachhaltig" abgesperrt gewesen sei,[10] ist wie ge-

---

[5] BAG vom 22.9.2009 – 1 AZR 972/08, NZA 2009, 1347, 1350 f.

[6] *Willemsen/Mehrens*, Anm. zu AP Nr. 174 zu Art. 9 GG – Arbeitskampf.

[7] *Rieble*, NZA 2008, 796, 797.

[8] BAG vom 21.6.1988 – 1 AZR 653/86, NZA 1988, 884; *Otto*, § 11 Rn. 5; *Kissel*, § 61 Rn. 106.

[9] *Willemsen/Mehrens*, Anm. zu AP Nr. 174 zu Art. 9 GG – Arbeitskampf.

[10] BAG vom 22.9.2009 – 1 AZR 972/08, NZA 2009, 1347, 1354.

zeigt irrelevant (ganz abgesehen von der Zweifelhaftigkeit dieser Aussage), da es auf die Dauer der Blockade gerade nicht ankommt.

9 Es handelt sich hier daher schon im Ansatz nicht um eine potentiell rechtmäßige Arbeitskampfmaßnahme, sondern um eine unzulässige Betriebsblockade.

4. Arbeitskampfparität

10 Die dem Tarifvertrag innewohnende Richtigkeitsgewähr setzt ein Gleichgewicht der Verhandlungspartner voraus; dadurch soll sichergestellt werden, dass möglichst gleiche Verhandlungschancen bestehen und nicht eine Seite der anderen ihren Willen aufzwingen kann. Ist diese Arbeitskampfparität nicht gewahrt, ist die Arbeitskampfmaßnahme unzulässig.[11]

11 Das BAG führt in der Flashmob-Entscheidung zunächst vollkommen zutreffend aus, dass es von Bedeutung sei, ob das Kampfmittel mit eigenen Opfern des Angreifers verbunden sei und ob dem Gegner effektive Verteidigungsmöglichkeiten zur Verfügung stünden: „Ein Arbeitskampfmittel, das frei von eigenen Risiken eingesetzt werden kann und zugleich dem Gegner keine Verteidigungsmöglichkeiten lässt, gefährdet typischerweise die Verhandlungsparität."[12]

12 Beim Flashmob müssen die Aktivisten nicht Arbeitnehmer des bestreikten Betriebes sein; er ist durch den Aufruf im Internet und auf öffentlichen Kundgebungen gerade darauf angelegt, Betriebsfremde einzubeziehen. Anders als Arbeitnehmer des betroffenen Betriebes, die bei Streikteilnahme ihren Vergütungsanspruch verlieren, sind „Berufsaktivisten" durch die Teilnahme an der Aktion also keinerlei eigenem wirtschaftlichen Risiko ausgesetzt. Durch die gezielte Einbeziehung Dritter, denen jede Nähe zum Arbeitskampfgeschehen fehlt, könnte die Gewerkschaft ihre Kampfbasis deshalb unbegrenzt und vor allem risikolos erweitern. Der Arbeitskampf ist seiner Natur nach aber dadurch geprägt, dass er auf beiden Seiten zu finanziellen Einbußen führt. Die Arbeitgeberseite wird durch Ausbleiben der Arbeitsleistung, die Arbeitnehmerseite durch Lohnausfall bzw. die Zahlung von Streikgeld belastet. Dadurch stehen beide Seiten unter dem Druck, möglichst bald ein Ende des Arbeitskampfes durch die Einigung auf ein für beide Seiten vertretbares Ergebnis herbeizuführen. Kann aber eine Seite den Arbeitskampf ohne *jegliches* Opfer und damit im Grunde unbegrenzt führen, ist die Verletzung der Parität geradezu evident.[13]

13 Dem steht auch nicht entgegen, dass der ursprüngliche Streikaufruf mangels Mobilisierung von Mitgliedern wirkungslos blieb. Die Mobilisierung von Arbeitnehmern zur Streikteilnahme ist Aufgabe der Koalition und ihrer Mitglieder.[14] Der Staat ist im Arbeitskampf zur Neutralität verpflichtet und nicht dazu, Disparitäten auszugleichen, die nicht strukturell bedingt sind, sondern auf inneren Schwächen einer Koalition beruhen.[15] Er kann den politisch für richtig und erforderlich gehaltenen Mindestschutz der Arbeitnehmer z. B. durch einen gesetzlichen Mindestlohn reali-

---

[11] Dazu *Kissel*, § 32.

[12] BAG vom 22.9.2009 – 1 AZR 972/08, NZA 2009, 1347, 1352.

[13] *Willemsen/Mehrens*, Anm. zu AP Nr. 174 zu Art. 9 GG – Arbeitskampf.

[14] So zutr. BAG vom 15.10.2013 – 1 ABR 31/12, NZA 2014, 319; BAG vom 24.4.2007 – 1 AZR 252/06, NZA 2007, 987, 993.

[15] BVerfG vom 4.7.1995 – 1 BvF 2/86 u. a., BVerfGE 92, 365, 396.

sieren, er muss aber nicht zugunsten einer Gewerkschaft solange weitere Eskalationsstufen legitimieren, bis diese irgendwann mit der gebotenen Schützenhilfe die Chance hat, eine Tarifforderung durchzusetzen.[16] Insofern ist auch die vom BAG in der Flashmob-Entscheidung gebrauchte Formulierung des „streik*begleitenden*" Flashmob irreführend: es gab hier keinen Hauptstreik (mehr), sondern der Flashmob trat an die Stelle des – sich als wirkungslos erweisenden – Aufrufes zum Streik. Zudem stellt sich bei einer Gewerkschaft, die darauf angewiesen ist, sich zur Druckausübung im Arbeitskampf der Hilfe Dritter zu bedienen, bei genauem Hinsehen sogar die Frage der Tariffähigkeit, da diese die hinreichende soziale Mächtigkeit und Durchsetzungsfähigkeit der betreffenden Koalition voraussetzt.[17]

Gleichwohl sieht das BAG die Parität hier nicht als verletzt an, da dem Arbeitgeber **14** wirksame Verteidigungsmöglichkeiten zur Verfügung stünden: die Betriebsstilllegung und die Ausübung seines Hausrechts. Dem Einwand, dass damit genau das Kampfziel erreicht wird, obwohl der eigentliche Streikaufruf zunächst wirkungslos war, tut das BAG mit dem Hinweis ab, dies ändere nichts daran, dass der betroffene Arbeitgeber die Flashmob-Aktion beenden und die Folgen durch Zurückräumen der Ware unschwer beseitigen könne.[18]

Auch dieser Beurteilung kann jedoch nicht gefolgt werden. Dem Arbeitgeber stehen **15** anders als vom BAG angenommen gerade keine wirksamen Gegenmaßnahmen zur Verfügung. Die Ausübung des Hausrechts durch wenige Angestellte, denen i.d.R. vermutlich zudem die interne Entscheidungskompetenz fehlt, gegenüber einer zahlenmäßig ungleich größeren koordiniert handelnden Menschenmenge wird sich praktisch zumeist nicht ohne Zuhilfenahme der Polizeigewalt durchsetzen lassen, deren Einsatz schon grundsätzlich fraglich und wenn überhaupt nur mit zeitlicher Verzögerung zu erreichen ist.[19] Die Ausübung des Hausrechts ist aber vor allem deshalb kein wirksames Verteidigungsmittel, weil sie zu nichts anderem führt als dazu, das von den Aktionsteilnehmern erstrebte Ergebnis zu erzielen: die Lahmlegung des Geschäftsbetriebes.

Gleiches gilt für die vom BAG anempfohlene Betriebsstilllegung. Diese ermöglicht **16** dem Arbeitgeber eines streikbetroffenen Betriebes, sich auch gegenüber den arbeitswilligen Arbeitnehmern von seiner Lohnzahlungspflicht zu befreien und dadurch Druck auf die Gegenseite aufzubauen.[20] Der durch den Flashmob betroffene Einzelhändler ist aber durch die Betriebsstilllegung nicht nur am Verkauf von Waren gehindert, was nicht Verteidigung, sondern Kapitulation ist, da dies genau das von der Gewerkschaft erstrebte Ergebnis wäre. Hinzu käme, dass er durch die Suspendierung der Arbeitsverhältnisse der arbeitswilligen Filialmitarbeiter noch nicht einmal in der Lage wäre, diese zur Beseitigung der Folgen – des angerichteten Chaos im Verkaufsraum – einzusetzen.[21] Daher setzt sich das BAG zu seiner eigenen Argumentation in Widerspruch, wenn es ausführt, der Arbeitgeber könne „die Fol-

---

16 *Otto*, RdA 2010, 135, 139.

17 *Lembke*, NZA 2014, 471. Zur sozialen Mächtigkeit als Voraussetzung der Tariffähigkeit siehe ausführlich Fall 2 Rn. 33 ff.

18 BAG vom 22.9.2009 – 1 AZR 972/08, NZA 2009, 1347, 1354.

19 *Willemsen/Mehrens*, Anm. zu AP Nr. 174 zu Art. 9 GG – Arbeitskampf.

20 Siehe ausführlich Fall 6 Rn. 24 ff.

21 *Willemsen/Mehrens*, Anm. zu AP Nr. 174 zu Art. 9 GG – Arbeitskampf.

gen der Betriebsstörung durch das Zurückräumen der Waren aus den befüllten Einkaufswagen unschwer beseitigen"[22] – mit Arbeitnehmern, deren arbeitsvertragliche Hauptpflichten er gerade durch Betriebsstilllegung suspendiert hat, kann er es jedenfalls nicht.

17 Eine Arbeitskampfparität besteht daher bei einem Flashmob, der im Wesentlichen mit Hilfe betriebsfremder Dritter durchgeführt wird, gerade nicht.

5. Wahrung der Rechtsordnung

18 Auch der Arbeitskampf ändert nichts an der Strafbarkeit bestimmter Verhaltensweisen, wie Sachbeschädigung und Hausfriedensbruch. Betriebsbesetzungen und Blockaden sind des Weiteren – jedenfalls nach bisher ganz h.M. – nicht durch Art. 9 Abs. 3 GG legitimiert.[23] Ein Streik gibt den Arbeitnehmern das Recht, ihre Arbeit einzustellen, aber nicht, das Eigentum des Arbeitgebers zu zerstören oder ihm wie in der vorliegenden Fallgestaltung die Nutzungs- und Verfügungsbefugnis zu entziehen[24] und es für Arbeitskämpfe in Anspruch zu nehmen.[25] Arbeitskampfmaßnahmen müssen die Eigentumsrechte des Arbeitgebers achten und sich innerhalb der Grenzen der Strafgesetze halten; dagegen verstoßende Maßnahmen sind rechtswidrig.[26] Daher hält sich der Flashmob, bei dem es sich wie gezeigt in der Sache um eine Betriebsblockade handelt, schon aus diesem Grund nicht im Rahmen der Rechtsordnung.

19 Zudem könnte der Flashmob aufgrund der von Teilnehmern begangenen Straftaten als rechtswidrig zu beurteilen sein. Hier kommen bzgl. der verdorbenen Tiefkühlkost Sachbeschädigung nach § 303 Abs. 1 StGB und wegen der Blockade im Verkaufsraum Nötigung gemäß § 240 StGB und Hausfriedensbruch gemäß § 123 Abs. 1 StGB in Betracht.

20 Grundsätzlich gilt, dass Straftaten, die lediglich *anlässlich* eines Arbeitskampfes begangen wurden, aber nicht von den Arbeitskampfparteien intendiert waren (Exzesse), einen an sich rechtmäßigen Arbeitskampf nicht rechtswidrig werden lassen.[27]

21 Das BAG stellt sich hier auf den Standpunkt, ein Hausfriedensbruch sei nicht begangen worden, da dieser eine erfolglose Aufforderung des Hausrechtsinhabers, sich zu entfernen, voraussetze, weil bei einem Supermarkt von einem grundsätzlichen Betretungsrecht aller Menschen auszugehen sei. Sachbeschädigungen (z.B. verdorbene Frisch-/Tiefkühlware) wären ein unbeachtlicher Exzess der Aktionsteilnehmer,

---

[22] BAG vom 22.9.2009 – 1 AZR 972/08, NZA 2009, 1347, 1354. Treffend *Otto,* RdA 2010, 135, 144: „Eine Selbstschädigung in Form der Ladenschließung zur wirksamen Verteidigungsmöglichkeit zu erklären, obwohl das BAG einräumt, dass die Betriebsstilllegung dann genau zu dem Ergebnis führt, das die Gewerkschaft [...] zu erreichen versuchte, dürfte für den betroffenen Arbeitgeber zynisch klingen und überfordert sicher nicht nur mein Gerechtigkeitsempfinden."

[23] Siehe oben Fn. 8.

[24] *Säcker,* NJW 2010, 1115, 1117: „Art. 9 III GG ist kein ‚trojanische Pferd', das die gezielte Verletzung fremden Eigentums legitimiert."

[25] Daher hat das BAG (vom 15.10.2013 – 1 ABR 31/12, NZA 2014, 319) jüngst völlig zu Recht entschieden, dass der Arbeitgeber nicht die Nutzung des ausschließlich zu dienstlichen Zwecken zur Verfügung gestellten Intranets für einen Streikaufruf zu dulden hat.

[26] MünchKommBGB/*Wagner,* § 823 Rn. 285.

[27] *Kissel,* § 47 Rn. 5.

da diese ausdrücklich nicht vom Streikaufruf erfasst waren. § 240 Abs. 1 StGB sei schon deshalb nicht erfüllt, weil rechtmäßige Arbeitskampfmaßnahmen keine Nötigung seien. Das BAG kommt daher zum Ergebnis, dass Straftaten entweder nicht begangen worden seien oder jedenfalls nicht der gesamten Maßnahme das Gepräge der Rechtswidrigkeit verliehen.[28]

Das BAG lässt hier jedoch eine Fülle von Gesichtspunkten unbeachtet. Wenn nach **22** gefestigter Rechtsprechung einzelne im Laufe eines Streiks geschehene Exzesse nicht den ganzen Arbeitskampf rechtswidrig werden lassen, so mag dies für den Fall der passiven, allenfalls mit Kundgebungen verbundenen, Arbeitsniederlegung noch hinnehmbar sein. Der Flashmob ist jedoch auf diese Exzesse geradezu angelegt: durch den öffentlichen Aufruf betriebsfremder Dritter, die auch im Falle der Begehung von Straftaten keinerlei arbeitsrechtliche (und aufgrund der Anonymität wohl auch keine strafrechtlichen) Konsequenzen zu befürchten haben, hat die Gewerkschaft überhaupt keine Möglichkeit der Kontrolle, weder über die Anzahl noch über das Verhalten der Teilnehmer. Dieses unkalkulierbare Exzessrisiko ist unabhängig davon, ob es sich später realisiert, schon bei der abstrakten Rechtmäßigkeitskontrolle zu berücksichtigen.[29] Es kann nicht dadurch vermieden werden, dass die Gewerkschaft die Teilnehmer auffordert, keine Frischware zu entnehmen, wenn sie überhaupt keine Möglichkeit hat, auf das Verhalten der Aktionsteilnehmer steuernd einzuwirken. Die Annahme, § 240 Abs. 1 StGB sei nicht erfüllt, da rechtmäßige Arbeitskampfmaßnahmen keine Nötigung seien, ist ein Zirkelschluss, denn die Frage der Rechtmäßigkeit der Maßnahme ist ja gerade die zu prüfende.

Im Ergebnis kann also nicht davon ausgegangen werden, dass sich die Flashmob- **23** Aktion im Rahmen der Rechtsordnung bewegt.

6. Verhältnismäßigkeit

Zentraler Maßstab zur Prüfung der Rechtmäßigkeit einer Arbeitskampfmaßnahme **24** ist nach Ansicht des BAG der Verhältnismäßigkeitsgrundsatz.

Geeignet ist ein Kampfmittel, wenn durch seinen Einsatz die Durchsetzung des **25** Kampfzieles gefördert werden kann. Die Erforderlichkeit besteht, wenn keine milderen Mittel zur Verfügung stehen. Da die Rechtsprechung bei beiden Punkten eine Einschätzungsprärogative der Gewerkschaft annimmt, sind kaum noch Fälle denkbar, in denen ein Kampfmittel nicht geeignet oder erforderlich wäre. Auf Basis des BAG-Ansatzes ist daher letztlich allein die Verhältnismäßigkeit im engeren Sinne (Proportionalität) zu prüfen. Das BAG verneint unter dem Gesichtspunkt der Verhältnismäßigkeit in diesem Zusammenhang eine Verletzung der Arbeitskampfparität (siehe oben Rn. 14). Auch im Übrigen sei der Flashmob nicht unverhältnismäßig. Da es sich um eine gewerkschaftlich getragene Aktion handele, sei diese zuverlässig beherrschbar und stehe nicht in Gefahr, durch nicht beeinflussbare Dritte außer Kontrolle zu geraten. Die vom Gebot der fairen Kampfführung geforderte Erkennbarkeit der Maßnahme für den Angegriffenen sei ebenso gewährleistet.

Die Heranziehung und Anwendung des Verhältnismäßigkeitsgrundsatzes in der **26** vom BAG für richtig gehaltenen Weise ist aber bereits im Ansatz verfehlt. Das

---

[28] BAG vom 22.9.2009 – 1 AZR 972/08, NZA 2009, 1347, 1355.
[29] *Krieger/Günther*, NZA 2010, 20, 21.

Verhältnismäßigkeitsprinzip ist *Schranke* der Rechtsausübung, nicht aber deren *Rechtfertigung*: es kann die Frage beantworten, wie intensiv ein anerkanntes Arbeitskampfmittel eingesetzt werden kann, nicht aber, ob dieses grundsätzlich anzuerkennen ist.[30] Auch mit dem – inhaltlich seit den Warnstreikentscheidungen und der Einführung der gewerkschaftlichen „Einschätzungsprärogative" ohnehin bereits entwerteten[31] – *ultima-ratio*-Grundsatz lässt sich dies kaum in Einklang bringen. Bedenklich ist in diesem Zusammenhang zudem der – bereits in der Sympathiearbeitskampfentscheidung[32] zugrunde gelegte – Ansatz des BAG, das als Zweckvorgabe, der alle Arbeitskampfmaßnahmen entsprechen müssen, statt auf den objektiv zu bestimmenden Grundsatz der Verhandlungsparität auf das weitgehend autonom von der kampfführenden Gewerkschaft zu bestimmende Kampfziel abstellt, der zudem auch noch eine Einschätzungsprärogative zukommen soll. Bei einem derartigen Vorverständnis leidet jedoch die Effektivität der Verhältnismäßigkeitskontrolle, da sich eine Prüfung der Teilgrundsätze der Geeignetheit und Erforderlichkeit des Kampfmittels regelmäßig erübrigt und sich die Kontrolle auf eine konturenlose Abwägungsentscheidung reduziert.[33] Im Übrigen handelt es sich auch bei den Elementen der Geeignetheit und der Erforderlichkeit um rechtliche Abwägungen und Bewertungen, die man – qua „Einschätzungsprärogative" – schwerlich nur einer interessengeleiteten Seite allein überlassen kann.[34]

27 Selbst wenn man aber den Ausgangspunkt des BAG akzeptiert und die hier auftretenden Rechtsfragen als Voraussetzung der Verhältnismäßigkeit prüft, und zudem unterstellt, dass es sich beim Flashmob dem Grunde nach um eine gewerkschaftsgetragene Arbeitskampfmaßnahme handeln kann, wäre nach dem unter 3.–5. bereits Ausgeführten diese Maßnahme als unverhältnismäßig zu bewerten.

7. Ergebnis zur Rechtmäßigkeit der Flashmob-Aktion

28 Das BAG beurteilt die Flashmob-Aktion als verhältnismäßig und daher als rechtmäßige Arbeitskampfmaßnahme.[35] Diese Beurteilung erweist sich auf der Grundlage der genannten Argumente jedoch als unhaltbar. Der Flashmob war daher keine rechtmäßige Arbeitskampfmaßnahme.

III. Wiederholungsgefahr

29 Der Unterlassungsanspruch setzt voraus, dass die Besorgnis auch künftiger rechtswidriger Eingriffe besteht. Dies ist nach den ausdrücklichen Verlautbarungen von ver.di der Fall. Eines Verschuldens bedarf es hingegen nicht.

---

[30] *Otto,* § 8 Rn. 5; *Kissel,* § 32 Rn. 5.

[31] Vgl. Fall 6 Rn. 9 ff.

[32] BAG vom 19.6.2007 – 1 AZR 396/06, NZA 2007, 1055; siehe ausführlich dazu Fall 6 Rn. 61 ff.

[33] *Bieder,* NZA 2008, 799, 803. Die dort (S. 799) bereits geäußerte Befürchtung „kaum absehbarer Konsequenzen für das gesamte Arbeitskampfrecht" hat sich mit der Flashmob-Entscheidung leider bewahrheitet.

[34] *Otto,* RdA 2010, 135, 136.

[35] Die dagegen gerichtete Verfassungsbeschwerde wurde nicht zur Entscheidung angenommen, siehe BVerfG vom 26.3.2014 – 1 BvR 3185/09, NZA 2014, 493: Art. 9 Abs. 3 GG sei durch die Entscheidung nicht verletzt. Über die (nach einfachgesetzlichem Arbeitskampfrecht zu beurteilende) Rechtmäßigkeit des Flashmobs sagt dies aber noch nichts aus, vgl. *Bertke,* NZA 2014, 1852, 1853; abl. auch *Lembke,* NZA 2014, 471.

IV. Ergebnis

Entgegen der Ansicht des BAG besteht hier der geltend gemachte Anspruch des **30** Arbeitgeberverbandes gegen die Gewerkschaft ver.di auf Unterlassung, künftig zu Flashmob-Aktionen aufzurufen.

Frage 2: Amtsenthebung des C (§ 23 Abs. 1 S. 1 BetrVG)

Nach § 23 Abs. 1 S. 1 BetrVG kann (u.a.) der Arbeitgeber beim Arbeitsgericht den **31** Ausschluss eines Mitglieds aus dem Betriebsrat wegen grober Verletzung seiner gesetzlichen Pflichten beantragen.

I. Verletzung gesetzlicher Pflichten

Der Ausschluss aus dem Gremium setzt zunächst voraus, dass das Betriebsratsmit- **32** glied eine Amtspflicht verletzt hat.

Hier kommt § 74 Abs. 2 BetrVG in Betracht. Arbeitskampfmaßnahmen zwischen **33** den Betriebsparteien sind nach S. 1 der Vorschrift unzulässig; Arbeitskämpfe tariffähiger Parteien werden hierdurch jedoch nicht beeinträchtigt. Dies bedeutet, dass ein Betriebsratsmitglied qua Amt zur Neutralität verpflichtet ist, es also nicht den Arbeitskampf unter Ausnutzung seines Amtes unterstützen darf. Unberührt bleibt aber sein Recht, sich als Arbeitnehmer am Streik zu beteiligen. § 74 Abs. 3 BetrVG stellt zudem klar, dass die Übernahme des Betriebsratsamtes nicht zu einer Einschränkung der Betätigung als Gewerkschaftsmitglied führt; daher ist auch eine Beteiligung an führender Stelle an einem Arbeitskampf, z.B. durch Streikaufruf, möglich. Das Entscheidende ist also, dass das *Betriebsratsamt* nicht dazu missbraucht werden darf.

Hier hat C jedoch „im Namen des Betriebsrats" zum Streik aufgerufen. Darin liegt **34** ein eindeutiger Verstoß gegen das betriebsverfassungsrechtliche Arbeitskampf- und Neutralitätsverbot. Zudem ist zu berücksichtigen, dass C sogar zu einem *rechtswidrigen* Streik aufruft: denn mangels gewerkschaftlichen Streikbeschlusses handelt es sich nicht um einen koalitionsgetragenen und damit um einen rechtswidrigen Streik. Damit verletzt C auch die betriebsverfassungsrechtliche Friedenspflicht nach § 74 Abs. 2 S. 2 BetrVG.[36]

Eine Amtspflichtverletzung liegt insoweit also vor. **35**

II. Grobe Verletzung

Es muss sich um eine grobe Pflichtverletzung handeln, d.h. der Verstoß muss ob- **36** jektiv erheblich sein; eine wiederholte Verletzung ist nicht erforderlich, vielmehr kann bereits ein einmaliger Verstoß genügen.[37] Eine solche objektive Erheblichkeit ist bei einem Aufruf zu einem rechtswidrigen Streik (im Gegensatz zur schlichten Beteiligung) unter Ausnutzung des Betriebsratsamtes gegeben.

---

[36] Richardi/*Thüsing*, § 74 Rn. 27.
[37] Richardi/*Thüsing*, § 23 Rn. 27.

37 Die Pflichtverletzung muss vorsätzlich oder grob fahrlässig begangen worden sein.[38] Daran kann es bei einem unverschuldeten Rechtsirrtum fehlen, für den es hier aber keine Anhaltspunkte gibt. Es handelt sich somit um eine grobe Pflichtverletzung.

III. Entscheidung des Arbeitsgerichts

38 Das Arbeitsgericht entscheidet, da es sich um eine Angelegenheit aus dem BetrVG handelt, im Beschlussverfahren (§ 2a Abs. 1 Nr. 1 ArbGG). Es muss dem Antrag entsprechen, wenn es die grobe Pflichtverletzung als erwiesen ansieht. Die Tatsacheninstanzen haben aber einen Beurteilungsspielraum. Der Verlust des Amtes tritt mit Rechtskraft der Entscheidung ein. Der Verlust der Wählbarkeit ist damit allerdings nicht verbunden, d.h. eine Wiederwahl bei der nächsten Betriebsratswahl ist möglich.[39]

IV. Ergebnis

39 Die B-GmbH kann beim zuständigen Arbeitsgericht einen Antrag auf Ausschluss des C aus dem Betriebsrat stellen; dieser Antrag hat Aussicht auf Erfolg.

Frage 3: Rechtmäßigkeit der Kündigung des C[40]

I. Besonderer Kündigungsschutz

40 Mitglieder des Betriebsrats genießen den besonderen Kündigungsschutz des § 15 Abs. 1 KSchG. Danach ist lediglich die fristlose Kündigung nach § 626 Abs. 1 BGB möglich, die ordentliche Kündigung des Arbeitsverhältnisses ist ausgeschlossen. Somit ist die hilfsweise erklärte ordentliche Kündigung bereits aus diesem Grund unwirksam.

II. Fristlose Kündigung (§ 626 BGB)

1. Wichtiger Grund

41 Nach § 626 Abs. 1 BGB bedarf die fristlose Kündigung eines wichtigen Grundes, der die weitere Fortsetzung des Arbeitsverhältnisses für den Arbeitgeber unzumutbar macht. Die Aufforderung zu einer rechtswidrigen Arbeitsniederlegung ist in der Rechtsprechung als ein solcher Grund anerkannt. Strittig ist, ob bei der Teilnahme an einem rechtswidrigen Streik eine vorherige Abmahnung erforderlich ist.[41] Diese Frage kann hier offenbleiben, da es sich nicht nur um eine bloße Teilnahme an einem rechtswidrigen Streik, sondern darüber hinausgehend um einen Aufruf handelt, und im Übrigen eine einschlägige Abmahnung vorliegt. Die Wahl zum Betriebsrat macht frühere Abmahnungen nicht unwirksam; wie § 37 BetrVG zeigt, ändert die Übernahme des Betriebsratsamtes als Ehrenamt nichts an der bestehen-

---

[38] *Fitting,* § 23 Rn. 16.

[39] Richardi/*Thüsing,* § 23 Rn. 47 ff.

[40] Zur vollständigen Prüfung einer Kündigungsschutzklage vgl. Fall 5; hier werden gemäß Aufgabenstellung nur die kritischen Punkte behandelt.

[41] So *Otto,* § 15 Rn. 49 m.w.N. aus der Rechtsprechung; dagegen zu Recht *Kissel,* § 47 Rn. 84: schwerwiegende Pflichtverletzung, deren Rechtswidrigkeit ohne weiteres erkennbar und Hinnahme des Verhaltens durch den Arbeitgeber offensichtlich ausgeschlossen ist.

den arbeitsvertraglichen Beziehung. Ein Kündigungsgrund besteht somit dem Grunde nach.

Problematisch könnte hier jedoch sein, dass der Verstoß gegen die arbeitsvertragli- **42** chen Pflichten zugleich eine Amtspflichtverletzung des Betriebsratsmitglieds ist, für deren Sanktionierung die Amtsenthebung vorgesehen ist.

Der wichtige Grund, der dem Arbeitgeber i.S.v. § 626 Abs. 1 BGB die Fortsetzung **43** des Arbeitsverhältnisses unzumutbar macht, muss sich aus dem Arbeitsverhältnis ergeben. Deshalb ist bei der Kündigung eines Betriebsratsmitglieds stets danach zu unterscheiden, ob eine Verpflichtung aus dem Amts- oder aus dem Arbeitsverhältnis verletzt wurde oder ob beide Bereiche betroffen sind. Liegt eine rein arbeitsvertragliche Pflichtverletzung vor, kann gegenüber dem Betriebsratsmitglied eine außerordentliche Kündigung unter den gleichen Voraussetzungen ausgesprochen werden, unter denen gegenüber anderen Arbeitnehmern eine Kündigung aus wichtigem Grund möglich ist. Wird einem Betriebsratsmitglied dagegen die Verletzung einer Amtspflicht vorgeworfen, so ist die Kündigung unzulässig und nur ein Ausschlussverfahren nach § 23 BetrVG möglich. Sofern eine Handlung gleichzeitig Amtspflichten als auch arbeitsvertragliche Pflichten verletzt oder aber die Vertragsverletzung nur deshalb eingetreten ist, weil der Arbeitnehmer als Betriebsratsmitglied tätig geworden ist, kann ein wichtiger Grund zur Kündigung i.S.d. § 626 Abs. 1 BGB zwar vorliegen. Mit Rücksicht auf die besondere Konfliktsituation, in der sich das Betriebsratsmitglied befindet, ist die außerordentliche Kündigung aber nur gerechtfertigt, wenn unter Anlegung eines besonders strengen Maßstabs das pflichtwidrige Verhalten auch als schwerer Verstoß gegen die Pflichten aus dem Arbeitsverhältnis zu werten ist. Darüber hinaus bedarf es stets einer genauen Prüfung, ob auch nach dem Ausschluss des Betriebsratsmitglieds aus dem Betriebsratsamt weitere vergleichbare Pflichtverletzungen drohen und das Vertrauensverhältnis zum Arbeitgeber auf Grund einer eingetretenen Pflichtverletzung, die mit der Ausübung des Mandats im Zusammenhang steht, nachhaltig gestört ist.[42]

Grundsätzlich ist also die Amtsenthebung vorrangig, wenn das Verhalten der Amts- **44** tätigkeit zuzurechnen ist; dadurch wird die Möglichkeit der außerordentlichen Kündigung aber nicht generell ausgeschlossen. Beide Pflichten stehen nebeneinander. Es ist jeweils unabhängig voneinander zu beurteilen, ob die Voraussetzungen für eine Amtsenthebung bzw. für eine fristlose Kündigung vorliegen. Die von § 23 BetrVG bezweckte Sicherung der Betriebsratstätigkeit kann nicht dadurch unterlaufen werden, dass sich der Arbeitgeber individualrechtlicher Sanktionen bedient. Eine außerordentliche Kündigung kann daher i.d.R nur auf solche Gründe gestützt werden, die sich auch künftig nachteilig auf das Arbeitsverhältnis auswirken würden.

Dies ist beim Aufruf zu einem rechtswidrigen Streik der Fall.[43] Der Aufruf ist zwar **45** auch eine Amtspflichtverletzung, kann aber auch unabhängig davon begangen werden, wie der Fall des C gerade zeigt. Der „besonders strenge Prüfungsmaßstab", den das BAG einfordert, dient allein dazu, die freie Betätigung des Betriebsratsmitglie-

---

[42] BAG vom 23.10.2008 – 2 ABR 59/07, NZA 2009, 855, 857; siehe auch BAG vom 16.10.1986 – 2 ABR 71/85, AP Nr. 95 zu § 626 BGB; BAG vom 9.9.2015 – 7 ABR 69/13, NZA 2016, 57.
[43] BAG vom 11.12.1975 – 2 AZR 426/74, AP Nr. 1 zu § 15 KSchG 1969.

des in seinem Amt zu gewährleisten. Er soll der besonderen Konfliktsituation Rechnung tragen, der andere Arbeitnehmer üblicherweise nicht ausgesetzt sind.[44] Ein Verhalten, das aber unabhängig von der Amtsstellung ist, wird durch diesen strengen Prüfungsmaßstab jedoch nicht privilegiert. So liegt die Sache hier: Mit der Entfernung aus dem Betriebsrat ist diese Gefährdung gerade nicht beseitigt. Die Amtsenthebung kann allenfalls verhindern, dass C künftig im Namen des Betriebsrats unter Missbrauch seiner Stellung als Betriebsratsmitglied zu Streiks aufruft, nicht aber, dass er davon unabhängig wieder zu rechtswidrigen Streiks aufruft. Die individualrechtliche Sanktion der Kündigung wegen der Verletzung arbeitsvertraglicher Pflichten ist hier daher nicht dadurch ausgeschlossen, dass zugleich auch Amtspflichten des Betriebsrats verletzt wurden.

2. Kündigungserklärungsfrist

46 Die außerordentliche Kündigung muss gemäß § 626 Abs. 2 BGB innerhalb von zwei Wochen nach Kenntnis des Kündigungsberechtigten von den für die Kündigung maßgebenden Tatsachen erfolgen. Dies ist nach den Sachverhaltsangaben noch möglich.

III. Kündigungsschutz nach dem KSchG

47 Das KSchG findet auf die außerordentliche Kündigung gemäß § 13 Abs. 1 S. 1 KSchG keine Anwendung; gemäß § 13 Abs. 1 S. 2 i.V.m. §§ 7 und 4, 1 KSchG ist jedoch die Klagefrist von drei Wochen zu beachten, andernfalls ist die Klage unbegründet (materielle Ausschlussfrist). Eine ordentliche Kündigung ist nach § 15 Abs. 1 KSchG hier ausgeschlossen.

IV. Beteiligung des Betriebsrats

48 Die außerordentliche Kündigung von Betriebsratsmitgliedern bedarf gemäß § 103 Abs. 1 BetrVG – anders als die Kündigung anderer Arbeitnehmer – der ausdrücklichen Zustimmung des Betriebsrats. Diese Zustimmung wurde hier nicht erteilt.

49 Fraglich ist, ob dies auch im konkreten Fall erforderlich ist, da die Kündigung in weiterem Zusammenhang mit einem Arbeitskampf stand. Grundsätzlich ist der Betriebsrat zu einer Kündigung als Reaktion auf das Arbeitskampfgeschehen („Kampfkündigung") abweichend von § 102 BetrVG nicht vorher anzuhören.[45] Dies gilt auch für das Erfordernis der Zustimmung des Betriebsrats nach § 103 Abs. 1 BetrVG, der Arbeitgeber muss allerdings die Zustimmung durch das Arbeitsgericht nach § 103 Abs. 2 BetrVG ersetzen lassen, dieses Erfordernis fällt auch im Arbeitskampf nicht weg.[46] Zweifelhaft ist zudem, ob es sich im vorliegenden Fall überhaupt um eine „Kampfkündigung" mit der Folge der Einschränkung der Beteiligungsrechte des Betriebsrats handelt: Zum Zeitpunkt der Aktion des C fanden überhaupt keine Maßnahmen im Rahmen eines Arbeitskampfes statt (der Flash-

---

[44] Das BAG (vom 16.10.1986 – 2 ABR 71/85, AP Nr. 95 zu § 626 BGB) nennt das – allerdings durchaus fragwürdige – Beispiel von Beleidigungen im Rahmen schwieriger Verhandlungen zwischen Arbeitgeber und Betriebsrat.

[45] Siehe ausführlich dazu Fall 5 Rn. 59 ff.

[46] BAG vom 14.2.1978 – 1 AZR 54/76, AP Nr. 57 zu Art. 9 GG – Arbeitskampf; BAG vom 16.12.1982 – 2 AZR 76/81, AP Nr. 13 zu § 15 KSchG 1969.

mob war beendet, weitere Aktionen waren von der Gewerkschaft zwar allgemein angekündigt, aber nicht konkret beschlossen worden), und die Kündigung soll daher auch nicht als Gegenmaßnahme Einfluss auf das Arbeitskampfgeschehen nehmen. Es geht weiterhin auch nicht um die Teilnahme an einem rechtswidrigen Streik. Die Kündigung ist vielmehr allein Reaktion auf die Verletzung der arbeitsvertraglichen Pflicht des C, nicht zu einem rechtswidrigen Streik – zu dem es in der Folge gar nicht kam – aufzurufen. Mangels eines Arbeitskampfes bestand für das Betriebsratsgremium nicht die Gefahr, durch Ausübung seiner Beteiligungsrechte zum Nachteil des Arbeitgebers und damit unter Gefährdung der Arbeitskampfparität ins Geschehen einzugreifen. Einer arbeitskampfbedingten Einschränkung der Mitbestimmungsrechte des Betriebsrats bedurfte es daher hier nicht.

Mangels Zustimmung des Betriebsrats kann die Kündigung daher zum jetzigen **50** Zeitpunkt nicht wirksam ausgesprochen werden.

V. Durchführung des Zustimmungsersetzungsverfahrens

Will die B an der Kündigung festhalten, muss sie gemäß § 103 Abs. 2 BetrVG beim **51** Arbeitsgericht beantragen, die Zustimmung des Betriebsrats zur fristlosen Kündigung des C zu ersetzen. Der Antrag muss innerhalb der Zwei-Wochen-Frist des § 626 Abs. 2 BGB gestellt werden; dies ist nach den Sachverhaltsangaben noch möglich. Das Arbeitsgericht entscheidet im Beschlussverfahren. Wird dem Antrag des Arbeitgebers rechtskräftig stattgegeben, so muss die Kündigung unverzüglich nach Rechtskraft ausgesprochen werden. Eine vorher erklärte Kündigung ist unheilbar nichtig.

Hier besteht zudem die Besonderheit, dass sowohl die Kündigung als auch die **52** Amtsenthebung angestrebt werden. Beide Anträge können kumulativ, der Antrag nach § 103 Abs. 2 BetrVG kann auch hilfsweise mit dem Ausschließungsantrag nach § 23 Abs. 1 BetrVG verbunden werden. Umgekehrt ist dies dagegen nicht möglich, denn damit gäbe der Arbeitgeber zu erkennen, dass er die Fortsetzung des Arbeitsverhältnisses doch für zumutbar hält (und somit die Voraussetzungen des § 626 Abs. 1 BGB nicht mehr gegeben sind).[47] Wird die Zustimmung des Betriebsrats rechtskräftig ersetzt und das Arbeitsverhältnis des C anschließend fristlos gekündigt, endet die Mitgliedschaft im Betriebsrat (§ 24 Abs. 1 Nr. 3 BetrVG). Damit ist für die weitere Durchführung des Verfahrens nach § 23 BetrVG kein Raum mehr; der Antrag wird unbegründet.[48]

VI. Ergebnis

Eine zum jetzigen Zeitpunkt erklärte Kündigung wäre unwirksam. Die Arbeitgebe- **53** rin hat daher die Wahl, entweder von der Kündigung Abstand zu nehmen oder einen Antrag auf Zustimmungsersetzung beim Arbeitsgericht zu stellen.

---

[47] *Fitting,* § 103 Rn. 44.
[48] Richardi/*Thüsing,* § 23 Rn. 41, 44.

Fall 8. Guter Rat ist teuer

Nach BAG vom 15.4.2014 – 1 ABR 2/13 (B), AP Nr. 9 zu § 29 BetrVG 1972; BGH vom 25.10.2012 – III ZR 266/11, NZA 2012, 1382; BAG vom 29.9.2004 – 1 ABR 30/03, NZA 2005, 123.

Sachverhalt

Die E-GmbH (E), ein mittelständisches Zulieferunternehmen mit Sitz in Osnabrück, stellt mit einer Belegschaft von aktuell 380 Mitarbeitern in einer Mehrschichtenproduktion diverse Bauteile für die Unterhaltungselektronikbranche her. Da es in der gesamten Branche kriselt, beabsichtigt die Geschäftsführung, die angebotene Produktpalette auszudünnen und die Produktion des wenig gewinnträchtigen „Moduls C-16", an der bislang 60 Mitarbeiter in einer unselbstständigen Betriebsabteilung beteiligt waren, einzustellen, die betroffenen Arbeitnehmer zeitnah zu entlassen und die bislang für die Produktion genutzten Sachmittel im Unternehmen anderweitig zu verwenden.

Als V, der Vorsitzende des neunköpfigen Betriebsrats, von diesen Planungen erfährt, beruft er am 3.11.2015 den Betriebsrat, zu dem u. a. auch die weiteren Mitglieder M, N, O und P gehören, für den 11.11.2015 zu einer Krisensitzung ein. Angesichts seiner Aufregung über die drohenden Entlassungen vergisst V aber, der Einladung eine Tagesordnung beizufügen. In der Sitzung am 11.11.2015, bei welcher der Betriebsrat zwar vollständig versammelt ist, für das verhinderte Mitglied O allerdings ein Ersatzmitglied teilnimmt, kommt das Fehlen der Tagesordnung zur Sprache. Nach dem Bericht des V über die Planungen der E besteht indes Einigkeit, dass man Wichtigeres zu tun habe, als sich mit Formalia abzugeben. Einstimmig wird eine neue Tagesordnung beschlossen, deren einziger TOP die Diskussion der von E geplanten Maßnahmen vorsieht.

Auch in der Sache sind sich die Betriebsratsmitglieder weitgehend einig, dass eine Betriebsänderung anstehe, die einen Interessenausgleich und einen Sozialplan für die betroffenen Belegschaftsteile erforderlich mache. Um überhaupt mit der Geschäftsführung „auf Augenhöhe" über diese Angelegenheiten reden zu können, benötige man eine umfassende externe betriebswirtschaftliche Beratung. Mit sechs Ja-Stimmen, einer Nein-Stimme und zwei Enthaltungen wird beschlossen, dem ebenfalls in Osnabrück ansässigen Unternehmensberater, Rechtsanwalt und Fachanwalt für Arbeitsrecht Dr. R, der bereits erfolgreich für den Betriebsrat der E tätig geworden und auf derartige Beratungen spezialisiert ist, zu beauftragen. Da sich der Betriebsrat durch das unabgesprochene Vorpreschen der Geschäftsführung brüskiert fühlt, wird zudem ausdrücklich beschlossen, dass V den Beratungsvertrag mit R sofort abschließen und nicht noch einmal mit E reden solle.

In der aufgeheizten Stimmung erinnert sich M schließlich, dass es früher in der mit der Produktion des Moduls C-16 beschäftigten Abteilung zu Streitigkeiten im Zusammenhang mit der Aufstellung der Schichtpläne gekommen sei. Nach kurzer

Suche findet sich auch der Vergleich, der zur Beendigung der entsprechenden Beschlussverfahren vor dem Arbeitsgericht geschlossen wurde:

„§ 2. Vertragsstrafe

Die E verpflichtet sich, bei Meidung einer Vertragsstrafe i. H. v. 10 000 Euro für jeden Fall der schuldhaften Zuwiderhandlung, die ab dem 1.1. bis 30.4.2014 geltenden Dienstpläne in ihrer Abteilung zur Produktion des Moduls C-16 nur durchzuführen, Arbeitnehmer zur Einhaltung von Dienstplänen aufzufordern oder deren Arbeitsleistung entsprechend Dienstplänen zu dulden, denen der Betriebsrat zugestimmt hat oder die Gegenstand der ersten Sitzung einer Einigungsstelle in dieser Angelegenheit waren."

Tatsächlich sei es während der im Vergleich genannten Zeitspanne – was zutrifft – zu insgesamt 116, von E bewusst angeordneten und den Dienstplänen zuwiderlaufenden Überziehungen der Arbeitszeit gekommen, über die der Betriebsrat seinerzeit nicht einmal informiert worden sei. Diese Vorfälle könne man nun hervorragend nutzen, um Druck auf E auszuüben. Die übrigen Betriebsratsmitglieder sind von diesem Vorschlag begeistert und beschließen einstimmig, von E eine Vertragsstrafe i. H. v. insgesamt 1 160 000 Euro an den Betriebsrat zu fordern.

Bereits am 13.11.2015 schließt V unter ausdrücklichem Hinweis, für den Betriebsrat der E zu handeln, mit R einen Vertrag, wonach letzterer verpflichtet sein soll, den „Betriebsrat umfassend über alle mit einer Betriebsänderung zusammenhängenden Fragen zu beraten." Im Gegenzug verlangt R eine Vergütung von 50 000 Euro, die ihm zugesagt wird, da V diesen Betrag für marktüblich hält. Tatsächlich wäre angesichts des Beratungsumfangs nur ein Honorar von 37 500 Euro angemessen. Nach Abschluss der Beratung im Januar 2016 rechnet R gegenüber dem Betriebsrat das vereinbarte Honorar ab. Als V die Rechnung an E zwecks Bezahlung weiterreicht, weigert sich diese – auch aus Verärgerung über die mittlerweile an sie herangetragene Vertragsstrafenforderung – rundweg. Die Beauftragung des R sei nicht mit ihr abgesprochen; auch sei der Arbeitgeber nicht verpflichtet, die Rechtsberatung seines Gegenspielers zu finanzieren. Jedenfalls sei die Rechnung deutlich überhöht. Hierüber unterrichtet E auch R. Nach einer erneuten Befassung des Betriebsrats mit dieser Angelegenheit und der Fassung entsprechender Beschlüsse, teilt V daraufhin R sein Bedauern mit. Namens des Betriebsrats müsse er ebenfalls die Bezahlung der Rechnung verweigern, da schlicht die notwendigen Mittel fehlten. Er biete R aber zur Bereinigung der Sache die Abtretung der Ansprüche an, die dem Betriebsrat gegen E zustehen. R lehnt diese Offerte ab.

1. Von wem kann R Bezahlung der Rechnung verlangen? Wäre es auch möglich, M, N und P in Anspruch zu nehmen, wenn M dem Beschluss über die Beauftragung des R zugestimmt, N bei der Beschlussfassung die einzige Nein-Stimme abgegeben und P sich enthalten hat?
2. Muss E die geltend gemachte Vertragsstrafe an den Betriebsrat zahlen?
3. Wie können die Beteiligten etwaige Zahlungsansprüche durchsetzen?

Gliederung

Lösung

Frage 1: Ansprüche des R auf Zahlung des Beratungshonorars

I. Honorarzahlungsanspruch des R gegen die Arbeitgeberin E

R könnte ein Anspruch auf Zahlung des Honorars i.H.v. 50000 Euro gegen E, die **1** als juristische Person rechtsfähig ist (§ 13 Abs. 1 GmbHG) und damit selbst als Schuldnerin des geltend gemachten Anspruchs in Betracht kommt, aus einem Beratungsvertrag (§§ 675 Abs. 1, 611 Abs. 1 BGB)[1] zustehen.

Ungeachtet der Frage, ob die Honorarforderung ihrer Höhe nach berechtigt ist **2** (siehe dazu unten Rn. 18), setzt dies voraus, dass zwischen R und E überhaupt ein Beratungsvertrag zustande gekommen ist. Da die Geschäftsführung als hierzu eigentlich berufener organschaftlicher Vertreter der E (§ 35 Abs. 1 GmbHG) keinerlei Erklärungen gegenüber R abgegeben hat, wäre dies nur dann der Fall, wenn sie sich die Beauftragung des R durch V nach den Regeln des Stellvertretungsrechts (§§ 164 ff. BGB) zurechnen lassen müsste.

Dafür müsste die Beauftragung des R durch V allerdings gerade auch im Namen **3** der E erfolgt sein (§ 164 Abs. 1 S. 1 BGB). Insoweit ist zwar allgemein anerkannt, dass dem Offenkundigkeitsprinzip durch sog. unternehmensbezogenes Handeln genügt werden kann, wenn sich aus den Begleitumständen einer Erklärung ergibt, dass ein Arbeitnehmer oder Beauftragter – wie im Regelfall – ein Geschäft nicht für sich selbst, sondern für das Unternehmen, für das er tätig wird, schließen möchte.[2] Vorliegend hat V jedoch ausdrücklich klargestellt, für den Betriebsrat der E und nicht für E selbst handeln zu wollen. Allein aus diesem Grund scheidet eine Stellvertretung der E durch V aus.

Selbst wenn man mit Blick auf die Offenkundigkeit der Stellvertretung eine andere **4** Sichtweise einnähme und davon ausginge, dass V konkludent seine Arbeitgeberin verpflichten wollte, wäre dies E nur dann zuzurechnen, wenn V mit Vertretungsmacht gehandelt hätte. Eine rechtsgeschäftlich erteilte Vertretungsmacht (Vollmacht, § 167 Abs. 1 BGB) durch E scheidet erkennbar aus, da E erst im Nachhinein von der Beauftragung Kenntnis erhielt. Auch eine gesetzliche Ermächtigung des Betriebsrats oder seines Vorsitzenden, den Arbeitgeber zu vertreten, existiert nicht.[3] Sie folgt insbesondere nicht aus der auf das Innenverhältnis zum Betriebsrat bezo-

---

[1] Vgl. zur Qualifikation eines Beratungsvertrages als Geschäftsbesorgung nur MünchKommBGB/*Heermann*, § 675 Rn. 26 ff. m.w.N.

[2] BGH vom 18.12.2007 – X ZR 137/04, NJW 2008, 1214, 1215 f.; MünchKommBGB/*Schramm*, § 164 Rn. 23.

[3] BGH vom 25.10.2012 – III ZR 266/11, NZA 2012, 1382, 1384; ErfK/*Koch*, § 1 BetrVG Rn. 18; Richardi/*Thüsing*, § 40 Rn. 44.

genen Verpflichtung des Arbeitgebers, nach § 40 Abs. 1 BetrVG die Kosten der Betriebsratstätigkeit zu tragen.[4] V hat daher ohne Vertretungsmacht für E gehandelt.[5]

5 Schließlich verpflichtet die zwischen R und V zustande gekommene Einigung E auch nicht nach § 177 Abs. 1 BGB, da die Geschäftsführung der E die Beauftragung des R nicht genehmigt, sondern im Gegenteil konkludent durch ihre Aussage, die gestellte Rechnung nicht bezahlen zu wollen, verweigert hat. Da dies sowohl dem Betriebsrat als auch dem potentiellen Vertragspartner R mitgeteilt wurde, bedarf es keiner näheren Auseinandersetzung mit der Frage, ob E den nach § 177 Abs. 2 S. 1 BGB richtigen Adressaten für die Genehmigungsverweigerung gewählt hat.

6 R hat somit gegen E keinen Anspruch auf Zahlung des Honorars aus einem Beratungsvertrag i.S.d. §§ 675 Abs. 1, 611 Abs. 1 BGB.

II. Honorarzahlungsanspruch des R gegen den Betriebsrat der E

7 Der Honorarzahlungsanspruch des R i.H.v. 50 000 Euro könnte allerdings gegen den Betriebsrat der E bestehen.

1. Passivlegitimation des Betriebsrats der E

8 Dazu müsste der Betriebsrat der E als Organ überhaupt Schuldner des Anspruchs sein können.

a) (Teil-)Rechts- und Vermögensfähigkeit des Betriebsrats

9 Ob der Betriebsrat Anspruchsschuldner sein kann, hängt zunächst davon ab, ob Betriebsräte generell Träger von Rechten und Pflichten sein können, also rechtsfähig sind. Bereits dies erscheint fraglich, da rechtsfähig grundsätzlich nur natürliche und von der Rechtsordnung ausdrücklich als rechtsfähig anerkannte juristische Personen (vgl. § 13 Abs. 1 GmbHG, § 1 Abs. 1 S. 1 AktG) sowie Personenvereinigungen (vgl. § 124 Abs. 1 HGB) sind. Zum Kreis dieser Rechtssubjekte gehört der Betriebsrat erkennbar nicht, da sich das Betriebsverfassungsrecht mit der Klärung seiner Rechtspersönlichkeit nicht befasst.

10 Wie das Beispiel der Gesellschaft bürgerlichen Rechts zeigt, die von der Rechtspraxis mittlerweile jedenfalls dann einhellig als zumindest partiell rechtsfähiges Rechtssubjekt anerkannt wird, wenn es sich um eine am Markt auftretende Außengesellschaft handelt,[6] schließt allerdings die fehlende Zugehörigkeit des Betriebsrats zu

---

[4] BGH vom 25.10.2012 – III ZR 266/11, NZA 2012, 1382, 1383; LAG Köln vom 15.11.2000 – 3 TaBV 55/00, NZA-RR 2001, 253, 254; GK-BetrVG/*Weber*, § 40 Rn. 24; anders für den Vergütungsanspruch eines Einigungsstellenmitglieds BAG vom 15.12.1978 – 6 ABR 93/77, AP Nr. 6 zu § 76 BetrVG 1972.

[5] Aus demselben Grund kann auch nicht von einer Rechtsscheinsvollmacht in Gestalt einer Duldungsvollmacht ausgegangen werden. Eine Anscheinsvollmacht lässt sich – abgesehen von dem Umstand, dass sich dadurch die mangelnde Offenkundigkeit der Stellvertretung nicht überwinden ließe – ebenfalls nicht annehmen, da hierfür ein von E zurechenbar gesetzter Rechtsschein erforderlich wäre, für den nichts ersichtlich ist. Allein auf den Umstand, dass es sich um den Betriebsrat der E handelte, lässt sich ein solcher Rechtsschein nicht herleiten, da andernfalls die zuvor dargestellte Auslegung des § 40 Abs. 1 BetrVG konterkariert würde.

[6] BGH vom 29.1.2001 – II ZR 331/00, BGHZ 146, 341, 344 ff.; MünchKommBGB/*Ulmer/Schäfer*, § 705 Rn. 301, 303 ff.

einer der vorgenannten Gruppen von Rechtssubjekten ein positives Urteil über die Rechtsfähigkeit nicht zwangsläufig aus. Zu bedenken ist ferner, dass das Betriebsverfassungsgesetz eine Vielzahl von Rechten und Ansprüchen vorsieht, die dem Betriebsrat als Rechts- bzw. Anspruchsinhaber explizit zugeordnet werden. Neben den Informations- und Mitbestimmungsrechten in sozialen sowie personellen Angelegenheiten (vgl. nur § 87 Abs. 1 einleitender Satzteil, §§ 99 Abs. 1 S. 1, 102 Abs. 1, 104 S. 1 BetrVG), die ausdrücklich dem Betriebsrat als Organ zugewiesen sind, ist insbesondere der bereits erwähnte § 40 Abs. 1 BetrVG zu nennen. Hierdurch wird nach allgemeiner Einschätzung im Verhältnis zwischen Betriebsrat und Arbeitgeber ein gesetzliches Schuldverhältnis begründet, woraus ein – freilich auf das erforderliche Ausmaß beschränkter – Freistellungsanspruch des Betriebsrats gegen den Arbeitgeber resultiert, wenn dem Betriebsrat selbst oder seinen Mitgliedern durch ihre Tätigkeiten Aufwendungen entstehen.[7] Aufgrund dessen geht die ganz überwiegende Auffassung in Rechtsprechung und Literatur zu Recht davon aus, dass der Betriebsrat zwar keine generelle Rechts- und Vermögensfähigkeit besitzt und daher nicht wie andere Personenvereinigungen oder juristische Personen am allgemeinen Rechtsverkehr teilnehmen kann, aber teilrechtsfähig in dem Sinne ist, dass er insoweit Inhaber vermögensmäßiger Rechtspositionen sein kann, als er innerhalb des ihm durch das Betriebsverfassungsgesetz zugewiesenen Wirkungskreises tätig wird.[8] Unter den genannten Einschränkungen kommt daher auch der Betriebsrat der E grundsätzlich als Schuldner von Ansprüchen des R in Betracht.

b) Fähigkeit des Betriebsrats zum Abschluss von Rechtsgeschäften mit Dritten als Folge der Teilrechtsfähigkeit

Zweifelhaft ist aber, ob aus der Fähigkeit des Betriebsrats, innerhalb seines betriebs- **11** verfassungsrechtlichen Aufgaben- und Wirkungskreises Träger von Rechten und Pflichten zu sein, zugleich die Fähigkeit resultiert, sich im Außenverhältnis zu außerhalb der Betriebsverfassung stehenden Rechtssubjekten rechtsgeschäftlich zu binden. Das BAG hat sich mit dieser Fragestellung bislang noch nicht explizit befasst und über die rechtsgeschäftliche Bindungsfähigkeit des Betriebsrats nur im Verhältnis zum Arbeitgeber, nicht aber zu vom Arbeitgeber verschiedenen Dritten entschieden.[9] Das Schrifttum ist gespalten.[10] Folgte man den ablehnenden Stimmen, hätte der Betriebsrat mit R gar keinen wirksamen Beratungsvertrag schließen können und käme allein deshalb nicht als Schuldner eines vertraglichen Erfüllungsanspruchs in Betracht. Vorstellbar sei allenfalls eine persönliche Haftung der Betriebsratsmitglieder gegenüber dem ins Auge gefassten Vertragspartner (siehe näher dazu unten Rn. 29 ff. und 37 ff.).[11] Nach der Gegenansicht, der sich jüngst der

---

7 Siehe nur BAG vom 21.11.1978 – 6 ABR 10/77, AP Nr. 35 zu § 37 BetrVG 1972; BAG vom 24.10. 2001 – 7 ABR 20/00, AP Nr. 71 zu § 40 BetrVG 1972; GK-BetrVG/*Weber*, § 40 Rn. 20 ff. m. w. N.

8 BGH vom 25.10.2012 – III ZR 266/11, NZA 2012, 1382, 1383; BAG vom 29.9.2004 – 1 ABR 30/03, NZA 2005, 123, 124; BAG vom 24.10.2001 – 7 ABR 20/00, NZA 2003, 53, 54 f.; GK-BetrVG/*Weber*, § 40 Rn. 18 ff. m. w. N. auch zu abweichenden Meinungen.

9 BAG vom 24.10.2001 – 7 ABR 20/00, NZA 2003, 53, 54 f.; BAG vom 29.9.2004 – 1 ABR 30/03, NZA 2005, 123, 124 (im konkreten Fall verneint).

10 Abl. etwa GK-BetrVG/*Franzen*, § 1 Rn. 74; H/W/G/N/R/H/*Rose*, Einl. Rn. 102 f.; MünchHdbArbR/*v. Hoyningen-Huene*, § 212 Rn. 15; bejahend *Fitting*, § 1 Rn. 207; *Gutzeit*, ZIP 2009, 354, 355 f.; *Preis/Ulber*, JZ 2013, 579, 580; Richardi/*Richardi*, Einl. Rn. 113.

11 So GK-BetrVG/*Franzen*, § 1 Rn. 77, 79.

BGH[12] sowie schon zuvor das BVerwG für das mit dem Betriebsverfassungsrecht eng verwandte Personalvertretungsrecht angeschlossen haben,[13] wäre der Betriebsrat grundsätzlich zum Abschluss eines Vertrages mit R befugt. Allerdings wäre im Folgenden zu klären, ob der konkrete Vertragsschluss in den betriebsverfassungsrechtlichen Wirkungskreis des Betriebsrats der E fiel.

12 Für die erstgenannte Position lassen sich durchaus gewichtige Gründe anführen. Denn die Rechtsvorschriften, mit deren Hilfe zuvor die Teilrechtsfähigkeit des Betriebsrats begründet wurde, befassten sich allein mit dem Binnenverhältnis zum Arbeitgeber und böten deshalb für das Außenverhältnis zu Dritten keine tragfähige Argumentationsgrundlage. Ein unabweisbares Bedürfnis, dass der Betriebsrat selbst Verträge mit Dritten schließen könne, bestehe nicht, da der Arbeitgeber ggf. zum Abschluss derartiger Vereinbarungen verpflichtet sei, um dem Betriebsrat die Wahrnehmung seiner Aufgaben zu ermöglichen. Zu bedenken sei schließlich, dass die Rechte des Betriebsrats häufig, wie insbesondere der aus § 40 Abs. 1 BetrVG resultierende Kostenerstattungsanspruch gegen den Arbeitgeber, nicht grenzenlos bestehen, sondern auf das für die Wahrnehmung der Betriebsratsaufgaben erforderliche Maß beschränkt sind (siehe näher unten Rn. 18). Bejahte man überhaupt eine rechtsgeschäftliche Bindungsfähigkeit des Betriebsrats, ergäben sich zwangsläufig erhebliche Abgrenzungsschwierigkeiten und Risiken sowohl für den Betriebsrat und dessen Mitglieder als auch für den potentiellen Vertragspartner, ob ein bestimmtes Rechtsgeschäft – entweder ganz oder teilweise – für die Wahrnehmung der Betriebsratsaufgaben erforderlich und der Betriebsrat zum Vertragsschluss befugt war.

13 Überzeugender lässt sich freilich die Gegenansicht begründen. Entscheidende Bedeutung hat zunächst, dass eine partielle Rechtsfähigkeit, die nur im Verhältnis zu einzelnen Rechtssubjekten besteht, aber gegenüber anderen fehlt, der Privatrechtsordnung grundsätzlich fremd ist. Hierauf liefe die Gegenposition hinaus, wenn man dem Betriebsrat gegenüber Dritten die rechtsgeschäftliche Bindungsfähigkeit und damit die wesentliche Befugnis, die aus der Rechtsfähigkeit üblicherweise folgt, abspräche. In der Konsequenz machte man dem Betriebsrat den Abschluss von Beratungsverträgen, obwohl die Beratung für die Wahrnehmung seiner Aufgaben erforderlich sein kann (vgl. §§ 80 Abs. 3, 111 S. 2 BetrVG), praktisch häufig unmöglich,[14] da externe Berater ohne vertragliche Grundlage nicht tätig werden. Kann der Betriebsrat solche Verträge nicht selbst schließen, müssten entweder die einzelnen Betriebsratsmitglieder oder der Arbeitgeber tätig werden. Ersteres ist keine zielführende Alternative, weil die aus dem Vertragsschluss im eigenen Namen resultierende persönliche Haftung der Betriebsratsmitglieder geeignet wäre, die Handlungs- und Funktionsfähigkeit der Betriebsratsarbeit erheblich zu beeinträchtigen und mit der Ausgestaltung des Betriebsratsamts als unentgeltliches Ehrenamt (§ 37 Abs. 1 BetrVG) nicht in Einklang stünde. Letzteres liefe darauf hinaus, dass sich der Betriebsrat vor der Hinzuziehung externer Berater an den Arbeitgeber wenden und diesen zum Vertragsschluss mit dem Dritten bewegen müsste. Im gerade bei einer drohenden Betriebsänderung mit typischerweise grundlegenden Konflikten zwischen Arbeitgeber und Betriebsrat naheliegenden Fall, dass der Arbeitgeber den Ver-

---

12 BGH vom 25.10.2012 – III ZR 266/11, NZA 2012, 1382, 1383 f.

13 BVerwG vom 9.3.1992 – 6 P 11/90, NVwZ–RR 1992, 572 f.; BVerwG vom 29.4.2011 – 6 PB 21/10, NZA–RR 2011, 446, 447.

14 Ebenso, auch zum Folgenden, BGH vom 25.10.2012 – III ZR 266/11, NZA 2012, 1382, 1384.

tragsschluss verweigert, wäre der Betriebsrat in die für eine unabhängige Wahrnehmung seiner Aufgaben schädliche Rolle eines Bittstellers gedrängt und verlöre wichtige Zeit, wenn er den Anspruch auf Beauftragung des Beraters gegen den Arbeitgeber erst gerichtlich durchsetzen müsste. Dass dem Betriebsrat eine solche Vorgehensweise nicht abverlangt wird, zeigt der Vergleich von § 111 S. 2 BetrVG mit § 80 Abs. 3 BetrVG, da nur die letztgenannte Vorschrift eine vorherige Absprache mit dem Arbeitgeber über die Einschaltung eines Beraters oder Sachverständigen verlangt. Der Betriebsrat ist daher, soweit er im Rahmen des ihm nach dem Betriebsverfassungsgesetz zugewiesenen Aufgabenkreises handelt, zum Abschluss von Verträgen befugt. Nur wenn oder (nach dem Rechtsgedanken des § 139 BGB)[15] soweit dieser Aufgabenkreis durch den Abschluss der konkreten Vereinbarung überschritten wird, ist diese ganz bzw. teilweise unwirksam.

c) Vereinbarkeit des Beratungsauftrags mit den Vorgaben des Betriebsverfassungsgesetzes

Zu klären bleibt daher, ob der Betriebsrat bei der Beauftragung des R im Rahmen **14** des ihm durch das Betriebsverfassungsgesetz zugewiesenen Wirkungskreises gehandelt hat.

aa) Vereinbarkeit mit § 111 S. 2 BetrVG

Der Betriebsrat könnte nach § 111 S. 2 BetrVG zur Beauftragung des R berechtigt **15** gewesen sein. Voraussetzung hierfür ist, dass in einem Unternehmen mit mehr als 300 Arbeitnehmern eine Betriebsänderung geplant ist, die wesentliche Nachteile für die Belegschaft oder erhebliche Teile derselben zur Folge haben könnte (§ 111 S. 1 BetrVG) und die Hinzuziehung des Beraters gerade zur Unterstützung des Betriebsrats in dieser Angelegenheit erfolgt (vgl. § 111 S. 2 BetrVG).

Den genannten Schwellenwert überschreitet das Unternehmen der E augenschein- **16** lich, da bei ihr aktuell 380 Mitarbeiter beschäftigt sind. Es müsste aber auch eine Betriebsänderung – legaldefiniert in § 111 S. 3 BetrVG – vorliegen. Da E die vollständige Auflösung der unselbstständigen Betriebsabteilung, in der bislang das Modul C-16 produziert wurde, plant, liegt weder die Stilllegung eines ganzen Betriebs i. S. d. § 111 S. 3 Nr. 1 BetrVG noch einer der übrigen, in § 111 S. 3 Nrn. 2–5 genannten Fälle einer Betriebsänderung vor. Es könnte sich bei der geplanten Maßnahme aber um eine Einschränkung des ganzen Betriebs oder eines wesentlichen Betriebsteils nach § 111 S. 3 Nr. 1 BetrVG handeln. Eine Betriebseinschränkung liegt vor, wenn die Leistungsfähigkeit des Betriebs durch eine Verringerung der Betriebsmittel auf Dauer herabgesetzt wird.[16] Da zu den Betriebsmitteln auch die im Betrieb beschäftigten Mitarbeiter gehören, schließt es eine Betriebseinschränkung nicht aus, dass die bislang für die Produktion genutzten Sachmittel erhalten bleiben und zukünftig im Unternehmen eine andere Verwendung finden sollen. Eine solche kann vielmehr – wie hier – in einem bloßen Personalabbau unter Beibehaltung der sächlichen Betriebsmittel liegen.[17]

---

15 Siehe dazu BGH vom 25.10.2012 – III ZR 266/11, NZA 2012, 1382, 1384.

16 Richardi/*Thüsing*, § 111 Rn. 69.

17 BAG vom 22.5.1979 – 1 ABR 17/77, AP Nr. 4 zu § 111 BetrVG 1972; BAG vom 22.1.2004 – 2 AZR 111/02, AP Nr. 1 zu § 112 BetrVG 1972 – Namensliste; Richardi/*Thüsing*, § 111 Rn. 70 m. w. N. auch zu der vor allem früher vertretenen Gegenansicht.

17 Aus dem Vergleich der einzelnen Anwendungsfälle des § 111 S. 3 Nr. 1 BetrVG folgt indes, dass nicht jede auch noch so geringfügige Personalreduzierung eine beteiligungspflichtige Betriebseinschränkung darstellt. In Ermangelung expliziter gesetzlicher Vorgaben oder teleologisch besser passender Kriterien aus anderen Gesetzen, die entsprechend herangezogen werden könnten, orientiert sich das BAG in ständiger Rechtsprechung und auch grundsätzlich zu Recht, jedenfalls soweit es sich nicht um Kleinbetriebe mit weniger als zwanzig Beschäftigten oder Betriebe mit mehr als 600 Arbeitnehmern handelt,[18] an den für anzeigepflichtige Massenentlassungen i. S. d. § 17 KSchG geltenden Schwellenwerten.[19] Nach dem hier angesichts der Größe des Unternehmens der E einschlägigen § 17 Abs. 1 S. 1 Nr. 2 KSchG ist der relevante Schwellenwert somit bei einer geplanten Entlassung von 10 % der im Betrieb regelmäßig beschäftigten Arbeitnehmer oder aber von mehr als 25 Arbeitnehmern erreicht. Da E die Entlassung von 60 Mitarbeitern plant, also fast 16 % der Arbeitnehmer gekündigt werden sollen, beide relevanten Grenzwerte also eindeutig überschritten sind, ist von einer beteiligungspflichtigen Betriebseinschränkung auszugehen, so dass der Betriebsrat nach § 111 S. 2 BetrVG zur Hinzuziehung eines Beraters berechtigt war und deshalb grundsätzlich die Beauftragung des hierzu erkennbar qualifizierten R in den gesetzlichen Aufgaben- und Wirkungskreis fällt.

18 Zu bedenken ist schließlich aber noch, dass – wie bereits erwähnt – der Arbeitgeber im Innenverhältnis zum Betriebsrat nach § 40 Abs. 1 BetrVG zur Tragung der Kosten verpflichtet ist, die durch die Wahrnehmung der Betriebsratsaufgaben entstehen, und dass dieser Kostenerstattungsanspruch nach allgemeiner Einschätzung nicht unbegrenzt besteht, sondern durch den allgemeinen Grundsatz der Verhältnismäßigkeit, der in §§ 37 Abs. 2, 6, 40 Abs. 2 BetrVG exemplarisch Erwähnung findet, auf das für die Aufgabenerfüllung erforderliche Maß beschränkt ist.[20] Dieselbe Begrenzung muss dann auch für das Außenverhältnis zwischen Betriebsrat und seinem Vertragspartner gelten, da ersterer bei der Verursachung nicht erforderlicher Kosten ebenso *ultra vires* handelt, als wenn er eine ihm nach dem Betriebsverfassungsgesetz gar nicht zugewiesene Aufgabe wahrgenommen hätte. Da das mit R vereinbarte Beratungshonorar den marktüblichen Satz um 12 500 Euro überstieg und in diesem Umfang die Vergütung objektiv unangemessen war, waren die durch den Betriebsrat verursachten Kosten teilweise nicht erforderlich. Der Betriebsrat überschritt insoweit den ihm nach dem Betriebsverfassungsgesetz zugewiesenen Wirkungskreis.[21]

bb) Vereinbarkeit mit § 80 Abs. 3 BetrVG

19 Auf § 80 Abs. 3 BetrVG, der nach § 111 S. 2 letzter Hs. BetrVG durch § 111 BetrVG unberührt und damit ergänzend anwendbar bleibt, kann die Beauftragung des R, soweit sie über den erforderlichen Umfang hinausgeht, ebenfalls nicht ge-

---

[18] Vgl. hierzu Richardi/*Thüsing*, § 111 Rn. 73 f. m. w. N.

[19] BAG vom 22.5.1979 – 1 ABR 17/77, AP Nr. 4 zu § 111 BetrVG 1972; BAG vom 22.1.2004 – 2 AZR 111/02, AP Nr. 1 zu § 112 BetrVG 1972 – Namensliste; BAG vom 26.6.2002 – 7 AZR 410/01, NZA 2002, 1360.

[20] Siehe nur ErfK/*Koch*, § 40 BetrVG Rn. 1, 10; GK-BetrVG/*Weber*, § 40 Rn. 11 ff., 47.

[21] Für einen vergleichbaren Fall ebenso BGH vom 25.10.2012 – III ZR 266/11, NZA 2012, 1382 ff.

stützt werden. Zwar ist der Betriebsrat nach dieser Vorschrift bei der Durchführung seiner Aufgaben befugt, nach näherer Vereinbarung mit dem Arbeitgeber Sachverständige hinzuziehen, soweit dies zur ordnungsgemäßen Erfüllung seiner Aufgaben erforderlich ist. Hier aber hat der Betriebsrat eine solche Vereinbarung mit E bewusst nicht geschlossen, weil er sich von der Geschäftsführung brüskiert fühlte; zum anderen überschritt die Beauftragung erkennbar die Grenze der Erforderlichkeit.

d) Zwischenergebnis

Der Betriebsrat der E handelte lediglich, soweit er Beratungsleistungen im Umfang **20** von 37 500 Euro bei R in Auftrag gab, innerhalb seines betriebsverfassungsrechtlichen Wirkungskreises, ist nur insoweit rechtsfähig und kann im Hinblick auf den überschießenden Teil des von R geforderten Beratungshonorars *per se* nicht Schuldner sein.

2. Wirksame Vertretung des Betriebsrats der E durch V gegenüber R

Soweit der Betriebsrat der E überhaupt als Anspruchsschuldner in Betracht kommt, **21** also hinsichtlich einer Honorarforderung i.H.v. 37 500 Euro, setzt die Zahlungspflicht weiterhin voraus, dass der Betriebsrat, der als Organ nicht selbst handeln kann, beim Vertragsschluss mit R wirksam vertreten wurde.

a) Abhängigkeit der Vertretungsmacht des V von einem wirksamen Betriebsratsbeschluss (§ 26 Abs. 2 S. 1 BetrVG)

Nach § 26 Abs. 2 S. 1 BetrVG vertritt der Vorsitzende – hier also V – den Betriebs- **22** rat im Rahmen der von ihm gefassten Beschlüsse. Hieraus lässt sich ableiten, dass der Betriebsratsvorsitzende nur dann nicht zur Vertretung berechtigt, seine Vertretungsmacht also im Außenverhältnis zum potentiellen Vertragspartner beschränkt ist, wenn seine Erklärungen über den zugrunde liegenden Betriebsratsbeschluss hinausgehen oder nicht von einem wirksamen Beschluss gedeckt sind.[22]

b) Unwirksamkeit der Beschlüsse vom 11.11.2015 wegen eines Fehlers bei der Einladung zur Betriebsratssitzung (§ 29 Abs. 2 S. 3 BetrVG)

Ein die Vertretung durch V legitimierender Betriebsratsbeschluss fehlte dann, wenn **23** die Beschlussfassung am 11.11.2015 unwirksam war. Ein Betriebsratsbeschluss ist grundsätzlich wirksam zustande gekommen, wenn der Betriebsrat beschlussfähig i.S.d. § 33 BetrVG ist und sich in einer Betriebsratssitzung aufgrund einer mit den Vorschriften des Betriebsverfassungsgesetzes in Einklang stehenden Ladung mit dem jeweiligen Sachverhalt befasst und durch Abstimmung eine einheitliche Willensbildung herbeigeführt hat.[23] Zweifelhaft ist insoweit nur, ob eine ordnungsgemäße Ladung zur Sitzung am 11.11.2015 erfolgt ist. Nach § 29 Abs. 2 S. 3 BetrVG hat der Betriebsratsvorsitzende die Mitglieder rechtzeitig unter Mitteilung der Tagesordnung zu laden. Diesen Anforderungen genügt die am 3.11.2015 erfolgte

---

[22] BAG vom 15.12.1961 – 1 AZR 207/59, AP Nr. 1 zu § 615 BGB – Kurzarbeit; GK-BetrVG/*Raab*, § 26 Rn. 38; *Fitting*, § 26 Rn. 24 f.

[23] Vgl. BAG vom 15.4.2014 – 1 ABR 2/13 (B), AP Nr. 9 zu § 29 BetrVG 1972 (Ls. 1).

Einberufung, die zwar mit einer Ladungsfrist von mehr als einer Woche rechtzeitig war,[24] augenscheinlich nicht, da V vergaß, eine Tagesordnung beizufügen.

24 Fraglich ist aber, ob sich dieser Ladungsmangel notwendig auf die Wirksamkeit der in der Sitzung gefassten Beschlüsse auswirkt. Zur Unwirksamkeit eines Beschlusses führt nicht jeder Verstoß gegen formelle Anforderungen einer Betriebsratssitzung, sondern nur die Missachtung solcher Verfahrensvorschriften, die für das Zustandekommen eines ordnungsgemäßen Betriebsratsbeschlusses als wesentlich anzusehen sind, also Mängel, die so schwerwiegend sind, dass der Fortbestand des Beschlusses von der Rechtsordnung nicht hingenommen werden kann.[25] Dabei ist anhand des Regelungszwecks der verletzten Verfahrensvorschrift zu bestimmen, ob die Verletzung der hierdurch geschützten Belange stärker zu gewichten ist, als das Interesse an der Aufrechterhaltung des Beschlusses.[26] Die Vorschrift des § 29 Abs. 2 S. 3 BetrVG dient der Willensbildung des Betriebsrats, indem sie seinen Mitgliedern die Sitzungsvorbereitung ermöglichen, sie vor unbedachten und unvorbereiteten Entscheidungen schützen und letztlich eine demokratischen Grundsätzen gerecht werdende Willensbildung gewährleisten soll. Mithin handelt es sich um eine wesentliche Verfahrensvorschrift, deren Verletzung grundsätzlich und jedenfalls dann, wenn wie vorliegend eine Tagesordnung vollständig fehlt,[27] zur Unwirksamkeit der in der Betriebsratssitzung gefassten Beschlüsse führt.

c) Heilung des Einladungsmangels

25 Etwas anderes müsste aber dann gelten, wenn der Verfahrensmangel heilbar und im konkreten Fall tatsächlich geheilt worden ist. Die Rechtsprechung des BAG geht mit der ganz h. M. von einer Heilung aus, wenn der vollständig versammelte Betriebsrat einstimmig sein Einverständnis zur Mangelheilung erteilt und eine neue Tagesordnung beschließt.[28] Da in der Betriebsratssitzung am 11.11.2015 eine neue Tagesordnung beschlossen wurde und auch alle anwesenden Mitglieder mit diesem Vorgehen einverstanden waren, wird den beschriebenen Anforderungen zunächst einmal genügt. Allerdings handelt es sich insoweit um einen Sonderfall, als statt des regulären Betriebsratsmitglieds O ein Ersatzmitglied an der Sitzung teilnahm. Für diese Konstellation gingen einzelne Senate des BAG in der Vergangenheit davon aus, dass eine Heilung des Ladungsmangels nicht möglich sei,[29] da die Mitteilung der Tagesordnung das verhinderte Betriebsratsmitglied in die Lage versetzen solle,

---

[24] Die Ladung muss so zeitig erfolgen, dass die Teilnehmer sich auf die Sitzung einstellen, dafür freimachen und auf die Tagesordnungspunkte angemessen vorbereiten können. Eine Vorlaufzeit von einer Woche reicht hierfür regelmäßig – erst recht, wenn es sich wie vorliegend um eine besonders dringliche Angelegenheit handelt – aus, vgl. nur GK-BetrVG/*Raab,* § 29 Rn. 35 m. w. N.

[25] BAG vom 15.4.2014 – 1 ABR 2/13 (B), AP Nr. 9 zu § 29 BetrVG 1972; vgl. auch BAG vom 22.1.2014 – 7 AS 6/13, AP Nr. 8 zu § 29 BetrVG 1972.

[26] GK-BetrVG/*Raab,* § 33 Rn. 51; ebenso, auch zum Folgenden, BAG vom 15.4.2014 – 1 ABR 2/13 (B), AP Nr. 9 zu § 29 BetrVG 1972.

[27] Richardi/*Thüsing,* § 29 Rn. 39 a. E. m. w. N.

[28] BAG vom 15.4.2014 – 1 ABR 2/13 (B), AP Nr. 9 zu § 29 BetrVG 1972; MünchHdbArbR/*Joost,* § 219 Rn. 14; Richardi/*Thüsing,* § 29 Rn. 39 jeweils m. w. N.

[29] Im Wesentlichen auch mit den folgenden Argumenten etwa BAG vom 28.10.1992 – 7 ABR 14/92, AP Nr. 4 zu § 29 BetrVG 1972; BAG vom 18.2.2003 – 1 ABR 17/02, AP Nr. 11 zu § 77 BetrVG 1972 – Betriebsvereinbarung; BAG vom 24.5.2006 – 7 AZR 201/05, AP Nr. 6 zu § 29 BetrVG 1972.

seine Kollegen schon vor der Sitzung über seine Auffassung in einer bestimmten Angelegenheit zu unterrichten und sie zu überzeugen oder zu bitten, seine Argumente in der Sitzung zumindest vorzutragen. Zudem eröffne die vorherige Bekanntmachung der Tagesordnung dem Mitglied die Möglichkeit, das Vorliegen eines Verhinderungsfalls zu prüfen und darüber zu befinden, ob eine bestehende Terminkollision ggf. zugunsten der Betriebsratsarbeit zu lösen ist. Die besseren Argumente sprechen freilich dafür, im Einklang mit einer neueren Entscheidung des Ersten Senats des BAG von einer Heilung des Verfahrensmangels auszugehen.[30] Denn nach der Konzeption des § 25 Abs. 1 BetrVG handelt es sich beim Ersatzmitglied, wenn es das ordentliche Mitglied während einer zeitweiligen Verhinderung vertritt, für die Vertretungszeit um ein vollwertiges Betriebsratsmitglied mit allen sich aus dieser Stellung ergebenden Rechten und Pflichten, welches auch nicht an Weisungen des originären Betriebsratsmitglieds gebunden ist. Folgt man dem, kann die unterbliebene Mitteilung der Tagesordnung schützenswerte Interessen des originären Mitglieds an einer Beeinflussung der Willensbildung des Betriebsrats durch Einwirkungen auf andere (reguläre oder Ersatz-)Mitglieder gar nicht tangieren, weshalb auch seine Mitwirkung bei der Heilung des Verfahrensmangels nicht erforderlich ist. Durch den einstimmig gefällten Beschluss einer Tagesordnung in der Sitzung vom 11.11.2015 ist der Ladungsmangel geheilt worden.

d) Zwischenergebnis

Die in dieser Sitzung gefassten Beschlüsse sind wirksam. Da sich die Beauftragung **26** des R durch V im Rahmen dieser Beschlüsse hielt, insbesondere tatsächlich der ins Auge gefasste Berater mandatiert wurde, liegt – soweit es die erforderlichen Beratungsleistungen i.H.v. 37500 Euro betrifft – eine wirksame Einigung zwischen dem Betriebsrat der E vertreten durch V und R vor.

3. Erfüllung der vertraglichen Anspruchsvoraussetzungen

Da R die vereinbarten Beratungsleistungen tatsächlich erbracht hat, ist sein Zah- **27** lungsanspruch entstanden.

4. Teilergebnis

R hat gegen den Betriebsrat der E einen Anspruch auf Zahlung des Honorars **28** aus dem Beratungsvertrag (§§ 675 Abs. 1, 611 Abs. 1 BGB) lediglich i.H.v. 37500 Euro.

III. Honorarzahlungsanspruch des R gegen den Betriebsratsvorsitzenden V analog § 179 Abs. 1 BGB

Zu prüfen ist ferner ein Anspruch des R auf Honorarzahlung i.H.v. 50000 Euro **29** gegen den Betriebsratsvorsitzenden V, der als einziges Rechtssubjekt im Außenverhältnis gegenüber R gehandelt hat. Da V bei der Beauftragung des R ausdrücklich für den Betriebsrat handelte, ein zur Selbstverpflichtung des V führendes Eigenge-

---

[30] So, auch zum Folgenden, BAG vom 15.4.2014 – 1 ABR 2/13 (B), AP Nr. 9 zu § 29 BetrVG 1972. Der 7. Senat des BAG, der bislang der Gegenansicht anhing, hat sich dieser Position im Anfrageverfahren angeschlossen, BAG vom 22.1.2014 – 7 AS 6/13, AP Nr. 8 zu § 29 BetrVG 1972.

schäft i.S.d. § 164 Abs. 2 BGB also erkennbar nicht vorliegt,[31] das Betriebsverfassungsgesetz sowohl zur Haftung des Vorsitzenden als auch der Mitglieder des Betriebsrats schweigt und auch Anhaltspunkte für eine Haftung des V nach § 823 Abs. 1 und 2 BGB i.V.m. § 263 StGB fehlen, kommt als Grundlage für dieses Begehren lediglich § 179 Abs. 1 BGB in Betracht.

1. Zahlungsanspruch entstanden

a) Voraussetzungen der vollmachtlosen Vertretung

30 Dazu müsste V als vollmachtloser Vertreter i.S.d. § 179 Abs. 1 BGB gehandelt haben. Dies ist im Ergebnis allenfalls insoweit zu bejahen, als die von R versprochenen Beratungsleistungen den erforderlichen Umfang i.H.v. 37500 Euro überschritten, da mit Blick auf E mangels Offenkundigkeit bereits tatbestandlich gar keine Stellvertretung durch V gegeben und hinsichtlich des Betriebsrats der E insoweit eine wirksame Verpflichtung durch V nach §§ 164ff. BGB erfolgt ist. Auch für den überschießenden Teil der Forderung des R scheidet eine unmittelbare Anwendung der §§ 177ff. BGB aus, da V insoweit nicht als vollmachtloser Vertreter aufgetreten ist, sondern den Betriebsrat gar nicht vertreten konnte, weil dieser insoweit als Zuordnungssubjekt von Rechten und Pflichten mangels Rechtsfähigkeit gar nicht existent war (siehe oben Rn. 20).

b) Entsprechende Anwendbarkeit der §§ 177ff. BGB

31 § 179 Abs. 1 BGB könnte in der vorliegenden Konstellation allerdings entsprechend anwendbar sein. Mit dem Fall der vollmachtlosen Vertretung i.S.d. §§ 177ff. BGB sind nach allgemeiner Einschätzung in Rechtsprechung und Schrifttum aufgrund der vergleichbaren Schutzbedürftigkeit des Vertragspartners Konstellationen vergleichbar, in denen die als Vertreter auftretende Person eine rechtliche Bindung ihres Hintermanns nicht begründen kann, weil dieser gar nicht existiert.[32] Folgt man dem, ist es nur folgerichtig, die §§ 177ff. BGB auch dann analog heranzuziehen, wenn es sich beim Hintermann nicht um ein inexistentes, aber um ein teilweise nicht rechtsfähiges Rechtssubjekt handelt.[33] Soweit die Beauftragung des R nicht erforderlich war, handelte V daher wie ein Vertreter ohne Vertretungsmacht.[34] Da weiterhin eine Genehmigung des dadurch geschlossenen Vertrages nach § 177 Abs. 1 BGB sowohl von Seiten der E als auch des Betriebsrats fehlt, also dahinstehen kann, wer überhaupt zur Genehmigung befugt war, haftet V nach Wahl des R auf Erfüllung des am 13.11.2015 geschlossenen Beratungsvertrages oder auf Schadensersatz aus § 179 Abs. 1 BGB. In der Zahlungsaufforderung des R ist ein Erfüllungsverlangen, also die Ausübung des Wahlrechts zu sehen, so dass V grundsätzlich zur Zahlung des Beratungshonorars in dem Umfang, in dem die Beauftragung des R den Betriebsrat nicht wirksam binden konnte (12500 Euro), verpflichtet ist.

---

[31] So für einen vergleichbaren Fall auch OLG Frankfurt vom 21.9.2011 – 1 U 184/10, BeckRS 2011, 23199 unter II. 1. a) der Gründe.

[32] Siehe nur BGH vom 8.7.1974 – II ZR 180/72, BGHZ 63, 45, 48f.; BGH vom 20.10.1988 – VII ZR 219/87, BGHZ 105, 283, 285; Bamberger/Roth/*Valenthin*, § 179 Rn. 17; MünchKommBGB/ *Schramm*, § 179 Rn. 11.

[33] Siehe bereits RG vom 16.12.1922 – V 21/22, RGZ 106, 68, 74.

[34] BGH vom 25.10.2012 – III ZR 266/11, NZA 2012, 1382, 1386; a.A. ErfK/Koch, § 1 BetrVG Rn. 20.

2. Zahlungsanspruch ganz oder teilweise ausgeschlossen

a) Beschränkung der Haftung des V auf das Vertrauensinteresse des R analog § 179 Abs. 2 BGB

Der Honorarzahlungsanspruch könnte allerdings nach § 179 Abs. 2 BGB auf den **32** Ersatz des Schadens beschränkt sein[35], den R dadurch erlitten hat, dass er auf die Vertretungsmacht des V vertraute.[36] Da diese Vorschrift im vorliegenden Kontext ebenfalls nur analog anzuwenden ist, wäre der Anspruch des R konsequenterweise dann beschränkt, wenn V zwar nicht den Mangel seiner Vertretungsmacht, aber die teilweise fehlende Rechtsfähigkeit des Betriebsrats, die aus der mangelnden Erforderlichkeit des R erteilten Beratungsauftrags i.S.d. § 40 Abs. 1 BetrVG resultiert, gekannt hätte. Nach dem insoweit eindeutigen Gesetzeswortlaut schadet dem *falsus procurator* lediglich positive Kenntnis der fehlenden Vertretungsmacht bzw. hier der fehlenden Rechtsfähigkeit des Betriebsrats, nicht hingegen fahrlässige oder grob fahrlässige Unkenntnis.[37] In der Ausgangsentscheidung ging der BGH davon aus, dass eine Kenntnis des für den Betriebsrat handelnden Mitglieds typischerweise dann zu verneinen sei, wenn es – etwa in Folge einer Rückfrage beim Vertragspartner oder einer vorherigen Marktabfrage – von der Üblichkeit des vereinbarten, tatsächlich aber überhöhten Honorarsatzes ausging.[38] Diese Sichtweise überzeugt nicht, da die Verletzung von Nachforschungspflichten allenfalls den einer Anwendung des § 179 Abs. 2 BGB nicht entgegenstehenden Vorwurf einer (grob) fahrlässigen Unkenntnis der mangelnden Vertretungsmacht zu begründen vermag, der BGH also die Grenzen zwischen positiver Kenntnis und fahrlässiger Unkenntnis der Vertretungsmacht bzw. der partiell fehlenden Rechtsfähigkeit des Betriebsrats in unzulässiger Weise verwischt. Entscheidend muss vielmehr sein, dass V – wenn auch objektiv zu Unrecht – davon ausging, zur umfassenden Beauftragung des R berechtigt zu sein. Der Mangel seiner Vertretungsmacht war ihm somit nicht positiv bekannt, so dass der Anspruch des R auf den Ersatz seines (hier nicht näher bezifferbaren) Vertrauensschadens beschränkt ist.

b) Vollständiger Ausschluss der Haftung des V analog § 179 Abs. 3 S. 1 BGB

Nach § 179 Abs. 3 S. 1 BGB könnte der Zahlungsanspruch des R sogar ganz ausge- **33** schlossen sein, wenn dieser den Mangel der Vertretungsmacht bzw. der zum Teil fehlenden Rechtsfähigkeit des Betriebsrats kannte oder kennen musste. Anders als dem vollmachtlosen Vertreter schadet dem Vertragspartner daher bereits einfach

---

[35] Ein Erlöschen des Anspruchs durch Erfüllung kommt trotz der von V angebotenen Abtretung möglicher Ersatzansprüche des Betriebsrats gegen E nicht ernsthaft in Betracht, da die Abtretung weder zur Bewirkung der geschuldeten Leistung führt (§ 362 Abs. 1 BGB) noch eine Leistung an Erfüllungs statt (§ 364 BGB) mit R vereinbart wurde, weil dieser das Abtretungsangebot zurückgewiesen hat.

[36] ErfK/*Koch*, § 1 BetrVG Rn. 20 meint sogar noch weitergehend, dass der Dritte wegen der beschränkten Vermögensfähigkeit des Betriebsrats davon ausgehen müsse, als Gegenleistung für sein Tätigwerden nur den Freistellungsanspruch bekommen zu können; ähnlich auch *Fitting*, § 1 Rn. 207. Im vorliegenden Fall einer ausdrücklichen Vergütungsabrede erscheint diese, letztlich wohl auf einer entsprechenden Auslegung des Beratungsvertrages beruhende Sichtweise nur schwer vertretbar.

[37] Vgl. nur Palandt/*Ellenberger*, § 179 Rn. 7 m.w.N.

[38] BGH vom 25.10.2012 – III ZR 266/11, NZA 2012, 1382, 1386.

fahrlässige Unkenntnis[39], also ein nicht weiter qualifiziertes Außerachtlassen der im Verkehr erforderlichen Sorgfalt (§ 276 Abs. 2 BGB) und zwar selbst dann, wenn dem *falsus procurator* Vorsatz zur Last fällt.[40]

34 Vorliegend ist zu beachten, dass die Honorarforderung des R deutlich über den marktmäßigen Sätzen lag und auch objektiv unangemessen hoch war. Zudem ist R als Rechtsanwalt bei der Erbringung seiner Beratungsleistungen nicht nur verpflichtet, den sichersten Weg zu wählen und dabei vermeidbare Nachteile für seinen Mandanten nach Möglichkeit zu vermeiden, sondern schuldet auch eine umfassende, Kostengesichtspunkte einbeziehende Beratung und Aufklärung in allen relevanten Punkten. Selbst wenn man zugunsten des R in Rechnung stellt, dass der Betriebsrat einen Beratungsauftrag auch in Angelegenheiten, die über das i. S. d. § 111 S. 2 BetrVG erforderliche Maß hinausgehen, unter den Voraussetzungen des § 80 Abs. 3 BetrVG erteilen darf, hätte R nicht ohne Nachfrage bei V von einer die Beauftragung legitimierenden Zustimmung der E ausgehen und angesichts der bereits seit 2005 höchstrichterlich eindeutig entschiedenen, zudem im Schrifttum überwiegend verneinten Frage der fehlenden Vollrechtsfähigkeit des Betriebsrats (siehe oben Rn. 9 ff.) annehmen dürfen, dass V zur Vertretung des Betriebsrats im vollen Umfang befugt war. Vielmehr hätte sich R als einem auf betriebsverfassungsrechtliche Fragen spezialisierten Fachanwalt für Arbeitsrecht die gegenteilige, zudem eine entsprechende Aufklärungspflicht gegenüber V und dem Betriebsrat auslösende Sichtweise aufdrängen müssen. R verkannte demnach den Mangel der Vertretungsmacht des V für den Betriebsrat zumindest fahrlässig.[41] Der Zahlungsanspruch des R gegen V aus § 179 Abs. 1 BGB ist deshalb in der gesamten Höhe von 12 500 Euro, in der V den Betriebsrat mangels Rechtsfähigkeit nicht wirksam vertreten konnte, nach § 179 Abs. 3 S. 1 BGB ausgeschlossen.

c) Kürzung der Ansprüche des R wegen Verletzung einer Beratungspflicht oder analog § 254 BGB wegen Mitverschuldens

35 Ob V oder dem von ihm zumindest z. T. vertretenen Betriebsrat ein aufrechnungsfähiger und damit im Ergebnis nach erklärter Aufrechnung ebenfalls zum Untergang des Zahlungsanspruchs von R führender Schadensersatzanspruch wegen der Verletzung einer nebenvertraglichen Aufklärungspflicht aus dem Beratungsvertrag zusteht[42], ob der Zahlungsanspruch möglicherweise – obwohl insoweit die Einstufung des § 179 Abs. 3 S. 1 BGB als abschließende Spezialregelung näher liegt – analog § 254 Abs. 1 BGB zu kürzen wäre oder ob die Haftung der Betriebsratsmitglieder ganz generell auf vorsätzliche oder grob fahrlässige Kompetenzüberschreitungen zu beschränken ist[43], bedarf daher keiner abschließenden Entscheidung.

---

[39] Vgl. BGH vom 25.10.2012 – III ZR 266/11, NZA 2012, 1382, 1386 f.

[40] Siehe nur LG Bochum vom 21.6.1989 – 6 O 100/89, NJW-RR 1989, 1365; MünchKomm-BGB/*Schramm*, § 179 Rn. 41; Palandt/*Ellenberger*, § 179 Rn. 4.

[41] So im Wege eines *obiter dictums* zu dieser konkret nicht entscheidungserheblichen Frage auch BGH vom 25.10.2012 – III ZR 266/11, NZA 2012, 1382, 1386 f.: „[…] dürfte eine solche Kenntnis beziehungsweise zumindest das Kennenmüssen ohne Weiteres zu bejahen sein."

[42] So etwa die Entscheidung der Vorinstanz zu BGH vom 25.10.2012 – III ZR 266/11, NZA 2012, 1382, 1382 ff.; OLG Frankfurt vom 21.9.2011 – 1 U 184/10, BeckRS 2011, 23 199 unter II. 2. b) der Gründe.

[43] Dazu nur *Fitting*, § 1 Rn. 216; *Preis/Ulber*, JZ 2013, 579, 582, jeweils m. w. N.

3. Teilergebnis

R hat keinen Anspruch auf Bezahlung des Beratungshonorars gegen V.[44]   **36**

IV. Honorarzahlungsansprüche des R gegen die Betriebsratsmitglieder M, N und P

Schließlich könnte ein Zahlungsanspruch des R i.H.v. 50 000 Euro noch gegenüber **37** den an der Beschlussfassung des Betriebsrats über die Beauftragung des R beteiligten Betriebsratsmitgliedern M, N und P bestehen. Ungeachtet des konkreten Abstimmungsverhaltens dieser Betriebsratsmitglieder ist deren Haftung jedoch im Ergebnis und auch entgegen der von der älteren Rechtsprechung des BAG vereinzelt vertretenen Auffassung[45] zu verneinen, weil hierfür weder ein gesetzlicher noch ein rechtsgeschäftlicher Verpflichtungstatbestand existiert.

Wie bereits im Rahmen der Prüfung von Ansprüchen gegen V ausgeführt, ergibt sich **38** ein solcher jedenfalls nicht explizit aus dem Betriebsverfassungsgesetz (siehe oben Rn. 29) und auch nicht aus § 179 Abs. 1 BGB, da alle drei Personen nicht am Vertragsschluss mit R beteiligt waren. Auch eine von der instanzgerichtlichen Rechtsprechung immerhin in Erwägung gezogene akzessorische Haftung der Betriebsratsmitglieder analog § 128 S. 1 HGB oder § 54 S. 2 BGB lässt sich nicht überzeugend begründen, da die für eine Analogie erforderliche Vergleichbarkeit der Interessenlage zwischen der normierten Konstellation und dem Sachverhalt, für den die Übertragung der gesetzlichen Regelung in Frage steht, fehlt.[46] Denn bei dem Betriebsrat handelt es sich, anders als beim Verein, den Personenhandelsgesellschaften und der GbR, für welche die analoge Anwendung des § 128 S. 1 BGB mittlerweile einhellig bejaht wird,[47] nicht um einen auf freiwilliger Basis erfolgenden Zusammenschluss zur Förderung eines gemeinsamen Zwecks (vgl. § 705 BGB). Vielmehr beruhen die Zugehörigkeit zu diesem Gremium, dessen Zweck, Aufgaben und rechtliche Binnenstruktur auf den vom Vereins- und Gesellschaftsrecht völlig abweichenden Vorgaben des Betriebsverfassungsgesetzes und vor allem wesentlich auf dem in der Wahl des Betriebsrats nach §§ 7 ff. BetrVG zum Ausdruck kommenden Willen Dritter, nämlich der wählenden Belegschaft. Schließlich beeinträchtigten die mit einer Analogie zu § 128 S. 1 HGB oder § 54 S. 2 BGB einhergehenden gravierenden Haftungsrisiken für die Betriebsratsmitglieder, gerade weil es insoweit an einem umfassend rechts- und vermögensfähigen weiteren Schuldner wie dem Verein, der oHG, KG oder GbR fehlt, die Funktionsfähigkeit der Betriebsratsarbeit über Gebühr.

---

[44] Eine abweichende Bewertung ist im Ergebnis angesichts der oben Fn. 11 genannten Literaturstimmen vertretbar.

[45] So plädiert etwa BAG vom 24.4.1986 – 6 AZR 607/83, AP Nr. 7 zu § 87 BetrVG 1972 – Sozialeinrichtung für eine mögliche gesamtschuldnerische Haftung der einzelnen Betriebsratsmitglieder beim Betrieb einer Kantine „durch" den Betriebsrat (die im Ergebnis allerdings verneint wird). A. A. auch GK-BetrVG/*Franzen*, § 1 Rn. 79; H/W/G/N/R/H/*Rose*, Einl. Rn. 106, die ohne Angabe eines Haftungsgrundes für eine gesamtschuldnerische Einstandspflicht aller Betriebsratsmitglieder eintreten, die für den Beschluss zur Beauftragung eines Dritten gestimmt haben. ErfK/*Koch*, § 1 BetrVG Rn. 20 a. E. hält dies für abwegig; wie hier *Fitting*, § 1 Rn. 212 ff. und wohl auch MünchHdbArbR/*v. Hoyningen-Huene*, § 212 Rn. 17.

[46] Ebenso, auch zum Folgenden, OLG Frankfurt vom 21.9.2011 – 1 U 184/10, BeckRS 2011, 23 199 unter II. 2. a) der Gründe; vgl. auch Richardi/*Richardi*, Einl. Rn. 114.

[47] Siehe nur BGH vom 29.1.2001 – II ZR 331/0, BGHZ 146, 341, 358; MünchKommBGB/ *Ulmer/Schäfer*, § 714 Rn. 4 ff.

39 Letztlich ist auch eine rechtsgeschäftliche Verpflichtung der nicht am Vertragsschluss beteiligten Betriebsratsmitglieder abzulehnen. Zwar ließe sich theoretisch in ähnlicher Weise argumentieren, wie in der Vergangenheit von Teilen des gesellschaftsrechtlichen Schrifttums die Haftung der Gesellschafter einer GbR für durch Vertrag begründete Gesellschaftsschulden konstruiert wurde, dass nämlich der zur Vertretung berufene Gesellschafter im Zweifel nicht nur sich selbst, sondern zugleich konkludent die übrigen Mitgesellschafter nach §§ 164 ff. BGB vertrete (sog. Doppelverpflichtungstheorie).[48] Auch dadurch missachtete man aber die beschriebenen grundlegenden Strukturunterschiede zwischen dem Betriebsrat einerseits und Gesellschaften andererseits und beeinträchtigte die Funktionsfähigkeit der Gremienarbeit. Zudem handelte es sich bei der Annahme einer konkludenten Mitverpflichtung der am Vertragsschluss nicht beteiligten Betriebsratsmitglieder in der Sache um nichts anderes als eine Fiktion, die zudem geeignet wäre, die nach § 179 Abs. 2 und 3 BGB privilegierte haftungsrechtliche Stellung des den Vertrag schließenden Betriebsratsvorsitzenden oder -mitglieds (siehe dazu oben Rn. 32 ff.) zu unterlaufen.

40 R hat keine Ansprüche gegen M, N und P auf Zahlung des Beratungshonorars.

Frage 2: Anspruch des Betriebsrats gegen E auf Zahlung der Vertragsstrafe

41 Dem Betriebsrat der E könnte ein Anspruch gegen E auf Zahlung der Vertragsstrafe i. H. v. 1 160 000 Euro aus § 2 des Vergleichsvertrages i. S. d. § 779 BGB zustehen.

42 Einzig fraglich ist, da die im Vergleichsvertrag bestimmten Voraussetzungen für die Verwirkung der Vertragsstrafe offenkundig erfüllt sind, insbesondere wegen der bewussten Missachtung der Dienstpläne von einem Verschulden der E, nämlich Vorsatz auszugehen ist, ob der Betriebsrat überhaupt Gläubiger des Anspruchs sein kann. Die Antwort hierauf korrespondiert erneut mit der Frage nach der Rechtsfähigkeit des Betriebsrats und wäre nach dem Ergebnis der bisherigen Prüfung nur zu bejahen, wenn der Betriebsrat der E im Rahmen des ihm durch das Betriebsverfassungsgesetz übertragenen Wirkungskreises gehandelt und die konkret wahrgenommene Aufgabe einen hinreichenden vermögensrechtlichen Bezug hat, weil sie zu einen Erstattungsanspruch gegen den Arbeitgeber nach § 40 Abs. 1 BetrVG führt (siehe oben Rn. 9 ff., insbesondere Rn. 13 a. E.).

43 Hinsichtlich der erstgenannten Anforderung wird man dem Betriebsrat noch zubilligen können, beim Abschluss des Vergleichs mit E in Verfolgung seiner Mitbestimmungsrechte nach § 87 Abs. 1 Nrn. 2 und 3 BetrVG und damit innerhalb seines betriebsverfassungsrechtlichen Aufgabenkreises gehandelt zu haben. Allerdings hat die Wahrnehmung der Mitbestimmungsrechte aus dem Katalog des § 87 Abs. 1 BetrVG, anders als die zuvor erörterte Ausübung der Rechte aus §§ 80 Abs. 3, 111 S. 2 BetrVG, erkennbar keinen vermögensrechtlichen Bezug,[49] da der Abschluss

---

[48] So noch BGH vom 30.4.1979 – II ZR 137/78, BGHZ 74, 240, 242; weitere Nachweise zum älteren Schrifttum bei MünchKommBGB/*Ulmer/Schäfer*, § 714 Rn. 3.

[49] So, freilich ohne weitere Begründung, im Ergebnis auch BAG vom 29.9.2004 – 1 ABR 30/03, NZA 2005, 123, 124.

von Betriebsvereinbarungen über die Materien der einzelnen Katalogtatbestände ohne Weiteres möglich ist, ohne dass dem Betriebsrat eigene Vermögenspositionen zugewiesen werden müssen. Mit einem Rückgriff auf § 87 Abs. 1 BetrVG lässt sich die Rechtsfähigkeit des Betriebsrats der E demnach nicht begründen.

Eine abweichende Beurteilung ist selbst dann nicht angezeigt, wenn man die Einigung über das Vertragsstrafeversprechen in dem Vergleich dahingehend auslegte, dass damit von den Vergleichsparteien eine dem Betriebsrat selbst als Organ zustehende Vermögensposition gebildet werden sollte, aus der sich dann zugleich die Teilrechtsfähigkeit des Betriebsrats ableiten ließe.[50] Abgesehen davon, dass bei Anwendung der allgemeinen Auslegungsregeln erhebliche Bedenken gegen eine derart weitreichende Regelungsintention bestehen, wäre der Betriebsrat zum Abschluss einer solchen Vereinbarung gar nicht in der Lage. Denn wie ausgeführt, fehlt dem Betriebsrat beim Handeln *ultra vires* die Fähigkeit, überhaupt Rechtsgeschäfte wie den Vergleichsvertrag abschließen zu können, so dass es ihm schlicht unmöglich ist, seine Rechtsfähigkeit durch Vereinbarungen mit dem Arbeitgeber zu erweitern.[51] Ein anderes Ergebnis, welches letztlich in der Sache nichts anderes bedeutete, als den Umfang der Rechtsfähigkeit des Betriebsrats zur Disposition der Betriebsparteien zu stellen, ließe sich auch nicht mit den im zweiten Teil geregelten organisationsrechtlichen Bestimmungen des Betriebsverfassungsgesetzes in Einklang bringen. Aus dem Umstand, dass die ganz unterschiedlichen Einzelvorschriften dieses Gesetzesteils explizit regeln, wann Abweichungen durch Tarifvertrag oder Betriebsvereinbarung gestattet sind (vgl. exemplarisch §§ 3, 14a Abs. 5, 38 Abs. 1 S. 5 BetrVG), folgt *e contrario,* dass es sich bei dem Organisationsrecht der Betriebsverfassung i. Ü. – auch im Interesse der Rechtssicherheit – um nicht disponible Rechtssätze handelt. **44**

Der Betriebsrat hat keinen Anspruch auf Zahlung der Vertragsstrafe aus § 2 des Vergleichs. **45**

Frage 3: Möglichkeiten der Beteiligten zur Durchsetzung ihrer Ansprüche

Da nach dem Ergebnis der bisherigen Prüfung feststeht, dass nur R gegen den Betriebsrat einen Anspruch auf Zahlung des Beratungshonorars i. H. v. 37 500 Euro aus einem Geschäftsbesorgungsvertrag (§§ 675 Abs. 1, 611 Abs. 1 BGB) besitzt, ist lediglich zu untersuchen, ob und wie R eine zulässige Zahlungsklage gegen den Betriebsrat erheben könnte. **46**

I. Wahl des richtigen Rechtswegs

Zu klären ist zunächst, ob für die Durchsetzung des Begehrens des R der Rechtsweg zu den ordentlichen Gerichten oder zu den Arbeitsgerichten eröffnet ist. Nach § 13 **47**

---

[50] Im Ergebnis ebenso, auch mit dem folgenden Argument, BAG vom 29.9.2004 – 1 ABR 30/03, NZA 2005, 123, 124.

[51] Wie hier *Gutzeit,* ZIP 2009, 354, 356. Dies gilt auch dann, wenn man in der oben Rn. 11 ff. dargestellten Kontroverse um die Reichweite der Rechtsfähigkeit des Betriebsrats nicht der dort zugrunde gelegten Auffassung folgt.

GVG gehören vor die ordentlichen Gerichte u. a. alle bürgerlich-rechtlichen Rechtsstreitigkeiten, sofern für diese Rechtsstreitigkeiten nicht auf Grund von Vorschriften des Bundesrechts besondere Gerichte bestellt sind. Eine derartige abdrängende Sonderzuweisung könnte sich vorliegend aus § 1 ArbGG ergeben. Dafür müsste es sich bei der von R beabsichtigten Klage gegen den Betriebsrat, immerhin ein aufgrund eines arbeitsrechtlichen Gesetzes geschaffenes Organ, um eine Arbeitssache i. S. d. §§ 2–3 ArbGG handeln. Dies wäre, da erkennbar keiner der übrigen in §§ 2, 2a ArbGG abschließend aufgezählten Katalogtatbestände in Betracht kommt, nach § 2a Abs. 1 Nr. 1 ArbGG nur dann der Fall, wenn eine Angelegenheit aus dem Betriebsverfassungsgesetz vorläge. Eine solche ist gegeben, wenn der geltend gemachte Anspruch die durch das Betriebsverfassungsrecht geregelte Ordnung des Betriebes betrifft und die gegenseitigen Rechte und Pflichten der Betriebsparteien als Träger dieser Ordnung den Streitgegenstand des Verfahrens bilden.[52] Vorliegend streiten jedoch nicht die Betriebsparteien über ihre betriebsverfassungsrechtlichen Rechte, sondern ein Dritter mit dem Betriebsrat über die Erfüllung eines auf der Grundlage des Bürgerlichen Gesetzbuchs geschlossenen Vertrages. Mithin handelt es sich nicht um eine Arbeitssache, so dass der Rechtsweg zu den ordentlichen Gerichten nach § 13 GVG eröffnet ist.

II. Wahl des zuständigen Gericht

1. Sachliche Zuständigkeit

48 Für die von R zu erhebende Klage sind angesichts der für die Bestimmung des Streitwerts (vgl. § 6 ZPO) maßgeblichen Forderungshöhe von 37 500 Euro nach §§ 71 Abs. 1, 23 Nr. 1 GVG die Landgerichte sachlich zuständig.

2. Örtliche Zuständigkeit

49 Fraglich ist allerdings, welches Landgericht für die Entscheidung des Rechtsstreits örtlich zuständig ist. Jedenfalls mit Hilfe des besonderen Gerichtsstands des Erfüllungsorts (§ 29 Abs. 1 ZPO) lässt sich die örtliche Zuständigkeit des Landgerichts Osnabrück begründen. Denn hier waren beide Vertragsparteien im Bezirk dieses Landgerichts angesiedelt und Vertragsgegenstand eine Beratung, die sich auf ein in diesem Bezirk beheimatetes Unternehmen bezog.

50 Zudem könnte § 17 Abs. 1 ZPO einschlägig sein, wonach juristische Personen ihren allgemeinen Gerichtsstand an ihrem Sitz haben. Zum Kreis der von dieser Norm erfassten Rechtssubjekte zählen auch Vermögensmassen, die als solche verklagt werden können, weshalb § 17 Abs. 1 ZPO letztlich auf alle lokalisierten parteifähigen Personenvereinigungen ohne eigene Rechtspersönlichkeit, wie die oHG, KG oder die GbR (zumindest analog) angewendet wird.[53] Erkennt man die Teilrechtsfähigkeit des Betriebsrats an (siehe oben Rn. 9f.), ist es nur konsequent, für die Bestimmung seines allgemeinen Gerichtsstands ebenso zu verfahren und, da es im formalen Sinne keinen Sitz des Betriebsrats gibt, auf den Ort abzustellen, in dem der Betrieb liegt, für den der Betriebsrat gewählt wurde. Örtlich zuständig für

---

[52] BAG vom 16.7.1985 – 1 ABR 9/83, AP Nr. 17 zu § 87 BetrVG 1972 – Lohngestaltung; BAG vom 22.10.1985 – 1 ABR 47/83, AP Nr. 5 zu § 87 BetrVG 1972 – Werkmietwohnungen.

[53] Siehe nur Zöller/*Vollkommer*, § 17 Rn. 5 m. w. N.

die Klage des R ist, da das Unternehmen der E und damit auch ihr Betriebsrat in Osnabrück angesiedelt sind, demnach auch nach § 17 Abs. 1 ZPO das Landgericht Osnabrück.

III. Partei-, Prozess- und Postulationsfähigkeit

Gegen die Partei- und Prozessfähigkeit des R als volljähriger, natürlicher Person **51** bestehen keine Bedenken. Da die von R beabsichtigte Klage in die sachliche Zuständigkeit der Landgerichte fällt, müsste sich dieser nach § 78 Abs. 1 S. 1 ZPO grundsätzlich durch einen Rechtsanwalt vertreten lassen. R ist jedoch selbst Rechtsanwalt, so dass er auch in eigener Sache vor dem Landgericht postulationsfähig ist.

Für den Betriebsrat der E als Klagegegner folgt, weil er im Umfang des ihm durch **52** das Betriebsverfassungsgesetz übertragenen Wirkungskreises rechtsfähig ist und insoweit auch die Fähigkeit besitzt, sich durch Verträge zu verpflichten (siehe oben Rn. 9 f. und 11 ff.), die Parteifähigkeit aus § 50 Abs. 1 ZPO und die Prozessfähigkeit aus §§ 51 Abs. 1, 52 ZPO, wobei er durch V als seinen Vorsitzenden im Prozess vertreten wird (§ 51 Abs. 1 ZPO, § 26 BetrVG).

IV. Richtige Klageart und Voraussetzungen einer ordnungsgemäßen Klageerhebung

Da R die Zahlung einer Geldsumme verlangt, ist sein Begehren durch Erhe- **53** bung einer den Anforderungen des § 253 ZPO genügenden Leistungsklage zu verfolgen.

V. Rechtsschutzbedürfnis des R

Letztlich könnte eine solche Klage allerdings mangels Rechtsschutzbedürfnisses un- **54** zulässig sein. Dieses fehlt bei objektiv sinnlosen Klagen, d.h. wenn der Kläger kein schutzwürdiges Interesse an dem begehrten Urteil haben kann.[54] So liegt es insbesondere auch dann, wenn der Kläger sein Rechtsschutzziel auf einfacherem Wege ohne den angestrebten Titel erreichen kann.[55] Insoweit ließe sich auf den ersten Blick argumentieren, dass, wenn R das Angebot des Betriebsrats auf Abtretung des Kostenerstattungsanspruchs gegen E aus § 40 Abs. 1 BetrVG angenommen hätte, eine klageweise Durchsetzung der Forderung auf das Beratungshonorar nicht erforderlich gewesen wäre. Selbst bei einem vollständigem Erfolg der Klage könne der Berater – wie das OLG Frankfurt zum Ausgangsfall ausführte[56] – durch die Vollstreckung aus dem Titel keine weitergehende Befriedigung als durch die Abtretung erreichen, da der Betriebsrat neben dem Freistellungsanspruch gegen den Arbeitgeber über kein Vermögen verfügt und R deshalb nur den Freistellungsanspruch pfänden und sich überweisen lassen könnte. Der BGH ist dieser Argumentation allerdings zu Recht mit dem Hinweis entgegen getreten, dass der mögliche Vollstreckungserfolg für die Beurteilung der Zulässigkeitsvoraussetzungen einer Klage im

---

[54] Zöller/*Greger*, Vor § 253 Rn. 18 m.w.N.
[55] BGH vom 18.2.1998 – VIII ZR 376/96, NJW 1998, 1636 f.; Zöller/*Greger*, Vor § 253 Rn. 18b.
[56] OLG Frankfurt vom 21.9.2011 – 1 U 184/10, BeckRS 2011, 23199 unter III. 2. der Gründe.

Erkenntnisverfahren irrelevant sei.[57] Dem ist ungeachtet des Umstands, dass die E die Bezahlung der Rechnung verweigert hat und die Annahme der Abtretungserklärung des Betriebsrats durch R allein deshalb für diesen keinen einfacheren Weg zur Durchsetzung seines Rechtsschutzziels darstellen könnte, uneingeschränkt zuzustimmen. Denn nach allgemeinen Grundsätzen resultiert das Rechtsschutzbedürfnis bei einer Leistungsklage in aller Regel bereits aus der schlichten Nichterfüllung des behaupteten materiellen Anspruchs, sofern nicht ausnahmsweise besondere Umstände vorliegen.[58] Solche sind hier nicht ersichtlich, da sich R andernfalls letztlich auf eine Leistung an Erfüllungs statt an Stelle der vereinbarten Leistung verweisen lassen müsste (vgl. § 365 BGB) und keine Möglichkeit hätte, den Erfüllungsanspruch gegen seinen Vertragspartner titulieren zu lassen. Das Rechtsschutzbedürfnis für die auch ansonsten zulässige Klage des R fehlt demnach nicht.

VI. Teilergebnis

55 R kann seinen Anspruch auf Zahlung des Beratungshonorars mittels einer beim LG Osnabrück einzureichenden Leistungsklage gegen den Betriebsrat der E durchsetzen.

VII. Ergebnis

56 R hat lediglich gegen den Betriebsrat der E Anspruch auf Bezahlung des Beratungshonorars aus einem Geschäftsbesorgungsvertrag (§§ 675 Abs. 1, 611 Abs. 1 BGB) i. H. v. 37 500 Euro. Diesen Anspruch kann R im Wege der Leistungsklage vor dem Landgericht Osnabrück durchsetzen. Zahlungsansprüche des R gegen E, V, M, N sowie P und auch ein Anspruch des Betriebsrats der E auf Zahlung der Vertragsstrafe bestehen nicht.

---

[57] BGH vom 25.10.2012 – III ZR 266/11, NZA 2012, 1382, 1388.
[58] BGH vom 24.2.2005 – I ZR 101/02, NJW 2005, 1788, 1789.

Fall 9. Den Arbeitnehmern auf die Finger geschaut

Nach BAG vom 25.1.2004 – 1 ABR 7/03, NZA 2004, 556; BAG vom 19.11.2003 – 7 ABR 24/03, NZA 2004, 395; BAG vom 3.5.1994 – 1 ABR 24/93, NZA 1995, 40.

Sachverhalt

Bei der A-GmbH (A), einem 2014 gegründeten IT-Serviceunternehmen, sind 59 Arbeitnehmer beschäftigt, von denen 56 über einen eigenen E-Mail-Anschluss verfügen. Auf eine an diese Anschlüsse gerichtete Einladung dreier Mitarbeiterinnen fand im Dezember 2014 eine Betriebsversammlung statt, an der auch die Geschäftsführung der A teilnahm. Auf dieser Versammlung beschlossen die Teilnehmer ohne Einwendungen die Gründung eines Betriebsrats und wählten einen aus den drei einladenden Mitarbeiterinnen bestehenden Wahlvorstand. Dieser beschloss umgehend und ebenfalls ohne Einwendungen aus dem Kreis der Versammlung, die Betriebsratswahl im vereinfachten Wahlverfahren durchzuführen. Dazu erstellte der Wahlvorstand an Ort und Stelle eine alphabetisch geordnete Wählerliste und nahm Wahlvorschläge entgegen. Am 5.1.2015 informierte die Vorsitzende des Wahlvorstandes die Beschäftigten wiederum per E-Mail darüber, dass die Betriebsratswahl am 23.1.2015 im Foyer der Geschäftsräume stattfinden werde. Die Einladung enthielt zudem die Bitte, auch die drei Mitarbeiter zu informieren, die über keinen eigenen E-Mail-Anschluss verfügen. Ein von drei Mitarbeitern unterzeichneter Wahlvorschlag für die Kollegin S ging am 9.1.2015 beim Wahlvorstand ein, der ihn umgehend zur Wahl zuließ. An der Betriebsratswahl nahmen 48 Arbeitnehmer – darunter auch einer derjenigen, die keinen eigenen E-Mail-Zugang besaßen – teil. Es wurden fünf Mitglieder in den Betriebsrat gewählt. Das Wahlergebnis wurde der Geschäftsführung am nächsten Tag schriftlich mitgeteilt.

Aufgrund eines am 16.2.2015 mit der B-AG (B) abgeschlossenen Werkvertrages ist A verpflichtet, bei B einen 24-Stunden-Service für Störfälle der EDV sicherzustellen. Bei B sind biometrische Zugangskontrollen eingerichtet, welche die Identifizierung mittels Fingerabdrucks vorsehen. Um Vergleichsmuster zu erhalten, müssen alle zugangsberechtigten Personen ihre Fingerabdrücke hinterlegen. Im Werkvertrag ist vereinbart, dass das Zugangskontrollsystem auch für die Arbeitnehmer der A zum Einsatz kommen soll. Die Fingerabdrücke sollen dabei ausschließlich zur Schleusenöffnung Verwendung finden. A weist daher ohne vorherige Einbindung des Betriebsrats alle Arbeitnehmer, die bei B zum Einsatz kommen, zur Abgabe der Fingerabdrücke an.

Der Betriebsrat verlangt daraufhin Unterlassung dieser Maßnahme. A wendet ein, dass die Betriebsratswahl aufgrund einer Fülle von Formfehlern unwirksam und damit ein Betriebsrat gar nicht gewählt sei. Außerdem sei nicht ihr Betriebsrat, sondern allenfalls derjenige der B, welcher dem Kontrollsystem zugestimmt habe, zuständig. Im Übrigen sei sie aufgrund des mit B bestehenden Servicevertrages gezwungen, von ihren Arbeitnehmern die Abgabe der Fingerabdrücke zu verlangen. Kann der Betriebsrat von A Unterlassung der Weisung verlangen?

Gliederung

Lösung

Unterlassungsanspruch des Betriebsrats gegen A

I. Unterlassungsanspruch aus § 23 Abs. 3 S. 1 BetrVG

Ein gegen A gerichteter Anspruch des Betriebsrats, es zu unterlassen, die bei B ein- **1** gesetzten Arbeitnehmer zur Abgabe ihrer Fingerabdrücke anzuweisen, könnte sich aus § 23 Abs. 3 S. 1 BetrVG ergeben.

1. Wirksame Errichtung eines Betriebsrats

Dies setzt zunächst voraus, dass im Betrieb der A überhaupt ein Betriebsrat besteht. **2** Zwar wurde ein solcher am 23.1.2015 gewählt. Die Betriebsratswahl könnte aber aufgrund der von A behaupteten Mängel nichtig sein mit der Folge, dass ein Betriebsrat rechtlich nicht existiert.

a) Befugnis der A zur Rüge der Nichtigkeit der Betriebsratswahl

Zur Rüge der Nichtigkeit der Betriebsratswahl ist, da ein nichtiges Rechtsgeschäft **3** keinerlei Rechtsfolgen zeitigt, grundsätzlich jedermann berechtigt, der an der Feststellung der Nichtigkeit ein berechtigtes Interesse besitzt, ohne dass es der Einhaltung bestimmter Formen oder Fristen der Rüge bedarf.[1] Da die Nichtigkeit einer Betriebsratswahl den im Vergleich zur Anfechtbarkeit i.S.v. § 19 BetrVG schwerer wiegenden Mangel darstellt, sind jedenfalls die in § 19 Abs. 2 S. 1 BetrVG genannten anfechtungsberechtigten Personen, zu denen auch A als Arbeitgeberin gehört, berechtigt, sich auf die Nichtigkeit zu berufen.[2]

b) Nichtigkeit der Betriebsratswahl vom 23.1.2015

Des Weiteren müsste ein zur Nichtigkeit der Betriebsratswahl führender Wahl- **4** mangel vorliegen. Nichtig ist eine Betriebsratswahl ausnahmsweise dann, wenn ein so grober und offensichtlicher Verstoß gegen wesentliche Grundsätze des Wahlrechts gegeben ist, dass nicht einmal der Anschein einer ordnungsgemäßen Wahl vorliegt.[3]

aa) Fehlerhafte Bestellung des Wahlvorstands (§ 17 Abs. 2 und 3 BetrVG)

Ein Wahlrechtsverstoß könnte zunächst im Hinblick auf die Vorgaben des § 17 **5** Abs. 2 und 3 BetrVG gegeben sein, wonach zu der Betriebsversammlung, in welcher der die Betriebsratswahl durchführende Wahlvorstand gewählt werden soll, eine im Betrieb vertretene Gewerkschaft oder drei wahlberechtigte Arbeitnehmer des Betriebes einladen können. Ob die per E-Mail versandte Einladung zu der Versammlung im Dezember 2014 fehlerhaft war, erscheint – obgleich die Ladung von einer ausreichenden Anzahl von Arbeitnehmern ausging und für derartige Ein-

---

[1] BAG vom 27.4.1976 – 1 AZR 482/75, AP Nr. 4 zu § 19 BetrVG 1972; BAG vom 21.6.2004 – 7 ABR 57/03, AP Nr. 15 zu § 4 BetrVG 1972; *Fitting*, § 19 Rn. 7 ff.; GK-BetrVG/*Kreutz*, § 19 Rn. 141 ff.

[2] *Fitting*, § 19 Rn. 7; H/W/G/N/R/H/*Nicolai*, § 19 Rn. 44.

[3] BAG vom 27.6.2011 – 7 ABR 61/10, NZA 2012, 345, 348; BAG vom 13.3.2013 – 7 ABR 70/11, NZA 2013, 738, 740; *Fitting*, § 19 Rn. 4; GK-BetrVG/*Kreutz*, § 19 Rn. 132.

ladungen nach dem Gesetzeswortlaut Form- oder Fristvorgaben nicht bestehen,[4] allein der Einsatz von E-Mails als Kommunikationsmittel also nicht zur Fehlerhaftigkeit der Einladung führt – zweifelhaft. Denn durch die Einladung wurden diejenigen Mitarbeiter nicht erreicht, die nicht über einen eigenen E-Mail-Anschluss verfügen. Erkennbarer Zweck der Regelungen über die Einladung zur Wahlversammlung für den Wahlvorstand ist es, die Einhaltung des in § 14 BetrVG zwar nicht ausdrücklich genannten, nach allgemeiner Einschätzung allerdings als Ausprägung demokratischer Grundsätze geltenden Grundsatzes der Allgemeinheit der Wahl sicherzustellen.[5] Besondere Bedeutung erlangt die Sicherung der Allgemeinheit der Wahl vor allem auch deshalb, weil das Wahlrecht kein weiteres Korrektiv wie z. B. eine bestimmte Mindestbeteiligung an der Wahlversammlung vorsieht, mit dessen Hilfe sichergestellt werden könnte, dass die Entscheidungen der Wahlversammlung ein repräsentatives Abbild des Wählerwillens darstellen. Ihrem gesetzlichen Zweck vermag eine Einladung zur Wahlversammlung, wie auch die hier nicht unmittelbar einschlägige[6] Wertung des § 28 Abs. 1 der Ersten Verordnung zur Durchführung des BetrVG (Wahlordnung – WO) belegt, nur dann zu genügen, wenn gewährleistet ist, dass die Einladung alle Wahlberechtigten erreicht.[7] Eine derartige Gewähr bietet der Versand der Einladung mittels E-Mail nur dann, wenn sämtliche Wahlberechtigten über einen eigenen E-Mail-Anschluss verfügen. Da diese Voraussetzung in Bezug auf drei Arbeitnehmer der A nicht erfüllt ist, ist nicht ordnungsgemäß zu der Betriebsversammlung im Dezember 2014 eingeladen worden.

bb) Verstoß gegen die Vorgaben für vereinfachte Wahlverfahren (§ 14a BetrVG)

(1) Unzulässigkeit der Durchführung eines vereinfachten Wahlverfahrens

6 Bedenken gegen die Wirksamkeit der Betriebsratswahl bestehen zudem deshalb, weil diese Wahl im vereinfachten Wahlverfahren für Kleinbetriebe gemäß § 14a BetrVG durchgeführt wurde. Die Durchführung eines vereinfachten zweistufigen Wahlverfahrens ist nach § 14a Abs. 1 S. 1 BetrVG ohne weitere Anforderungen nur in Betrieben mit i.d.R. fünf bis 50 wahlberechtigten Arbeitnehmern, in größeren Betrieben mit i.d.R. bis zu 100 wahlberechtigten Arbeitnehmern dagegen nach § 14a Abs. 5 BetrVG nur für den Fall, dass die Anwendung des vereinfachten Wahlverfahrens auf einer zwischen dem Wahlvorstand und dem Arbeitgeber geschlossenen Vereinbarung beruht, möglich. Beide Konstellationen sind ersichtlich nicht gegeben, da A regelmäßig mehr als 50 Arbeitnehmer beschäftigt, also die Voraussetzungen des § 14a Abs. 1 S. 1 BetrVG nicht erfüllt sind, und auch eine Vereinbarung zwischen A und dem Wahlvorstand i.S.d. § 14a Abs. 5 BetrVG nicht

---

[4]   LAG Hamm vom 29.11.1973 – 3 Sa 663/73, DB 1974, 389; *Fitting*, § 17 Rn. 17; GK-BetrVG/*Kreutz*, § 17 Rn. 24.

[5]   Ebenso, auch zur Anwendbarkeit des Grundsatzes der Allgemeinheit der Wahl, BAG vom 7.5.1986 – 2 AZR 349/85, NZA 1986, 753, 754; GK-BetrVG/*Kreutz*, § 14 Rn. 10; H/W/G/R/N/H/*Nicolai*, § 17 Rn. 17.

[6]   Die Anwendbarkeit des § 28 WO setzt voraus, dass bereits die Bestellung des Wahlvorstands im Rahmen des vereinfachten Wahlverfahrens erfolgen soll. Der Beschluss zur Wahl dieser Verfahrensart ist vorliegend jedoch noch nicht zum Zeitpunkt der Einladung zur Wahlversammlung, sondern erst in dieser Versammlung selbst getroffen worden.

[7]   BAG vom 19.11.2003 – 7 ABR 24/03, NZA 2004, 395, 396; GK-BetrVG/*Kreutz*, § 17 Rn. 24; Richardi/*Thüsing*, § 17 Rn. 12.

existiert.[8] Die Betriebsratswahl ist daher zu Unrecht im vereinfachten Wahlverfahren durchgeführt worden, so dass sämtliche speziell für das Regelwahlverfahren geschaffenen Vorschriften, das objektiv einschlägig gewesen wäre, nicht eingehalten worden sind.

(2) Verstöße gegen die Vorschriften zur Durchführung des vereinfachten Wahlverfahrens

Selbst wenn man den mit der unberechtigten Durchführung des vereinfachten **7** Wahlverfahrens verbundenen Wahlmangel für unbeachtlich hielte, könnten sich weitere Mängel aus der unzureichenden Beachtung der für diese Verfahrensart geltenden Vorschriften ergeben.

In Betracht kommt zunächst ein Verstoß gegen die nach § 126 BetrVG anwendba- **8** ren Regelungen der WO über die Aufstellung der Wählerliste. Diese Liste ist gemäß §§ 37, 36 Abs. 1 S. 3, 30 Abs. 1 S. 3 i. V. m. § 2 Abs. 1 S. 1 WO getrennt nach Geschlechtern aufzustellen. Das vom Wahlvorstand nur nach dem Alphabet geordnete Verzeichnis genügt dem nicht.

Ferner könnte diese Wählerliste, indem auch sie den wahlberechtigten Arbeitneh- **9** mern lediglich per E-Mail übersandt wurde, nur unzureichend bekannt gemacht worden sein. Ordnungsgemäß erfolgt ist die Bekanntmachung der Wählerliste, wenn sie zusammen mit einem Abdruck der WO an geeigneter Stelle im Betrieb ausgelegt ist (§§ 37, 36 Abs. 1 S. 3 i. V. m. § 2 Abs. 4 S. 1 WO) oder – bei Bekanntgabe in elektronischer Form – wenn sichergestellt ist, dass alle Arbeitnehmer vom Inhalt der Bekanntmachung Kenntnis erlangen und Änderungen der Bekanntmachung nur vom Wahlvorstand vorgenommen werden können (§§ 37, 36 Abs. 1 S. 3 i. V. m. § 2 Abs. 4 S. 4 WO).[9] Anhaltspunkte für die Auslegung der Dokumente im Betrieb der A gibt es nicht. Auch war die elektronische Bekanntmachung aus vielfältigen Gründen unzulässig. Der E-Mail vom 5.1.2015 war weder die WO beigefügt noch sicherte – entsprechend den Ausführungen zur Wirksamkeit der Einladung für die Betriebsversammlung betreffend die Wahl eines Wahlvorstandes – diese Art der Informationsübermittlung allen Arbeitnehmern die Möglichkeit der Kenntnisnahme und die unverfälschte Weitergabe der Bekanntmachung. Bei einer Information der Arbeitnehmer ohne E-Mail-Zugang durch Arbeitskollegen kann insbesondere nicht ausgeschlossen werden, dass letztere den Inhalt der Bekanntmachung unzutreffend weitergeben. Auch die Bekanntgabe der Wählerliste war daher fehlerhaft.

Denkbar erscheint weiterhin ein Verstoß gegen §§ 37, 36 Abs. 2 S. 1 WO, wonach **10** der Wahlvorstand nach der Aufstellung der Wählerliste das Wahlausschreiben zu erlassen hat. Eine derartige Funktion könnte vorliegend allenfalls der E-Mail vom

---

8   Insbesondere kann nicht allein aus dem Umstand, dass die Geschäftsleitung der A auf der Betriebsversammlung zur Wahl des Wahlvorstands gegen den Beschluss, die Wahl im vereinfachten Verfahren durchzuführen, keine Einwendungen erhoben hat, auf eine konkludente Einigung über die Wahl dieser Verfahrensweise geschlossen werden. Das Verhalten der Geschäftsleitung hat insoweit keinen erkennbar zustimmenden Erklärungswert. Vgl. dazu BAG vom 19.11.2003 – 7 ABR 24/03, NZA 2004, 395 ff.

9   Weiterführend zu diesen Anforderungen für den Parallelfall der elektronischen Bekanntmachung des Wahlausschreibens BAG vom 21.1.2009 – 7 ABR 65/07, NZA-RR 2009, 481 ff.

5.1.2015 zuzubilligen sein. Selbst wenn man diese Einschätzung teilt, enthielt die E-Mail allerdings nicht die in § 36 Abs. 3 i.V.m. § 31 Abs. 1 S. 3 WO aufgeführten Pflichtangaben für den Inhalt von Wahlausschreiben. Hinzu kommt, dass eine E-Mail nicht, wie von § 36 Abs. 2 S. 1 WO für das Wahlausschreiben gefordert, unterschrieben worden sein kann und auch nicht, wie sich aus § 31 Abs. 2 S. 1 und 2 WO ergibt, als ausschließliches Mittel zur Bekanntgabe des Wahlausschreibens eingesetzt werden darf.[10] Ein ordnungsgemäßes Wahlausschreiben existiert folglich nicht.

11 Letztlich ist auch, da der Wahlvorstand den Wahlberechtigten nach dem 5.1.2015 keine weiteren Mitteilungen mehr gemacht hat, eine ordnungsgemäße Bekanntmachung der als gültig anerkannten Wahlvorschläge (§§ 37, 36 Abs. 3, 4 S. 3 WO) unterblieben, so dass die Durchführung des Wahlverfahrens auch insoweit mangelbehaftet ist.

cc) Nichtigkeit oder Anfechtbarkeit der Wahl als Rechtsfolge der Verstöße

12 Fraglich ist jedoch, ob die vielfältigen zuvor aufgezeigten Verfahrensverstöße gravierend genug sind, um darauf als Rechtsfolge nicht lediglich die Anfechtbarkeit, sondern die Nichtigkeit der Betriebsratswahl zu stützen.[11]

(1) Nichtigkeit als Rechtsfolge einzelner Verfahrensmängel

13 Diese Schlussfolgerung wäre dann zu ziehen, wenn bereits einzelne der genannten Verfahrensmängel für sich betrachtet so schwerwiegend wären, dass nicht einmal der Anschein einer ordnungsgemäßen Wahl vorliegt.

14 Derartiges Gewicht könnte insbesondere dem Fehlen einer ordnungsgemäßen Einladung zur Wahlversammlung zukommen, da hierdurch – wie gezeigt – die Einhaltung des für ein demokratisches Wahlverfahren konstitutiven Grundsatzes der Allgemeinheit der Wahl tangiert ist. Welche Rechtsfolgen Ladungsmängel auslösen können, ist heftig umstritten. Während das BAG in der Vergangenheit die Nichtigkeit einer Betriebsratswahl infolge von Ladungsmängeln zumindest in Konstellationen für möglich hielt, in denen die unzureichende Ladung zum Fernbleiben von Arbeitnehmern in der Betriebsversammlung führt und dies zu einer Beeinflussung des Wahlergebnisses geführt haben könnte,[12] neigt die neuere Rechtsprechung dazu, Ladungsmängel generell nur als Anfechtungsgrund einzustufen.[13] Darüber hinaus zeichnet sich generell in der neuesten Rechtsprechung des BAG die Tendenz ab, Fehler bei der Bestellung des Wahlvorstandes lediglich in ganz besonderen Ausnahmefällen als Grund für die Nichtigkeit dieser Bestellung und damit zugleich als Nichtigkeitsgrund für die nachfolgende Betriebsratswahl anzusehen.[14] Einzelne Stimmen in der Literatur gehen demgegenüber davon aus, dass Ladungsmängel

---

[10] Zu Letzterem wie hier BAG vom 21.1.2009 – 7 ABR 65/07, NZA-RR 2009, 481, 483 f.

[11] Zum wesentlichen Unterschied zwischen beiden Wahlfehlerfolgen, der fehlenden Rückwirkung der Wahlanfechtung, siehe nur BAG vom 9.6.2011 – 6 AZR 132/10, AP Nr. 164 zu § 102 BetrVG 1972.

[12] BAG vom 7.5.1986 – 2 AZR 349/85, NZA 1986, 753, 754; *Stege/Weinspach/Schiefer*, § 17 Rn. 2b; siehe auch D/K/K/W/*Schneider*, § 17 Rn. 5.

[13] BAG vom 19.11.2003 – 7 ABR 24/03, NZA 2004, 395, 397 f.; tendenziell auch BAG vom 21.6.2004 – 7 ABR 57/03, AP Nr. 15 zu § 4 BetrVG 1972; LAG Nürnberg vom 29.7.1998 – 4 TaBV 12/97, AuR 1998, 492.

[14] BAG vom 27.6.2011 – 7 ABR 61/10, NZA 2012, 345, 348 f.; BAG vom 13.3.2013 – 7 ABR 70/11, NZA 2013, 738, 740; BAG vom 15.10.2014 – 7 ABR 53/12, NZA 2015, 1014, 1017 f.

wegen der besonderen Bedeutung des Grundsatzes der Allgemeinheit der Wahl im Regelfall zur Nichtigkeit führen.[15]Vorliegend ist zu bedenken, dass die fehlerhafte Ladung nur drei Arbeitnehmer nicht erreicht hat, sogar nur für das Fernbleiben von zwei Beschäftigten und damit nur eines verschwindend geringen Teils der Belegschaft von der Wahl verantwortlich und angesichts der einstimmigen Beschlussfassung auf der Wahlversammlung für das weitere Wahlverfahren mit hoher Wahrscheinlichkeit nicht kausal geworden ist. Angesichts dessen wäre allenfalls auf Basis der zuletzt genannten Auffassung Raum für eine Nichtigkeit der Betriebsratswahl vom 23.1.2015.

Eine derartige Konsequenz vermag wertungsmäßig letztlich allerdings aus mehreren **15** Gründen nicht zu überzeugen. Zunächst mindert der Umstand, dass die Ladungsmängel nicht den Wahlakt selbst, sondern nur die Betriebsversammlung zur Wahl des Wahlvorstandes, also lediglich Einleitung und Vorbereitung[16] der Wahl betreffen, die Bedeutung des Mangels. Auch legt die kaum nachweisbare Kausalität des Mangels für die Willensbildung bei der Wahl im konkreten Fall vor dem Hintergrund, dass nach § 19 Abs. 1 Hs. 2 BetrVG selbst die im Vergleich zur Nichtigkeit weniger schwerwiegende Fehlerfolge der Anfechtbarkeit die – freilich vermutete – Kausalität des Verfahrensverstoßes voraussetzt, nahe, die Wahl vom 23.1.2015 nur als anfechtbar anzusehen. Entscheidend für diese Einschätzung spricht letztlich,[17] dass die Nichtigkeit einer Betriebsratswahl für alle Beteiligten äußerst gravierende Folgen hat, da die Unwirksamkeit der Wahl zugleich dazu führt, dass die von dem Betriebsrat vorgenommenen Diensthandlungen, also insbesondere der Abschluss von Betriebsvereinbarungen, ungültig sind. Derartige Folgen dürfen, da das Vertrauen auf die Beständigkeit der von einem durch Wahl legitimierten Gremium vorgenommenen Handlungen grundsätzlich schutzwürdig ist, nur ausnahmsweise dann eintreten, wenn das Wahlverfahren so fehlerbehaftet ist, dass es seine legitimierende Kraft verliert. Unter Berücksichtigung dieses Regel-Ausnahme-Verhältnisses führt vorliegend der Ladungsfehler allein nicht zur Nichtigkeit der Betriebsratswahl vom 23.1.2015.

Gleiches wird man im Ergebnis auch hinsichtlich der übrigen Verfahrensverstöße **16** annehmen müssen.[18] Wenn Maßstab für die Nichtigkeit die Evidenz der Verfahrensverstöße ist, der Verstoß also für jeden mit den betrieblichen Verhältnissen vertrauten Dritten sofort ohne Weiteres erkennbar sein muss, weil nur dann schutzwürdiges Vertrauen auf das Wahlergebnis nicht entstehen kann, reichen die Verstöße gegen das Gebot der Trennung der Wählerliste nach Geschlechtern, die Bekanntgabe der Wählerliste, das fehlende bzw. grob unvollständige Wahlausschreiben und die unterbliebene Bekanntgabe der Wahlvorschläge für sich genommen jeweils nicht aus, um die Wahl als nichtig zu qualifizieren.[19] Die fehlende Trennung der

---

[15] Aus dem älteren Schrifttum insbesondere Galperin/Löwisch/*Löwisch/Marienhagen*, § 17 Rn. 5; tendenziell wohl auch GK-BetrVG/*Kreutz*, § 17 Rn. 25 („eher strenge Anforderungen"); vgl. zum Streitstand ferner noch H/W/G/R/N/H/*Nicolai*, § 19 Rn. 43 m.w.N.

[16] Vgl. Richardi/*Thüsing*, § 17 Rn. 12.

[17] Ebenso, auch zum Folgenden, für einen vergleichbar gelagerten Sachverhalt BAG vom 19.11.2003 – 7 ABR 24/03, NZA 2004, 395, 397 f.

[18] Ebenso auch BAG vom 19.11.2003 – 7 ABR 24/03, NZA 2004, 395, 396 ff.

[19] Für den Parallelfall eines gegen den Geschlechterproporz verstoßenden Wahlausschreibens ebenso BAG vom 13.3.2013 – 7 ABR 67/11, NZA-RR 2013, 575, 576 f.

Wählerliste nach Geschlechtern betrifft einen formalen Aspekt, der zurücktreten muss, wenn das Verzeichnis vollständig und auf eine andere Weise sinnvoll geordnet ist, so dass die einzelnen Belegschaftsmitglieder mit vertretbarem Aufwand ihre Wahlberechtigung klären und – bei Fehlern im Verzeichnis – ggf. noch vor dem Wahltag feststellen lassen können. Die zahlreichen Mängel bei der Bekanntgabe von Wahlinformationen sind ebenfalls nicht evident, da i.d.R. für die Bekanntgabe unterschiedliche Alternativen zulässig sind und die einzelnen Arbeitnehmer, denen vorliegend Informationen nur per E-Mail zugegangen sind, nicht eindeutig erkennen können, ob nicht eine ordnungsgemäße Bekanntgabe auf anderem, von einzelnen Mitarbeitern unerkanntem Wege erfolgt ist. Hinzu kommt, dass auch diese Verfahrensverstöße eher das Stadium der Wahlvorbereitung als den Wahlakt selbst betreffen und deshalb geringer zu gewichten sind. Schließlich wird man auch die unzutreffende Anwendung des vereinfachten statt des regulären Wahlverfahrens als nicht zur Nichtigkeit führenden Mangel werten müssen, da dem Wahlakt immerhin ein gesetzlich vorgesehenes Verfahren zugrunde gelegt werden sollte. Zudem ist § 14a Abs. 5 BetrVG, indem dort die gewillkürte Anwendung des vereinfachten Verfahrens zugelassen wird, die Wertung zu entnehmen, dass es sich bei dem vereinfachten Verfahren nicht um ein solches geringerer rechtsstaatlicher Qualität handelt.

17 Die einzelnen Verfahrensverstöße bei der Vorbereitung und Durchführung der Betriebsratswahl vom 23.1.2015 führen somit für sich betrachtet nicht zur Nichtigkeit.

(2) Nichtigkeit aufgrund einer Gesamtwürdigung der Einzelverstöße

18 Zu erwägen bleibt jedoch, ob sich die Nichtigkeit der Betriebsratswahl aus einer Gesamtwürdigung der einzelnen, für sich genommen nicht zur Nichtigkeit der Wahl führenden Einzelverstöße herleiten lässt.

19 Für die Notwendigkeit einer derartigen Summierung von Wahlmängeln lässt sich im Einklang mit der älteren Rechtsprechung des BAG und Teilen der Literatur[20] insbesondere der Zweck, den die differenzierenden Regeln zur Behandlung von Wahlfehlern verfolgen, die Sicherung einer geordneten Wahl, anführen. Für die ordnungsgemäße Durchführung der Wahl macht es im Ergebnis häufig keinen Unterschied, ob die Störung auf einem einzelnen, besonders schwerwiegenden Verstoß oder auf einer Häufung mehrerer weniger bedeutsamer Mängel beruht, die aber zusammen genommen dasselbe Gewicht wie ein zur Nichtigkeit führender Mangel besitzen. Zudem lässt sich häufig nicht ausschließen, dass sich mehrere Verfahrensverstöße hinsichtlich ihrer Auswirkungen auf das Wahlergebnis gegenseitig verstärken.

20 Andererseits führt aber die Häufung von Verfahrensverstößen nicht notwendig dazu, dass diese für die von der Wahl betroffenen Personen leichter erkennbar werden und dass das Vertrauen auf die Gültigkeit der Wahl ebenso stark beeinträchtigt wird, wie durch einen schweren Mangel. Vergegenwärtigt man sich zudem die Ausnahmestellung, die Nichtigkeitsgründen wegen der gravierenden Konsequenzen

---

[20] BAG vom 27.4.1976 – 1 AZR 482/75, NJW 1976, 2229, 2230; BAG vom 10.6.1983 – 6 ABR 50/82, AP Nr. 10 zu § 19 BetrVG 1972; LAG Berlin vom 8.4.2003 – 5 TaBV 1990/02, NZA-RR 2003, 587; Richardi/*Thüsing*, § 19 Rn. 76.

dieser Rechtsfolge zukommen soll (siehe oben Rn. 15), ferner den Umstand, dass sich willkürfrei kaum Maßstäbe formulieren lassen, wie viele einzelne Verfahrensverstöße gegeben sein müssen, um im Wege einer Saldierung zur Nichtigkeit der Wahl zu gelangen,[21] sowie schließlich, dass eine Saldierung von Einzelverstößen naturgemäß für die Vorhersehbarkeit richterlicher Entscheidungen und damit die Rechtssicherheit abträglich ist,[22] sprechen die besseren Argumente gegen die Zulässigkeit einer Gesamtwürdigung.[23] Selbst die gehäuften Verstöße gegen Verfahrensvorschriften führen daher nicht zur Nichtigkeit der Betriebsratswahl vom 23.1.2015.

dd) Zwischenergebnis

Die Betriebsratswahl ist nicht nichtig, sondern lediglich anfechtbar.[24] Da die An- **21** fechtungsfrist nach § 19 Abs. 2 BetrVG bereits verstrichen ist und überdies im Wahlanfechtungsverfahren der Betriebsrat bis zur Rechtskraft des über die Anfechtung entscheidenden Beschlusses des Arbeitsgerichts im Amt bleibt,[25] besteht im Betrieb der A ein Betriebsrat, der den Unterlassungsanspruch nach § 23 Abs. 3 BetrVG geltend machen kann.

2. Grobe Pflichtverletzung des Arbeitgebers i. S. v. § 23 Abs. 3 BetrVG

Der Unterlassungsanspruch des Betriebsrats erfordert ferner einen groben Verstoß **22** des Arbeitgebers gegen seine aus dem Betriebsverfassungsgesetz resultierenden Verpflichtungen. Zwar kann insbesondere die Nichtbeachtung der Mitwirkungs- und Mitbestimmungsrechte des Betriebsrats durch den Arbeitgeber pflichtwidrig sein,[26] so dass auch die mangelnde Einbindung des Betriebsrats der A in die an die Arbeitnehmer gerichtete Weisung zur Abgabe der Fingerabdrücke einen Pflichtverstoß i. S. v. § 23 Abs. 3 BetrVG darstellen könnte, wenn insoweit ein Mitbestimmungsrecht des Betriebsrats besteht. Ob letzteres der Fall ist, kann jedoch dahinstehen, wenn das Unterlassen der Beteiligung des Betriebsrats nicht als grober Verstoß des Arbeitgebers zu werten ist. Grob ist eine Pflichtverletzung – ohne dass es auf ein Verschulden des Arbeitgebers oder auf eine Störung des Betriebsfriedens durch die Pflichtwidrigkeit ankäme – wenn sie objektiv erheblich und offensichtlich schwerwiegend ist.[27] Nicht offensichtlich schwerwiegend ist es, wenn der Arbeitgeber in einer schwierigen und ungeklärten Rechtsfrage seine objektiv unrichtige, aber vertretbare Rechtsansicht verteidigt.[28] Die streitentscheidende Rechtsfrage ist vorliegend, ob die Errichtung des Zugangskontrollsystems durch B ein Mitbestimmungs-

---

21 BAG vom 19.11.2003 – 7 ABR 24/03, NZA 2004, 395, 398.

22 *Fitting*, § 19 Rn. 4.

23 So auch die neuere Rechtsprechung des BAG vom 19.11.2003 – 7 ABR 24/03, NZA 2004, 397 f.; dem folgend ErfK/*Koch*, § 19 BetrVG Rn. 13; *Fitting*, § 19 Rn. 4.

24 Mit entsprechender Argumentation ist die gegenteilige Position gut vertretbar.

25 BAG vom 13.3.1991 – 7 ABR 5/90, NZA 1991, 946, 947; GK-BetrVG/*Kreutz*, § 19 Rn. 116.

26 Richardi/*Thüsing*, § 23 Rn. 90 m. w. N.; vgl. auch BAG vom 8.8.1989 – 1 ABR 59/88, NZA 1990, 569; BAG vom 23.6.1992 – 1 ABR 11/92, NZA 1992, 1095, 1096 f.

27 BAG vom 29.2.2000 – 1 ABR 4/99, NZA 2000, 1066, 1068; BAG vom 18.3.2014 – 1 ABR 77/12, NZA 2014, 987, 988; *Fitting*, § 23 Rn. 62; a. A. mit Blick auf die Offensichtlichkeit der Pflichtverletzung aber GK-BetrVG/*Oetker*, § 23 Rn. 220 f., 229.

28 BAG vom 8.8.1989 – 1 ABR 63/88, NZA 1990, 198, 200; BAG vom 18.3.2014 – 1 ABR 77/12, NZA 2014, 987, 988; *Fitting*, § 23 Rn. 63; GK-BetrVG/*Oetker*, § 23 Rn. 227.

recht des Betriebsrats nach § 87 Abs. 1 Nrn. 1 und 6 BetrVG begründet.[29] Insoweit werden zahlreiche zweifelhafte Detailfragen zu klären sein. Insbesondere liegen die rechtlichen Auswirkungen des Umstands, dass das System nicht vom Arbeitgeber A, sondern von einem Dritten in dessen Betrieb eingerichtet wird, dass es zwar nur der Zugangskontrolle dienen soll, aber objektiv auch für Überwachungszwecke eingesetzt werden kann, und schließlich, dass A sich bereits gegenüber B zur Teilnahme an dem System verpflichtet hat, nicht klar auf der Hand. Angesichts dessen sowie der Tatsache, dass über den konkreten Einzelfall hinaus keine Erkenntnisse vorliegen, dass die A beharrlich und wiederholt Mitbestimmungsrechte des Betriebsrats ignoriert, wird man ihr Verhalten nicht als groben Verstoß i. S. d. § 23 Abs. 3 BetrVG werten können.[30]

3. Ergebnis

23 Der Betriebsrat kann aus § 23 Abs. 3 BetrVG keinen Anspruch gegen A herleiten, die Anweisung an ihre Mitarbeiter zu unterlassen, Fingerabdrücke abzugeben.

II. Unterlassungsanspruch aus § 75 Abs. 2 S. 1 BetrVG

24 Ein Unterlassungsanspruch des Betriebsrats gegen A könnte sich allerdings aus § 75 Abs. 2 BetrVG ergeben. Dazu müsste es sich bei dieser Vorschrift zunächst überhaupt um eine Anspruchsgrundlage i. S. d. § 194 BGB handeln. Bedenkt man, dass die gesetzliche Verpflichtung der Betriebsparteien, die freie Entfaltung der Persönlichkeit der Belegschaftsmitglieder zu schützen und zu fördern, denknotwendig die weitere Verpflichtung umfasst, nicht durch eigene Handlungen das geschützte Rechtsgut zu beeinträchtigen, wird man die Anspruchsqualität des § 75 Abs. 2 BetrVG mit Bedenken grundsätzlich noch bejahen können.[31]

25 Selbst wenn man diese Einschätzung teilt und ferner die Verpflichtung zur Abgabe von Fingerabdrücken als die Persönlichkeitsrechte der Arbeitnehmer tangierende Maßnahme einstuft, lässt sich das konkrete Unterlassungsbegehren des Betriebsrats aus zwei Gründen schwerlich auf die genannte Vorschrift stützen.[32] Zum einen will § 75 Abs. 2 BetrVG rechtswidrige Verletzungen des Persönlichkeitsrechts unterbinden[33] und so eine inhaltlich angemessene Ausgestaltung persönlichkeitsrechtsrelevanter Regelungen erreichen. Um die Sicherung der inhaltlichen Angemessenheit der vom Arbeitgeber geschaffenen Zugangsregelung zum Betrieb geht es dem Betriebsrat vorliegend jedoch nicht. Vielmehr möchte er primär – losgelöst von der konkreten inhaltlichen Gestaltung – die Einhaltung seiner Mitbestimmungsrechte durchsetzen, also vor allem Verstöße des A gegen die betriebsverfassungsrechtliche Kompetenzverteilung abwehren. Zum anderen droht aufgrund der generalklauselartigen Weite des Schutzguts des allgemeinen Persönlichkeitsrechts[34] ein auf § 75

---

[29] Dazu und zum Folgenden im Detail unten Rn. 36 ff.

[30] A. A. insbesondere mit dem Argument, dass einzelne Facetten dieses Gesamtproblems bereits in der höchstrichterlichen Rechtsprechung geklärt worden sind, gut vertretbar.

[31] So etwa D/K/K/W/*Berg*, § 75 Rn. 143 m. w. N.; bis zur 23. Aufl. (2006) auch *Fitting*, § 75 Rn. 14, 99; einschränkend wohl Richardi/*Richardi*, § 75 Rn. 52 ff.

[32] So auch BAG vom 28.5.2002 – 1 ABR 32/01, NZA 2003, 166, 168; BAG vom 27.1.2004 – 1 ABR 7/03, NZA 2004, 556, 559; umfassend zum allgemeinen betriebsverfassungsrechtlichen Unterlassungsanspruch *Lobinger*, ZfA 2004, 101 ff.

[33] BAG vom 28.5.2002 – 1 ABR 32/01, NZA 2003, 166, 169; *Fitting*, § 75 Rn. 143.

[34] Vgl. hierzu nur *Fitting*, § 75 Rn. 143 f.; GK-BetrVG/*Kreutz*, § 75 Rn. 101 ff., 108.

Abs. 2 BetrVG gestützter allgemeiner Unterlassungsanspruch des Betriebsrats die einschränkenden Voraussetzungen des Anspruchs aus § 23 Abs. 3 BetrVG zu unterlaufen.[35] Auch führte ein derartiger Anspruch zu einem konturenlosen, über den Katalog der Mitbestimmungstatbestände des § 87 Abs. 1 BetrVG hinausgehenden Mitbestimmungsrecht des Betriebsrats, da letztlich nahezu jede Maßnahme des Arbeitgebers für das allgemeine Persönlichkeitsrecht der Arbeitnehmer relevant werden kann.[36]

Der Unterlassungsanspruch des Betriebsrats gegen A ergibt sich folglich nicht aus **26** § 75 Abs. 2 BetrVG.

III. Unterlassungsanspruch aus § 78 S. 1 BetrVG

Grundlage des Unterlassungsanspruchs des Betriebsrats gegen A könnte ferner § 78 **27** S. 1 BetrVG sein,[37] wonach Mitglieder des Betriebsrats und anderer Organe des Betriebsverfassungsrechts in der Ausübung ihrer Tätigkeit nicht gestört oder behindert werden dürfen. Zwar ist grundsätzlich anerkannt, dass die genannte Vorschrift als Schutzgesetz i. S. d. § 823 Abs. 2 BGB zu qualifizieren ist, so dass von Störungen oder Behinderungen betroffene Organmitglieder neben Schadensersatzansprüchen auch einen Anspruch darauf haben, dass die Störungen und Behinderungen unterlassen werden.[38] Fraglich ist jedoch, ob unter das Merkmal der Störungen und Behinderungen auch Fälle der vorliegenden Art gefasst werden können, in denen der Arbeitgeber nicht auf die individuelle Amtstätigkeit des Organmitglieds einwirkt, sondern die objektive Zuständigkeits- und Kompetenzordnung des Betriebsverfassungsgesetzes missachtet, indem er Mitbestimmungs- und Beteiligungsrechte des Betriebsrats ignoriert.

Hiergegen spricht zunächst, dass Schutzzweck des § 78 S. 1 BetrVG die Sicherung **28** der Unabhängigkeit der Amtsführung der dort genannten Organmitglieder ist.[39] Bezweckt ist demnach vor allem der Schutz des Mandatsträgers vor individuellen Beeinträchtigungen, die ihn zu einer parteiischen Ausübung seiner Mandatsbefugnisse verleiten könnten oder die ihn konkret an der Wahrnehmung seines Amtes

---

35 A.A. mit entsprechender Begründung grundsätzlich gut vertretbar: Die Verpflichtung zur Abgabe der Fingerabdrücke tangiert das Persönlichkeitsrecht der Arbeitnehmer intensiv, so dass das letztgenannte Argument im konkreten Fall nur wenig Gewicht besitzt. Allerdings enthält der Sachverhalt keine hinreichend detaillierten Angaben, etwa zum Betriebszweck der B und zu den Gefahren, die mittels der Zugangsüberwachung abgewendet werden sollen. Die von § 75 Abs. 2 BetrVG geforderte Einzelfallabwägung zwischen dem Persönlichkeitsrecht des Arbeitnehmers sowie kollidierenden Rechten und Interessen des Arbeitgebers und schutzwürdiger Dritter (vgl. hierzu nur BAG vom 19.1.1999 – 1 AZR 499/98, NZA 1999, 546, 548 ff.; BAG vom 15.4.2014 – 1 ABR 2/13 (B), AP Nr. 9 zu § 29 BetrVG 1972; *Fitting*, § 75 Rn. 143) kann daher nicht durchgeführt werden. Im Ergebnis wird sich auch aus diesem Grund ein Unterlassungsanspruch des Betriebsrats nicht auf § 75 Abs. 2 BetrVG stützen lassen.

36 BAG vom 28.5.2002 – 1 ABR 32/01, NZA 2003, 166, 169.

37 Hierfür z.B. *Dütz*, DB 1984, 115, 118 ff., insbesondere S. 120; umfassend hierzu, wenn auch im Ergebnis abl., *Konzen*, Betriebsverfassungsrechtliche Leistungspflichten des Arbeitgebers, 1984, S. 61 ff.

38 BAG vom 9.6.1982 – 4 AZR 766/79, AP Nr. 1 zu § 107 BPersVG; *Fitting*, § 78 Rn. 4; *Richardi/Thüsing*, § 78 Rn. 34 f.

39 *Richardi/Thüsing*, § 78 Rn. 2; H/W/G/R/N/H/*Worzalla*, § 78 Rn. 1.

hindern.[40] Dass § 78 S. 1 BetrVG primär dem Individualschutz des Organmitglieds dient und das Organ selbst und die objektive Ordnung des Betriebsverfassungsrechts von diesem Schutz reflexartig profitieren, unterstreicht auch die Regelung des § 78 S. 2 BetrVG, die mit der beruflichen Entwicklung verbundene und damit wesensnotwendig individuell wirkende Benachteiligungen oder Begünstigungen untersagt. Schützt § 78 S. 1 BetrVG in erster Linie die Entscheidungsfreiheit des Mandatsträgers, wäre es verfehlt, aus dieser Vorschrift einen allgemeinen Unterlassungsanspruch zugunsten des Betriebsrats abzuleiten, mit dem die Einhaltung der objektiven Zuständigkeitsverteilung und der Mitbestimmungsrechte durchgesetzt werden kann.[41]

29 Der Betriebsrat kann somit einen Unterlassungsanspruch gegen A nicht aus § 78 S. 1 BetrVG herleiten.

IV. Unterlassungsanspruch aus § 80 Abs. 1 Nr. 1 BetrVG

30 Auf § 80 Abs. 1 Nr. 1 BetrVG lässt sich ein Unterlassungsanspruch des Betriebsrats gegen A ebenfalls nicht stützen. Die genannte Vorschrift weist dem Betriebsrat zwar die Aufgabe zu, die Einhaltung der gesetzlichen Bestimmungen und damit auch der Vorgaben des Betriebsverfassungsgesetzes zu überwachen, jedoch begründet diese Norm keinen Unterlassungsanspruch des Betriebsrats gegenüber dem Arbeitgeber.[42] Gewährte man einen solchen Anspruch, unterliefe dies die einschränkenden Voraussetzungen des Unterlassungsanspruchs nach § 23 Abs. 3 BetrVG. Hinzu kommt, dass § 80 Abs. 1 Nr. 1 BetrVG nicht hinsichtlich der Bedeutung der einzelnen gesetzlichen Vorschriften, über deren Einhaltung der Betriebsrat zu wachen hat, differenziert und deshalb ein aus dieser Vorschrift hergeleiteter allgemeiner Unterlassungsanspruch des Betriebsrats in sozialen Angelegenheiten im Ergebnis ein umfassendes Mitbestimmungsrecht des Betriebsrats begründen würde, welches das Betriebsverfassungsgesetz ausweislich der Wertungen der §§ 87, 88 BetrVG gerade nicht vorsieht.[43]

V. Unterlassungsanspruch nach § 87 Abs. 1 BetrVG

31 Der Unterlassungsanspruch des Betriebsrats gegen A könnte sich schließlich aus § 87 Abs. 1 BetrVG ergeben.

1. Notwendigkeit der Absicherung der Mitbestimmungsrechte durch einen Unterlassungsanspruch

32 Ebenso wie hinsichtlich der zuvor erörterten Vorschriften, stellt sich auch in Bezug auf § 87 Abs. 1 BetrVG zunächst die Frage, ob diese Norm überhaupt eine Anspruchsgrundlage i.S.v. § 194 Abs. 1 BGB darstellt. Vielfach ist dies mit dem Hin-

---

[40] Vgl. hierzu etwa die Beispielsübersichten bei *Fitting,* § 78 Rn. 9; *Richardi/Thüsing,* § 78 Rn. 17.

[41] So im Ergebnis auch LAG Hamburg vom 6.10.2005 – 7 TaBV 7/05, AiB 2006, 238f., nach dessen Ansicht zwischen dem Unterlassungsanspruch des Betriebsratsmitglieds aus § 78 S. 1 BetrVG und dem allgemeinen Unterlassungsanspruch des Organs Betriebsrat zu differenzieren sei. Ähnlich wohl *Richardi/Thüsing,* § 78 Rn. 37; die Anwendung des § 78 S. 1 BetrVG abl. auch *Derleder,* AuR 1985, 65, 74f.; *Kümpel,* AuR 1985, 78, 86f.

[42] BAG vom 27.1.2004 – 1 ABR 7/03, NZA 2004, 556, 559; *Fitting,* § 80 Rn. 14; *ErfK/Kania,* § 80 BetrVG Rn. 1.

[43] *Fitting,* § 80 Rn. 14.

weis, dass sich aus dem jeweiligen Mitbestimmungsrecht ein auf Unterlassung mitbestimmungswidrigen Verhaltens gerichteter Nebenanspruch ergäbe, angenommen worden.[44] Bei wortlautgetreuem Verständnis begründet § 87 Abs. 1 BetrVG jedoch nur die gemeinsame Zuständigkeit des Arbeitgebers und des Betriebsrats für die Regelung der im Einzelnen dort genannten Angelegenheiten.[45] Mehr als die Schlussfolgerung, dass durch den Arbeitgeber einseitig, unter Missachtung des Mitbestimmungsrechts des Betriebsrats vorgenommene Maßnahmen rechtswidrig und – sofern die Maßnahme in einem Rechtsgeschäft besteht – nichtig sind, ergibt sich bei unbefangener Betrachtung aus dieser Vorschrift nicht. Aufgrund dieser Überlegung wird häufig die Anspruchsqualität des § 87 Abs. 1 BetrVG geleugnet und ein gegen mitbestimmungswidriges Arbeitgeberverhalten gerichteter Unterlassungsanspruch entweder zwanglos aus dem zwischen Arbeitgeber und Betriebsrat bestehenden gesetzlichen Schuldverhältnis („Betriebsverhältnis") hergeleitet[46] oder aber – teils auch ergänzend – auf das Gebot der vertrauensvollen Zusammenarbeit (§ 2 Abs. 1 BetrVG)[47] gestützt. Das genannte Gebot bilde die Grundlage für wechselseitige Nebenpflichten zur Rücksichtnahme auf den jeweils anderen Betriebspartner, kraft derer der Arbeitgeber verpflichtet sei, alles zu unterlassen, was der Wahrnehmung eines konkreten Mitbestimmungsrechts durch den Betriebsrat entgegen stehe.

Eine Stellungnahme zu dieser Kontroverse sollte zwischen zwei Fragen differenzieren: zum einen derjenigen, ob es überhaupt eines zur Sicherung der Mitbestimmungsrechte dienenden Unterlassungsanspruchs bedarf, und zum anderen, auf welcher dogmatischen Grundlage ein solcher Anspruch konstruiert werden kann. Das Bedürfnis, mitbestimmungswidriges Arbeitgeberverhalten durch einen vorbeugenden Unterlassungsanspruch zu unterbinden, lässt sich damit begründen, dass weder das Verfahren vor der Einigungsstelle nach §§ 76 f. BetrVG noch der Grundsatz, dass mitbestimmungswidrige Maßnahmen des Arbeitgebers unwirksam sind, einen ausreichenden Schutz der Beteiligungsrechte des Betriebsrats gewährleisten.[48] Angesichts der Dauer des Einigungsstellenverfahrens kann nicht ausgeschlossen werden, dass der Arbeitgeber durch Missachtung der Mitbestimmungsrechte vollendete Tatsachen schafft, die nicht oder nur noch mit großen Schwierigkeiten rückgängig gemacht werden können. Auch hindert die Lehre der Unwirksamkeit mitbestimmungswidrigen Verhaltens nur, dass Rechtsgeschäfte Gültigkeit erlangen. Einen

33

---

44 So insbesondere die Rechtsprechung. Vgl. im Ansatz bereits BAG vom 18.4.1985 – 6 ABR 19/84, NZA 1985, 783, 784; grundlegend BAG vom 3.5.1994 – 1 ABR 24/93, NZA 1995, 40, 42 ff.; aus neuerer Zeit BAG vom 25.9.2012 – 1 ABR 50/11, NZA 2013, 467; ferner LAG Bremen vom 25.7.1986 – 2 TaBV 50/86, LAGE Nr. 7 zu § 23 BetrVG 1972 sowie die Übersicht über das Schrifttum bei GK-BetrVG/*Oetker*, § 23 Rn. 164.

45 *Heinze*, DB Beil. 9/1983, S. 1, 16 f.; GK-BetrVG/*Oetker*, § 23 Rn. 164.

46 So insbesondere *v. Hoyningen-Huene*, NZA 1991, 7, 8; GK-BetrVG/*Oetker*, § 23 Rn. 166 m. w. N.

47 So im Ergebnis ArbG Düsseldorf vom 2.9.1987 – 4 BVGa 26/87, BB 1988, 482; *Kümpel*, AuR 1985, 78, 85 f. m. w. N.; hinsichtlich der dogmatischen Fundierung mehrdeutig ist auch die Grundsatzentscheidung BAG vom 3.5.1994 – 1 ABR 24/93, NZA 1995, 40, 42 f., in der zunächst § 2 BetrVG lediglich im Rahmen der Auslegung Berücksichtigung findet, dann aber ausgeführt wird, dass „aus dem allgemeinen Gebot der vertrauensvollen Zusammenarbeit als Nebenpflicht grundsätzlich auch das Gebot abgeleitet werden [kann], alles zu unterlassen, was der Wahrnehmung des konkreten Mitbestimmungsrechts entgegensteht."

48 Hierzu und zum Folgenden BAG vom 3.5.1994 – 1 ABR 24/93, NZA 1995, 40, 42 f.; GK-BetrVG/*Oetker*, § 23 Rn. 162; in der Sache auch *Hanau*, ZfA 1992, 295, 302.

Schutz vor tatsächlichen Maßnahmen erreicht diese Lehre ebenso wenig, wie sie verhindern kann, dass unwirksame Rechtsgeschäfte faktisch durchgesetzt werden, weil sich die Arbeitnehmer aus Angst vor Sanktionen nicht auf die Unwirksamkeit berufen und z.B. Zurückbehaltungsrechte nicht geltend machen.[49] Letztlich legen auch europarechtliche Aspekte, insbesondere die Berücksichtigung der Wertungen von Art. 1 Abs. 2, 8 der Richtlinie 2002/14/EG,[50] die eine effektive Absicherung der Anhörungs- und Beteiligungsrechte der Arbeitnehmer fordern, im Rahmen der richtlinienkonformen Auslegung des Betriebsverfassungsgesetzes nahe, dem Betriebsrat einen Unterlassungsanspruch gegen Mitbestimmungsrechte missachtendes Arbeitgeberverhalten zu gewähren.[51]

34 Bezüglich der dogmatischen Konzeption des Unterlassungsanspruchs muss insbesondere der bereits geschilderten Gefahr der Umgehung der einschränkenden Voraussetzungen des § 23 Abs. 3 BetrVG und der gesetzeswidrigen Ausweitung der Mitbestimmungsrechte über den Katalog des § 87 Abs. 1 BetrVG hinaus (siehe dazu oben Rn. 25 und 30) Rechnung getragen werden. Dieser Gefahr begegnet der Ansatz, welcher den Unterlassungsanspruch direkt aus den einzelnen Mitbestimmungstatbeständen des § 87 BetrVG ableitet, deutlich besser als die übrigen Begründungsversuche. Diese können nicht ausschließen, dass auch die Verletzung völlig untergeordneter Pflichten aus dem gesetzlichen Schuldverhältnis oder des Grundsatzes der vertrauensvollen Zusammenarbeit mit einem Unterlassungsanspruch sanktioniert wird.[52] Hinzu kommt, neben den kaum in Abrede zu stellenden Unterschieden zwischen speziellen betriebsverfassungsrechtlichen Wertungen und der allgemeinen zivilrechtlichen Dogmatik zur Behandlung von Schuldverhältnissen und daraus resultierenden Pflichtverletzungen,[53] dass durch die Herleitung des allgemeinen Unterlassungsanspruchs aus dem Betriebsverhältnis oder aus § 2 Abs. 1 BetrVG für die Lösung einzelner Problemfälle keine Konkretisierung der entscheidenden Wertungen gewonnen ist. Sowohl der Begriff des Betriebsverhältnisses als auch der Grundsatz der vertrauensvollen Zusammenarbeit als besondere Ausprägung des Grundsatzes von Treu und Glauben[54] bilden so weit gefasste, generalklauselartige Anknüpfungspunkte, dass sich ihnen ohne einen weiteren Schritt der Konkretisierung keine subsumtionsfähigen Pflichten entnehmen lassen. Wenn aber diese Konkretisierung ohnehin nur unter Hinweis auf die Tatbestände des § 87 Abs. 1 BetrVG erfolgen kann, vermeidet es unnötige gedankliche Umwege, wenn der Unterlassungsanspruch unmittelbar aus den einzelnen Mitbestimmungsrechten hergeleitet wird.

---

[49] Siehe nur GK-BetrVG/*Oetker*, § 23 Rn. 161; *Raab*, ZfA 1997, 183, 214 ff.; *Richardi*, FS Wlotzke, 1996, S. 407, 423.

[50] Richtlinie des Europäischen Parlaments und des Rates vom 11.3.2002 zur Festlegung eines allgemeinen Rahmens für die Unterrichtung und Anhörung der Arbeitnehmer in der Europäischen Gemeinschaft (ABl. Nr. L 80, S. 29 ff.).

[51] *Bonin*, AuR 2004, 321, 327 f.; *Fauser/Nacken*, NZA 2006, 1136, 1142; vgl. auch *Thüsing*, § 10 Rn. 87 ff.

[52] Vgl. hierzu, bezogen auf § 2 BetrVG, BAG vom 3.5.1994 – 1 ABR 24/93, NZA 1995, 40, 42; vgl. auch GK-BetrVG/*Oetker*, § 23 Rn. 167.

[53] Vgl. zu diesen Unterschieden nur *Derleder*, AuR 1985, 65, 75 f.; GK-BetrVG/*Oetker*, § 23 Rn. 166 a. E.

[54] BAG vom 3.5.1994 – 1 ABR 24/93, NZA 1995, 40, 42; *Fitting*, § 2 Rn. 16; ErfK/*Koch*, § 2 BetrVG Rn. 1.

Folgt man aus den genannten Gründen der Rechtsprechung, werden die Mitbe- **35** stimmungsrechte des § 87 Abs. 1 BetrVG durch einen flankierenden Unterlassungsanspruch des Betriebsrats gegen den Arbeitgeber abgesichert.

2. Beteiligung am Zugangskontrollsystem als mitbestimmungspflichtige Maßnahme

Ein auf § 87 Abs. 1 BetrVG gestützter Unterlassungsanspruch setzt des Weiteren **36** voraus, dass die Beteiligung der A an dem Zugangskontrollsystem von B eine mitbestimmungspflichtige Maßnahme darstellt.

a) Mitbestimmungsrecht des Betriebsrats nach § 87 Abs. 1 Nr. 1 BetrVG

Ein Mitbestimmungsrecht des Betriebsrats könnte sich zunächst aus § 87 Abs. 1 **37** Nr. 1 BetrVG ergeben. Mitbestimmungspflichtig sind danach Fragen der Ordnung des Betriebes und des Verhaltens der Arbeitnehmer im Betrieb. Von diesem Ordnungsverhalten abzugrenzen sind diejenigen mitbestimmungsfreien Maßnahmen des Arbeitgebers, die das Verhalten des Arbeitnehmers ohne Bezug zur betrieblichen Ordnung betreffen, sich also insbesondere auf das Arbeits- und Leistungsverhalten des Arbeitnehmers beziehen.[55] Während das Arbeitsverhalten betreffende Maßnahmen solche sind, die der Konkretisierung der vertraglichen Arbeitspflicht dienen, umfasst das Ordnungsverhalten allgemeingültige verbindliche Verhaltensregeln, die das sonstige Verhalten der Arbeitnehmer beeinflussen oder koordinieren sollen.[56] Die vorliegend in Streit stehenden Regelungen über ein Zugangskontrollsystem bei B betreffen nur die Frage des Betretens und Verlassens des Betriebsgeländes. Sie geben nur einen allgemeinen Rahmen vor, um den Zugang der Belegschaft zur Arbeitsstätte zu koordinieren, enthalten jedoch keine Aussage, auf welche Art und Weise die dort anfallenden Arbeiten zu erledigen sind. Es handelt sich daher um eine mitbestimmungspflichtige Regelung über das Ordnungsverhalten, so dass der Tatbestand des § 87 Abs. 1 Nr. 1 BetrVG grundsätzlich einschlägig ist.

Bedenken gegen die Anwendbarkeit resultieren vorliegend jedoch aus dem Um- **38** stand, dass das Zugangskontrollsystem nicht bei A, sondern bei B eingerichtet worden ist, die Weisung der A sich möglicherweise also nicht auf die Regelung des Ordnungsverhaltens in ihrem Betrieb bezieht. Allgemein wird der Begriff des Betriebes definiert als organisatorische Einheit, innerhalb derer ein Arbeitgeber allein oder mit seinen Arbeitnehmern mit Hilfe von technischen und immateriellen Mitteln bestimmte arbeitstechnische, über die Befriedigung des Eigenbedarfs hinausgehende Zwecke fortgesetzt verfolgt.[57] Diese Begriffsbestimmung liefert jedoch für die Frage, ob sich die Mitbestimmungsrechte des Betriebsrats räumlich auf die Betriebsstätte beschränken oder auch darüber hinaus reichen, wenn Betriebsangehörige an-

---

[55] BAG vom 7.2.2012 – 1 ABR 63/10, NZA 2012, 685, 686; BAG vom 25.9.2012 – 1 ABR 50/11, NZA 2013, 467, 468; GK-BetrVG/*Wiese*, § 87 Rn. 197; vgl. zum Ganzen *Fitting*, § 87 Rn. 64 ff.

[56] BAG vom 18.4.2000 – 1 ABR 22/99, NZA 2000, 1176, 1177 f.; *Fitting*, § 87 Rn. 64; Richardi/*Richardi*, § 87 Rn. 177 ff.

[57] So die st. Rspr. des BAG, etwa BAG vom 31.5.2000 – 7 ABR 78/98, NZA 2000, 1350, 1352; BAG vom 22.6.2005 – 7 ABR 57/04, NZA 2005, 1248, 1249; *Fitting*, § 1 Rn. 63; ErfK/*Koch*, § 1 BetrVG Rn. 8.

dernorts Leistungen erbringen, keine hinreichend klare Antwort. Für ein funktionales, nicht in räumlicher Hinsicht auf die Betriebsstätte begrenztes Verständnis der Mitbestimmungsrechte[58] streitet allerdings, dass weder das Erfordernis einer organisatorischen Verbundenheit der technischen Betriebsmittel und der Mitarbeiter noch das Merkmal der Verfolgung eines bestimmten arbeitstechnischen Zwecks eine räumliche Eingrenzung nahe legen. Ebenso, wie Arbeitsmittel häufig mobil außerhalb einer bestimmten Betriebsstätte eingesetzt werden können, kann der arbeitstechnische Zweck einer Organisation auch gerade darin bestehen, Leistungen für und bei Dritten zu erbringen. Wertungsmäßig entscheidend muss bei dieser Ausgangslage sein, dass das Gesetz in § 4 BetrVG selbst zu erkennen gibt, dass allein die räumliche Trennung von Betriebsteilen oder Betriebsmitteln nicht zu einem Verlust der Beteiligungsrechte führen soll.[59] Auch wären die im Rahmen von Werkverträgen bei Dritten eingesetzten Arbeitnehmer bei einer Beschränkung der Mitbestimmungsrechte auf die Betriebsstätte schutzlos gestellt, da der Betriebsrat im Betrieb des Werkbestellers – sofern ein Betriebsrat dort überhaupt existiert – über kein Mandat zur Wahrnehmung der Interessen Betriebsfremder verfügt. Dem Betriebsrat der A stand daher ein Mitbestimmungsrecht hinsichtlich der Beteiligung am Zugangskontrollsystem bei B zu.

b) Mitbestimmungsrecht des Betriebsrats nach § 87 Abs. 1 Nr. 6 BetrVG

39 Grundlage des Mitbestimmungsrechts könnte daneben auch § 87 Abs. 1 Nr. 6 BetrVG sein, wonach der Betriebsrat mitzubestimmen hat bei der Einführung und Anwendung von technischen Einrichtungen, die dazu bestimmt sind, das Verhalten oder die Leistung der Arbeitnehmer zu überwachen.

aa) Anwendbarkeit bei nicht zur Überwachung bestimmten, jedoch objektiv hierzu geeigneten Einrichtungen

40 Problematisch ist insofern, dass das bei B eingerichtete Kontrollsystem nur den Zugang zum Betrieb erfassen und steuern soll, es also subjektiv nicht dazu bestimmt ist, Leistung und Verhalten der Belegschaft zu überwachen, es allerdings objektiv, etwa indem die Zeiten des Zugangs zum Betrieb festgestellt werden, dem Überwachungszweck dienen kann. Für ein auch diesen Fall umfassendes Mitbestimmungsrecht des Betriebsrats spricht vor allem der Zweck des § 87 Abs. 1 Nr. 6 BetrVG.[60] Wenn diese Vorschrift die Arbeitnehmer präventiv vor Eingriffen in ihre Persönlichkeitssphäre schützen soll,[61] muss auch die Schaffung von Einrichtungen, die nicht zur Überwachung bestimmt, jedoch hierzu geeignet sind, mitbestimmungspflichtig sein. Andernfalls könnte der Arbeitgeber später ungehindert die Zweckbestimmung der Einrichtung ändern, worauf der Betriebsrat allenfalls verspätet reagieren könnte, so dass die präventive Funktion des Mitbestimmungsrechts vereitelt

---

[58] So im Ergebnis GK-BetrVG/*Franzen,* § 1 Rn. 40; *Hanau,* ZfA 1990, 115, 118.

[59] GK-BetrVG/*Franzen,* § 1 Rn. 40; vgl. auch *Hanau,* ZfA 1990, 115, 118.

[60] So im Ergebnis auch die ganz h. M., siehe nur BAG vom 9.9.1975 – 1 ABR 20/74, AP Nr. 2 zu § 87 BetrVG 1972 – Überwachung mit insoweit zust. Anm. *Hinz;* BAG vom 6.12.1983 – 1 ABR 43/81, AP Nr. 7 zu § 87 BetrVG 1972 – Überwachung mit insoweit zust. Anm. *Richardi;* BAG vom 27.1.2004 – 1 ABR 7/03, NZA 2004, 556, 558; GK-BetrVG/*Wiese,* § 87 Rn. 507 f. m. w. N. auch zu den vereinzelten Gegenstimmen.

[61] BAG vom 27.1.2004 – 1 ABR 7/04, AP Nr. 45 zu § 87 BetrVG – Überwachung; *Fitting,* § 87 Rn. 215 f.; GK-BetrVG/*Wiese,* § 87 Rn. 507, 529.

würde. Auch bestünde, wenn allein die Verwendungsabsicht des Arbeitgebers maßgeblich wäre, bei objektiv zur Überwachung geeigneten Anlagen häufig ein unerträglicher Schwebezustand hinsichtlich der Mitbestimmungsrechte bis zu dem Zeitpunkt, in dem der Arbeitgeber seine Verwendungsabsicht bekannt gibt.[62] Entgegen dem zu eng gefassten Wortlaut bezieht sich § 87 Abs. 1 Nr. 6 BetrVG daher auch auf Einrichtungen, die nur objektiv zur Überwachung geeignet sind[63], so dass sich ein Mitbestimmungsrecht des Betriebsrats der A grundsätzlich auch auf diese Vorschrift stützen lässt.

bb) Mitbestimmungsrecht auch bei Überwachung durch Dritte

Eine abweichende Beurteilung könnte sich allenfalls noch aufgrund des Umstands **41** rechtfertigen lassen, dass die Überwachungseinrichtung nicht von A selbst, sondern von und im Interesse der B betrieben wird und keinerlei Anhaltspunkte dafür bestehen, dass A überhaupt Zugriff auf die von B erhobenen Daten besitzt. Dient das Mitbestimmungsrecht nach § 87 Abs. 1 Nr. 6 BetrVG, wie ausgeführt, dem präventiven Schutz der Persönlichkeitssphäre der Arbeitnehmer, darf es keinen Unterschied machen, ob der Arbeitgeber selbst in diese Sphäre durch Überwachung eingreift oder ob er einem Dritten vergleichbare Einwirkungsmöglichkeiten eröffnet.[64] In beiden Fällen ist die Gefährdung der Arbeitnehmerinteressen gleich hoch, zumal auch insoweit nicht ausgeschlossen werden kann, dass der Arbeitgeber später das von dem Dritten betriebene Kontrollsystem eigenen Interessen dienstbar machen will und – ggf. auf Basis entsprechend angepasster Verträge – Zugang zu den dort erhobenen Daten erhält.

Das Mitbestimmungsrecht des Betriebsrats der A folgt demnach auch aus § 87 **42** Abs. 1 Nr. 6 BetrVG.

c) Ausschluss der Mitbestimmungsrechte wegen vertraglicher Bindung der A gegenüber Dritten

Fraglich bleibt jedoch, wie es sich auswirkt, dass Mitbestimmungsrechte zwar auf- **43** grund von § 87 Abs. 1 Nrn. 1 und 6 BetrVG gegeben sind, A sich jedoch gegenüber B bereits aufgrund des am 16.2.2015 geschlossenen Vertrages zu einer bestimmten Verhaltensweise verpflichtet hat. So wurden vollendete Tatsachen geschaffen, aufgrund derer A – wenn eine Einigung mit dem Betriebsrat auf gerade die mit B vereinbarte Vorgehensweise scheitert – die Erfüllung der Mitbestimmungsrechte nur um den Preis eines ggf. zum Schadensersatz verpflichtenden Vertragsbruchs im Verhältnis zu B möglich ist.

Ein Fall der zur Leistungsfreiheit führenden Unmöglichkeit nach § 275 Abs. 1 BGB **44** ist in dieser Pflichtenkollision nicht zu erblicken, da aufgrund des Grundsatzes der

---

62 GK-BetrVG/*Wiese*, § 87 Rn. 507.

63 Die Überwachung muss aber durch die technische Einrichtung selbst bewirkt werden. Diese muss daher das Verhalten oder die Leistung der Arbeitnehmer aufgrund ihrer technischen Natur unmittelbar kontrollieren, BAG vom 27.1.2004 – 1 ABR 7/04, AP Nr. 45 zu § 87 BetrVG – Überwachung (konkret verneint für Einsatz von „google maps" zur Nachberechnung und Kontrolle von Fahrtrouten).

64 BAG vom 16.6.1998 – 1 ABR 67/97, NZA 1998, 1185, 1186 f.; BAG vom 27.1.2004 – 1 ABR 7/03, NZA 2004, 556, 557; *Fitting*, § 87 Rn. 230.

Relativität der Schuldverhältnisse[65] die Vereinbarung zwischen A und B der A nicht die Rechtsmacht nimmt, den Betriebsrat noch zu beteiligen, selbst wenn sie sich dadurch gegenüber B pflichtwidrig verhält.

45 Auch auf anderem Wege lässt sich eine Einschränkung der Mitbestimmungsrechte, nur weil der Arbeitgeber sich bereits anderweitig vertraglich gebunden hat, nicht erreichen. Da die Mitbestimmungsrechte zwingendes Recht darstellen,[66] das im Hinblick auf die Gedanken des Arbeitnehmerschutzes und der Teilhabe der Arbeitnehmer an der betrieblichen Entscheidungsfindung eine Zurückdrängung der individualrechtlichen Gestaltungsmöglichkeiten zugunsten kollektiver betrieblicher Regelungen bezweckt, darf es dem Arbeitgeber nicht gestattet sein, die Einflussnahmemöglichkeiten des Betriebsrats durch Absprachen mit Dritten faktisch zu vereiteln. Diese Einschränkung der Handlungsmöglichkeiten des Arbeitgebers ist ohne Weiteres zumutbar, da dieser durch entsprechende Vertragsgestaltung mit dem Dritten, etwa Bedingungen oder Zustimmungsvorbehalte, sicherstellen kann,[67] dass der Betriebsrat seine Rechte ordnungsgemäß wahrnehmen kann.

46 Die zwischen A und B abgeschlossene Vereinbarung tangiert die Mitbestimmungsrechte des Betriebsrats der A nach § 87 Abs. 1 Nrn. 1 und 6 BetrVG nicht, sondern verstößt vielmehr gegen diese Vorschriften.

d) Wiederholungsgefahr

47 Auch die letzte Voraussetzung des Unterlassungsanspruchs bei Verletzung eines Mitbestimmungsrechts aus § 87 BetrVG, die Gefahr, dass sich eine derartige Verletzung wiederholt,[68] ist unproblematisch zu bejahen. Regelmäßig indiziert das vergangene mitbestimmungswidrige Verhalten diese Gefahr, sofern nicht aufgrund besonderer Umstände des Einzelfalls eine erneute Beeinträchtigung unwahrscheinlich ist.[69] Derartige Umstände sind, insbesondere da A die Mitbestimmungspflichtigkeit der Errichtung des Zugangskontrollsystems weiterhin bestreitet, nicht ersichtlich.

3. Ergebnis

48 Der Betriebsrat hat gegen A einen Anspruch aus § 87 Abs. 1 Nrn. 1 und 6 BetrVG, die unter Verstoß gegen diese Mitbestimmungsrechte erlassene Weisung an die Arbeitnehmer, ihre Fingerabdrücke abzugeben, zu unterlassen.

VI. Unterlassungsanspruch aus allgemeinen Grundsätzen

49 Bejaht man einen Unterlassungsanspruch des Betriebsrats gegen A nach § 87 Abs. 1 BetrVG, scheiden weitere denkbare Begründungen für einen allgemeinen Unterlas-

---

[65] Vgl. zum Grundsatz der Relativität der Schuldverhältnisse nur *Bydlinski,* System und Prinzipien des Privatrechts, 1996, S. 175 f.; Palandt/*Grüneberg,* Vor § 241 Rn. 5; *Medicus/Lorenz,* Rn. 30 ff.

[66] BAG vom 16.6.1998 – 1 ABR 67/97, NZA 1998, 1185, 1186 f.; *Fitting,* § 87 Rn. 3; D/K/K/W/*Klebe,* § 87 Rn. 21.

[67] BAG vom 27.1.2004 – 1 ABR 7/03, NZA 2004, 556, 558 f.

[68] Hierzu sowie zum Folgenden BAG vom 29.2.2000 – 1 ABR 4/99, NZA 2000, 1066, 1068; *Fitting,* § 23 Rn. 102; GK-BetrVG/*Oetker,* § 23 Rn. 169.

[69] BAG vom 7.2.2012 – 1 ABR 77/10, NZA-RR 2012, 359, 360; BAG vom 18.3.2014 – 1 ABR 77/12, NZA 2014, 987, 988.

sungsanspruch des Betriebsrats[70], etwa die analoge Anwendung des § 1004 BGB,[71] des § 823 Abs. 1 oder 2 BGB i. V. m. einer der zuvor genannten Regelungen des Betriebsverfassungsgesetzes[72] oder die Formulierung eines gewohnheitsrechtlichen Rechtssatzes, aus, weil entweder die Anwendung des § 87 Abs. 1 BetrVG die Gesetzeslücke schließt, deren Existenz Voraussetzung für die entsprechende Anwendung dieser Normen ist,[73] oder weil die genannte Vorschrift als *lex specialis* die allgemeineren Vorschriften verdrängt.

VII. Ergebnis

Der Betriebsrat der A hat gegen A nach § 87 Abs. 1 BetrVG einen Anspruch darauf, die Weisung gegenüber den Arbeitnehmern, Fingerabdrücke abzugeben, zu unterlassen. **50**

---

[70] Vgl. ergänzend zum Unterlassungsanspruch des Arbeitgebers gegenüber dem Betriebsrat bei der gegen § 74 Abs. 1 S. 2 BetrVG verstoßenden Nutzung des betrieblichen Intranets für die Verbreitung parteipolitischer Äußerungen BAG vom 15.10.2013 – 1 ABR 31/12, NZA 2014, 319 ff.

[71] Hierfür etwa LAG Hamm vom 17.12.1980 – 12 TaBV 61/80, DB 1981, 1336; *Denck,* RdA 1982, 279; vgl. ferner, im Ergebnis abl., *Derleder,* AuR 1985, 65, 76.

[72] Vgl. hierzu nur die Nachweise zum älteren Schrifttum bei *Kümpel,* AuR 1985, 78, 91; abl. auch insoweit *Derleder,* AuR 1985, 65, 75.

[73] Vgl. zu den Voraussetzungen der analogen Anwendung einer Norm nur die Nachweise zu Fall 11 Rn. 17.

Fall 10. Boni und kein Ende?

Nach BAG vom 5.10.2010 – 1 ABR 20/09, NZA 2011, 598; BAG vom 28.4.1998 – 1 ABR 43/97, NZA 1998, 1348.

Sachverhalt

Die nicht tarifgebundene L-GmbH hat am 14.12.2005 mit dem Betriebsrat eine Betriebsvereinbarung über ein Zielvereinbarungssystem (BZV) abgeschlossen. Darin sind vor allem das Verfahren, die Beurteilung sowie die Honorierung der Zielerreichung, die auf dem Abschluss individueller Zielvereinbarungen zwischen Arbeitnehmer und Vorgesetzen oder auf einer Leistungsbeurteilung beruht, näher geregelt. § 4 Nr. 3 BZV befasst sich mit der Honorierung der Zielerreichung. Hiernach setzt sich die Gesamthöhe der auszuschüttenden Boni aus zwei Komponenten zusammen, nämlich einem Sockelbetrag und einem Aufstockungsbetrag in Abhängigkeit zum Unternehmensergebnis. Zum Sockelbetrag heißt es wörtlich:

„a) Sockelbetrag
Der Sockelbetrag garantiert bei entsprechender Zielerreichung eine Mindestausschüttung. Unabhängig vom Unternehmensergebnis wird der Sockelbetrag nach der individuellen Zielerreichung bemessen.
Die Höhe des Sockelbetrags richtet sich nach der Eingruppierung:
Bei voller Zielerreichung beträgt der Sockelbetrag für die Gruppen
1–4   0,5 Monatsgehälter
5–8   1,0 Monatsgehälter
9–11   1,5 Monatsgehälter"

§ 9 der BZV lautet: *„Erkenntnisse und Entwicklungsbedarf können jederzeit – das Einvernehmen beider Vertragsparteien vorausgesetzt – nach den entsprechenden betriebsverfassungsrechtlichen Grundsätzen in das Zielvereinbarungssystem eingearbeitet werden."*

Die BZV ist am 1.1.2006 in Kraft getreten. Am 30.9.2015, einem Mittwoch, erklärte der Geschäftsführer G der L-GmbH in einem Gespräch mit dem Betriebsratsvorsitzenden die Kündigung der BZV zum 30.12.2015. Als er von dem Betriebsratsvorsitzenden nach dem Grund für die ausgesprochene Kündigung gefragt wird, bleibt G eine Antwort schuldig. Einige Wochen später wird erkennbar, dass es der in wirtschaftliche Schwierigkeiten geratenen L-GmbH darum ging, den relativ hohen und vom Unternehmensgewinn unabhängigen Sockelbetrag abzubauen. Dem Betriebsrat präsentiert der Geschäftsführer sodann den Entwurf einer Betriebsvereinbarung über erfolgs- und leistungsorientierte Entgeltkomponenten (BVELE). Darin wird zwar an dem Konzept von erfolgs- und leistungsbezogenen Entgeltkomponenten festgehalten. Jedoch stellt die BVELE klar, dass sich der Bonus nunmehr primär nach dem Unternehmenserfolg richten soll. Die Erfüllung individueller Leistungsziele ist deutlich zurückgestuft. Der Betriebsrat weigert sich, die ihm unterbreitete neue Betriebsvereinbarung zu unterzeichnen.

In den Anstellungsverträgen zwischen der L-GmbH und ihren Mitarbeitern findet sich folgender § 3:

*„Mit dem Beschäftigten werden jährlich leistungsbezogene Gehaltskomponenten verein-
bart. Diese Komponenten werden zusätzlich zum Gehalt bezahlt und richten sich nach
der Erfüllung der vereinbarten Ziele. Näheres regelt die BZV, auf die verwiesen wird."*

1. Die Beschäftigten der L-GmbH sind der Ansicht, dass ihnen auch im Jahr 2016
ein Anspruch auf Auszahlung des Sockelbetrags i.S.d. Mindestbetrags einer er-
folgs- und leistungsorientieren Vergütung zusteht. Sie verweisen in erster Linie auf
die ihrer Ansicht nach noch immer maßgebliche BZV. Die ordentliche Kündigung
sei in der BZV nicht vorgesehen. Ferner habe das Kündigungsschreiben keinen
Grund genannt und außerdem sei die Kündigungsfrist nicht gewahrt worden. Sollte die Kündigung gleichwohl wirksam sein, so wirke die Betriebsvereinbarung auch
danach noch fort. Unabhängig davon folge der Anspruch aus einer entsprechenden
betrieblichen Übung und aus der im Arbeitsvertrag enthaltenen Verweisung auf die
BZV. Der Geschäftsführer der L-GmbH sieht das anders. Er verweist insbesondere
auf die Beendigung der Betriebsvereinbarung durch Kündigung. Außerdem zeich-
ne sich für das Jahr 2016 ein negatives Geschäftsergebnis ab, so dass der Bonus
deutlich geringer ausfallen müsse. Wie ist die Rechtslage? Zusatzfrage: Der Geschäftsführer möchte wissen, wie er verfahren soll, wenn er an seinem Plan weiterhin festhalten will? Insbesondere interessiert ihn, ob er die Einigungsstelle anrufen
kann.

2. Wie ist Frage 1 zu beantworten, wenn die L-GmbH die Betriebsvereinbarung
mit dem Ziel gekündigt hat, die Zusatzentgelte insgesamt und für alle Beschäftigten
zu streichen, und sich am Ende der BZV folgender § 10 findet: *„Diese Betriebsvereinbarung gilt nach Kündigung weiter, bis eine neue abgeschlossen ist."*

3. Der Betriebsrat findet sich überraschenderweise Mitte des Jahres 2016 doch bereit, die neue Betriebsvereinbarung (BVELE) zu unterzeichnen. Die Beschäftigten
fragen sich, ob sie entgegen der mit dem Tag der Unterzeichnung wirksam werdenden BVELE gleichwohl für das Jahr 2016 und die darauf folgenden Jahre den vom
Unternehmensgewinn unabhängigen Sockelbetrag beanspruchen können.

Gliederung

Lösung

Frage 1: Anspruch der Beschäftigten auf den vom Unternehmensgewinn unabhängigen Sockelbetrag

I. Anspruch auf den Sockelbetrag aus der Betriebsvereinbarung über ein Zielvereinbarungssystem (BZV) vom 14.12.2005

1 Der Anspruch auf Beibehaltung des Sockelbetrags als ein vom Unternehmensgewinn unabhängiger Mindestanteil des Bonus könnte sich für die Beschäftigten der L-GmbH aus § 4 Nr. 3 BZV ergeben.

1. Begründung des Anspruchs durch Abschluss der BZV

2 Bei Vorliegen der entsprechenden Voraussetzungen ergibt sich daraus mit hinreichender Bestimmtheit ein direkter Zahlungsanspruch der Beschäftigten gegenüber ihrem Arbeitgeber. Die Betriebsvereinbarung wirkt normativ (§ 77 Abs. 4 S. 1 BetrVG). Sie gilt unmittelbar und zwingend für alle in ihren Geltungsbereich fallenden Arbeitsverhältnisse.[1] Gesichtspunkte, die Bedenken an einem wirksamen Abschluss der Betriebsvereinbarung oder der Wirksamkeit ihrer Festsetzungen begründen könnten, sind nicht ersichtlich.

2. Entfallen des garantierten Sockelbetrags durch Kündigung der Betriebsvereinbarung?

Zu untersuchen ist sodann, wie sich die Kündigung der BZV zum Ende des Jahres **3** 2015 auf die Honorierung der Zielerreichung auswirkt.

a) Wirksame Kündigung der Betriebsvereinbarung

aa) Vertretungsmacht des G und des Betriebsratsvorsitzenden

Zunächst müsste die mündlich und ohne Angabe eines Grundes ausgesprochene **4** Kündigung überhaupt wirksam geworden sein. Die Kündigungserklärung ist hier von G, dem nach § 35 Abs. 1 GmbHG vertretungsbefugten Geschäftsführer, im Namen der L-GmbH abgegeben worden. Zugegangen ist sie dem Vorsitzenden des Betriebsrats. Nach § 26 Abs. 2 S. 2 BetrVG ist dieser zur Entgegennahme von Erklärungen, die dem Betriebsrat gegenüber abzugeben sind, berechtigt.

bb) Formerfordernis für die Kündigung?

Das Betriebsverfassungsgesetz sieht für die Kündigung der Betriebsvereinbarung **5** kein Formerfordernis vor. § 77 Abs. 5 BetrVG eröffnet ohne jede Einschränkung die Möglichkeit der ordentlichen, fristgemäßen Kündigung. Ein Schriftformgebot kennt lediglich § 77 Abs. 2 BetrVG, wonach Betriebsvereinbarungen schriftlich niederzulegen und von beiden Seiten zu unterzeichnen sind. Das BAG und die ganz herrschende Meinung schließen daraus, dass eine Betriebsvereinbarung formlos gekündigt werden kann.[2] Der Gesetzgeber habe das Formerfordernis bewusst auf den Begründungsakt beschränkt, so dass für eine Analogie kein Raum sei.[3]

cc) Sachlicher Grund für die Kündigung?

Der Gesetzeswortlaut spricht ferner dafür, dass die ordentliche Kündigung keiner **6** materiellen Rechtfertigung bedarf, sie also nicht an das Vorliegen eines sachlichen Grundes gebunden ist.[4] Von Teilen der Literatur wird dies dann für problematisch

---

[1] Zur anspruchsbegründenden Wirkung einer Betriebsvereinbarung siehe Richardi/*Richardi*, § 77 BetrVG Rn. 134.

[2] BAG vom 9.12.1997 – 1 AZR 319/97, NZA 1998, 661, 665; BAG vom 19.2.2008 – 1 AZR 114/07, NZA-RR 2008, 412, 413; *Fitting*, § 7 Rn. 157; GK-BetrVG/*Kreutz*, § 77 Rn. 395; Richardi/*Richardi*, § 77 Rn. 205; H/W/K/*Gaul*, § 77 BetrVG Rn. 34; H/W/G/N/R/H/*Worzalla*, § 77 Rn. 228.

[3] Vertretbar erscheint gleichwohl eine analoge Anwendung des § 77 Abs. 2 BetrVG auf den Aufhebungsvertrag und – hier interessierend – auf die Kündigung. Im Schrifttum (*Stoffels*, FS v. Hoyningen-Huene, 2014, S. 477, 484 f.; für die Kündigung von Tarifverträgen auch *Löwisch/Rieble*, § 1 Rn. 1443) wird dies vereinzelt auch so gesehen. Für die Analogie lässt sich immerhin die Klarstellungsfunktion der Vorschrift anführen. Es muss sichergestellt sein, dass sich die Normunterworfenen verlässlich über Inhalt und Geltung der Regelungen unterrichten können. Dieses, den zeitlichen Aspekt einschließende Verständnis, könnte – so ließe sich argumentieren – rechtsstaatlichen Mindestanforderungen (Normenklarheit) geschuldet sein.

[4] So die deutlich h.M., siehe nur BAG vom 26.10.1993 – 1 AZR 46/93, NZA 1994, 572; BAG vom 11.5.1999 – 3 AZR 21/98, NZA 2000, 322; ErfK/*Kania*, § 77 BetrVG Rn. 93; Richardi/*Richardi*, § 77 Rn. 200; *Fitting*, § 77 Rn. 148; GK-BetrVG/*Kreutz*, § 77 Rn. 384.

gehalten, wenn in der Betriebsvereinbarung freiwillige Sozialleistungen geregelt sind oder es sich um bereits erdiente Leistungen oder um Bestandteile des (regelmäßigen) Arbeitsentgelts handelt.[5] Hier wird ein Wertungswiderspruch darin gesehen, dass diese Leistungen (insbesondere die Sozialleistungen) dann, wenn sie individualvertraglich verankert sind, über die §§ 1, 2 KSchG einen materiellen Änderungsschutz erfahren, während sie auf kollektivvertraglicher Grundlage ohne sachlichen Grund – und soweit es nur um das „Ob" geht, ohne Nachwirkung – beseitigt werden können. Dieser Widerspruch müsse durch eine erhöhte Bestandsfestigkeit der durch die Betriebsvereinbarung begründeten Anspruchsposition ausgeräumt werden. Allerdings fehlt es für diese Einschränkung der Kündigungsmöglichkeit an einem Anknüpfungspunkt im BetrVG. Ferner ist die Dringlichkeit einer solchen Korrektur des Gesetzes nicht überzeugend dargetan.[6] Immerhin haben es die Betriebsparteien unbestritten in der Hand, bei Abschluss der Betriebsvereinbarung die spätere Kündigung an Voraussetzungen, etwa einen sachlichen Grund, zu binden und damit einen eigenen Kündigungsschutz zu etablieren.[7] Es bleibt damit dabei: Die von G ausgesprochene Kündigung ist nicht etwa deswegen unwirksam, weil ihr keine Begründung beigefügt war und sich ein sachlicher Grund vielleicht auch nicht nennen ließe. Es kann daher offen bleiben, ob die für notwendig erachtete Reduzierung der Personalkosten für sich genommen bereits einen sachlichen Grund für die Kündigung darstellen würde.

dd) Einhaltung der Kündigungsfrist

7 Die mangels anderweitiger Regelung in der Betriebsvereinbarung zu beachtende gesetzliche Kündigungsfrist beträgt drei Monate (§ 77 Abs. 5 BetrVG). Die Berechnung der Frist richtet sich nach den §§ 187 Abs. 1 und 188 Abs. 2 BGB. Hiernach entfaltete die am 30.9. ausgesprochene Kündigung ihre Beendigungswirkung zum Ablauf des 30.12.2015.

b) Nachwirkung der Betriebsvereinbarung

8 Fraglich ist jedoch, ob mit dem Eintritt dieses Beendigungstatbestandes zugleich auch die Wirkungen der Betriebsvereinbarung entfallen sind. Die Betriebsvereinbarung könnte Nachwirkung entfalten mit der Folge, dass auch die Regelung zum garantierten Sockelbetrag den Beschäftigten weiterhin einen Rechtsanspruch vermitteln würde.

9 Der Eintritt der Nachwirkung nach Ablauf einer Betriebsvereinbarung ist nach § 77 Abs. 6 BetrVG auf Regelungen in Angelegenheiten beschränkt, in denen ein Spruch der Einigungsstelle die Einigung zwischen Arbeitgeber und Betriebsrat ersetzen kann. Damit sind die Fälle der erzwingbaren Mitbestimmung (vgl. § 87 Abs. 2 BetrVG) gemeint. Keine Nachwirkung ist bei freiwilligen Betriebsvereinbarungen vorgesehen. Klärungsbedürftig ist daher die rechtliche Qualifizierung der BZV.

aa) Reichweite des Mitbestimmungsrechts nach § 87 Abs. 1 Nr. 10 BetrVG

10 Die Mitbestimmungspflichtigkeit könnte sich aus § 87 Abs. 1 Nr. 10 BetrVG ergeben. Die Vorschrift spricht von Fragen der *betrieblichen* Lohngestaltung und von

---

5 *Hilger/Stumpf,* BB 1990, 929, 931; *Hilger,* FS Gaul, 1992, S. 327, 333 ff.; *Schaub,* BB 1990, 289 ff.; *Hanau/Preis,* NZA 1991, 81 ff.; W/P/K/*Preis,* § 77 Rn. 42 ff.

6 Vgl. GK-BetrVG/*Kreutz,* § 77 Rn. 359 und 404.

7 Zutreffender Hinweis von *Fitting,* § 77 Rn. 148.

Entlohnungs*grundsätzen,* woraus geschlossen werden kann, dass dieser Mitbestimmungstatbestand das Vorliegen eines kollektiven Tatbestandes erfordert.[8] Ausgenommen vom Mitbestimmungsrecht sind mit anderen Worten individuelle Lohnvereinbarungen.[9] Darum geht es vorliegend nicht. Die Betriebsvereinbarung regelt für alle Beschäftigten den Grund und die Höhe der Zusatzentgelte anhand allgemeiner Kriterien.[10]

Des Weiteren müsste die betriebliche Lohngestaltung betroffen sein. Der Zweck **11** dieses Mitbestimmungstatbestandes, die Angemessenheit und Durchsichtigkeit des innerbetrieblichen Lohngefüges zu sichern, erfordert anerkanntermaßen, den Rechtsbegriff Lohn im weitesten Sinne zu verstehen.[11] Hierunter fallen jedenfalls alle Leistungen des Arbeitgebers, die als Gegenwert für die von den Arbeitnehmern erbrachten Leistungen gewährt werden.[12] Zum Lohn i. S. dieser Vorschrift rechnet man folglich auch die monetäre Honorierung der Zielerreichung durch Boni etc.[13]

Der Mitbestimmung unterliegen nach § 87 Abs. 1 Nr. 10 BetrVG richtiger Ansicht **12** nach jedoch nur die Verteilungsgrundsätze, nicht hingegen die Höhe des Entgelts.[14] Eine Verlagerung der Lohnpolitik auf die betriebliche Ebene war vom Gesetzgeber nicht gewollt und wäre ein kaum zu rechtfertigender Eingriff in die unternehmerische Entscheidungsfreiheit. Auch bestünde ein schwer aufzulösender Wertungswiderspruch zu § 87 Abs. 1 Nr. 11 BetrVG, der nur unter engen gegenständlichen Voraussetzungen ein Mitbestimmungsrecht des Betriebsrats hinsichtlich der Lohnhöhe normiert. Mitbestimmungsfrei sind demgemäß die Entscheidung des Arbeitgebers über die Gewährung zusätzlicher Leistungen (das Ob), der Umfang der zur Verfügung gestellten Mittel (Dotierungsrahmen) und der mit der Leistung verfolgte Zweck. Das Mitbestimmungsrecht greift erst ein, wenn es um die Verteilung der vom Arbeitgeber zur Verfügung gestellten Mittel innerhalb des vorgegebenen Dotierungsrahmens geht. Bezogen auf ein Zielvereinbarungssystem bedeutet dies, dass die Einführung und Abschaffung eines Zielvereinbarungssystems sowie die Festlegung der Ziele bzw. des begünstigten Personenkreises mitbestimmungsfrei erfolgen kann.[15] Geht es hingegen um die Verfahrensregeln und die Festlegung der Kriterien und Regelungen zu ihrer Gewichtung, ist das Mitbestimmungsrecht nach § 87 Abs. 1 Nr. 10 BetrVG gegeben.[16]

bb) Nachwirkung bei teilmitbestimmter Betriebsvereinbarung

Vorliegend regelt die BZV beide Punkte, nämlich zum einen die Einführung und **13** die Höhe der Zusatzentgelte, zum anderen aber auch den Verteilungsschlüssel, etwa

---

[8] BAG (GS) vom 3.12.1991 – GS 2/90, AP Nr. 51 zu § 87 BetrVG 1972 – Lohngestaltung; *Fitting,* § 87 Rn. 420; H/W/K/*Clemenz,* § 87 BetrVG Rn. 181; W/P/K/*Bender,* § 87 Rn. 205.

[9] *Fitting,* § 87 Rn. 420.

[10] Vgl. zum erforderlichen Zusammenhang mit der Entlohnung anderer Arbeitnehmer, wie er bei Zahlungen nach Leistungsgesichtspunkten typischerweise besteht, näher W/P/K/*Bender,* § 87 Rn. 206.

[11] BAG (GS) vom 16.9.1986 – GS 1/82, NZA 1987, 168, 177; ErfK/*Kania,* § 87 BetrVG Rn. 96.

[12] ErfK/*Kania,* § 87 BetrVG Rn. 96.

[13] *Annuß,* NZA 2007, 296; *Däubler,* NZA 2005, 795; GK-BetrVG/*Wiese,* § 87 Rn. 823.

[14] BAG (GS) vom 3.12.1991 – GS 2/90, NZA 1992, 749, 759; BAG vom 30.10.2001 – 1 ABR 8/01, NZA 2002, 919, 921; Richardi/*Richardi,* § 87 Rn. 768 ff.; H/W/K/Clemenz, § 87 Rn. 179; ErfK/*Kania,* § 87 BetrVG Rn. 103; *Preis,* Arbeitsvertrag, S. 739; a. A. D/K/K/W/*Klebe,* § 87 Rn. 311.

[15] J/R/H/*Kreßel,* Praxishandbuch Betriebsverfassungsrecht, Kap. 19 Rn. 24.

[16] ErfK/*Kania,* § 87 BetrVG Rn. 100.

die Differenzierung nach Gehaltsgruppen in § 4 Nr. 3 lit. a BZV. Insofern kann man von einer sog. *teilmitbestimmten* Betriebsvereinbarung sprechen.

14 Die Nachwirkung teilmitbestimmter Betriebsvereinbarungen ist im Betriebsverfassungsgesetz nicht näher geregelt. Daher muss das Problem ausgehend vom Normzweck des § 87 Abs. 1 Nr. 10 BetrVG gelöst werden.[17] Vom Ausgangspunkt her zu beachten ist, dass das Mitbestimmungsrecht des § 87 Abs. 1 Nr. 10 BetrVG nicht dazu führen darf, dass eine Leistung, zu deren Gewährung der Arbeitgeber ursprünglich nicht verpflichtet war, nachträglich zu einer zwingenden Leistung umgewandelt wird, indem nun der Abbau der Leistung an die Zustimmung des Betriebsrats gebunden wird. Bei einer Kündigung der Betriebsvereinbarung zum Zwecke der vollständigen und ersatzlosen Einstellung der in ihr geregelten Leistung kann es mithin keine Nachwirkung geben. Mit dem ersatzlosen Wegfall der Leistung entfällt zugleich der mitbestimmungspflichtige Regelungsteil. Fragen der Verteilungsgerechtigkeit stellen sich nicht mehr. Anders verhält es sich, wenn die Kündigung der Betriebsvereinbarung nur zu einer Verringerung des Volumens und einer Änderung des Verteilungsplans führen soll. Hier ist auch der mitbestimmungspflichtige Teil der Betriebsvereinbarung betroffen. Sinn der Nachwirkung nach § 77 Abs. 6 BetrVG ist es aber, aus der Mitbestimmungspflichtigkeit einer Regelung die Konsequenz zu ziehen, dass trotz Kündigung der Betriebsvereinbarung die mitbestimmte Regelung weitergilt. Da nur die gesamte Betriebsvereinbarung nachwirken kann, führt die Anwendung von § 77 Abs. 6 BetrVG bei teilmitbestimmten Betriebsvereinbarungen zur Nachwirkung auch des mitbestimmungsfreien Teils.

15 Vorliegend ist es offensichtlich nicht so, dass die L-GmbH die Zusatzentgelte für die Zielerreichung vollständig und ersatzlos beseitigen möchte. Vielmehr wird man konstatieren müssen, dass eine Verringerung des Volumens der finanziellen Mittel – durch Streichung des garantierten Sockelbetrags – und damit einhergehend eine Veränderung des Verteilungsplans mit der Kündigung erreicht werden soll. Demnach entfaltet die gesamte BZV aufgrund der gesetzlichen Anordnung des § 77 Abs. 6 BetrVG Nachwirkung. Auf die neuere Rechtsprechung des BAG,[18] derzufolge bei einem nicht tarifgebundenen Arbeitgeber Betriebsvereinbarungen über freiwillige Vergütungsleistungen regelmäßig auch dann nachwirken, wenn der Arbeitgeber nur eine Vergütungsleistung entfallen lassen möchte (Gesamtbetrachtung), braucht vor diesem Hintergrund nicht näher eingegangen zu werden.

c) Zwischenergebnis

16 Damit bleibt festzuhalten, dass den Beschäftigten für das Jahr 2016 trotz der Kündigung der Betriebsvereinbarung ein Anspruch auf Auszahlung des Sockelbetrags i.S.d. Mindestbetrags einer erfolgs- und leistungsorientieren Vergütung zusteht.

---

17 Zum Folgenden BAG vom 26.10.1993 – 1 AZR 46/93, NZA 1994, 572, 574; BAG vom 5.10.2010 – 1 ABR 20/09, NZA 2011, 598, 599; der Rechtsprechung folgt die ganz h.L. vgl. GK-BetrVG/*Kreutz*, § 77 Rn. 408; *Fitting*, § 77 Rn. 189; Richardi/*Richardi*, § 77 Rn. 171; abweichende Ansätze im älteren Schrifttum etwa bei *Blomeyer*, DB 1985, 2506, 2508 ff. und *Hanau*, RdA 1989, 207, 210.

18 BAG vom 26.8.2008 – 1 AZR 354/07, NZA 2008, 1426; BAG vom 5.10.2010 – 1 ABR 20/09, NZA 2011, 598; hierzu auch *Grau/Sittard*, RdA 2013, 118.

II. Anspruch auf den Sockelbetrag aus dem Gesichtspunkt der betrieblichen Übung

Als weiterer Verpflichtungsgrund für die Weitergewährung der leistungsorientierten **17** Gehaltskomponenten unter Beibehaltung des Sockelbetrags kommt der Gesichtspunkt der betrieblichen Übung in Betracht. Man versteht darunter die aus der wiederholten gleichförmigen Gewährung bestimmter Leistungen resultierende Verbindlichkeit.[19] Nach der Rechtsprechung des BAG wird ein Anspruch aus betrieblicher Übung durch rechtsgeschäftliche Übereinkunft begründet.[20] Eine betriebliche Übung erfordert demnach eine bestimmte Verhaltensweise des Arbeitgebers, die den Schluss darauf erlaubt, dass er sich auf Dauer vertraglich entsprechend binden will. Dies ist regelmäßig nicht der Fall, wenn der Arbeitgeber nur aus anderen Rechtsgründen bestehende oder angenommene Pflichten erfüllen will.[21] Erkennbarer Normvollzug schließt mit anderen Worten das Entstehen einer betrieblichen Übung aus.[22]

Im vorliegenden Fall erfolgte die Zahlung leistungsorientierter Gehaltskomponen- **18** ten, zu denen auch der vom Unternehmensergebnis unabhängige Sockelbetrag gehörte, seit dem Jahre 2006 auf der Grundlage der BZV. Die Durchführung einer Betriebsvereinbarung dürfen die Arbeitnehmer grundsätzlich nicht dahin verstehen, der Arbeitgeber wolle sich unabhängig von der Wirksamkeit und Fortgeltung rechtsgeschäftlich zur Erbringung der in der Betriebsvereinbarung vorgesehenen Leistungen verpflichten. Für einen entsprechenden Verpflichtungswillen des Arbeitgebers müssen vielmehr besondere Umstände vorliegen.[23] Solche besonderen Umstände sind vorliegend nicht erkennbar. Vor diesem Hintergrund konnte trotz mehr als dreimaliger wiederholter Leistungsgewährung kein Anspruch der Beschäftigten aus betrieblicher Übung erwachsen.

III. Anspruch auf den Sockelbetrag aus Arbeitsvertrag, der auf BZV verweist

Eine weitere diskussionswürdige Anspruchsbegründung liegt im Anstellungsvertrag **19** selbst. In § 3 findet sich ein Verweis auf die BZV. Fraglich ist, ob die Parteien damit

---

[19] MünchKommBGB/*Müller-Glöge,* § 611 Rn. 411; ErfK/*Preis,* § 611 BGB Rn. 220.

[20] Sog. Vertragstheorie, vgl. BAG vom 14.8.1996 – 10 AZR 69/96, NZA 1996, 1323; BAG vom 21.1.1997 – 1 AZR 572/96, NZA 1997, 1009; zust. *Waltermann,* RdA 2006, 257 ff.; einen abweichenden Begründungsansatz liefert die sog. Vertrauenstheorie, vgl. insoweit *Seiter,* Die Betriebsübung, zugleich ein Beitrag zur Lehre vom Rechtsgeschäft und von den Zurechnungsgründen rechtserheblichen Verhaltens im Privatrecht, 1967; *Canaris,* Die Vertrauenshaftung im deutschen Privatrecht, 1971, S. 254 ff.; *Singer,* ZfA 1993, 487, 494 ff.; für einen eigenständigen arbeitsrechtlichen Lösungsansatz *Henssler,* FS 50 Jahre BAG, S. 683, 690 f.; *Bepler,* RdA 2004, 226, 236 ff. und 2005, 323, 327 f.

[21] BAG vom 1.2.2006 – 5 AZR 628/04, NZA 2006, 682 (= AP Nr. 17 zu § 4 TzBfG); BAG vom 16.9.1998 – 5 AZR 598/97, NZA 1999, 203; MünchKommBGB/*Müller-Glöge,* § 611 Rn. 415; Schaub/*Koch,* Arbeitsrechts-Handbuch, § 110 Rn. 12; von Subsidiarität der betrieblichen Übung spricht ErfK/*Preis,* § 611 BGB Rn. 221. Zum Problem der irrtümlichen betrieblichen Übung *Reiter,* ZfA 2006, 361 ff.

[22] So die st. Rspr., siehe nur BAG vom 18.11.2003 – 1 AZR 604/02, NZA 2004, 803, 805; BAG vom 30.5.2006 – 1 AZR 111/05, NZA 2006, 1170, 1173; BAG vom 28.6.2005 – 1 AZR 213/04, AP Nr. 25 zu § 77 BetrVG 1972 – Betriebsvereinbarung.

[23] So BAG vom 28.6.2005 – 1 AZR 213/04, AP Nr. 25 zu § 77 BetrVG 1972 – Betriebsvereinbarung.

einen von den Betriebsvereinbarungen unabhängigen Verpflichtungsgrund schaffen wollten. Der Verweis im Arbeitsvertrag müsste mit anderen Worten konstitutive Bedeutung haben. Das ist im Regelfall nicht anzunehmen.[24] Denn Betriebsvereinbarungen gelten unmittelbar und zwingend grundsätzlich – abhängig vom Geltungsbereich – für alle Betriebsangehörigen und zwar unabhängig von einer Mitgliedschaft in der Gewerkschaft. Insofern ist die Ausgangslage eine andere als bei einer Bezugnahme auf einen Tarifvertrag. Bei einer Betriebsvereinbarung werden von vornherein alle Arbeitnehmer gleichgestellt. Ein Bedürfnis für die Annahme einer konstitutiven Wirkung ist daher im Regelfall nicht gegeben. Auch die Rechtsprechung geht grundsätzlich von einer nur deklaratorischen Bedeutung der Bezugnahme auf eine Betriebsvereinbarung aus.[25] Derartigen Klauseln ließe sich regelmäßig nicht der Wille der Vertragsparteien entnehmen, es sollten die bei Vertragsschluss geltenden Betriebsvereinbarungen unabhängig von ihrem kollektivrechtlichen Fortbestand und allein mit ihrem seinerzeit gültigen Inhalt als vertraglich vereinbart gelten. Vertragsparteien, die eine solche konstitutive Verweisung auf eine Betriebsvereinbarung anstrebten, obläge es, dies eindeutig zum Ausdruck zu bringen.

20 Als Ausnahmetatbestände, die eine konstitutive Bezugnahme möglich erscheinen lassen, werden in der Literatur genannt:[26] Absicht der Erstreckung der Regelungen der Betriebsvereinbarung auf von ihr nicht erfasste Arbeitnehmergruppen oder Bezugnahme zum Zwecke der Geltungserhaltung einer aus formalen Gründen oder kollektivrechtlichen Gründen unwirksamen Betriebsvereinbarung. Solche Aspekte lagen hier der Aufnahme der Verweisung in die Anstellungsverträge ersichtlich nicht zu Grunde.

21 Von daher ist dieser Verweisung lediglich deklaratorische Bedeutung beizumessen. Eine eigenständige arbeitsvertragliche Anspruchsbegründung, die im Falle der Beendigung der Betriebsvereinbarung bzw. deren Ablösung Bedeutung entfalten könnte, ist damit nicht gegeben.

IV. Ergebnis

22 Nach der Kündigung der BZV ist dieses Regelwerk in das Stadium der Nachwirkung getreten. Ihre Regelungen gelten weiterhin unmittelbar, verlieren jedoch ihre zwingende Wirkung. Beiden Betriebsparteien steht es frei, durch Anrufung der Einigungsstelle eine Neuregelung herbeizuführen. Bis dahin besteht der Anspruch der Beschäftigten auf den vom Unternehmensgewinn unabhängigen Sockelbetrag fort. Arbeitsvertraglich begründete Ansprüche auf die Fortführung der Sockelbetragsregelung etwa aus dem Gesichtspunkt einer betrieblichen Übung oder wegen der Bezugnahme im Anstellungsvertrag bestehen nicht.

V. Zusatzfrage

23 Nachwirkung bedeutet, dass die Normen einer Betriebsvereinbarung weiterhin unmittelbar weitergelten, sie jedoch ihre zwingende Wirkung einbüßen.[27] Das bedeu-

---

[24] *Preis,* NZA 2010, 365; BAG vom 24.9.2003 – 10 AZR 34/03, NZA 2004, 149; BAG vom 12.3.2008 – 10 AZR 256/07, AP BGB § 611 Nr. 6; LAG Köln vom 20.6.2006 – 9 Sa 278/06, BeckRS 2006, 43 815; LAG München vom 31.7.2008 – 3 Sa 354/08, BeckRS 2009, 67 659.

[25] BAG vom 18.11.2003 – 1 AZR 604/02, NZA 2004, 803.

[26] *Preis,* NZA 2010, 365.

[27] *Fitting,* § 77 Rn. 177 und 183; W/P/K/*Preis,* § 77 Rn. 57.

tet, sowohl die Betriebsparteien als auch die Arbeitsvertragsparteien könnten im Nachwirkungszeitraum von der weitergeltenden Betriebsvereinbarung auch zuungunsten der Arbeitnehmer abweichen. Da derzeit offensichtlich weder der Betriebsrat, noch die Arbeitnehmer ein Entgegenkommen in dieser Frage erkennen lassen und auch massenhafte Änderungskündigungen schwerlich gerechtfertigt werden können, bleibt nur die Anrufung der Einigungsstelle.[28] Hierzu sagt das BAG noch folgendes:[29] „Das vom Arbeitgeber einmal zur Verfügung gestellte Finanzvolumen wird dadurch nicht unabänderlich perpetuiert. Vielmehr müssen die Betriebsparteien oder im Konfliktfall die Einigungsstelle das vom Arbeitgeber noch zur Verfügung gestellte Finanzvolumen als mitbestimmungsfreie Vorgabe zu Grunde legen." Eine gewisse Veränderung in die gewünschte Richtung darf sich die L-GmbH von der Anrufung der Einigungsstelle daher durchaus versprechen. Eine konkrete Vorhersage des Spruchs der Einigungsstelle ist indes nicht möglich, da die Einigungsstelle ihre Beschlüsse unter angemessener Berücksichtigung der Belange des Betriebs und der betroffenen Arbeitnehmer nach billigem Ermessen trifft (§ 76 Abs. 5 S. 3 BetrVG).

Frage 2: Rechtslage bei Kündigung zum Zwecke der Einstellung der Leistung und vereinbarter Nachwirkung

Der Anspruch der Beschäftigten der L-GmbH auf den ungeschmälerten und vom **24** Unternehmensgewinn unabhängigen Sockelbetrag könnte sich auch hier aus der nachwirkenden BZV ergeben. Hinsichtlich des Zustandekommens und der Kündigung der BZV kann auf die obigen Ausführungen zu Frage 1 verwiesen werden. Fraglich ist demgegenüber, ob die BZV auch in dieser Konstellation Nachwirkung entfaltet.

I. Zulässigkeit einer vereinbarten Nachwirkung

Die Nachwirkung abgelaufener Betriebsvereinbarungen tritt – wie gesehen – unter **25** den in § 77 Abs. 6 BetrVG genannten Voraussetzungen kraft Gesetzes ein. Da abweichend vom Ausgangsfall die Kündigung der Betriebsvereinbarung mit dem Ziel erfolgte, die in der Betriebsvereinbarung geregelten Zusatzentgelte insgesamt und für alle Beschäftigten zu streichen, kann allerdings eine Nachwirkung auf dieser gesetzlichen Grundlage von vornherein nicht begründet werden. Denn mit der vollständigen Streichung ist allein die mitbestimmungsfreie Entscheidung des Arbeitgebers über das „Ob" der Leistung, nämlich die (weitere) Gewährung, betroffen.

Die Nachwirkung könnte sich jedoch aus § 10 der BZV ergeben, wonach die Be- **26** triebsvereinbarung nach einer Kündigung weiter gilt, bis eine neue abgeschlossen ist. Damit könnte an die Stelle der gesetzlichen Regelung über die Nachwirkung von Betriebsvereinbarungen (§ 77 Abs. 6 BetrVG) eine Vereinbarung der Betriebsparteien über eine (erweiterte) Nachwirkung getreten sein.

Die Anordnung der Weitergeltung in § 77 Abs. 6 BetrVG ist in der Tat nach allge- **27** meiner Ansicht nicht abschließend. Es ist weitgehend anerkannt, dass die Betriebs-

---

[28] Zum Verfahren zur Bildung und Besetzung der Einigungsstelle vgl. Fall 3 Rn. 46.
[29] BAG vom 5.10.2010 – 1 ABR 20/09, NZA 2011, 598, 599.

parteien auch in freiwilligen und teilmitbestimmten Betriebsvereinbarungen die Nachwirkung anordnen können.[30] Denn wenn es den Betriebspartnern gestattet ist, freiwillige Betriebsvereinbarungen mit zwingender normativer Wirkung zu schaffen, ist diesem Recht grundsätzlich auch die Befugnis zu entnehmen, den Normen Nachwirkung beizulegen und damit die Rechtslage zu übernehmen, die durch das Gesetz im Bereich der erzwingbaren Mitbestimmung ausdrücklich vorgesehen wird.[31]

II. Auslegung der Betriebsvereinbarung

28 Zu prüfen ist, ob und in welchem Umfang die Betriebsparteien vorliegend von dieser Möglichkeit Gebrauch gemacht haben.

29 Ob hier eine Nachwirkung der Betriebsvereinbarung geregelt werden sollte, ist im Wege der Auslegung zu ermitteln. Die gewählte Terminologie spricht eine klare Sprache. Es ist – wie in § 77 Abs. 6 BetrVG – von Weitergeltung die Rede. Die Wirkung soll verlängert werden, „bis eine neue (scil. Betriebsvereinbarung) abgeschlossen wird." Eindeutig ist, dass den Betriebsparteien an einer ausdrücklichen Klarstellung gelegen war, dass ihre Betriebsvereinbarung ungeachtet der Qualifizierung als erzwingbar, freiwillig oder teilmitbestimmt Nachwirkung entfalten soll. Was die Möglichkeiten der Beendigung der Nachwirkung anbelangt, bedarf der Passus zur Nachwirkung in der BZV allerdings einer interpretatorischen Korrektur, insofern dort lediglich der Abschluss einer neuen Betriebsvereinbarung als Beendigungstatbestand genannt ist. Denn auch wenn die „Nachwirkung bis zu einer neuen Betriebsvereinbarung" vereinbart ist, ist angesichts der eindeutigen Regelung der Nachwirkung in § 77 Abs. 6 BetrVG davon auszugehen, dass eine Änderung auch durch Arbeitsvertrag möglich ist.[32]

III. Problem der „ewigen" Nachwirkung

30 Als zentrale Problematik der Nachwirkungsvereinbarung wird im Schrifttum[33] die Gefahr einer „ewigen" Nachwirkung gesehen. Diese könnte eintreten, wenn ein Betriebspartner zur Ablösung nicht bereit ist und der andere (anders als in den Fällen erzwingbarer Mitbestimmungsangelegenheiten) allein die Beendigung der Weitergeltung nicht herbeiführen kann. Eine generelle Unzulässigkeit der Nachwirkungsvereinbarung[34] würde über das Ziel hinausschießen. Vielmehr kann einer unzumutbaren Perpetuierung auf andere Weise begegnet werden. Abgesehen von dem – allerdings auf Ausnahmefälle zu beschränkenden – Recht zur außerordentlichen Kündigung[35] und der Möglichkeit, in neu abzuschließenden Arbeitsverträgen

---

[30] GK-BetrVG/*Kreutz*, § 77 Rn. 447; W/P/K/*Preis*, § 77 Rn. 54; Küttner/*Kreitner*, Betriebsvereinbarung Rn. 32; *Boemke/Kursawe*, DB 2000, 1407; a. A. *Jacobs*, NZA 2000, 69 (nur in Form einer kündbaren Regelungsabrede).

[31] So BAG vom 28.4.1998 – 1 ABR 43/97, NZA 1998, 1348, 1351; bestätigt durch BAG vom 19.2.2008 – 1 ABR 84/06, NZA 2008, 1078, 1080.

[32] So zutr. ErfK/*Kania*, § 77 BetrVG Rn. 106.

[33] GK-BetrVG/*Kreutz*, § 77 Rn. 448; ferner *v. Hoyningen-Huene*, BB 1997, 2000 ff. und *Boemke/Kursawe*, DB 2000, 1407 ff.

[34] Für Nichtigkeit der Nachwirkungsklausel nach § 138 Abs. 1 BGB in der Tat *Schöne/Klaes*, BB 1997, 2374; dagegen zu Recht GK-BetrVG/*Kreutz*, § 77 Rn. 448.

[35] Zu dieser Möglichkeit *Boemke/Kursawe*, DB 2000, 1409 f.

eine Änderung einzuleiten,[36] ist vor allem auf die Möglichkeit der ergänzenden Vertragsauslegung hinzuweisen. Mangels einer ausdrücklichen Regelung der Problematik in der Betriebsvereinbarung wird man von einer den Parteien nicht vor Augen stehenden Regelungslücke ausgehen dürfen, deren Schließung erforderlich ist, um den Regelungsplan zu verwirklichen. Zu fragen ist daher, was die Betriebsparteien bei angemessener Abwägung ihrer Interessen nach Treu und Glauben als redliche Vertragspartner vereinbart hätten, wenn sie den nicht geregelten Fall bedacht hätten.[37] Dabei ist zunächst an den Vertrag selbst anzuknüpfen. Im Hinblick auf den Wortlaut ist zu konstatieren, dass die Betriebsparteien nur von einer Nachwirkung bis zum Abschluss einer neuen Betriebsvereinbarung gesprochen haben. Bereits dies macht – so das BAG in einem vergleichbaren Fall –[38] deutlich, dass sie nicht von einer „Dauernachwirkung" ausgegangen sind, sondern nur von der Überbrückung des Zeitraums bis zu einer Neuregelung. Zugleich zeige die Vereinbarung, dass die Betriebspartner ungeachtet der Freiwilligkeit des Regelungsgegenstandes davon ausgegangen seien, nach Kündigung der Betriebsvereinbarung werde nicht ohne Weiteres wieder der gesetzliche Normalzustand eintreten, sondern eine neue Einigung erforderlich. Im Ergebnis hätten die Betriebspartner also ihre Rechtsbeziehungen denjenigen bei erzwingbarer Mitbestimmung angeglichen. Eine derartige Vereinbarung müsse im Zweifel so verstanden werden, dass dann auch hinsichtlich der Beendigung der Nachwirkung eine Konfliktlösungsmöglichkeit gewollt ist, die der erzwingbaren Mitbestimmung entspricht. Von verständigen Betriebspartnern könne nämlich nicht angenommen werden, dass sie eine Bindung schaffen wollten, die selbst im Falle einer ordnungsgemäßen Kündigung nicht mehr aufhebbar ist, wenn nur ein Vertragsteil an ihr festhalten will. Von daher sei eine Betriebsvereinbarung, die eine § 77 Abs. 6 BetrVG entsprechende Nachwirkung vorsehe, im Regelfall ergänzend dahin auszulegen, dass die Einigungsstelle bei Scheitern der Verhandlungen über eine Neuregelung einseitig angerufen werden und verbindlich entscheiden kann.[39] Dieses Auslegungsergebnis überzeugt und liegt näher als die Annahme, die Nachwirkung sei konkludent befristet bis zum endgültigen Scheitern der Verhandlungen über eine neue Betriebsvereinbarung.[40]

Folgt man der im Schrifttum[41] weitgehend gebilligten Rechtsprechung des BAG, so **31** müsste vorliegend im Wege ergänzender Vertragsauslegung die vereinbarte Nachwirkung in der Weise eingeschränkt werden, dass es die L-GmbH in der Hand hat, die Einigungsstelle anzurufen und eine Neuregelung herbeizuführen. Welches Ergebnis hier zu erwarten ist, kann angesichts des grundsätzlich weiten Entschei-

---

36 ErfK/*Kania*, § 77 BetrVG Rn. 106.
37 BGH vom 17.5.2004 – II ZR 261/01, NJW 2004, 2449; Palandt/*Ellenberger*, § 157 Rn. 7.
38 BAG vom 28.4.1998 – 1 ABR 43/97, NZA 1998, 1348, 1351 f.
39 BAG vom 28.4.1998 – 1 ABR 43/97, NZA 1998, 1348, 1351 f.
40 Dies gegen *Loritz*, DB 1997, 2074, 2076.
41 Zust. etwa *Fitting*, § 77 BetrVG Rn. 187; GK-BetrVG/*Kreutz*, § 77 Rn. 448; D/K/K/W/*Berg*, § 77 Rn. 123. Abweichend lediglich *Trebeck/v. Broich*, NZA 2012, 1018, wonach sich die Spruchkompetenz der Einigungsstelle hinsichtlich freiwilliger Betriebsvereinbarungen bei vereinbarter Nachwirkung lediglich auf die Beendigung der Nachwirkung beziehen soll. Die Vereinbarung der Nachwirkung und die darin liegende Vereinbarung einer Konfliktlösungsmöglichkeit über die Einigungsstelle führten nicht dazu, dass die Einigungsstelle einen umfassenden Spruch in der Sache machen könne. Das entspricht jedoch – wie gezeigt – nicht dem zu Ende gedachten Regelungsplan der Betriebsparteien.

dungsermessens der Einigungsstelle (siehe oben Rn. 23) schwerlich vorausgesagt werden. Das BAG hat angedeutet, dass die Einigungsstelle in solchen Fällen auch eine Neuregelung dahingehend vornehmen könne, dass die nachwirkende Regelung ersatzlos entfalle. Das hänge von aber von den im Einigungsstellenverfahren vorgetragenen Gründen ab.[42] Im Schrifttum wird hierzu die Auffassung vertreten, die Einigungsstelle sei bei ihrem Spruch an die mitbestimmungsfreie Vorgabe des Arbeitgebers – etwa an eine bestimmte Höhe des Zulagenvolumens – gebunden.[43] In diesem Zusammenhang könnte sich die – hier für die Falllösung allerdings nicht relevante – bislang noch kaum diskutierte und nicht einmal ansatzweise geklärte Frage ergeben, ob der Arbeitgeber der Einigungsstelle die verbindliche Vorgabe machen darf/kann, den Vergütungsrahmen auf null zu reduzieren. Bejahte man dies, höhlte dies in der Sache die grundsätzlich anerkannte Nachwirkung teilmitbestimmter Betriebsvereinbarungen weitgehend aus und sicherte sie nur vorübergehend bis zum Spruch der Einigungsstelle. Verneinte man sie, schnitte man dagegen dem Arbeitgeber die Möglichkeit ab, eine in der Höhe mitbestimmungsfreie freiwillige Leistung wieder vollkommen einzustellen. Einer eingehenderen Befassung mit dieser Problematik bedarf es hier allerdings nicht, sie kann selbst von einer überdurchschnittlichen Bearbeitung kaum erwartet werden.

IV. Ergebnis

32 Die Arbeitnehmer der L-GmbH können gestützt auf die kraft Vereinbarung nachwirkende BZV weiterhin den vom Unternehmensgewinn unabhängigen Sockelbetrag als Mindestanteil des Zusatzentgelts verlangen. Allerdings hat die L-GmbH auch hier die Möglichkeit, die Nachwirkung durch Herbeiführung eines verbindlichen Spruchs der Einigungsstelle zu beenden.

Frage 3: Möglichkeit und Grenzen einer ablösenden Betriebsvereinbarung

33 Abschließend stellt sich die Frage, ob die bislang kraft Nachwirkung fortgeltende BZV durch eine mit dem Betriebsrat neu abzuschließende Betriebsvereinbarung abgelöst werden kann. Klärungsbedürftig ist hier insbesondere, ob auf diese Weise auch bisher bestehende Rechtspositionen der Beschäftigten abgebaut werden können, so wie dies die BVELE im Hinblick auf den bislang garantierten und vom Unternehmensergebnis unabhängigen Sockelbetrag vorsieht.

I. Betriebsvereinbarung als „andere Abmachung"

34 In diesem Zusammenhang ist zunächst festzuhalten, dass die vereinbarte Nachwirkung der BZV gemäß dem eindeutigen Wortlaut des § 10 BZV so lange fortbesteht, „bis eine neue (scil. Betriebsvereinbarung) abgeschlossen ist". Das gleiche würde im Fall der gesetzlich angeordneten Nachwirkung auf der Grundlage des § 77 Abs. 6 BetrVG gelten. Mit dem Eintritt in das Nachwirkungsstadium verliert die Betriebsvereinbarung ihre zwingende Wirkung. Dies wird mit den Worten „bis sie durch eine andere Abmachung ersetzt werden" zum Ausdruck gebracht. Eine

---

[42] BAG vom 28.4.1998 – 1 ABR 43/97, NZA 1998, 1348, 1352.
[43] *Boemke/Kursawe*, DB 2000, 1409; *Fitting*, § 77 Rn. 187.

solche „andere Abmachung" kann insbesondere eine über denselben Regelungsgegenstand geschlossene Betriebsvereinbarung sein.[44] Mit der BVELE wird eine Neuregelung des Zielvereinbarungssystems erstrebt, so dass mit ihrem Inkrafttreten die bislang bestehende Nachwirkung der BZV ihr Ende findet.

II. Ablösungsprinzip

Damit ist schon angedeutet, wie das Verhältnis zweier zeitlich aufeinanderfolgender **35** Betriebsvereinbarungen zu beurteilen ist. Da es sich um zwei ranggleiche Gestaltungsfaktoren handelt, gilt nach den anerkannten arbeitsrechtlichen Kollisionsregeln nicht das Günstigkeitsprinzip, sondern die Zeitkollisionsregel, auch Ablösungsprinzip genannt.[45] Das bedeutet, dass die jüngere die ältere Regelung mit dem gleichen Regelungsgegenstand und Adressatenkreis mit Wirkung für die Zukunft verdrängt *(lex posterior derogat legi priori)*. Im Grundsatz können deshalb Ansprüche der Arbeitnehmer aus früheren Betriebsvereinbarungen durch spätere Betriebsvereinbarungen verbessert oder aber auch verschlechtert werden.[46]

III. Grenzen der Ablösung zum Nachteil der Beschäftigten

Soweit die neue Betriebsvereinbarung Verschlechterungen für die Beschäftigten mit **36** sich bringt, sind allerdings auch gewisse Grenzen zu beachten. Es darf – kurz gesagt – in rechtlich geschützte Rechtspositionen der Arbeitnehmer nicht unverhältnismäßig eingegriffen werden. Das erfordert insbesondere eine Überprüfung der neuen Betriebsvereinbarung anhand höherrangigen Rechts. Dazu gehört u. a. das Rechtsstaatsprinzip mit seinen Ausprägungen des Rückwirkungsverbots und des Vertrauensschutzes.[47]

1. Rückwirkungsverbot

Schützenswertes Vertrauen i. S. v. Besitzstandswahrung zugunsten der Beschäftigten **37** kann unter engen Voraussetzungen in Betracht kommen. In den Blick fällt insbesondere das sog. Rückwirkungsverbot. Das BAG umschreibt die sich hieraus ergebenden Grenzen für den Normgeber – also auch für die Betriebsparteien – in Anlehnung an die Rechtsprechung des BVerfG[48] wie folgt:[49] „Die Regeln über die Rückwirkung von Rechtsnormen unterscheiden zwischen echter und unechter Rückwirkung. Eine echte Rückwirkung liegt vor, wenn eine Rechtsnorm nachträglich ändernd in abgewickelte, der Vergangenheit angehörende Tatbestände eingreift. Sie ist verfassungsrechtlich grundsätzlich unzulässig. Eine unechte Rückwirkung liegt vor, wenn eine Rechtsnorm auf gegenwärtige, noch nicht abgeschlossene Sachverhalte und Rechtsbeziehungen einwirkt und damit zugleich die betroffene

---

[44] So auch *v. Hoyningen-Huene,* Betriebsverfassungsrecht, § 11 Rn. 88 ausdrücklich mit Blick auf die vereinbarte Nachwirkung.

[45] BAG vom 10.2.2009 – 3 AZR 653/07, NZA 2009, 796, 798; BAG vom 18.9.2012 – 3 AZR 431/10, NZA-RR 2013, 651, 655; ErfK/*Kania,* § 77 BetrVG Rn. 64; H/W/K/*Gaul,* § 77 Rn. 54.

[46] BAG vom 22.5.1990 – 3 AZR 128/89, NZA 1990, 813; BAG vom 24.5.2012 – 2 AZR 277/11, AP Nr. 193 zu § 1 KSchG 1969 Betriebsbedingte Kündigung.

[47] BAG vom 29.10.2002 – 1 AZR 573/01, NZA 2003, 393, 395; BAG vom 28.6.2005 – 1 AZR 213/04, AP BetrVG 1972 § 77 Betriebsvereinbarung Nr. 25.

[48] BVerfG vom 15.10.1996 – 1 BvL 44/92, 1 BvL 48/92, BVerfGE 95, 64 (= NJW 1997, 722).

[49] BAG vom 23.1.2008 – 1 AZR 988/06, NZA 2008, 709, 711.

Rechtsposition nachträglich entwertet. Sie ist verfassungsrechtlich grundsätzlich zulässig. Grenzen der Zulässigkeit können sich aus dem Grundsatz des Vertrauensschutzes und dem Verhältnismäßigkeitsprinzip ergeben. Dies ist dann der Fall, wenn die vom Normgeber angeordnete unechte Rückwirkung zur Erreichung des Normzwecks nicht geeignet oder nicht erforderlich ist, oder wenn die Bestandsinteressen der Betroffenen die Änderungsgründe der Neuregelung überwiegen."

38 Um echte Rückwirkung in diesem Sinne geht es vorliegend nicht, da die vergangenen Entgeltabrechnungszeiträume (2015 und früher) unangetastet bleiben. Der sich daran anschließende Entgeltabrechnungszeitraum (das Jahr 2016) ist noch nicht abgeschlossen. Der auf jeden Beschäftigten entfallende Bonusanspruch kann erst am Ende des Jahres 2016 endgültig bestimmt werden. Von daher handelt es sich insoweit um einen noch nicht abgewickelten, bereits der Vergangenheit angehörenden Sachverhalt.

39 Ein Fall der unechten Rückwirkung liegt indes insoweit vor, als die Ablösung mit sofortiger Wirkung erfolgen soll, der Anspruch auf den garantierten Sockelbetrag also bereits im laufenden Geschäftsjahr zum Erlöschen gebracht würde. Das hätte nämlich zur Folge, dass den Beschäftigten die schon teilweise erdiente Vergütung in Gestalt des von der Zielerreichung abhängigen Sockelbetrags wieder entzogen würde. Ihre Rechtsposition würde nachträglich entwertet. Das wäre rechtlich problematisch und allenfalls bei existenzieller wirtschaftlicher Notlage des Arbeitgebers zu rechtfertigen, für die hier nichts vorgetragen ist. Für diese Sichtweise spricht vor allem die höchstrichterliche Rechtsprechung zu Stichtagsklauseln bei Bonusregelungen in Betriebsvereinbarungen.[50] Das BAG stellt in diesem Zusammenhang klar, dass es sich bei der erfolgsabhängigen Vergütung um Arbeitsentgelt handelt, das vom Arbeitnehmer durch die Erbringung einer Arbeitsleistung im Bezugszeitraum verdient wird. Über die vom Arbeitgeber versprochene Gegenleistung müsse der Arbeitnehmer disponieren und seine Lebensgestaltung daran ausrichten können, wenn er seinerseits die geschuldete Leistung erbracht habe. Entstandene Ansprüche auf Arbeitsentgelt für eine bereits erbrachte Arbeitsleistung könnten von den Betriebsparteien jedenfalls nicht unter die auflösende Bedingung des Bestehens eines ungekündigten Arbeitsverhältnisses zu einem Stichtag nach Ablauf des Leistungszeitraums gestellt werden. Dieser Gedanke bestimmt auch die neuere Rechtsprechung zu Stichtagsklauseln bei Sonderzahlungen in Allgemeinen Geschäftsbedingungen.[51] Die Anknüpfung an einen Stichtag im laufenden Geschäftsjahr stehe im Widerspruch zum Grundgedanken des § 611 Abs. 1 BGB, weil sie dem Arbeitnehmer bereits erarbeiteten Lohn entzieht. Ein berechtigtes Interesse des Arbeitgebers, dem Arbeitnehmer Lohn für geleistete Arbeit gegebenenfalls vorenthalten zu können, sei nicht ersichtlich.

40 Von daher durfte die ablösende BVELE als Zeitpunkt ihres Inkrafttretens keinen Termin vor dem 1.1. des dem Abschlussdatum folgenden Jahres festsetzen (hier 1.1.2017). Insoweit die BVELE die Grenzen des Rückwirkungsverbots ignoriert, ist sie wegen Verstoßes gegen höherrangiges Recht nichtig. Da die Betriebsver-

---

[50] BAG vom 7.6.2011 – 1 AZR 807/09, NZA 2011, 1234, 1237; vgl. auch BAG vom 12.4.2011 – BAG 1 AZR 764/09, NZA 2011, 988.

[51] Vgl. BAG vom 18.1.2012 – 10 AZR 612/10, NZA 2012, 561, 562; BAG vom 13.11.2013 – 10 AZR 848/12, NZA 2014, 368, 370.

einbarung auch ohne die unwirksame Bestimmung zum sofortigen Inkrafttreten eine sinnvolle und in sich geschlossene Regelung darstellt, beschränkt sich die Nichtigkeit auf diesen zeitlichen Aspekt. Die Totalnichtigkeit ist entgegen § 139 BGB bei Kollektivverträgen angesichts ihres Rechtsnormcharakters die Ausnahme.[52]

2. Keine Vergleichbarkeit mit Eingriffen in Versorgungsleistungen

Ein darüber hinaus gehender Vertrauensschutz auf den künftigen Fortbestand der **41** für die Beschäftigten günstigen Sockelregelung lässt sich hingegen von Rechts wegen nicht begründen. Insbesondere geht es vorliegend nicht um Versorgungsleistungen des Arbeitgebers, für deren Abbau das BAG[53] traditionell – und aus gutem Grund – höhere Anforderungen stellt. Für betriebliche Jahresleistungen – und insoweit auf die strukturell vergleichbaren zusätzlichen Leistungsentgelte – können die für Versorgungsansprüche entwickelten Grundsätze indes nicht herangezogen werden. Zu Recht weist das BAG darauf hin, dass zwischen betrieblichen Versorgungsleistungen und Jahresleistungen entscheidende Unterschiede bestehen.[54] Zwei Aspekte sind insoweit besonders bedeutsam. Zum einen wächst – wie das BAG hervorhebt – bei einer Jahresleistung nicht wie bei der betrieblichen Altersversorgung eine Anwartschaft während des Arbeitsverhältnisses über Jahre hinweg beständig an. Vielmehr entsteht der Anspruch auf die Jahresleistung jährlich neu. Zum anderen ist mit dem BAG davon auszugehen, dass die Versorgungsanwartschaft eines Arbeitnehmers für dessen Lebensunterhalt regelmäßig von sehr viel größerer Bedeutung ist als die Erwartung einer Jahresleistung. Auf Grund der ihm zugesagten Leistungen der betrieblichen Altersversorgung trifft der Arbeitnehmer häufig langfristige Dispositionen. So erklärt sich dort der besonders weitreichende, auf die vorliegende Konstellation nicht übertragbare Vertrauensschutz.

3. Kein Vertrauensschutz durch die bislang geltende Betriebsvereinbarung

Auch der BZV lassen sich keine Anhaltspunkte entnehmen, dass den Beschäftigten **42** ein gleichsam unentziehbarer, vom Unternehmensergebnis unabhängiger Sockelbetrag über den Ablauf dieser Betriebsvereinbarungen hinaus in Aussicht gestellt worden wäre. Im Gegenteil: Die BZV macht in ihrem – mit „Schlussbemerkung" überschriebenen – § 9 deutlich, dass erkannter Entwicklungsbedarf durchaus zum Anlass genommen werden soll, das Zielvereinbarungssystem entsprechend fortzuschreiben. Dazu gehört auch eine Veränderung der Gewichtung der Komponenten für die Zusatzentgelte.

IV. Ergebnis

Durch einvernehmlichen Abschluss einer neuen Betriebsvereinbarung (oder gleich- **43** bedeutend: durch Spruch der Einigungsstelle) kann die bisherige Betriebsvereinbarung und die darin enthaltende Sockelbetragsregelung auch zum Nachteil der

---

[52] BAG vom 12.10.1994 – 7 AZR 398/93, NZA 1995, 641; Richardi/*Richardi*, § 77 Rn. 48; W/P/K/*Preis*, § 77 Rn. 15; GK-BetrVG/*Kreutz*, § 77 Rn. 65; ErfK/*Kania*, § 77 BetrVG Rn. 17; ebenso für Tarifverträge *Löwisch/Rieble*, § 1 Rn. 503.

[53] BAG (GS) vom 27.1.1987 – 1 ABR 66/85, NZA 1987, 490; BAG vom 18.2.2003 – 3 AZR 81/02, NZA 2004, 98.

[54] BAG vom 29.10.2002 – 1 AZR 573/01, NZA 2003, 393, 396.

Beschäftigten abgebaut werden. Höherrangiges Recht, insbesondere die Gesichtspunkte des Vertrauensschutzes und der Verhältnismäßigkeit, stehen einer solchen Ablösung nicht entgegen. Dies gilt jedenfalls, soweit die Neuregelung keine Wirkung für das laufende Geschäftsjahr entfaltet, sondern mit Beginn eines neuen Geschäftsjahres in Kraft tritt.

Fall 11. Leiharbeitnehmer – weniger flexibel als gedacht?

Nach BAG vom 23.1.2008 – 1 ABR 74/06, NZA 2008, 603; BAG vom 29.9.2004 – 1 ABR 39/03, NZA 2005, 420.

Sachverhalt

Unternehmer U ist als Alleingesellschafter und Geschäftsführer mehrerer GmbH in der Druckereibranche tätig. Die 19 Arbeitnehmer zählende A-GmbH (A) druckt einige lokale Wochenzeitungen. Von der B-GmbH (B) werden, neben Werbeartikeln für die örtliche Industrie, Beilagen für diese Zeitungen produziert. B beschäftigt in einer Sechs-Tage-Arbeitswoche neben einer Stammbelegschaft von 18 Arbeitnehmern seit Mitte Dezember 2014 noch drei weitere Mitarbeiter eines örtlichen Zeitarbeitsunternehmens. Die Produktionsstätten beider Gesellschaften, die sich auch die Nutzung der hochwertigen Druckmaschinen und Förderbänder teilen, sind in einem gemeinsam genutzten Gebäudekomplex im Osnabrücker Gewerbegebiet „Hafen" untergebracht. Dort unterhält U sein Büro, von dem aus er alle Personalentscheidungen trifft, z.B. Entlassungen und Einstellungen vornimmt sowie sich um alle Fragen der betrieblichen Ordnung, etwa die Gestaltung der Arbeitszeiten oder die Reihenfolge der Auftragsbearbeitung, kümmert. Die Arbeitnehmer von A und B haben einen gemeinsamen Betriebsrat gewählt.

Anlässlich einer Werbeveranstaltung gelingt es U, einige größere Unternehmen zu überzeugen, bei B probeweise in unregelmäßigen Abständen Werbebeilagen für die Zeitungen in Auftrag zu geben. Die neuen Aufträge führen kurzfristig zu erheblichem Personalbedarf im Bereich der Bestückung der Ladestraßen für die Druckmaschinen sowie der Beilagenendsortierung. Da die beschriebenen Tätigkeiten keine lange Anlernzeit erfordern und sich U nicht sicher ist, ob er dauerhaft vergleichbare Aufträge akquirieren kann, beschließt er, den Personalbedarf zunächst durch den Einsatz von Leiharbeitnehmern zu decken. Zu diesem Zweck schließt er in Vertretung der B mit dem Zeitarbeits- und Personaldienstleistungsunternehmen Z einen auf ein Jahr befristeten Rahmenvertrag über die Arbeitnehmerüberlassung, wonach Z für den Bereich Ladestraßen und Beilagenendsortierung Personal mit im Folgenden näher beschriebener Qualifikation im Umfang von ca. 10000 Stunden pro Jahr auf Abruf bereit hält. Zwischen Z und U besteht Einigkeit, dass für die Erfüllung der Rahmenvereinbarung bei Z ein Pool aus geeigneten Mitarbeitern zu bilden ist, die die bei B anfallenden Arbeiten übernehmen. Hinsichtlich der Einsatzplanung ist geregelt, dass B zum Ende jeder Arbeitswoche den voraussichtlichen Bedarf für die kommende Arbeitswoche festlegt und Z unverzüglich mitteilt, jedoch beim Auftreten von Personalengpässen Mehrbedarf nachmelden kann.

Nachdem ein neuer Großauftrag bei B eingegangen ist, fordert sie Z mit Schreiben vom 7.1.2015 zur Entsendung eines Arbeitnehmers ab dem 10.1.2015 für die Dauer von sechs Wochen sowie dreier Arbeitnehmer ab dem 21.2.2015 für einen Monat auf. Als der von Z entsandte Arbeitnehmer D bei B pünktlich seinen Dienst antritt, fordert B den Betriebsrat noch am selben Tag auf, die Zustimmung zur

„Einstellung" des D sowie von drei namentlich benannten weiteren Arbeitnehmern, E, F und G, die für den Arbeitseinsatz ab dem 2.2.2015 vorgesehen sind, zu erteilen. Am Dienstag, dem 20.1.2015, verweigert der Betriebsrat per Telefax seine Zustimmung. Er ist der Ansicht, B habe ihn nicht ordnungsgemäß angehört, da ihm – was zutrifft – nur die mit Z geschlossene Rahmenvereinbarung, nicht jedoch die persönlichen Daten der vier Arbeitnehmer und Informationen über deren Qualifikationen und die Länge des geplanten Einsatzes vorgelegen hätten. Zudem gefährde die bloße Existenz eines Stellenpools, aus dem sich B jederzeit und vor allem auf Dauer „bedienen" könne, die Arbeitsplätze der Stammbelegschaft. Schließlich habe in Bezug auf die Einstellung des D keine Eile bestanden, da der Betriebsablauf auch durch die Stammarbeitskräfte einigermaßen hätte aufrechterhalten werden können.

Der vom Betriebsrat eingeschaltete Rechtsanwalt R beantragt mit Schriftsatz vom 26.1.2015, dem eine der Zustimmungsverweigerung entsprechende Begründung beigefügt ist, beim Arbeitsgericht Osnabrück, „B aufzugeben, die Einstellung der Leiharbeitnehmer D, E, F und G aufzuheben." Wie wird das Arbeitsgericht entscheiden?

Gliederung

Lösung

Erfolgsaussichten des Antrags des Betriebsrats

Das Arbeitsgericht wird dem Antrag des Betriebsrates stattgeben und B aufgeben, **1** die Einstellung der Arbeitnehmer D, E, F und G aufzuheben, wenn der Antrag zulässig und begründet ist.

I. Zulässigkeit des Antrags des Betriebsrats der B

1. Rechtsweg zu den Arbeitsgerichten und richtige Verfahrensart

Die Zulässigkeit des Antrags setzt voraus, dass der Rechtsweg zu den Arbeitsgerich- **2** ten eröffnet ist und die richtige Verfahrensart gewählt wurde. Nach § 2a ArbGG ist die Zuständigkeit im Beschlussverfahren und damit zugleich der Rechtsweg zu den Arbeitsgerichten eröffnet, wenn eine Angelegenheit aus dem Betriebsverfassungsgesetz vorliegt und keine Sonderzuständigkeit der ordentlichen Gerichte nach §§ 119 ff. BetrVG gegeben ist. Um eine Angelegenheit aus dem Betriebsverfassungsgesetz handelt es sich, wenn der geltend gemachte Anspruch die durch das Betriebsverfassungsgesetz geregelte Ordnung des Betriebes betrifft und die gegenseitigen Rechte und Pflichten der Betriebsparteien als Träger dieser Ordnung den Streitgegenstand des Verfahrens bilden.[1] Dies gilt insbesondere dann, wenn die Entscheidung des Arbeitsgerichts über Streitigkeiten um Unterrichtungs-, Anhörungs-, Beratungs-, Einsichts-, Zustimmungs- oder Mitbestimmungsrechte des Betriebsrats begehrt wird.[2] Der Antrag des Betriebsrats der B ist auf die Aufhebung der Einstellung mehrerer Arbeitnehmer gerichtet. Es liegt ein Aufhebungsbegehren i.S.v.

---

[1] BAG vom 16.7.1985 – 1 ABR 9/83, AP Nr. 17 zu § 87 BetrVG 1972 – Lohngestaltung; BAG vom 22.10.1985 – 1 ABR 47/83, AP Nr. 5 zu § 87 BetrVG 1972 – Werkmietwohnungen; ErfK/*Koch*, § 2a ArbGG Rn. 2.

[2] BAG vom 24.4.1979 – 1 ABR 43/77, AP Nr. 63 zu Art. 9 GG – Arbeitskampf (betreffend Mitbestimmungsrechte des Betriebsrats); vgl. auch ErfK/*Weth/Koch*, § 2a ArbGG Rn. 3.

§ 101 S. 1 BetrVG im Rahmen der Mitbestimmung des Betriebsrates bei personellen Einzelmaßnahmen (§§ 99 ff. BetrVG) vor. Streitgegenstand ist daher die Reichweite von Mitbestimmungsrechten des Betriebsrats und somit eine Angelegenheit aus dem BetrVG. Da vorliegend auch die Sonderzuständigkeit der ordentlichen Gerichte nach §§ 119 ff. BetrVG nicht berührt wird, sind die Arbeitsgerichte für die Entscheidung im Beschlussverfahren nach § 2a Abs. 1 Nr. 1 ~~BetrVG~~ zuständig.

ArbGG

2. Örtliche Zuständigkeit (§ 82 Abs. 1 ArbGG)

3 Die örtliche Zuständigkeit der Arbeitsgerichte im Beschlussverfahren ergibt sich aus § 82 Abs. 1 ArbGG, wonach dasjenige Arbeitsgericht zuständig ist, in dessen Bezirk der Betrieb liegt, auf den sich die Streitigkeit bezieht. In Streit stehen die Einstellungen in den im Gewerbegebiet Hafen in Osnabrück gelegenen Betrieb der B, so dass das vom Betriebsrat angerufene Arbeitsgericht Osnabrück örtlich zuständig ist.

3. Beteiligtenfähigkeit

4 Die B und ihr Betriebsrat müssten beteiligtenfähig sein. Die Beteiligtenfähigkeit richtet sich nach der Parteifähigkeit, so dass der Betriebsrat in dem hier gegebenen Beschlussverfahren gemäß § 2a Abs. 1 Nr. 1 ~~BetrVG~~ als nach dem BetrVG beteiligte Stelle[3] nach § 10 S. 1 ArbGG partei- und damit beteiligtenfähig ist. Für die B ergibt sich die Beteiligtenfähigkeit infolge der Verknüpfung der Beteiligtenfähigkeit mit der Rechtsfähigkeit (§§ 80 Abs. 2 S. 1, 46 Abs. 2 S. 1 ArbGG i.V.m. § 50 Abs. 1 ZPO) aus dem Umstand, dass B als juristische Person in Form einer GmbH rechtsfähig ist, § 13 Abs. 1 GmbHG.

4. Antragsbefugnis des Betriebsrats der B

5 Die Antragsbefugnis des Betriebsrats der B, die grundsätzlich voraussetzt, dass die streitgegenständlichen betriebsverfassungsrechtlichen Vorschriften dem Antragsteller eigene Rechtspositionen zuweisen, welche durch den Antrag geschützt werden sollen,[4] folgt ausdrücklich aus § 101 S. 1 BetrVG.

5. Hinreichende Bestimmtheit des Antrags

6 Bedenken hinsichtlich der Zulässigkeit bestehen allenfalls insoweit, als der Antrag nicht bestimmt genug gefasst sein könnte. Das erforderliche Maß der Bestimmtheit ergibt sich aus der nach § 46 Abs. 2 S. 1 ArbGG auch im arbeitsgerichtlichen Verfahren anwendbaren Vorschrift des § 253 Abs. 2 Nr. 2 ZPO,[5] wonach die Antragsschrift die bestimmte Angabe des Gegenstandes und des Grundes des erhobenen Anspruchs sowie einen bestimmten Antrag enthalten muss. Gemessen daran ist der

---

3 Vgl. zur Beteiligtenfähigkeit des Betriebsrats im Beschlussverfahren nur G/M/P/*Müller-Glöge/Matthes,* § 10 Rn. 26; ErfK/*Koch,* § 10 ArbGG Rn. 6, 8.

4 BAG vom 18.2.2003 – 1 ABR 17/02, NZA 2004, 336, 340; ErfK/*Koch,* § 46 ArbGG Rn. 13 m.w.N.

5 Vgl. zur entsprechenden Anwendbarkeit des § 253 Abs. 2 Nr. 2 ZPO im arbeitsgerichtlichen Beschlussverfahren nur BAG vom 30.5.2006 – 1 ABR 17/05, NZA 2006, 1291, 1292; BAG vom 2.10.2007 – 1 ABR 60/06, NZA 2008, 244, 245; G/M/P/*Müller-Glöge/Matthes,* § 81 Rn. 8 m.w.N.

Antrag bestimmt genug, wenn er so beschaffen ist, dass die Streitfrage zwischen den Beteiligten mit Rechtskraft entschieden werden kann und im Falle einer dem Antrag stattgebenden Entscheidung für den in Anspruch genommenen Verfahrensbeteiligten unzweideutig erkennbar ist, was von ihm verlangt und was ggf. gegen ihn vollstreckt werden soll.[6] Verlangt der Betriebsrat die Aufhebung einer personellen Maßnahme, muss deshalb eindeutig feststehen, gegen welche konkrete Maßnahme er sich wendet.

Zweifelhaft ist die Bestimmtheit, weil der vom Betriebsrat in der Antragsformulie- **7** rung verwendete Begriff der „Einstellung" in Anbetracht des Umstands, dass er sich sowohl auf den bereits bei der B zur Arbeitsleistung erschienen D als auch auf die erst künftig ab dem 2.2.2015 zum Einsatz kommenden E, F und G bezieht, mehrdeutig ist und nicht ausdrücklich beschreibt, welcher tatsächliche Lebensvorgang als Einstellung bezeichnet wird. Auch kommen bei unbefangener Betrachtung des zugrunde liegenden Lebenssachverhalts in Gestalt des mit Z geschlossenen Rahmenvertrages, der Anforderung von Arbeitnehmern aus dem Stellenpool sowie dem späteren konkreten Einsatz der entsendeten Mitarbeiter unterschiedliche Maßnahmen der B in Betracht, welche der Betriebsrat als Verletzung seiner Mitbestimmungsrechte einstufen und gegen die er sich mit dem Aufhebungsantrag nach § 101 S. 1 BetrVG wenden können wollte.

Ist das mit einem Antrag verfolgte Rechtsschutzziel unklar, sind diese Unklarheiten **8** durch Auslegung nach § 133 BGB zu beseitigen, da auch Prozesshandlungen in entsprechender Anwendung der materiell-rechtlichen Auslegungsregeln auslegungsbedürftig und -fähig sind.[7] Entscheidend ist der objektive, dem Empfänger vernünftigerweise erkennbare Sinn der Handlung, wobei im Zweifel ein Verfahrensbeteiligter dasjenige anstrebt, was nach den Maßstäben der Rechtsordnung vernünftig ist und den recht verstandenen Interessen der Beteiligten entspricht.[8] Vorliegend geht es dem Betriebsrat erkennbar nicht darum, zu klären, ob bereits der Rahmenvertrag der Mitbestimmung bei personellen Einzelentscheidungen unterliegt, da der Betriebsrat ausdrücklich auf den Einsatz bestimmter Leiharbeitnehmer Bezug nimmt und sich allein aus dem Rahmenvertrag, ohne die nachfolgende Auswahlentscheidung der Z, noch nicht die Person der zu entsendenden Arbeitnehmer ergibt. Auch möchte der Betriebsrat nicht nur die Rechtmäßigkeit des tatsächlichen Arbeitseinsatzes der zu B entsendeten Leiharbeitnehmer überprüft wissen, da es bei einem derartigen Verständnis keinen Sinn machen würde, in dem Antrag überwiegend Arbeitnehmer zu bezeichnen, die tatsächlich ihre Arbeit noch nicht aufgenommen haben. Vielmehr bezweckt der Antrag sowohl die Aufhebung der Einbeziehung konkreter Leiharbeitnehmer in den Stellenpool als auch – zusätzlich – die Aufhebung der tatsächlichen Beschäftigung des D. Nur bei einem solchen Verständnis ergibt die differenzierte Begründung der Zustimmungsverweigerung einen Sinn, die einerseits individualisierend die fehlende Eilbedürftigkeit der Maßnahme in Bezug auf D rügt, andererseits aber unmittelbar die Bildung des Stellenpools als Gefährdung der Arbeitsplätze der

---

6 Vgl. dazu nur BAG vom 2.10.2007 – 1 ABR 60/06, NZA 2008, 244, 245 und BAG vom 23.1.2008 – 1 ABR 74/06, NZA 2008, 603, 604; Zöller/*Greger,* § 253 Rn. 13 m. w. N.
7 BGH vom 11.11.1993 – VII ZB 24/93, NJW-RR 1994, 568; BGH vom 22.5.1995 – II ZB 2/95, NJW-RR 1995, 1183 f.; Zöller/*Greger,* § 253 Rn. 13 und Vor § 128 Rn. 25.
8 BGH vom 22.5.1995 – II ZB 2/95, NJW-RR 1995, 1183 f.; BGH vom 24.11.1999 – XII ZR 94/98, NJW-RR 2000, 1446; Zöller/*Greger,* Vor § 128 Rn. 25.

Stammbelegschaft angreift. Gleiches gilt auch für die bereits in der Existenz des Stellenpools und nicht erst der späteren Beschäftigung der konkreten Arbeitnehmer wurzelnde Kritik, infolge fehlender Sozialdaten der vier betroffenen Arbeitnehmer sei die Auswahlentscheidung nur unzureichend überprüfbar.[9]

9 In Gestalt des beschriebenen, vom Arbeitsgericht von Amts wegen zu ermittelnden Auslegungsergebnisses ist der Antrag hinreichend bestimmt i.S.v. § 46 Abs. 2 S. 1 ArbGG, § 253 Abs. 2 Nr. 2 ZPO.

6. Zwischenergebnis

10 Der Antrag des Betriebsrats der B ist zulässig.

II. Begründetheit des Antrags im Hinblick auf die Aufhebung der Aufnahme von D, E, F und G in den Stellenpool

11 Der Antrag des Betriebsrats, die Aufnahme von D, E, F und G in den Stellenpool aufzuheben, ist nach § 101 S. 1 BetrVG begründet, wenn B als Arbeitgeberin eine personelle Maßnahme i.S.d. § 99 Abs. 1 BetrVG ohne Zustimmung des Betriebsrats durchgeführt hat.[10]

1. Anwendbarkeit des § 99 BetrVG

12 Dazu müsste § 99 BetrVG in der vorliegenden Konstellation anwendbar sein. Dies setzt voraus, dass dem Betriebsrat der B überhaupt ein Mitbestimmungsrecht bei personellen Einzelmaßnahmen zusteht.

a) Überschreitung des Schwellenwerts von 20 wahlberechtigten Arbeitnehmern

13 Ein Mitbestimmungsrecht existiert nach § 99 Abs. 1 S. 1 BetrVG nur in Unternehmen mit i.d.R. mehr als zwanzig wahlberechtigten Arbeitnehmern. B, bei der die Leiharbeitnehmer eingesetzt werden sollen, beschäftigt jedoch nur 18 Stammarbeitnehmer, so dass der Schwellenwert nur dann erreicht wäre, wenn auch die drei dort tätigen Leiharbeitnehmer zur wahlberechtigten Arbeitnehmerschaft zählten. Wahlberechtigt im Betrieb des Entleihers sind Leiharbeitnehmer nach § 7 S. 2 BetrVG nur dann, wenn sie dort länger als drei Monate eingesetzt worden sind. Die betroffenen Mitarbeiter arbeiten erst seit Mitte Dezember 2014 und damit erst seit etwas mehr als einem Monat für B. Sie sind nicht bei B wahlberechtigt, so dass mangels Zurechnung der Leiharbeitnehmer der Schwellenwert nach § 99 Abs. 1 S. 1 BetrVG nicht überschritten zu sein scheint.

14 Eine abweichende Beurteilung könnte aber deshalb geboten sein, weil sich das BAG in seiner aktuellen Rechtsprechung von dem bisherigen Grundsatz gelöst hat, dass Leiharbeitnehmer bei der Berechnung betriebsverfassungsrechtlicher Schwellen-

---

[9] So für einen vergleichbar gelagerten Fall auch BAG vom 23.1.2008 – 1 ABR 74/06, NZA 2008, 603, 604f.

[10] Die zweite Alternative des § 101 S. 1 BetrVG, die Aufhebung einer vorläufigen Maßnahme des Arbeitgebers, ist vorliegend ersichtlich nicht einschlägig, da B in keiner Weise zu erkennen gibt, dass die Beschäftigung von D, E, F und G unter dem Vorbehalt einer späteren Zustimmung des Betriebsrates oder einer Ersetzung dieser Zustimmung durch das Arbeitsgericht nach § 100 Abs. 2 S. 3 BetrVG stehen soll. Auch kommt es auf die Berechtigung der Zustimmungsverweigerung nicht an. Vgl. zu Letzterem nur *Fitting*, § 101 Rn. 4; *Richardi/Thüsing*, § 101 Rn. 16.

werte selbst dann nicht zu berücksichtigen seien, wenn die Voraussetzungen des § 7 S. 2 BetrVG vorliegen.[11] Sowohl bezüglich des für die Mitbestimmungsrechte bei Betriebsänderungen relevanten Schwellenwertes (§ 111 BetrVG) als auch denjenigen für die Festlegung der Zahl der zu wählenden Betriebsratsmitglieder (§ 9 BetrVG) hat es nunmehr die regelmäßig im Entleiherbetrieb eingesetzten und deshalb wahlberechtigten Leiharbeitnehmer mit einbezogen.[12] Ob diese Rechtsprechung im Zusammenhang mit den genannten Normen überzeugend ist, Vergleichbares – was nahe läge – auch für den hier relevanten Schwellenwert des § 99 BetrVG zu gelten hat, wie das Kriterium des regelmäßigen Einsatzes im Entleiherbetrieb in sachlicher und zeitlicher Hinsicht genau zu präzisieren ist und ob an dem letztgenannten Kriterium angesichts der aktuellen Reformbestrebungen im Arbeitnehmerüberlassungsrecht zukünftig überhaupt noch festzuhalten sein wird, ist allerdings noch nicht abschließend geklärt und wird auch hinsichtlich der Details sehr kontrovers diskutiert.[13]

Die hieraus resultierenden Unsicherheiten ließen sich selbst dann nicht ausräumen, **15** wenn man § 99 Abs. 1 S. 1 BetrVG im Einklang mit dem BAG dahingehend erweiternd auslegte, dass ein Mitbestimmungsrecht bereits dann gegeben ist, wenn ein Gemeinschaftsbetrieb mehrerer Unternehmen vorliegt, von denen zumindest eines mehr als 20 Arbeitnehmer beschäftigt.[14] Selbst wenn man dieses Verständnis aufgrund der Überlegung für maßgeblich hielte, dass ein Redaktionsversehen des Gesetzgebers naheliegt, da Betriebsräte grundsätzlich für Betriebe und nicht für Unternehmen gebildet werden, die in § 99 Abs. 1 S. 1 BetrVG gewählte Anknüpfung an die Unternehmensgröße somit systemwidrig erscheint, existiert im von U beherrschten Konzernverbund kein Unternehmen, in dem mehr als 20 wahlberechtigte Arbeitnehmer beschäftigt sind. All die vorstehend skizzierten Fragestellungen könnten allerdings dahinstehen, wenn man auf anderem Wege zur Anwendung des § 99 BetrVG gelangte.

b) Analoge Anwendung des § 99 BetrVG auf Gemeinschaftsbetriebe

Zu erwägen ist die analoge Anwendung des § 99 BetrVG, wenn man bedenkt, dass **16** U Inhaber zweier räumlich und auch hinsichtlich der Betriebsorganisation eng verbundener Unternehmen ist, deren Gesamtbelegschaft den maßgeblichen Schwellenwert deutlich überschreitet. In dieser Situation erscheint es, gerade weil die Belegschaftsstärke in den einzelnen Unternehmen nur knapp hinter dem maßgeblichen Grenzwert zurückbleibt, nicht ausgeschlossen, die Arbeitnehmer für ähnlich schutzwürdig zu halten wie diejenigen größerer Betriebe. Insbesondere erscheint es denkbar, § 99 BetrVG analog anzuwenden, wenn mehrere Unternehmen einen ge-

---

11 „Leiharbeiter wählen, zählen aber nicht", vgl. nur BAG vom 16.4.2003 – 7 ABR 53/02, NZA 2003, 1345, 1346 f.; BAG vom 22.10.2003 – 7 ABR 3/03, NZA 2004, 1052, 1053 f.; Richardi/ *Thüsing*, § 9 Rn. 7.

12 BAG vom 18.10.2011 – 1 AZR 335/10, NZA 2012, 221, 222 (zu § 111 BetrVG); BAG vom 13.3.2013 – 7 ABR 69/11, AP Nr. 15 zu § 9 BetrVG 1972 m. Anm. *Reichold;* für den öffentlichen Dienst auch BAG vom 15.12.2011 – 7 ABR 65/10, NZA 2012, 519, 521 ff.; BAG vom 12.9.2012 – 7 ABR 37/11, NZA-RR 2013, 197, 198 f.

13 Dem BAG folgend etwa Richardi/*Thüsing*, § 9 Rn. 7 f. m. w. N.; krit. hingegen GKBetrVG/*Kreutz/ Jacobs*, § 9 Rn. 10; *Rieble*, NZA 2012, 485 ff.

14 BAG vom 29.9.2004 – 1 ABR 39/03, NZA 2005, 420, 422; *Feuerborn*, RdA 2005, 377, 380; Richardi/*Thüsing*, § 99 Rn. 11a.

meinsamen Betrieb i. S. d. § 1 Abs. 1 S. 2, Abs. 2 BetrVG unterhalten, da bei Vorliegen eines Gemeinschaftsbetriebs nach § 1 Abs. 1 S. 2 BetrVG zumindest für die Errichtung von Betriebsräten der Umstand unerheblich ist, dass mehrere Unternehmen vorhanden sind. Konsequenter Weise könnte man es auch im Kontext des § 99 Abs. 1 S. 1 BetrVG für unschädlich halten, wenn die Mindestarbeitnehmerzahl erst infolge der Zusammenrechnung der Beschäftigten mehrerer Unternehmen erreicht wird.

aa) Voraussetzungen der Analogie

17 Voraussetzung einer Analogie, nämlich der Übertragung der für einen bestimmten Tatbestand gesetzlich vorgegebenen Regel auf einen im Gesetz nicht geregelten Fall, ist, dass eine planwidrige Gesetzeslücke nachgewiesen werden kann und der normierte sowie der ungeregelte Sachverhalt in den für die rechtliche Bewertung maßgebenden Umständen übereinstimmen, insbesondere also die Interessenlage für die betroffenen Rechtssubjekte in beiden Fällen vergleichbar ist.[15]

(1) Planwidrige Unvollständigkeit der Regelung des § 99 BetrVG

18 Die Aussparung von Gemeinschaftsbetrieben aus dem Anwendungsbereich des § 99 BetrVG müsste zunächst eine planwidrige Regelungslücke darstellen. Hierfür könnte der Umstand sprechen, dass bis zur Reform des Betriebsverfassungsgesetzes im Jahr 2001 die Mitbestimmungsrechte des Betriebsrats bei personellen Einzelmaßnahmen nicht von der Unternehmens-, sondern von der Betriebsgröße abhängig waren[16] und insbesondere die Rechtsprechung auch dem für die gemeinsamen Betriebe mehrerer Unternehmen zuständigen Betriebsrat ein Mitbestimmungsrecht gewährte.[17] Fraglich ist, ob die Änderung des Bezugspunkts für die Gewährung des Mitbestimmungsrechts eine bewusste Entscheidung des Gesetzgebers gegen die ehemals herrschende, auch Gemeinschaftsbetriebe einbeziehende Auffassung darstellt oder ob die mit dem reformierten Gesetzeswortlaut für Gemeinschaftsbetriebe verbundenen Konsequenzen von der Legislative nicht bedacht worden sind.

19 Zugunsten der erstgenannten Alternative lässt sich anführen, dass im Zuge der Reform des Betriebsverfassungsrechts 2001 erstmals Regelungen für Gemeinschaftsbetriebe (§ 1 Abs. 1 S. 2, Abs. 2 BetrVG) geschaffen worden sind.[18] Dies zeige, dass dem Gesetzgeber die mit der Erscheinung zusammenhängenden Probleme, auf die während des Gesetzgebungsverfahrens vielfach hingewiesen wurde,[19] bekannt gewesen seien. Wenn trotz dieses Befundes eine Gleichstellung von Betrieb und Gemeinschaftsbetrieb lediglich in § 1 BetrVG vorgesehen ist und vergleichbare Re-

---

15 *Kramer,* S. 196 ff.; *Larenz,* S. 381 ff.

16 Vgl. zur Entstehungsgeschichte nur BAG vom 29.9.2004 – 1 ABR 39/03, NZA 2005, 420, 422; GK-BetrVG/*Raab,* § 99 Rn. 3.

17 Vgl. etwa BAG vom 25.9.1986 – 6 ABR 68/84, NZA 1987, 708, 711; BAG vom 14.9.1988 – 7 ABR 10/87, NZA 1989, 190, 191.

18 So LAG Köln vom 4.6.2003 – 3 (7) Sa 1120/02, BeckRS 2003, 30798727, unter II. 2. c) der Urteilsgründe; *Feuerborn,* RdA 2005, 377, 381; in der Sache auch *Reichold,* NZA 2005, 622, 623; ebenso, für die parallel gelagerte Frage, ob Gemeinschaftsbetriebe von § 111 BetrVG erfasst werden, *Löwisch,* BB 2001, 1790, 1796 f.

19 Vgl. dazu nur die Nachweise, auch zum älteren Schrifttum, bei GK-BetrVG/*Franzen,* Vor § 1 unter II. 3.

gelungen in anderem Kontext, etwa bei § 99 BetrVG, fehlen, könne man daraus nur schließen, dass es eine bewusste, nicht im Wege der Analogie korrekturfähige Entscheidung des Gesetzgebers darstellt, in § 99 BetrVG an die Unternehmensgröße anzuknüpfen und so Betriebsräten von Gemeinschaftsbetrieben das Mitbestimmungsrecht bei personellen Einzelmaßnahmen zu entziehen.

Zwingend ist die vorstehende Argumentation jedoch nicht, da aus einer punktuellen Regelung wie derjenigen des § 1 BetrVG nicht zwangsläufig geschlossen werden kann, dass der Gesetzgeber über sämtliche mit dieser Norm verbundenen Folgefragen abschließend befinden wollte. Abgesehen davon, dass ihm bestimmte Probleme schlicht entgangen sein können, besteht immer auch die Möglichkeit, dass die Klärung einzelner Fragen der Rechtspraxis überlassen bleiben sollte. Dass vorliegend die letztgenannte Situation gegeben ist, liegt deshalb nicht fern, weil die Rechtsprechung in der Vergangenheit den Gemeinschaftsbetrieb dem Unternehmen nicht nur im Kontext des § 99 BetrVG, sondern auch im Zusammenhang mit der Bildung eines Wirtschaftsausschlusses nach § 106 Abs. 1 S. 1 BetrVG gleichgestellt hatte.[20] Angesichts des Umstands, dass die Praxis bereits eine einheitliche, widerspruchsfreie Lösung für zahlreiche mit der Behandlung von Gemeinschaftsbetrieben verbundene Fragestellungen gefunden hatte, ist zu vermuten, dass der Gesetzgeber keinen Bedarf für eine abweichende eigene Regelung gesehen hat. Entscheidend gegen eine abschließende Regelung spricht schließlich, dass ausweislich der Gesetzesmaterialien mit der Neufassung des § 99 BetrVG verhindert werden sollte, dass ein Mitbestimmungsrecht des Betriebsrats in größeren Unternehmen mit mehr als 20 Arbeitnehmern allein deshalb ausscheidet, weil sich deren Organisation aus vielen kleineren Betrieben zusammensetzt. Mit diesem Regelungsziel, der Stärkung der Mitbestimmungsrechte des Betriebsrats, verträgt es sich nicht, Gemeinschaftsbetriebe mit mehr als 20 Arbeitnehmern aus dem Anwendungsbereich des § 99 BetrVG auszunehmen.[21]

20

Die besseren Argumente sprechen nach alledem dafür, das Fehlen einer Regelung in § 99 BetrVG für Gemeinschaftsbetriebe mit einer Größe von mehr als 20 wahlberechtigten Arbeitnehmern als planwidrige Unvollständigkeit des Gesetzes anzusehen, so dass eine analoge Anwendung der genannten Vorschrift grundsätzlich möglich ist.

21

(2) Wertungsmäßige Vergleichbarkeit des geregelten und ungeregelten Falles

Des Weiteren setzt die Analogie voraus, dass diejenigen Erwägungen, die für die Gewährung eines Mitbestimmungsrechts in Unternehmen mit mehr als 20 Arbeitnehmern wertungsmäßig entscheidend sind, auch für Gemeinschaftsbetriebe dieser Größe maßgebliche Bedeutung haben. Die Vergleichbarkeit kann, neben dem bereits für die Feststellung einer Gesetzeslücke bedeutsamen Argument, dass die Neuregelung des § 99 BetrVG auf eine Ausweitung und nicht eine Einschränkung der Mitbestimmung zielte, mit Hilfe des Zwecks von Schwellenwerten, von denen die Mitbestimmung abhängt, begründet werden. Die Einführung derartiger Grenzwerte beruht auf der Überlegung, dass der Arbeitgeber in kleineren organisatorischen

22

---

[20] BAG vom 1.8.1990 – 7 ABR 91/88, NZA 1991, 643, 644; implizit anerkennend auch BAG vom 17.9.1991 – 1 ABR 74/90, NZA 1992, 418 f.; vgl. ferner *Löwisch*, BB 2001, 1790, 1797.
[21] BAG vom 29.9.2004 – 1 ABR 39/03, NZA 2005, 420, 422 ff; GK-BetrVG/*Raab*, § 99 Rn. 10; Richardi/*Thüsing*, § 99 Rn. 11a; im Ergebnis auch *Fitting*, § 99 Rn. 10.

Einheiten mit wenigen Mitarbeitern häufig im Betrieb mitarbeitet und i.d.R. die Arbeitsverhältnisse auf eine enge persönliche Zusammenarbeit angelegt sind. Dieses besondere Näheverhältnis, welches es rechtfertigt, dem Arbeitgeber in Kleinbetrieben die Alleinentscheidungskompetenz in Personalangelegenheiten zukommen zu lassen, fehlt in größeren Organisationseinheiten unabhängig davon, ob es sich um ein einzelnes Unternehmen oder einen Gemeinschaftsbetrieb mehrerer Unternehmen handelt.[22]

23 Eine Gleichbehandlung beider Fälle ist auch deshalb geboten, weil nach dem Wortlaut des § 99 BetrVG unzweifelhaft ein Mitbestimmungsrecht bezüglich eines solchen Unternehmens besteht, dessen Belegschaftsstärke den Grenzwert überschreitet und welches zusammen mit kleineren Unternehmen einen Gemeinschaftsbetrieb bildet. Sachliche Gründe, warum in dieser Situation in demselben Gemeinschaftsbetrieb für einen Teil der Unternehmen ein Mitbestimmungsrecht gelten soll, für andere dagegen nicht, sind nicht ersichtlich, zumal sich die Wahrnehmung der Mitbestimmungsrechte durch den Betriebsrat zwangsläufig, was auch die Zustimmungsverweigerungsgründe des § 99 Abs. 2 Nrn. 3, 4 und 6 BetrVG belegen, auf diejenigen Arbeitnehmer auswirken kann, deren Betriebe nicht mitbestimmt sind. Die Interessenlage bezüglich der Gewährung eines Mitbestimmungsrechts in Unternehmen mit mehr als 20 wahlberechtigten Arbeitnehmern und derjenigen in Gemeinschaftsbetrieben vergleichbarer Größe ist somit wertungsmäßig vergleichbar.

(3) Zwischenergebnis

24 § 99 BetrVG ist auf Gemeinschaftsbetriebe analog anwendbar.

bb) Vorliegen eines Gemeinschaftsbetriebs der A und B-GmbH

25 Die zuvor bejahte Analogie führte allerdings nur dann zu einem Mitbestimmungsrecht des Betriebsrats, wenn die Unternehmen A und B tatsächlich einen gemeinsamen Betrieb i.S.v. § 1 Abs. 1 S. 2, Abs. 2 BetrVG unterhalten.

(1) Vermutung zugunsten eines Gemeinschaftsbetriebs (§ 1 Abs. 2 Nr. 1 BetrVG)

26 Von der Existenz eines Gemeinschaftsbetriebes könnte aufgrund der Regelung des § 1 Abs. 2 Nr. 1 BetrVG auszugehen sein, wonach ein gemeinsamer Betrieb mehrerer Unternehmen vermutet wird, wenn zur Verfolgung arbeitstechnischer Zwecke die Betriebsmittel sowie die Arbeitnehmer von den Unternehmen gemeinsam eingesetzt werden. Hinsichtlich der Betriebsmittel reicht es insofern entgegen dem Wortlaut der Vorschrift aus, dass die Mittel nur gemeinsam genutzt werden.[23] Eine derartige gemeinschaftliche Nutzung ergibt sich vorliegend aus dem Umstand, dass A und B in denselben Betriebsräumen untergebracht sind und insbesondere die hochwertigen, für den Arbeitsablauf bestimmenden Druckmaschinen gemeinsam verwenden.

27 Des Weiteren müsste ein gemeinsamer Arbeitnehmereinsatz stattfinden. Dies ist bereits dann der Fall, wenn der für die Erbringung der Arbeitsleistung maßgebliche

---

[22] BAG vom 29.9.2004 – 1 ABR 39/03, NZA 2005, 420, 423.

[23] So bereits BT-Drs. 14/5741, S. 33; GK-BetrVG/*Franzen*, § 1 Rn. 54; *Kreutz*, FS Richardi, 2007, S. 637, 650f.; Richardi/*Richardi*, § 1 Rn. 74; siehe auch BAG AP Nr. 32 zu § 1 BetrVG 1972 – Gemeinsamer Betrieb.

Rahmen, etwa die Gestaltung der Arbeitszeit und der betrieblichen Ordnung, einheitlich ist.[24] Da U die Personalentscheidungen für sämtliche beteiligten Unternehmen trifft und in seiner Hand einheitlich über die Arbeitszeiten und die betriebliche Ordnung entschieden wird, ist auch dieses Merkmal zu bejahen.

Angesichts des Umstands, dass dem Sachverhalt keinerlei Anhaltspunkte zu entnehmen sind, mit deren Hilfe die Vermutung entkräftet werden könnte, bedarf es auch keiner näheren Auseinandersetzung mit der streitigen Frage, ob überhaupt Tatsachen denkbar sind, mit denen die nach § 292 ZPO grundsätzlich widerlegbar ausgestaltete Vermutung des § 1 Abs. 2 Nr. 1 BetrVG tatsächlich entkräftet werden kann.[25] **28**

(2) Reichweite und Bezugspunkt der Vermutungsregelung

Obgleich die Voraussetzungen des § 1 Abs. 2 Nr. 1 BetrVG erfüllt sind, könnte **29** man daran zweifeln, dass allein dies ausreicht, um die von A und B unterhaltene Organisation als Gemeinschaftsbetrieb einzustufen. Vielfach wird die Vermutungswirkung des § 1 Abs. 2 Nr. 1 BetrVG restriktiv interpretiert. Hintergrund dessen ist die Überlegung, dass für die Annahme eines Gemeinschaftsbetriebs vor der Reform des Betriebsverfassungsgesetzes und nunmehr in Fällen, in denen die Voraussetzungen der Vermutung nicht gegeben sind, die Existenz eines einheitlichen Leitungsapparats, der die Arbeitgeberfunktionen im Bereich der personellen und sozialen Angelegenheiten wahrnimmt, konstitutiv sein sollte.[26] Dieselbe Bedeutung sollte auch einer – ggf. konkludent abgeschlossenen – Führungsvereinbarung, also einer rechtlichen Vereinbarung mehrerer Unternehmen über den gemeinsamen Einsatz von Sach- und Betriebsmitteln, zukommen.[27] Hieran anknüpfend wird die Rechtsfolge des § 1 Abs. 2 Nr. 1 BetrVG vielfach entgegen dem Wortlaut der Norm darauf beschränkt, dass nicht die Existenz eines Gemeinschaftsbetriebs, sondern nur der Abschluss einer derartigen Führungsvereinbarung vermutet wird.[28] Nähere Bedeutung für den vorliegenden Sachverhalt erlangt diese Kontroverse allerdings nicht, da ein von A und B gebildeter Gemeinschaftsbetrieb entweder unmittelbar aufgrund des § 1 Abs. 2 Nr. 1 BetrVG zu vermuten ist oder sich dieselbe Konsequenz daraus ergibt, dass hier nur die Führungsvereinbarung vermutet wird und das Merkmal des einheitlichen Leitungsapparats aufgrund der Erwägung nachgewiesen ist, dass U sämtliche Personalentscheidungen und die Festlegungen über die be-

---

24 BAG vom 18.1.2012 – 7 ABR 72/10, NZA-RR 2013, 133, 136; BAG vom 13.2.2013 – 7 ABR 36/11, AP Nr. 34 zu § 1 BetrVG 1972 – Gemeinsamer Betrieb; Richardi/*Richardi*, § 1 Rn. 74; ferner GK-BetrVG/*Franzen*, § 1 Rn. 55 („einheitliche Steuerung im Hinblick auf die wesentlichen personellen und sozialen Fragen").

25 Vgl. *Kreutz*, FS Richardi, 2007, S. 637, 652; Richardi/*Richardi*, § 1 Rn. 76 sowie m. w. N. zum Streitstand GK-BetrVG/*Franzen*, § 1 Rn. 55.

26 BAG vom 14.12.1994 – 7 ABR 26/94, NZA 1995, 906, 907; BAG vom 24.1.1996 – 7 ABR 10/95, NZA 1996, 1110, 1111; GK-BetrVG/*Kraft/Franzen*, § 1 Rn. 46, 49; Richardi/*Richardi*, § 1 Rn. 67, 70.

27 BAG vom 18.1.1990 – 2 AZR 355/89, NZA 1990, 977, 978; BAG vom 24.1.1996 – 7 ABR 10/95, NZA 1996, 1110, 1111; GK-BetrVG/*Franzen*, § 1 Rn. 49; Richardi/*Richardi*, § 1 Rn. 68, 71.

28 BAG vom 25.1.2005 – 1 ABR 59/03, NZA 2005, 1248, 1250; bestätigt durch BAG vom 12.12.2006 – 1 ABR 38/05, AP Nr. 27 zu § 1 BetrVG 1972 – Gemeinsamer Betrieb; *Fitting*, § 1 Rn. 84 ff.; zurückhaltender nunmehr BAG vom 13.2.2013 – 7 ABR 36/11, AP Nr. 34 zu § 1 BetrVG 1972 – Gemeinsamer Betrieb sowie GK-BetrVG/*Franzen*, § 1 Rn. 52 (Vermutungen „sollen insbesondere helfen, den Nachweis der Führungsvereinbarung zu erleichtern").

triebliche Ordnung und die Arbeitszeiten trifft, er also einen einheitlichen Leitungsapparat für die beteiligten Unternehmen bildet. Unabhängig davon, worauf sich die Vermutungswirkung des § 1 Abs. 2 Nr. 1 BetrVG bezieht, ist die von A und B unterhaltene Organisation als Gemeinschaftsbetrieb einzuordnen.

c) Zwischenergebnis

30 Die Unternehmen A und B bilden einen Gemeinschaftsbetrieb, so dass dem gemeinsamen Betriebsrat analog § 99 Abs. 1 S. 1 BetrVG ein Mitbestimmungsrecht bei personellen Einzelmaßnahmen zusteht.

2. Vorliegen einer personellen Einzelmaßnahme

31 Mitbestimmungswidrig i. S. d. § 101 S. 1 BetrVG und damit von B zu unterlassen ist die Bildung eines Stellenpools bei Z und die Aufnahme der Arbeitnehmer D, E, F und G in diesen Pool allerdings nur dann, wenn diese Vorgehensweise als personelle Maßnahme in Form einer Einstellung, Eingruppierung, Umgruppierung oder Versetzung (§ 99 Abs. 1 S. 1 BetrVG) zu qualifizieren ist. Vorliegend kommt allenfalls die Einstufung als Einstellung in Betracht.

a) Beschäftigung von Leiharbeitnehmern als Einstellung i. S. v. § 99 Abs. 1 S. 1 BetrVG

32 Was genau unter einer Einstellung zu verstehen ist, bedürfte dann keiner näheren Erörterung, wenn personelle Einzelmaßnahmen i. S. d. § 99 Abs. 1 S. 1 BetrVG nur solche sind, die sich auf die in einem Betrieb fest angestellten Mitarbeiter oder solche Beschäftigten, die dort fest angestellt werden sollen, beziehen und Leiharbeitnehmer nicht als Adressaten derartiger Maßnahmen in Betracht kommen. Zwar deutet der Umstand, dass sich Maßnahmen wie Umgruppierungen und Versetzungen typischerweise auf die Stammbelegschaft und nicht auf Leiharbeitnehmer beziehen und auch die Verpflichtung des Arbeitgebers nach § 99 Abs. 1 S. 1 BetrVG zur Vorlage von Bewerbungsunterlagen, die bei der Arbeitnehmerüberlassung i. d. R. im Verleihbetrieb verbleiben, darauf hin, dass sich das Mitbestimmungsrecht des Betriebsrats nicht auf Leiharbeitsverhältnisse erstreckt. Die früher streitige Frage, ob der Betriebsrat bei der Beschäftigung von Leiharbeitnehmern zu beteiligen ist,[29] hat der Gesetzgeber nunmehr in § 14 Abs. 3 S. 1 AÜG ausdrücklich dahingehend entscheiden, dass der Betriebsrat des Entleiherbetriebes nach Maßgabe des § 99 BetrVG zu beteiligen ist.[30] Gleiches muss dann auch für Situationen gelten, in denen § 99 BetrVG analog angewendet wird. Allein der Umstand, dass die Personalmaßnahmen Leiharbeitnehmer betreffen, schließt ein Mitbestimmungsrecht des gemeinsamen Betriebsrats von A und B nicht aus.

b) Bildung des Stellenpools als Einstellung i. S. v. § 99 Abs. 1 S. 1 BetrVG

33 Fraglich bleibt somit, ob die Aufstellung und Zusammensetzung des Stellenpools bei Z eine Einstellung für den Betrieb der B darstellt. Unter einer Einstellung wird

---

[29] So bereits die vor Inkrafttreten des AÜG ganz h. M., siehe nur BAG vom 14.5.1974 – 1 ABR 40/73, AP Nr. 2 zu § 99 BetrVG 1972 m. Anm. *Kraft*; BAG vom 6.6.1978 – 1 ABR 66/75, AP Nr. 6 zu § 99 BetrVG 1972 m. Anm. *Löwisch*.

[30] Klarstellend jüngst BAG vom 10.7.2013 – 7 ABR 91/11, AP Nr. 33 zu § 1 AÜG; BAG vom 30.9.2014 – 1 ABR 79/12, NZA 2015, 240, 241.

herkömmlicher Weise verstanden, dass eine Person in den Betrieb des Arbeitgebers eingegliedert wird, um zusammen mit den dort bereits beschäftigten Arbeitnehmern dessen arbeitstechnischen Zweck durch weisungsgebundene Tätigkeit zu verwirklichen, ohne dass es auf das Rechtsverhältnis ankäme, welches diese Person mit dem Arbeitgeber verbindet.[31] Wäre diese Betrachtungsweise entscheidend, läge eine Einstellung erst in dem Moment der tatsächlichen Arbeitsaufnahme im Betrieb vor. Mangels tatsächlicher Arbeitsaufnahme durch E, F und G sowie zunächst auch noch, bis zum 10.1.2015, durch D, könnte weder die Schaffung des Stellenpools noch die Benennung seiner konkreten Mitglieder als Einstellung eingestuft werden.[32]

Bedenkt man, dass ein solcher Stellenpool dem Arbeitgeber sehr kurzfristig ermöglicht, neue Mitarbeiter zu gewinnen, und deshalb allein seine Existenz geeignet sein kann, Beschäftigungsverhältnisse zu gefährden, ist jedoch zu erwägen, das Mitbestimmungsrecht auch auf unmittelbar im zeitlichen Vorfeld der tatsächlichen Arbeitsaufnahme angesiedelte Maßnahmen zu erstrecken, wenn durch derartige Maßnahmen die Gefahr begründet wird, dass der Arbeitgeber vollendete Tatsachen schaffen und so die Mitbestimmungsrechte des Betriebsrats unterlaufen könnte. Hierfür ließe sich anführen, dass auch die Zustimmungsverweigerungsgründe nach § 99 Abs. 2 Nrn. 3 und 6 BetrVG nicht an die Verwirklichung von Gefahren für die Belegschafts- und Betriebsinteressen infolge der Arbeitsaufnahme anknüpfen, sondern eine Prognoseentscheidung genügen lassen, so dass es nicht völlig systemwidrig erschiene, auch über die Entscheidung, ob eine Einstellung vorliegt, bereits *ex ante* anhand vorbereitender Maßnahmen wie der Schaffung eines Stellenpools zu befinden. **34**

Gegen die Einbeziehung von Maßnahmen im Vorfeld einer Einstellung in den Kreis mitbestimmungspflichtiger personeller Einzelmaßnahmen streitet allerdings der Wortlaut des § 14 Abs. 3 S. 1 AÜG, wonach die Beteiligung des Betriebsrats „vor der Übernahme der Leiharbeitnehmer zur Arbeitsleistung" zu erfolgen hat. Dies belegt deutlich, dass die mit der tatsächlichen Arbeitsaufnahme verbundene Eingliederung in den Betrieb den zeitlichen Bezugspunkt für das Mitbestimmungsrecht bildet. Auch ergibt sich aus § 14 Abs. 3 S. 2 AÜG, wonach der Arbeitgeber dem Betriebsrat zusammen mit dem Zustimmungsersuchen eine Urkunde über die zwischen ihm und dem Verleiher geschlossene Vereinbarung vorzulegen hat (§ 12 Abs. 1 S. 2 AÜG), dass jedenfalls der Abschluss des Arbeitnehmerüberlassungsvertrages, vorliegend also die Rahmenvereinbarung zwischen B und Z, noch nicht mitbestimmungspflichtig ist. Hinzu kommt, dass der Betriebsrat in Konstellationen wie der vorliegenden gar keines besonderen Schutzes vor der Aushöhlung seiner Mitbestimmungsrechte bedarf. Ruft der Arbeitgeber gegen den Willen des Betriebsrats aus dem Stellenpool Mitarbeiter ohne Vorlaufzeit ab, kann der Betriebsrat durch die Verweigerung seiner Zustimmung den Arbeitgeber zur Einleitung eines Zustimmungsersetzungsverfahrens nach § 99 Abs. 4 BetrVG oder, wenn es sich um eine Eilmaßnahme des Arbeitgebers handelt, durch Bestreiten der Eilbedürftigkeit zu einem Verfahren nach § 100 Abs. 2 S. 3 BetrVG und damit zu einer kurzfristi- **35**

---

[31] BAG vom 25.1.2005 – 1 ABR 59/03, NZA 2005, 945, 946; BAG vom 2.10.2007 – 1 ABR 60/06, NZA 2008, 244, 245; ErfK/*Kania*, § 99 BetrVG Rn. 4 f.; Richardi/*Thüsing*, § 99 Rn. 26 ff.

[32] So für vergleichbare Fälle auch BAG vom 23.1.2008 – 1 ABR 74/06, NZA 2008, 603, 605; Schüren/Hamann/*Hamann*, § 14 Rn. 149; *Wensing/Freise*, BB 2004, 2238, 2239.

gen gerichtlichen Entscheidung zwingen, welche die Schaffung vollendeter Tatsachen vermeidet. Schließlich spricht gegen die Einbeziehung von Vorfeldmaßnahmen, dass die zum Schutz der Belegschaft bestehenden Mitbestimmungsrechte des Betriebsrats weitgehend entwertet würden, wenn diese bereits bezüglich einer so vage ausgestalteten Maßnahme wie der Bildung eines Stellenpools ausgeübt werden müssten, die völlig offen lässt, wie oft aus diesem Pool heraus Arbeitseinsätze geleistet werden sollen, wie viele Mitarbeiter daran beteiligt sind und welcher zeitliche Umfang erreicht wird.[33]

c) Zwischenergebnis

36 Bei der Bildung des Stellenpools und der Aufnahme einzelner konkreter Arbeitnehmer in diesen Pool handelt es sich nicht um eine Einstellung i.S.v. § 99 Abs. 1 S. 1 BetrVG. Mangels personeller Einzelmaßnahme besteht kein Mitbestimmungsrecht des Betriebsrats. B kann nicht nach § 101 S. 1 BetrVG verpflichtet werden, die Bildung des Pools und die Aufnahme neuer Mitarbeiter aufzuheben.

3. Ergebnis

37 Der Antrag des Betriebsrats, B aufzugeben, die Bildung eines Stellenpools und die Aufnahme von D, E, F und G in diesen Pool aufzuheben, ist unbegründet.

III. Begründetheit des Antrags hinsichtlich des Einsatzes von D

38 Der Antrag des Betriebsrats bezüglich des Einsatzes von D ist nach § 101 S. 1 BetrVG begründet, wenn B als Arbeitgeberin eine personelle Maßnahme i.S.d. § 99 Abs. 1 BetrVG ohne Zustimmung des Betriebsrats durchgeführt hat.

1. Anwendbarkeit des § 99 BetrVG

39 Wie ausgeführt, ist der Anwendungsbereich des § 99 BetrVG eröffnet, da A und B einen Gemeinschaftsbetrieb mit einer ausreichend hohen Arbeitnehmerzahl bilden und die genannte Vorschrift auf derartige Betriebe analog anwendbar ist (siehe oben Rn. 16 ff.).

2. Vorliegen einer personellen Einzelmaßnahme

40 Auch handelt es sich, wie bereits geprüft, bei der Entsendung von Leiharbeitnehmern jedenfalls ab dem Zeitpunkt, in dem der betreffende Mitarbeiter – wie vorliegend der D am 10.1.2015 – seine Tätigkeit im Entleihbetrieb tatsächlich aufnimmt und dort in den Arbeitsablauf eingegliedert wird, um eine Einstellung und damit eine zustimmungspflichtige personelle Einzelmaßnahme i.S.d. § 99 Abs. 1 S. 1 BetrVG (siehe oben Rn. 32).

3. Fehlende Zustimmung des Betriebsrats

41 Fraglich ist nur, ob B die Einstellung des D ohne die Zustimmung des Betriebsrats durchgeführt hat. Ohne Zustimmung ist eine personelle Maßnahme durchgeführt,

---

[33] BAG vom 23.1.2008 – 1 ABR 74/06, NZA 2008, 603, 605.

wenn der Betriebsrat seine Zustimmung nicht erteilt hat, diese auch nicht wegen Ablaufs der Zustimmungsfrist des § 99 Abs. 3 S. 2 BetrVG als erteilt gilt und nicht durch das Arbeitsgericht im Beschlussverfahren nach § 99 Abs. 4 BetrVG ersetzt worden ist.[34] Da der Betriebsrat seine Zustimmung ausdrücklich verweigert hat, kein Zustimmungsersetzungsverfahren durchgeführt wurde und es deshalb nicht darauf ankommt, ob der Betriebsrat zur Zustimmungsverweigerung berechtigt war[35], kann sich die Zustimmung allenfalls aus dem Gesichtspunkt des erfolglosen Ablaufs der Zustimmungsfrist ergeben. Nach § 99 Abs. 3 S. 1 und 2 BetrVG gilt die Zustimmung des Betriebsrats als erteilt, sofern dieser nicht binnen einer Frist von einer Woche ab Zugang des Zustimmungsersuchens des Arbeitgebers die Zustimmung schriftlich verweigert.

42 Für die Berechnung der Wochenfrist finden gemäß § 186 BGB die allgemeinen Grundsätze über die Fristenberechnung nach §§ 187ff. BGB Anwendung.[36] Da nach § 187 Abs. 1 BGB für den Fristbeginn, wenn hierfür ein Ereignis wie der Zugang des Zustimmungsersuchens des Arbeitgebers am 10.1.2015 maßgeblich ist, der Tag des Ereignisses nicht mitzurechnen ist, die Wochenfrist also erst am 11.1.2015 zu laufen begann, endete die Frist grundsätzlich nach § 188 Abs. 2 BGB am 17.1.2015. Da es sich bei dem 20.1.2015 um einen Dienstag, bei dem 17.1.2015 folglich um einen Samstag gehandelt hat, das Fristende somit auf einen Sonnabend i.S.v. § 193 BGB gefallen wäre, tritt nach der zuletzt genannten Vorschrift an die Stelle des 17.1.2015 als Fristende der nächste Werktag, Montag der 19.1.2015. Dies hat zur Folge, dass die am 20.1.2015 eingegangene Erklärung des Betriebsrates grundsätzlich als nicht mehr fristgerecht zu bewerten wäre.

43 Eine abweichende Beurteilung könnte allerdings aufgrund des Umstands gerechtfertigt sein, dass der Arbeitgeber nach § 99 Abs. 1 S. 1 BetrVG verpflichtet ist, dem Betriebsrat bei Einstellungen die erforderlichen Bewerbungsunterlagen vorzulegen und Auskunft über die Person des Bewerbers sowie die Auswirkungen seiner Einstellung zu erteilen. Der Betriebsrat ist dabei so umfassend zu unterrichten, dass er aufgrund der mitgeteilten Tatsachen in die Lage versetzt wird zu prüfen, ob einer der in § 99 BetrVG genannten Zustimmungsverweigerungsgründe vorliegt.[37] Sind

---

34 *Fitting*, § 101 Rn. 3; ErfK/*Kania*, § 101 BetrVG Rn. 1; H/W/G/N/R/H/*Huke*, § 101 Rn 3.

35 Angesichts des Vortrags des Betriebsrats, dass ein auf Dauer existierender Stellenpool die Arbeitsplätze der Stammbelegschaft gefährdet, wäre hier an § 99 Abs. 2 Nr. 1 BetrVG zu denken, wonach die Zustimmung u. a. dann verweigert werden kann, wenn die personelle Maßnahme gegen ein Gesetz verstoßen würde. Ein solcher Gesetzesverstoß könnte sich insbesondere aus § 1 Abs. 1 S. 2 AÜG ergeben, wonach die Arbeitnehmerüberlassung nur vorübergehend erfolgen darf. Vorliegend dürfte ein Zustimmungsverweigerungsrecht des Betriebsrats aber unabhängig davon, ob § 1 Abs. 1 S. 2 AÜG überhaupt ein Verbotsgesetz i.S.d. § 99 Abs. 2 Nr. 1 BetrVG darstellt (zum Streitstand ErfK/*Kania*, § 99 BetrVG Rn. 24 m.w.N.) und wie der unbestimmte Rechtsbegriff der nur vorübergehenden Überlassung genau zu präzisieren ist (zum Meinungsspektrum im Überblick BAG vom 30.9.2014 – 1 ABR 79/12, NZA 2015, 240, 241 ff.; LAG Niedersachsen vom 19.9.2012 – 17 TaBV 124/11, BeckRS 2012, 74786; ErfK/*Wank*, § 1 AÜG Rn. 37 ff.), jedenfalls deshalb ausscheiden, weil sowohl der auf die Schaffung des Stellenpools gerichtete Überlassungsvertrag als auch die einzelnen, darauf beruhenden Arbeitseinsätze kurz befristet sind und B sich lediglich zunächst, also nur vorübergehend dazu entschlossen hat, den Arbeitskräftemehrbedarf durch den Einsatz von Leiharbeitnehmern zu decken.

36 *Fitting*, § 99 Rn. 265; ErfK/*Kania*, § 99 BetrVG Rn. 37; H/W/G/N/R/H/*Huke*, § 99 Rn. 142.

37 BAG vom 10.7.2013 – 7 ABR 91/11, AP Nr. 33 zu § 1 AÜG.

die vom Arbeitgeber gemachten Angaben nicht offenkundig unvollständig, kann dieser grundsätzlich davon ausgehen, den Betriebsrat vollständig unterrichtet zu haben, soweit Letzterer keine weitergehende Unterrichtung verlangt.[38] Informiert der Arbeitgeber den Betriebsrat gemessen an den zuvor beschriebenen Maßstäben nicht oder nur unzureichend, herrscht zwar Streit, ob in diesem Fall die Wochenfrist gar nicht[39] oder erst ab dem Zeitpunkt zu laufen beginnt, zu dem der Arbeitgeber die erforderlichen Informationen nachholt oder der Betriebsrat anderweitig Kenntnis erlangt.[40] Vorliegend wäre jedoch ungeachtet dieser Kontroverse, da dem Betriebsrat nach dem 10.1.2015 keine neuen Informationen über die Leiharbeitnehmer zugänglich gemacht worden sind, die Wochenfrist des § 99 Abs. 3 S. 1 BetrVG nicht in Lauf gesetzt worden, so dass auch die Zustimmungsfiktion des § 99 Abs. 3 S. 2 BetrVG nicht eingreifen könnte, wenn die beschriebenen Informationspflichten auch bei der Einstellung von Leiharbeitnehmern gelten und B ihnen nicht nachgekommen wäre.

44 Für die Erstreckung der Informationspflichten auf den Leiharbeitnehmereinsatz spricht, dass es inkonsequent wäre, wenn man den Einsatz derartiger Arbeitskräfte als Einstellung i.S.d. § 99 BetrVG bewertete, dann aber die mit einer derartigen Einordnung verbundenen Rechtsfolgen, zu denen auch die Informationspflicht gehört, nicht anwendete. Die Notwendigkeit, dass dem Betriebsrat jedenfalls ein Mindestmaß an Informationen über die einzustellenden Arbeitnehmer vorliegen muss, damit er eine sachgerechte Entscheidung über die Geltendmachung der Zustimmungsverweigerungsgründe des § 99 Abs. 2 BetrVG treffen kann, ändert sich auch nicht dadurch, dass statt regulärer Beschäftigter Leiharbeitnehmer eingestellt werden sollen. Entsprechend ist der Arbeitgeber zumindest verpflichtet, den Betriebsrat über die Anzahl, die Qualifikation, den Einsatztermin, die Einsatzdauer und die geplanten Arbeitsplätze der Leiharbeitnehmer zu unterrichten.[41] Ferner besteht nach § 14 Abs. 3 S. 2 AÜG die Verpflichtung zur Vorlage des mit dem Verleiher geschlossenen Arbeitnehmerüberlassungsvertrages (§ 12 Abs. 1 AÜG).[42] Da B dem Betriebsrat nur den Überlassungsvertrag zukommen ließ, ihm darüber hinaus aber die erforderlichen Informationen bis auf die Mitteilung über die Anzahl und das Eintrittsdatum der Leiharbeitnehmer vorenthalten hat und angesichts des Umfangs der Informationslücken auch nicht von einer ausreichenden Unterrichtung des Betriebsrats ausgehen durfte, liegt ein Verstoß gegen die Informationspflicht des § 99 Abs. 1 S. 1 BetrVG vor. Dieser führt dazu, dass die Zustimmungsfrist des § 99 Abs. 3 S. 1 BetrVG nicht in Lauf gesetzt worden ist. Die Zustimmung gilt deshalb nicht nach § 99 Abs. 3 S. 2 BetrVG als erteilt. B hat die Einstellung des D ohne Zustimmung des Betriebsrats vorgenommen.

---

38 BAG vom 10.7.2013 – 7 ABR 91/11, AP Nr. 33 zu § 1 AÜG.

39 BAG vom 28.1.1986 – 1 ABR 10/84, NZA 1986, 490, 492 und BAG vom 15.4.1986 – 1 ABR 55/84, NZA 1986, 755, 756; BAG vom 1.9.1987 – 1 ABR 22/86, NZA 1988, 99, 101; *Fitting*, § 99 Rn. 268; H/W/G/N/R/H/*Huke*, § 99 Rn. 143.

40 *Meisel*, Die Mitwirkung und Mitbestimmung des Betriebsrats in personellen Angelegenheiten, 5. Aufl. 1984, Rn. 242; bis zur 7. Aufl. 2008 auch H/W/G/N/R/H/*Schlochauer*, § 99 Rn. 105 a.E.

41 LAG Köln vom 12.6.1987 – 4 TaBV 10/87, DB 1987, 2106, 2107; *Fitting*, § 99 Rn. 178 m.w.N.; zur Notwendigkeit der Auskunftserteilung über die geplante Überlassungsdauer ArbG Offenbach BeckRS 2015, 70398.

42 Andernfalls wird auch dann das Beteiligungsverfahren nicht wirksam in Gang gesetzt, siehe LAG Hessen vom 29.1.2013 – 4 TaBV 202/12, NZA-RR 2013, 359, 360f.

4. Zwischenergebnis

Der Antrag des Betriebsrats nach § 101 S. 1 BetrVG, der B aufzugeben, die Einstel- **45** lung des D aufzuheben, ist begründet.

IV. Ergebnis

Der Antrag des Betriebsrats ist zwar zulässig, jedoch nur im Hinblick auf die Auf- **46** hebung der Einstellung des D begründet. Das Arbeitsgericht Osnabrück wird B daher – unter Zurückweisung des Antrags i.Ü. – aufgeben, die Einstellung des D aufzuheben.

Fall 12. Mitbestimmung ohne Grenzen?

Sachverhalt

Die A-GmbH produziert und vertreibt spezielle Haushaltsgeräte. Sie beschäftigt derzeit 1 500 Arbeitnehmer, ein Betriebsrat ist gebildet, ein Aufsichtsrat dagegen nicht. Die Geschäfte gehen hervorragend; daher sollen nun 300 Mitarbeiter befristet auf zwei Jahre eingestellt sowie 300 Leiharbeitnehmer für die kommenden 18 Monate beschäftigt werden. Der Geschäftsführer der A-GmbH wendet sich an Sie mit folgenden Fragen:

1. Er habe gehört, dass er dadurch möglicherweise einen mitbestimmten Aufsichtsrat bilden müsse, was er aber nicht verstehe, da die Arbeitnehmer zum einen doch bereits durch den Betriebsrat vertreten seien und zum anderen seines Wissens bei der GmbH – anders als bei der AG – ein Aufsichtsrat überhaupt nicht zwingend erforderlich sei. OHG und KG hätten ja schließlich auch keine Aufsichtsräte.

2. Die Geschäftsführung wolle von sich aus jedenfalls nichts unternehmen: oder könne sie zur Errichtung eines Aufsichtsrates von irgendjemandem, z.B. dem Betriebsrat oder der (im Unternehmen vertretenen) IG Metall, gezwungen werden?

3. Falls am Ende doch ein Aufsichtsrat zu bilden sei, dann würde die Geschäftsführung gerne die Zahl seiner Mitglieder selbst festlegen. Der Betriebsrat und auch die Gewerkschaft, zu der er einen guten Draht habe, unterstützten ihn darin und seien auch zu einer Vereinbarung bereit, solange die Hälfte der Sitze von Arbeitnehmervertretern besetzt sei. Die Gesamtzahl der Aufsichtsratsmandate sollte nach Möglichkeit unter der gesetzlich vorgesehenen liegen, er könne sich aber auch vorstellen, bei entsprechenden Gegenleistungen der Gewerkschaft (z.B. Lohnsenkungen) einen größeren Aufsichtsrat zu bilden. Zu gesellschaftsrechtlichen Umstrukturierungen oder gar einer Umwandlung des Unternehmens nur zu dem Zweck, die Zahl der Aufsichtsratsmandate zu verringern, sei die Geschäftsführung wegen des damit verbundenen Aufwands aber nicht bereit.

4. Derzeit seien Umstrukturierungen geplant. Unter dem Dach einer Holding in der Rechtsform der AG, die nur eine Handvoll Mitarbeiter haben werde, sollten mehrere Tochtergesellschaften gebündelt werden: drei Produktions-GmbHs (je 400 Mitarbeiter), eine Vertriebs-GmbH (600 Mitarbeiter) und eine Entwicklungs-GmbH (300 Mitarbeiter), deren Anteile die Holding in Alleinbesitz halten solle. Gegebenenfalls könne man sich auch vorstellen, eine „Ltd." nach englischem Recht mit Sitz in London zu gründen. Diese könnte entweder alle Anteile an der Holding AG halten (in diesem Fall sollten allerdings nur die Grundsatzentscheidungen auf der Ebene der Ltd. getroffen, weitere Entscheidungsbefugnisse aber der Holding-AG überlassen bleiben) oder selbst als Holding der drei GmbHs fungieren. Was bedeute dies für die Unternehmensmitbestimmung?

5. Eine andere Variante, die derzeit geprüft werde, sei folgende: Die A-GmbH verzichtet ganz auf Neueinstellungen, belässt es bei der Beschäftigung von 1 500 Arbeitnehmern im Inland und erwirbt stattdessen 100% der Anteile einer in Italien

ansässigen S.r.l. (Società a responsabilità limitata, entspricht der GmbH) mit 600 in Italien beschäftigten Arbeitnehmern. Seien hier Auswirkungen auf die Mitbestimmung, insbesondere vor dem Hintergrund des Europarechts, zu erwarten?

Bitte beantworten Sie die Fragen des Geschäftsführers umfassend.

Gliederung

Lösung

Frage 1: Bildung eines mitbestimmten Aufsichtsrates

Nach allgemeinem Gesellschaftsrecht muss in der GmbH – anders als bei der Akti- **1** engesellschaft (§§ 95 ff. AktG) – nicht zwingend ein Aufsichtsrat gebildet werden, da § 52 Abs. 1 GmbHG den sog. fakultativen Aufsichtsrat als Ausnahme von der Regel behandelt. Dies ist nur dann der Fall, wenn es sich um eine mitbestimmte GmbH handelt, d.h. wenn eines der Gesetze über die Mitbestimmung der Arbeitnehmer im Unternehmen einschlägig ist.

I. Anwendbarkeit des Montan-Mitbestimmungsgesetzes

2 Die GmbH könnte unter das Montan-Mitbestimmungsgesetz (als stärkste Form der Arbeitnehmermitbestimmung) fallen mit der Folge, dass ein Aufsichtsrat nach § 3 Abs. 1 Montan-MitbestG zu bilden ist. Die Anwendung dieses Gesetzes setzt jedoch voraus, dass es sich um ein Unternehmen des Bergbaus oder der Eisen und Stahl erzeugenden Industrie handelt (§ 1 Abs. 1 Montan-MitbestG); dies ist bei einem Hersteller von Haushaltsgeräten nicht der Fall.

II. Anwendbarkeit des Mitbestimmungsgesetzes

3 Auf die A-GmbH könnte aber das Mitbestimmungsgesetz anzuwenden sein: Unternehmen, die unter dieses Gesetz fallen, müssen einen durch Arbeitnehmer- und Anteilseignervertreter paritätisch besetzten Aufsichtsrat bilden (§§ 6, 7 MitbestG). Dafür bestehen folgende Voraussetzungen:

1. Erfasste Rechtsform

4 Das Unternehmen muss in einer der in § 1 Abs. 1 Nr. 1 MitbestG abschließend genannten Rechtsformen betrieben werden; dies ist bei der GmbH der Fall. Erfasst sind nur Kapital-, keine Personengesellschaften. OHG und KG sind daher aufgrund des eindeutigen Gesetzeswortlautes niemals mitbestimmt. Der Grund dafür besteht zum einen in der den Gesellschaftern kraft Gesetzes zugewiesenen Geschäftsführerstellung (§§ 114, 164 HGB), die dazu führt, dass ein Aufsichtsrat gar keine Geschäftsführer einsetzen könnte; zum anderen in der vollen persönlichen Haftung der Gesellschafter. Damit wäre ein Einfluss der Arbeitnehmerseite auf die Zusammensetzung der Geschäftsführung nicht vereinbar.[1]

2. Beschäftigte Arbeitnehmer

5 Die Gesellschaft muss gemäß § 1 Abs. 1 Nr. 2 MitbestG i.d.R. mehr als 2000 Arbeitnehmer beschäftigen.

a) Arbeitnehmer

6 Zunächst ist zu klären, wer unter den Arbeitnehmerbegriff fällt. § 3 Abs. 1 MitbestG verweist auf § 5 BetrVG; erfasst sind also Arbeitnehmer unter Einschluss der leitenden Angestellten.[2] Dazu zählen ohne Weiteres auch befristet Beschäftigte. Fraglich ist aber, ob auch im Betrieb eingesetzte Leiharbeitnehmer darunter fallen. Aus dem Verweis in § 10 Abs. 2 S. 2 MitbestG auf § 7 S. 2 BetrVG ergibt sich, dass Leiharbeitnehmer zur Aufsichtsratswahl im Einsatzbetrieb aktiv wahlberechtigt sind, wenn sie länger als drei Monate im Betrieb eingesetzt werden.[3] Damit ist aber noch keine Aussage darüber getroffen, ob sie auch bei Schwellenwerten zu berücksichtigen sind.

---

[1] Allgemein dazu das Grundsatzurteil des BVerfG (vom 1.3.1979 – 1 BvR 532, 533/77 u.a., NJW 1979, 699, 704) zur Verfassungsmäßigkeit des MitbestG, das nachdrücklich zur Lektüre empfohlen wird.

[2] Anders § 3 Abs. 1 DrittelbG: Dort sind die leitenden Angestellten ausgenommen.

[3] Das passive Wahlrecht von Leiharbeitnehmern im Entleiherbetrieb wird in § 14 Abs. 2 Satz 1 AÜG ausdrücklich ausgeschlossen.

Nach früherer BAG-Rechtsprechung[4] zu arbeitsrechtlichen Schwellenwerten im 7
Bereich des BetrVG, der sog. Zwei-Komponenten-Lehre, waren dazu die betriebliche Integration und ein bestehendes Arbeitsverhältnis zum Betriebsinhaber erforderlich. Da es bei den Leiharbeitnehmern an letzterem fehlt, waren diese – trotz aktiven Wahlrechts – bei Schwellenwerten nicht zu berücksichtigen („Leiharbeitnehmer wählen, zählen aber nicht"). Dem hat sich die Rechtsprechung der Zivilgerichte für die Unternehmensmitbestimmung angeschlossen: zudem betreffe die auf langfristige Unternehmenspolitik und die Kontrolle strategischer Entscheidungen ausgerichtete Tätigkeit des Aufsichtsrats die Leiharbeitnehmer nicht.[5] Bislang waren daher nach h.M. Leiharbeitnehmer bei den Schwellenwerten nicht zu berücksichtigen.[6] Das BAG hat für das Betriebsverfassungsrecht diese Lehre nunmehr jedoch aufgegeben.[7] Leiharbeitnehmer zählen nach der Rechtsprechung jetzt mit, sofern Sinn und Zweck des jeweiligen gesetzlichen Schwellenwerts dies gebieten.[8] Es spricht einiges dafür, diese Rechtsprechung auch auf den Schwellenwert nach § 1 Abs. 1 Nr. 2 MitbestG zu übertragen. Der grundlegende Sinn der Unternehmensmitbestimmung liegt darin, die Teilhabe der Arbeitnehmer an Willensbildungs- und Entscheidungsprozessen im Unternehmen zu gewährleisten, damit die Arbeitnehmer nicht mehr nur Objekt der Entscheidungen, sondern mithandelndes und mitverantwortliches Subjekt bei Maßnahmen und Beschlüssen sind. Leiharbeitnehmer können von Unternehmensentscheidungen genauso betroffen sein wie Stammmitarbeiter (z.B. bei Schließungen oder Standortverlagerungen), jedenfalls dann, wenn sie nicht nur kurzzeitig zur Bearbeitung von Auftragsspitzen eingesetzt sind. Wird der Unternehmenszweck mithilfe von auf regelmäßig bestehenden Arbeitsplätzen eingesetzten Leiharbeitnehmern realisiert, ist deren Berücksichtigung bei der Feststellung des Mitbestimmungsstatus daher gerechtfertigt.[9] Dies hat das BAG in einer aktuellen Entscheidung jedenfalls für die Schwellenwerte nach § 9 Abs. 1 und 2 MitbestG (die für die Art der Wahl maßgeblich sind) nunmehr bestätigt.[10] Somit sind im vorliegenden Fall die 300 Leiharbeitnehmer, die für 18 Monate eingesetzt werden sollen, bei der Ermittlung des Schwellenwertes gemäß § 1 Abs. 1 Nr. 2 MitbestG mitzuzählen.

b) „In der Regel beschäftigt"

§ 1 Abs. 1 Nr. 2 MitbestG stellt nicht auf die Arbeitnehmerzahl zu einem bestimmten 8
ten Stichtag ab, sondern verlangt, dass zur Erreichung des Schwellenwertes die Arbeitnehmer „in der Regel" beschäftigt sind. Das Regelungsziel besteht darin, kurzfristige Wechsel des Mitbestimmungsstatus zu verhindern. Die regelmäßige Arbeitnehmerzahl kann also nicht durch einfaches Abzählen ermittelt werden; viel-

---

[4] BAG vom 22.10.2003 – 7 ABR 3/03, NZA 2004, 1052; BAG vom 16.4.2003 – 7 ABR 53/02, NZA 2003, 1345.

[5] OLG Düsseldorf vom 12.5.2004 – 19 W 2/04, GmbHR 2004, 1081; OLG Hamburg vom 29.10.2007 – 11 W 27/07, BeckRS 2007, 19416.

[6] So auch U/H/H/*Henssler*, § 3 Rn. 36.

[7] BAG vom 13.3.2013 – 7 ABR 69/11, NZA 2013, 789; BAG vom 5.12.2012 – 7 ABR 48/11, NZA 2013, 793.

[8] So für § 111 S. 1 BetrVG BAG vom 18.10.2011 – 1 AZR 335/10, NZA 2012, 221.

[9] *Lembke/Ludwig*, § 4 Rn. 19; W/W/K/K/*Koberski*, § 1 Rn. 35; W/W/K/K/*Kleinsorge*, § 1 DrittelbG Rn. 55; Schaub/*Koch*, § 260 Rn. 3.

[10] BAG vom 4.11.2015 – 7 ABR 42/13. Die Entscheidungsgründe lagen bei Drucklegung noch nicht vor.

mehr ist eine sog. Referenzperiode festzulegen, während derer die tatbestandlichen Voraussetzungen vorliegen müssen, vorübergehende Schwankungen bleiben außer Betracht.[11] Maßgeblich ist also die Zahl der Beschäftigten über einen längeren Zeitraum unter Berücksichtigung der Vergangenheit des Unternehmens und einer Einschätzung seiner zukünftigen Entwicklung. Als angemessene Referenzperiode kann insofern eine Unternehmensplanung über einen Zeitraum von 17–20 Monaten angesehen werden.[12] Auf dieser Grundlage sind im vorliegenden Fall sowohl die Arbeitnehmer mit befristetem Arbeitsvertrag als auch die Leiharbeitnehmer in der Regel beschäftigt.

9 Damit überschreitet die A-GmbH den maßgeblichen Schwellenwert von 2 000 Arbeitnehmern.

3. Verhältnis zur betrieblichen Mitbestimmung

10 Nach Meinung des Geschäftsführers bedürfe es im vorliegenden Fall jedoch keines Aufsichtsrates, da die Mitbestimmung der Arbeitnehmer bereits durch den Betriebsrat sichergestellt sei. Dies wirft die grundsätzliche Frage nach dem Verhältnis dieser beiden Mitbestimmungsformen zueinander auf.

11 Betriebliche Mitbestimmung nach dem Betriebsverfassungsgesetz und Unternehmensmitbestimmung stehen nebeneinander; die Existenz eines Betriebsrats schließt also keinesfalls die Erforderlichkeit eines mitbestimmten Aufsichtsrates aus. Vielmehr handelt es sich um verschiedene Formen der Arbeitnehmermitbestimmung. Eine Abgrenzung nach der Ebene der Mitbestimmung dergestalt, dass die betriebliche Mitbestimmung auf der Grundlage des Betriebsverfassungsgesetzes sich auf den Betrieb beschränke, die Unternehmensmitbestimmung dagegen das Unternehmen als Ganzes betreffe, ist allerdings nicht zielführend; denn auch die betriebliche Mitbestimmung kennt mit dem Gesamtbetriebsrat (§ 47 Abs. 1 BetrVG), dem Wirtschaftsausschuss (§ 106 BetrVG) oder auch dem Europäischen Betriebsrat (§ 1 EBRG) Einrichtungen auf Unternehmensebene. Der eigentliche Gegensatz besteht vielmehr darin, dass sich die Unternehmensmitbestimmung innerhalb der gesellschaftsrechtlich vorgesehenen Unternehmensorgane abspielt (Einheits- oder Integrationsmodell), während die Betriebsverfassung auf dem Gedanken der Zweipoligkeit, der Wahrnehmung der Beteiligungsrechte durch eigene Belegschaftsorgane als „Gegenspieler" des Arbeitgebers beruht (dualistisches Modell).[13] Mitbestimmung im Unternehmen ist Mitwirkung bei der internen Willensbildung der Unternehmensorgane. Die Arbeitnehmervertreter sind Mitglieder des Aufsichtsrats, der Arbeitsdirektor (§ 33 MitbestG, § 13 Montan-MitbestG) ist Mitglied des Vorstandes oder der Geschäftsführung, und sie wirken an deren Entscheidungen gleichberechtigt mit. Die Betriebsverfassungsorgane wirken dagegen „von außen" auf die Entscheidungen der Unternehmensorgane und ihrer Beauftragten ein.[14] Eine unterschiedliche Akzentuierung zeigt sich auch im Gegenstand der Mitbestimmung: die

---

[11] *Raiser/Veil*, § 1 MitbestG Rn. 18.

[12] OLG Düsseldorf vom 9.12.1994 – 19 W 2/94 AktE, DB 1995, 277, 278. Grundlage dafür ist die Annahme der ungefähren Dauer eines Statusverfahrens nach §§ 97 ff. AktG und des sich daran anschließenden Wahlverfahrens nach § 10 f. MitbestG. Etwas anders U/H/H/*Henssler*, § 3 Rn. 62: 18–24 Monate.

[13] *Lembke/Ludwig*, § 1 Rn. 9 ff.; *Hromadka/Maschmann*, Bd. 2, § 15 Rn. 6.

[14] *Hromadka/Maschmann*, Bd. 2, § 15 Rn. 6.

betriebsverfassungsrechtliche Mitbestimmung bezieht sich auf soziale, technisch-organisatorische, personelle und wirtschaftliche Maßnahmen, die Folgewirkungen für die Belegschaft haben; die Unternehmensmitbestimmung bezieht sich dagegen auf zentrale unternehmerische Planungs-, Leitungs- und Organisationsentscheidungen, die grundsätzliche Gestaltung der Unternehmenspolitik und die Auswahl und Kontrolle der Unternehmensleitung.[15]

Der Umstand, dass bei der A-GmbH bereits ein Betriebsrat besteht, ändert also **12** nichts daran, dass sie zudem, wenn sie der Unternehmensmitbestimmung unterfällt, einen mitbestimmten Aufsichtsrat einrichten muss.

4. Ergebnis

Die A-GmbH muss daher einen paritätischen Aufsichtsrat nach dem MitbestG bil- **13** den.

Im Übrigen unterlag die A-GmbH bereits vor der Erhöhung der Beschäftigtenzahl **14** der Unternehmensmitbestimmung: Denn da die GmbH unstreitig bisher bereits mehr als 500 Arbeitnehmer beschäftigte, wäre gemäß § 1 Abs. 1 Nr. 3 Drittelbeteiligungsgesetz (DrittelbG) ein Aufsichtsrat zu bilden gewesen, der zu einem Drittel aus gewählten Vertretern der Arbeitnehmer hätte bestehen müssen (§ 4 Abs. 1 DrittelbG). Die Nichterfüllung diese Verpflichtung hat jedoch keine Folgen: weder die Mitbestimmungsgesetze noch das AktG oder das GmbHG sehen hier Sanktionen vor.[16]

Frage 2: Durchsetzung der Verpflichtung zur Bildung eines mitbestimmten Aufsichtsrates

Die gesetzliche Verpflichtung zur Bildung eines mitbestimmten Aufsichtsrates ist **15** weder sanktioniert noch als durch behördlichen Zwang durchsetzbar ausgestaltet.[17]

Das Aktiengesetz sieht aber in §§ 97 ff. AktG das sog. Statusverfahren vor. In die- **16** sem wird verbindlich festgestellt, ob ein Unternehmen der Unternehmensmitbestimmung unterliegt, und falls ja, nach welchen Vorschriften sich der Aufsichtsrat zusammensetzt. Die unmittelbar nur für Aktiengesellschaften geltenden Vorschriften finden kraft Verweisung auch auf die GmbH Anwendung (§ 27 EGAktG, § 6 Abs. 2 S. 1 MitbestG). Dabei sind das außergerichtliche und das gerichtliche Statusverfahren zu unterscheiden.

Das außergerichtliche Statusverfahren ist folgendermaßen ausgestaltet: Ist der Vor- **17** stand – bzw. die Geschäftsführung einer GmbH – der Ansicht, dass der Aufsichtsrat nicht nach den für ihn maßgebenden gesetzlichen Vorschriften zusammengesetzt

---

15 *Lembke/Ludwig,* § 1 Rn. 30, 45.

16 Eine Pflichtverletzung der Geschäftsführung liegt vor; indes wird diese mangels ersatzfähigen Schadens kaum zu einem Schadensersatzanspruch führen, vgl. *Lembke/Ludwig,* § 1 Rn. 132.

17 Auch eine „indirekte" behördliche Sanktionierung ist nicht zulässig: Verstößt eine Kapitalgesellschaft gegen ihre Pflicht, einen Aufsichtsrat zu bilden, darf gegen sie nicht ein Ordnungsgeld gemäß § 335 HGB mit der Begründung verhängt werden, sie habe auf Grund des fehlenden Aufsichtsratsberichts ihre Pflicht zur Veröffentlichung des Jahresabschlusses nach § 325 Abs. 1 S. 3 HGB verletzt, BVerfG vom 9.1.2014 – 1 BvR 299/13, NZG 2014, 460.

ist, muss er dies unverzüglich in den Gesellschaftsblättern und gleichzeitig durch Aushang in sämtlichen Betrieben der Gesellschaft und ihrer Konzernunternehmen bekanntmachen. Dabei sind die nach Ansicht des Vorstandes bzw. der Geschäftsführung zutreffenden gesetzlichen Vorschriften anzugeben (§ 97 Abs. 1 S. 1 und 2 AktG). Dies ist z. B. der Fall bei erstmaliger Anwendung der Mitbestimmungsgesetze, aber auch bei Überschreiten von Schwellenwerten und damit einhergehender Änderung des Mitbestimmungsstatuts. Wird innerhalb eines Monats nach Bekanntmachung im Bundesanzeiger nicht das zuständige Gericht von einem Antragsberechtigten (§ 98 AktG) angerufen, so ist der neue Aufsichtsrat so zusammenzusetzen, wie in der Bekanntmachung des Vorstandes/der Geschäftsführung angegeben (§ 97 Abs. 2 S. 1 AktG).

18 Das gerichtliche Statusverfahren richtet sich nach § 98 AktG. Entscheidungszuständig ist das Landgericht, in dessen Bezirk die Gesellschaft ihren Sitz hat (§ 98 Abs. 1 AktG); die Antragsberechtigten zählt § 98 Abs. 2 AktG auf. Das gerichtliche Statusverfahren kann auch ohne vorherige Bekanntmachung des Vorstandes/der Geschäftsführung eingeleitet werden.[18]

19 Nach Ablauf der Anrufungsfrist im außergerichtlichen Statusverfahren bzw. mit rechtskräftigem Beschluss (mit *inter-omnes*-Wirkung, § 99 Abs. 5 AktG) steht verbindlich fest, ob und bejahendenfalls in welcher Zusammensetzung der Aufsichtsrat zu bilden ist. Nunmehr sind die Wahlen der Arbeitnehmervertreter im Aufsichtsrat durch Vorstand/Geschäftsführung einzuleiten. Eine ohne vorherige Durchführung des Statusverfahrens durchgeführte Wahl der Arbeitnehmervertreter im Aufsichtsrat ist nicht nur anfechtbar, sondern sogar nichtig.[19]

20 Der Geschäftsführung der A-GmbH ist also dringend zu raten, eine Bekanntmachung nach § 97 Abs. 1 AktG vorzunehmen und damit das (außergerichtliche) Statusverfahren durchzuführen. Unterbleibt dies, kann das gerichtliche Statusverfahren von den nach § 97 Abs. 2 AktG Antragsberechtigten eingeleitet werden; zu diesen zählen auch der Betriebsrat (Nr. 4) und die im Unternehmen vertretene IG Metall (Nr. 10 i. V. m. § 16 Abs. 2 MitbestG). Diese können also letztlich die Errichtung eines mitbestimmten Aufsichtsrates in der A-GmbH erreichen.

Frage 3: Größe des Aufsichtsrates und Mitbestimmungsvereinbarung

21 Der Aufsichtsrat der A-GmbH setzt sich nach 7 Abs. 1 S. 1 Nr. 1 MitbestG aus je sechs Mitgliedern der Anteilseigner und der Arbeitnehmer zusammen; gemäß § 7 Abs. 2 Nr. 1 MitbestG müssen davon vier Sitze auf Arbeitnehmer des Unternehmens und zwei Mandate auf Vertreter von Gewerkschaften entfallen.

22 Das Mitbestimmungsgesetz ist zwingendes Recht; Raum für vertragliche Mitbestimmungsregeln besteht nur, soweit das Mitbestimmungsgesetz bzw. das einschlägige Gesellschaftsrecht einen Gegenstand nicht oder nicht abschließend regeln.[20] Eine Verkleinerung des Aufsichtsrats scheidet daher in jedem Fall aus, ebenso wie eine nicht-paritätische Besetzung bei Anwendbarkeit des Mitbestimmungsgesetzes oder

---

[18] Hölters/*Simons*, § 98 Rn. 4.
[19] BAG vom 16.4.2008 – 7 ABR 6/07, NZA 2008, 1025.
[20] W/W/K/K/*Koberski*, § 1 Rn. 4.

ein unter einem Drittel liegender Arbeitnehmeranteil bei Anwendbarkeit des Drittel-beteiligungsgesetzes. Auch die Vereinbarung eines anderen gesetzlichen Mitbestim-mungsmodells (Montanmitbestimmung oder Drittelbeteiligung) anstelle des objektiv anzuwendenden ist nicht zulässig. Möglich sind dagegen Vereinbarungen über Ar-beitnehmervertreter in Unternehmen, die nicht der Mitbestimmung unterliegen.[21]

Es könnte aber eine Vergrößerung des Aufsichtsrates denkbar sein. Eine Möglich- **23** keit sieht das Gesetz selbst in § 7 Abs. 1 S. 2 und 3 MitbestG vor. Durch Satzung bzw. Gesellschaftsvertrag kann die gesetzlich für jeweils größere Unternehmen vor-gesehene Größe und Zusammensetzung des Aufsichtsrates bestimmt werden. Dies bedeutet, dass im Gesellschaftsvertrag der A-GmbH auch ein paritätischer Auf-sichtsrat mit 16 oder 20 Mitgliedern festgelegt werden könnte. Ein davon ab-weichender, zwischen den gesetzlichen Stufen liegender, Wert darf hingegen nicht vereinbart werden.[22] Das Mitbestimmungsrecht ist, auch im Falle mitbestimmungs-erweiternder Vereinbarungen, zwingend.[23] Ob die Arbeitnehmer- oder die Anteils-eignerseite gestärkt werden soll, ist ebenfalls irrelevant.

Der Gesellschaftsvertrag kann daher im Rahmen des § 7 Abs. 1 S. 1 Nr. 1 Mit- **24** bestG einen größeren Aufsichtsrat festgelegen. Über einen Tarifvertrag kann dies indes nicht erreicht werden: Fragen der Unternehmensverfassung gehören nicht zu den nach § 1 Abs. 1 TVG tariflich regelbaren Angelegenheiten; Tarifverträge nach § 3 BetrVG betreffen ausschließlich die betriebliche Mitbestimmung. Schließlich fehlt auch den Betriebsparteien die Kompetenz, die Unternehmensverfassung durch Betriebsvereinbarung zu regeln.

Durch Änderung des Gesellschaftsvertrages kann also in den oben beschriebenen **25** Grenzen eine Vergrößerung des Aufsichtsrats geregelt werden, nicht aber durch Ver-einbarung mit dem Betriebsrat oder der IG Metall. Die Möglichkeit, den Aufsichts-rat zu verkleinern, besteht in keinem Fall. Anders wäre dies bei der Gesellschaft europäischen Rechts (SE – Societas Europaea), bei der Vereinbarungen zur Unter-nehmensmitbestimmung das Grundmodell und die gesetzliche Ausgestaltung nur die Auffanglösung darstellen (§§ 1 Abs. 2, 21, 22 SEBG). Zu einer solchen gesell-schaftsrechtlichen Umwandlung ist die GmbH jedoch, unabhängig von der Frage, ob überhaupt die Voraussetzungen gegeben wären, nicht bereit.

Frage 4: Mitbestimmung im Konzern

I. Mitbestimmung auf der Ebene der Holding-AG

Die Holding-AG selbst wird nach den Angaben im Sachverhalt nicht die nach § 1 **26** Abs. 1 MitbestG oder § 1 Abs. 1 DrittelbG vorgesehenen Schwellenwerte über-

---

[21] *Hromadka/Maschmann,* § 15 Rn. 27.
[22] U/H/H/*Henssler,* § 7 Rn. 17; BayObLG AG 2005, 350.
[23] Wegen des in § 23 Abs. 5 AktG enthaltenen Grundsatzes des Satzungsstrenge scheiden für die AG von den gesetzlichen Vorgaben abweichende Vereinbarungen zur Mitbestimmung weitgehend aus, näher U/H/H/*Ulmer/Habersack,* § 1 Rn. 20 ff. m. w. N. Umstritten ist dies für die GmbH, insbe-sondere die Frage, ob in einer der Drittelparität unterliegenden GmbH durch Gesellschaftsvertrag ein paritätischer Aufsichtsrat nach dem MitbestG vereinbart werden kann: bejahend OLG Bremen vom 22.3.1977 – 2 W 102/75, NJW 1977, 1153; K/W/K/K/*Koberski,* § 1 Rn. 6; abl. U/H/H/ *Ulmer/Habersack,* § 1 Rn. 23, jeweils m. w. N.

schreiten. Danach wäre auf der Ebene der Holding an sich kein mitbestimmter Aufsichtsrat zu bilden.

27 Der Holding-AG könnten aber die Beschäftigten der Konzerngesellschaften nach § 5 Abs. 1 MitbestG zuzurechnen sein.

28 Zweck der Unternehmensmitbestimmung ist es, den Arbeitnehmern Mitwirkungsrechte an den Entscheidungsprozessen im Unternehmen zu sichern. Insbesondere im Konzern müssen grundlegende Entscheidungen aber nicht in den Organen des Unternehmens getroffen werden, zu dem auch die Arbeitsverhältnisse der Arbeitnehmer bestehen. Diesen Entscheidungsverlagerungen trägt die Vorschrift des § 5 MitbestG Rechnung. Nach § 5 Abs. 1 S. 1 MitbestG sind in einem Konzern gemäß § 18 Abs. 1 AktG mitbestimmungsrechtlich die Arbeitnehmer der (im Inland ansässigen) Tochtergesellschaften der Konzernobergesellschaft zuzurechnen. Dies bewirkt eine doppelte Erweiterung der Mitbestimmung gegenüber der Grundnorm des § 1 Abs. 1 MitbestG: Die Zurechnung kann einmal dazu zu führen, dass die Konzernspitze der paritätischen Mitbestimmung unterfällt, obwohl sie selbst weniger als 2 000 Arbeitnehmer beschäftigt. Zum anderen werden auch die Arbeitnehmer von Tochtergesellschaften, die unterhalb der mitbestimmungsrechtlichen Schwellenwerte liegen und daher keinen mitbestimmten Aufsichtsrat bilden müssen, an der Wahl der Arbeitnehmervertreter im Aufsichtsrat der Konzernspitze beteiligt und besitzen aktives und passives Wahlrecht.[24]

29 Da hier aufgrund der Vermutungsregelung der §§ 18 Abs. 1 S. 3, 17 Abs. 2 AktG vom Bestehen eines Unterordnungskonzerns i.S.d. § 18 Abs. 1 AktG auszugehen ist (Alleinbesitz der Holding an den Anteilen der Tochtergesellschaften), gelten die Arbeitnehmer der Tochtergesellschaften mitbestimmungsrechtlich als solche der Holding AG. Damit sind der Holding-AG insgesamt 2 100 Arbeitnehmer zuzurechnen.[25] Daher ist bei ihr ein paritätischer Aufsichtsrat nach dem MitbestG zu bilden, der sich gemäß § 7 Abs. 1 S. 1 Nr. 1 MitbestG aus je sechs Aufsichtsratsratsmitgliedern der Anteilseigner und der Arbeitnehmer zusammensetzt.

II. Mitbestimmung auf der Ebene der Tochtergesellschaften

30 § 5 Abs. 1 MitbestG betrifft nur die Mitbestimmung auf der Ebene der Konzernobergesellschaft. Die Mitbestimmung auf der Ebene der jeweiligen Tochtergesellschaften bleibt davon unberührt und richtet sich nach den allgemeinen Regeln.

31 Dies bedeutet hier, dass die drei Produktions-GmbHs und die Entwicklungs-GmbH keinen Aufsichtsrat bilden müssen, da sie unterhalb der Schwellenwerte liegen (und das GmbHG – anders als das AktG für Aktiengesellschaften – auch keinen zwingenden Aufsichtsrat vorsieht). Die Vertriebs-GmbH unterfällt dagegen, da sie mehr als 500 Arbeitnehmer beschäftigt, dem Drittbeteiligungsgesetz (§ 1 Abs. 1 Nr. 1 DrittelbG); hier ist daher ein Aufsichtsrat einzurichten, dessen Mitglieder zu einem Drittel aus gewählten Arbeitnehmervertretern bestehen müssen (§ 4 Abs. 1 DrittelbG).

---

[24] U/H/H/*Ulmer/Habersack*, § 5 Rn. 2; W/W/K/K/*Koberski*, § 5 Rn. 1 f.; MünchKommAktG/*Gach*, § 5 MitbestG Rn. 1; *Raiser/Veil*, § 5 MitbestG Rn. 1.

[25] Beachte die deutlich engere Regelung in § 2 Abs. 2 DrittelbG.

III. Mitbestimmung bei einer Obergesellschaft nach englischem Recht (Ltd.)

Als weitere Variante hat die Geschäftsführung der A-GmbH eine Holdingstruktur **32**
ins Spiel gebracht, bei der eine Gesellschaft mit ausländischer Rechtsform, hier die
der deutschen GmbH vergleichbare Limited Company (Ltd.) mit Sitz in London,
entweder alle Anteile der Holding-AG hält oder selbst – unter Entfall einer Hol-
ding-Gesellschaft nach deutschem Recht – als Obergesellschaft der verschiedenen
GmbHs auftritt.

1. Ltd. als Anteilseigner der Holding AG

Die Einrichtung eines mitbestimmten Aufsichtsrats bei einer Gesellschaft nach aus- **33**
ländischem Recht scheidet aus. Die Mitbestimmungsgesetze zählen die Gesell-
schaftsformen abschließend auf, die ihrem Anwendungsbereich unterfallen; dies
sind ausschließlich (Kapital-)Gesellschaften nach deutschem Recht. Da bei der Ltd.
als Konzernobergesellschaft somit kein mitbestimmter Aufsichtsrat gebildet werden
kann, die deutsche Holding-AG aber in dieser Variante nicht mehr herrschendes
Unternehmen i. S. v. § 18 Abs. 1 AktG ist, würde eine Mitbestimmung der Arbeitnehmer auf Konzernebene vereitelt.

Hier kommt jedoch eine Zurechnung der Arbeitnehmer gemäß § 5 Abs. 3, 1 Mit- **34**
bestG in Betracht. Diese Vorschrift ermöglicht im Falle einer mitbestimmungsfreien
Konzernspitze (z. B. bei einer Personengesellschaft oder wie hier einer ausländischen
Gesellschaft) die Mitbestimmung auf der dieser Konzernspitze am nächsten stehenden, der Mitbestimmung zugänglichen Ebene, wenn über diese wiederum andere
Konzernunternehmen beherrscht werden (sog. fingierte Teilkonzernspitze). Erforderlich ist also zunächst ein drei- (oder mehr-)stufiger Konzern.[26] Dies ist hier der
Fall. Fraglich ist, ob „über" die Holding AG andere Unternehmen beherrscht wer-
den. Die Auslegung dieses gesetzlichen Tatbestandsmerkmals und damit die Anforderungen, die an die Einschaltung der Zwischenebene in die Leitungsstruktur des
Konzerns zu stellen sind, ist umstritten.

Eine Meinung lässt die kapitalmäßige Verflechtung der Teilkonzernspitze mit den **35**
nachgeordneten Unternehmen – wie im vorliegenden Fall die Mehrheitsbeteiligung
– ausreichen.[27] Die Ausübung eigener Leitungsmacht durch die Teilkonzernspitze
sei nicht erforderlich: Bereits der Gesetzeswortlaut „über" lasse offen, wodurch die
Beherrschung vermittelt werde. Zudem spreche das Gesetz von „Beherrschen",
nicht von „Leiten". Aus dem Gesetzeszweck des § 5 Abs. 3 MitbestG folge nichts
anderes, da das Mitbestimmungsrecht den Arbeitnehmern nicht nur wegen eines
eigenständigen Entscheidungsbereiches gewährt werde, sondern auch Informationsrechte und andere Möglichkeiten, präventiv zu agieren, wahrgenommen werden
könnten. Umgehungsmöglichkeiten seien einzuschränken. Schließlich werde der
Norm ein mitbestimmungsfreundliches Grundverständnis am ehesten gerecht.

---

[26] *Raiser/Veil,* § 5 MitbestG Rn. 39.
[27] W/W/K/K/*Koberski*, § 5 Rn. 58 ff.; OLG Frankfurt vom 21.4.2008 – 20 W 342/07, ZIP 2008,
880; OLG Stuttgart vom 30.3.1995 – 8 W 355/93, ZIP 1995, 1004; OLG Düsseldorf vom
30.10.2006 – I-26 W 14/06 AktE, NZA 2007, 707. Auch das BAG (vom 14.2.2007 – 7 ABR
26/06, NZA 2007, 999, 1006) hat sich dem angeschlossen.

36 Die Gegenansicht fordert dagegen ein Mindestmaß an tatsächlicher Leitungskompetenz auf der Ebene der Teilkonzernspitze. Diese sei bei Mehrheitsbeteiligung zu vermuten (§ 17 Abs. 2 AktG), könne aber auch auf Delegation beruhen. Eine reine „Briefträgerfunktion" sei aber nicht ausreichend;[28] die reine kapitalmäßige Verflechtung zwischen der Teilkonzernspitze und des nachgeordneten Konzernunternehmens sei daher weder notwendige noch hinreichende Voraussetzung für das Eingreifen des § 5 Abs. 3 MitbestG.[29] Für die letztgenannte Ansicht sprechen die besseren Argumente: denn Normzweck des § 5 Abs. 3 MitbestG ist es, in den Fällen, in denen das Mitspracherecht der Arbeitnehmer auf Konzernebene am Fehlen einer mitbestimmungsfähigen Einheit scheitert, zumindest auf der „höchstmöglichen", der Mitbestimmung zugänglichen Ebene zu sichern. Wenn dort aber keinerlei Entscheidungen fallen, ist die „Mitbestimmung" nicht mehr als sinnentleerte Formalität. Im vorliegenden Fall bedarf der Meinungsstreit jedoch keiner Entscheidung, da nach den Sachverhaltsangaben die Holding-AG unternehmerisch entscheidungsbefugt und nicht nur reine Übermittlungsinstanz sein soll.

37 Damit beherrscht die Ltd. als Konzernleitung über die Holding-AG die anderen Konzernunternehmen. Daher werden auch in dieser Konstellation wie oben Rn. 26 ff. die Arbeitnehmer aller GmbHs der Holding-AG zugerechnet, die daher einen paritätischen Aufsichtsrat nach MitbestG haben muss.

2. Ltd. als Holdinggesellschaft der deutschen GmbHs

38 Anders ist die Rechtslage hingegen, wenn die nach ausländischem Recht gegründete mitbestimmungsfreie Gesellschaft ohne Zwischenschaltung eines der Mitbestimmung zugänglichen inländischen Unternehmens direkt die deutschen Tochtergesellschaften beherrscht. Die Tatbestandsvoraussetzungen des § 5 Abs. 1 und 3 MitbestG sind nicht gegeben, wenn unterhalb der mitbestimmungsfreien Konzernspitze mehrere abhängige Konzernunternehmen auf gleicher Stufe stehen, ohne dass eines von ihnen den anderen in der Leitungsstruktur vorgeordnet ist.[30] Bei der Ltd. kann daher ein Aufsichtsrat nicht gebildet werden. Auf der Ebene der Tochtergesellschaft gestaltet sich die Mitbestimmung wie oben Rn. 30 f., eine Mitbestimmung auf Konzernebene kann dagegen nicht erreicht werden.

Frage 5: Auswirkungen des Erwerb einer ausländischen Gesellschaft auf die Mitbestimmung

39 Der Erwerb der Anteile an einer ausländischen Gesellschaft und ihre Einbeziehung in den Konzern könnten in mitbestimmungsrechtlicher Sicht verschiedene Folgen haben.

40 Zunächst ist fraglich, ob die Arbeitnehmer ausländischer Tochtergesellschaften beim Schwellenwert gemäß § 1 Abs. 1 Nr. 2 i.V.m. § 5 Abs. 1 MitbestG mitzuzäh-

---

[28] A.A. insoweit OLG Celle vom 22.3.1993 – 9 W 130/92, BB 1993, 957, 959.

[29] U/H/H/*Ulmer/Habersack*, § 5 Rn. 70 f.: Z.B. kann der Abschluss eines Entherrschungsvertrages zwischen Konzernspitze und nachgeordnetem Unternehmen ein Indiz für das Fehlen einer Leitungsmöglichkeit sein. Ähnlich *Kort*, NZG 2009, 81, 85: Die Möglichkeit der Leitungsmacht muss gegeben sein, wenn auch nicht ausgeübt werden.

[30] U/H/H/*Ulmer/Habersack*, § 5 Rn. 68.

len sind, was in dieser Variante zur Konsequenz hätte, dass nur dann ein paritätisch besetzter Aufsichtsrat nach dem Mitbestimmungsgesetz zu bilden wäre. Damit verbunden stellt sich die weitere Frage des aktiven und passiven Wahlrechts dieser Arbeitnehmer. Schließlich ist die Arbeitnehmeranzahl bei Anwendung des Mitbestimmungsgesetzes relevant für die Größe und Zusammensetzung des Aufsichtsrates (§ 7 Abs. 1 und 2 MitbestG).

Die bislang herrschende Meinung schließt die Berücksichtigung der Arbeitnehmer **41** ausländischer Konzerngesellschaften unter Berufung auf das völkerrechtliche Territorialitätsprinzip aus.[31] Dafür spricht der im Gesetzgebungsverfahren zum Mitbestimmungsgesetz im zuständigen Bundestagsausschuss für Arbeit und Sozialordnung festgehaltene eindeutige gesetzgeberische Wille,[32] der sich auch bei späteren Gesetzesvorhaben nicht geändert hat.[33] Dagegen regen sich in jüngerer Zeit jedoch vor allem europarechtlich begründete Widerstände: Es liege ein Verstoß gegen Art. 18 AEUV vor, da im Ausland beschäftigte Arbeitnehmer, wenn auch nicht unmittelbar, so doch mittelbar wegen ihrer Staatsangehörigkeit diskriminiert würden. Auch werde die durch Art. 45 AEUV gewährleistete Arbeitnehmerfreizügigkeit beschränkt, weil der Verlust des aktiven und passiven Wahlrechts den Wechsel ins Ausland für Arbeitnehmer weniger attraktiv mache.[34] Der Ausschluss von der Beteiligung auf der Leitungsebene des Unternehmens sei mit dem Grundprinzip der Mitbestimmung nicht vereinbar und führe zu einem Legitimationsproblem. Die Beschäftigten ausländischer Standorte seien von Entscheidungen der Konzernspitze genauso betroffen wie die inländischen Arbeitnehmer und müssten daher auch in gleicher Weise daran beteiligt werden. Die Bevorzugung der in Deutschland Beschäftigten erlaube der privilegierten Belegschaft letztlich eine Durchsetzung ihrer Interessen, insbesondere bei Standortentscheidungen, auf dem Rücken der ausländischen Standorte.[35] Das LG Frankfurt am Main hat sich dieser Ansicht in einer aktuellen Entscheidung angeschlossen:[36] Mitbestimmungsgesetz (und Drittelbeteiligungsgesetz) nähmen im Gesetzeswortlaut die im Ausland Beschäftigten an keiner Stelle ausdrücklich aus; vielmehr werde auf den Konzern gemäß § 18 Abs. 1 AktG verwiesen, zu dem unbestritten auch ausländische Unternehmen gehörten. Deren Nichtberücksichtigung führe zu einem Verstoß gegen Art. 18 AEUV[37] und letztlich zu Wettbewerbsverzerrungen.[38] Die Vertreter dieser Auffassung gelangen im Wege

---

[31] ErfK/*Oetker*, § 1 MitbestG Rn. 7; W/W/K/K/*Koberski*, § 3 Rn. 27 ff.; W/W/W/K/*Wißmann*, Vorbem. 63 a f., jeweils m. w. N.

[32] BT-Drs. 7/4845, 4: „Im Ausschuss besteht Einmütigkeit darüber, daß […] sich der Geltungsbereich des Entwurfs auf Unternehmen und Konzernobergesellschaften beschränkt, die ihren Sitz im Geltungsbereich des Grundgesetzes haben […], und daß die im Gesetzentwurf festgelegten Beteiligungsrechte nur den Arbeitnehmern der in der Bundesrepublik belegenen Betriebe dieser Unternehmen zustehen. Im Ausland gelegene Tochtergesellschaften und deren Betriebe im Inland von unter das Gesetz fallenden Unternehmen zählen bei der Errechnung der maßgeblichen Arbeitnehmerzahl nicht mit.“

[33] Vgl. die Nachweise bei *Winter/Marx/De Decker*, NZA 2015, 1111, 1113.

[34] U/H/H/*Henssler*, § 3 Rn. 43; *Hellwig/Behme*, AG 2009, 261, 265; *Wansleben*, NZG 2014, 213, 214.

[35] *Rieble/Latzel*, EuZA 2011, 145, 149.

[36] LG Frankfurt am Main vom 16.2.2015 – 3–16 O 1/14, NZG 2015, 683.

[37] LG Frankfurt am Main vom 16.2.2015 – 3–16 O 1/14, NZG 2015, 683, 685; ebenso (in einem *obiter dictum*) OLG Zweibrücken vom 20.2.2014 – 3 W 150/13, NZG 2014, 740.

[38] Worin diese liegen sollen, sagt das Gericht allerdings nicht.

der europarechtskonformen Auslegung der Mitbestimmungsgesetze dazu, dass auch die Mitarbeiter ausländischer Konzerngesellschaften in gleichem Umfang wie inländische Beschäftigte an der Unternehmensmitbestimmung teilhaben.[39]

42 Trotz dieser Bedenken ist jedoch daran festzuhalten, dass die Mitbestimmungsgesetze die Beschäftigten ausländischer Konzerngesellschaften nicht erfassen. Zwar ist der Begriff des (völkerrechtlichen) Territorialitätsprinzips nicht mehr als ein Etikett, das vor allem eine Beschreibung, aber noch keine umfassende Begründung liefert: Dass der deutsche Gesetzgeber die Anwendung deutschen Rechts nur innerhalb des eigenen Hoheitsgebietes anordnen kann, ist unbestreitbar. Das würde ihn aber weder daran hindern, ausländische Beschäftigte bei den Schwellenwerten für das *im Inland* ansässige und daher deutschem Gesellschafts- und somit auch Mitbestimmungsrecht unterliegende[40] Unternehmen mitzuzählen, noch, diesen Arbeitnehmern ein Wahlrecht zum Aufsichtsrat der in Deutschland ansässigen Konzernspitze zuzubilligen. Viel schwerer wiegt jedoch der Einwand, dass die Durchführung der Wahl in ausländischen Betrieben praktisch schwer umsetzbar und vom Hauptwahlvorstand der Obergesellschaft kaum zu kontrollieren sein wird.[41] Die komplizierten Vorschriften der Mitbestimmungsgesetze einschließlich der entsprechenden Wahlordnungen sind im Ausland nicht anwendbar,[42] was nun tatsächlich eine Frage der Territorialität ist, da die Verpflichtung ausländischer Betriebe zur Einhaltung der Wahlvorschriften Recht auf fremdem Staatsgebiet setzen würde. Und mit einer einfachen Briefwahl wird es, anders als bei Parlamentswahlen, nicht getan sein, da das Wahlverfahren im Betrieb abläuft und dort alle wesentlichen Akte vorgenommen werden müssen. Auch eine gerichtliche Überprüfung des im Ausland durchgeführten Wahlverfahrens durch ein deutsches Gericht wäre nicht möglich. Besondere Beachtung verdient zudem der eigentliche Grund, warum der historische Gesetzgeber sich bewusst für die Beschränkung der Mitbestimmung auf das Inland entschieden hat: es gibt wohl kaum ein Rechtsgebiet, auf dem die tief verwurzelten rechts-, wirtschafts- und gesellschaftspolitischen nationalen Ansichten allein innerhalb der EU so weit auseinanderliegen. In diese jeweils gewachsene Mitbestimmungskultur würde es erheblich eingreifen, wenn im Ausland deutsche Mitbestimmungspraktiken ein- bzw. durchgeführt würden.[43] Aus demselben Grund ist die Unternehmensmitbestimmung als ein Rechtsgebiet anzusehen, das sich allenfalls für behutsame richterliche Rechtsfortbildung eignet. Derart grundlegende Entscheidungen wie die hier in Rede stehenden sollten allein dem Gesetzgeber vorbehalten bleiben, vor allem wenn man sich die langwierigen Auseinandersetzungen vor Augen hält, die vor dem Erlass der jeweiligen Mitbestimmungsgesetze standen.[44] So hat das LG Berlin daher kurze Zeit nach dem oben genannten Beschluss des LG

---

[39] Etwas anders U/H/H/*Henssler*, § 3 Rn. 40 ff.: nur aktives Wahlrecht der Auslandsbelegschaft. Siehe dort auch die ausführliche Darstellung des Meinungsstandes.

[40] Zur internationalprivatrechtlichen Anknüpfung der Mitbestimmung *Rehberg*, EuZA 2015, 369, 372; MünchKommBGB/*Kindler*, IntGesR Rn. 568.

[41] *Seibt*, DB 2015, 912, 914; LG Düsseldorf vom 5.6.1979 – 25 AktE 1/78, BeckRS 2008, 25087.

[42] LG Landau/Pfalz vom 18.9.2013 – HK O 27/13, NZG 2014, 229.

[43] *Rehberg*, EuZA 2015, 369, 375, 378; *Seibt*, DB 2015, 1592.

[44] *Rehberg*, EuZA 2015, 369, 373; ausdrücklich LG Berlin vom 1.6.2015 – 102 O 65/14 AktG, DB 2015, 1588, 1591: „rechtspolitische Frage, die nicht von den Gerichten zu beantworten ist"; ebenso LG Düsseldorf vom 5.6.1979 – 25 AktE 1/78, BeckRS 2008, 25087. Eine Lösung könnte auch die Zulassung von Mitbestimmungsvereinbarungen sein, vgl. *Prinz*, SAE 2015, 66, 72 f.

Frankfurt am Main entgegengesetzt (und im Unterschied zu diesem auch mit einer sehr ausführlichen Begründung) mit überzeugenden Argumenten entschieden, dass der Ausschluss der Arbeitnehmer ausländischer Konzernunternehmen von der Unternehmensmitbestimmung nicht gegen EU-Recht verstößt: Das Recht der Unternehmensmitbestimmung gehöre nicht zu den europarechtlich harmonisierten Rechtsgebieten, daher sei grundsätzlich hinzunehmen, dass die nationalen Rechte der EU-Staaten ein unterschiedliches Niveau der unternehmerischen Mitbestimmung aufwiesen, ohne dass es aus europarechtlicher Sicht einen verbindlichen Mindeststandard geben müsste, der allen Arbeitnehmern der Union zu gewähren wäre.[45] Auch die monierte „Teilhabediskriminierung" sei kein Argument, da zum einen die Arbeitnehmervertreter im Aufsichtsrat nicht konkreten Belegschaftsinteressen, sondern dem Unternehmenswohl verpflichtet seien und zum anderen die Bevorzugung deutscher Standorte entgegen ökonomischer Sinnhaftigkeit empirisch nicht erwiesen sei. Daher verneint das Gericht einen Verstoß gegen Art. 18 AEUV.[46] Ein Verstoß gegen Art. 45 AEUV sei allenfalls marginal und betreffe, wenn überhaupt, nur einen verschwindend geringen Teil der Konzernbeschäftigten.[47]

Daher ist weiterhin im Einklang mit der tradierten Auffassung davon auszugehen, **43** dass die Mitbestimmungsgesetze nur die Beschäftigten inländischer Gesellschaften erfassen. Im konkreten Fall bedeutet dies, dass die Arbeitnehmer der S.r.l. nach Erwerb der Gesellschaftsanteile durch die B-GmbH weder bei den mitbestimmungsrechtlichen Schwellenwerten mitzuzählen sind noch ihnen ein aktives oder passives Wahlrecht zusteht. Es gibt also keine Auswirkungen auf die bereits bestehende Rechtslage zur Mitbestimmung bei der B-GmbH, ein paritätischer Aufsichtsrat nach dem Mitbestimmungsgesetz ist in dieser Konstellation nicht zu bilden. Die weitere Rechtsentwicklung ist hier jedoch zu beobachten, zumal das Kammergericht Berlin als Beschwerdeinstanz in dem vom LG Berlin erstinstanzlich entschiedenen Verfahren diese Frage nunmehr dem EuGH gemäß Art. 267 AEUV zur Vorabentscheidung vorgelegt hat.[48]

---

[45] So auch schon LG Landau/Pfalz vom 18.9.2013 – HK O 27/13, NZG 2014, 229.

[46] LG Berlin vom 1.6.2015 – 102 O 65/14 AktG, DB 2015, 1588, 1590; ebenso *Rehberg,* EuZA 2015, 369, 377 f.

[47] LG Berlin vom 1.6.2015 – 102 O 65/14 AktG, DB 2015, 1588, 1591; ebenso *Krause,* AG 2012, 485, 489; W/W/K/K/*Wißmann,* Vorbem. Rn. 63b („rein theoretisch").

[48] KG vom 16.10.2015 – 14 W 89/15, BeckRS 2015, 17548.

Stichwortverzeichnis

Fette Zahlen verweisen auf die Fälle des Buches, magere auf deren Randnummern.